▶高等院校环境艺术设计系列教

◯ 吕永中　俞培晁　编著

室内设计原理与实践

高等教育出版社

内容提要

本书包括两个部分，第一部分为正文内容，分为五章，分别阐述了室内设计的基本原理与方法、室内空间界面设计及造型原则、室内设计的相关要素、相关学科发展趋势等内容；第二部分为附录，以九个课程作业、五个案例分析，展示了不同类型的室内设计理念与操作方法，具有很强的代表性和可操作性、实用性。

本书可供高等院校本科艺术设计专业使用，也可供成人教育及广大艺术设计爱好者使用。

图书在版编目（CIP）数据

室内设计原理与实践／吕永中，俞培晃编著．—北京：高等教育出版社，2008.1(2009 重印)

ISBN 978-7-04-022575-4

Ⅰ.室… Ⅱ.①吕… ②俞… Ⅲ.室内设计 高等学校教材 Ⅳ.TU238

中国版本图书馆 CIP 数据核字（2007）第 190120 号

策划编辑 梁存收 **责任编辑** 梁存收 **封面设计** 王凌波
版式设计 范晓红 **责任校对** 杨凤玲 **责任印刷** 韩 刚

出版发行	高等教育出版社	购书热线	010-58581118
社　址	北京市西城区德外大街 4 号	免费咨询	800-810-0598
邮政编码	100120	网　址	http：//www.hep.edu.cn
总　机	010-58581000		http：//www.hep.com.cn
		网上订购	http：//www.landraco.com
经　销	蓝色畅想图书发行有限公司		http://www.landraco.com.cn
印　刷	中原出版传媒投资控股集团 北京汇林印务有限公司	畅想教育	http://www.widedu.com
开　本	787×1092　1/16	版　次	2008 年 1 月第 1 版
印　张	20.25	印　次	2009 年 1 月第 3 次印刷
字　数	430 000	定　价	54.00 元（含光盘）
插　页	1		

本书如有缺页、倒页、脱页等质量问题，请到所购图书销售部门联系调换。

物料号　22575-00

前　言

人的工作、学习、生活绝大部分时间是在室内空间里完成的。建筑提供了这个空间的基本条件，而只有通过室内设计才能真正把人与空间合成一体，通过人的使用，以时间的概念赋予室内空间，这样的空间才呈现真正的生命，所以室内设计需要更多地关注人与环境的关系，更多地关注如何创造更好的生活方式。

包围人的这部分空间都可以定义为室内空间，不仅仅是建筑内部，还包括诸如汽车、火车、轮船、飞机等交通工具的内部空间。就建筑内部空间的室内设计而言，其必然与建筑有着不可分割的关系，因此建筑学的基础训练和知识体系对室内设计专业的学生而言是非常重要的，也是必不可少的；另一方面，除了建筑的因素，包含在室内空间里的元素甚多，涉及生活的方方面面，特别是室内设计阶段正是一个空间交付使用之前的最终阶段，各种建筑本身的隐性矛盾势必在此阶段突显出来；同时室内设计还将面对来自使用者的多样化需求，使得室内设计工作呈现比较细致而复杂的状态，也正是这样，室内设计工作才具有了自身的挑战性，成为一门相对独立的专业学科。

大学的室内设计教育根本目的在于为学生建立较为系统的设计框架，为以后职业生涯打下坚实的基础平台。短短几年时间，无法教授所有的技法和专业知识，最重要的是能否培养学生的设计思维能力，而不仅仅是具体解决问题的手段。授之以“鱼”的同时，更要授之以“渔”，掌握了科学的方法，才会在一个正确的方向之上自我完善与提高。鉴于此，本书在介绍室内设计基本原理与方法的同时，也概括介绍了部分与之相关学科，附录1收录了同济大学建筑与城市规划学院艺术设计系室内设计教学大纲并精选了不同阶段的学生课程作业，每一个课程作业试图分阶段解决室内设计中所需要解决的不同层面的问题；附录2收录了近期的室内设计实际案例，不同类型、不同的着重点与课程作业有所对应，帮助学生更好地理解理论与实践、教学培养与职业生涯之间的联系，更加清晰地了解教学培养的目的所在，有意识地完成大学阶段的课程教育，打下较为扎实的设计基础，学会在实践中思考，举一反三，紧跟时代脉搏，不断修炼自己，成为高素质的优秀专业人才。

本书主要由吕永中和俞培晃老师编写，同济大学艺术设计系研究生李曜和楼乐菲也做了大量工作。艺术设计系环境设计教研组赵月老师、朱小村老师、雷朴实老师等提供了相关教学案例。艺术设计系部分同学提供了课程作业成果。在此一并表示感谢。另外还要特别感谢设计师朱永春先生、上海唯品设计(VEP Design)、法国夏氏建筑师事务所等在百忙之中精选设计案例以资读者。本书在编写过程中吸收了部分专家学者的理论成果，在书末已注明参考书目；书中引用插图多系近年收集的教学图片，部分图片难以标明其来源，在此向原作者表示诚挚的谢意。由于编写时间紧迫，加之笔者学识水平有限，不当之处敬请专家读者斧正。

吕永中

2007年12月 于上海

目　录

第三章 室内设计包含的其他相关要素

第四章 室内设计与相关学科

第一章

室内设计的概念、发展、内容及其方法程序

我国从 20 世纪 80 年代改革开放以来，随着社会经济的不断发展和人民生活水平的不断提高，建筑装饰行业逐渐繁荣，室内设计蓬勃发展，室内设计教育的规模也在不断扩大。室内设计与人们的生活、工作与学习发生了越来越密切的关系，日益受到人们的重视。同时，室内设计作为一门学科，也得到了很大的发展。

第一节　室内设计的概念

室内设计作为一门相对独立的学科，所涵盖的内容有一定的特殊性，并且涉及许多相关学科与理论，因此，有必要对它的一些基本概念做一个准确深入的了解，以避免与常见的室内装饰、室内装修等概念相混淆，进而明确室内设计师的具体工作职责和主要工作内容，初步建立起对室内设计的整体认识。

关键词：室内设计、室内装饰、室内装修、室内设计师、建筑设计

一、室内设计

室内设计从其学科自身发展的角度来看，历史并不太长，对室内设计概念的理解，从不同的视角、不同的侧重点来分析，许多学者给出了各自不同的见解。

有的学者认为："室内设计是建筑设计的一部分，是建筑设计中不可分割的组成部分。一座好的建筑物，必须包含着内、外空间设计的两个基本内容。"

有的学者则认为："室内设计是建筑设计的继续、深化和发展，是室内空间和环境的再创造。室内设计所包含的主要内容有：室内空间设计、室内建筑构件的装修设计、室内陈设品的陈设设计、室内照明和室内绿化这五大部分。"

还有学者认为："室内设计是建筑的灵魂，是人与环境的联系，是人类艺术与物质文明的结合。"

《中国大百科全书——建筑 · 园林 · 城市规划卷》把室内设计定义为："建筑设计的组成部分，旨在创造合理、舒适、优美的室内环境，以满足使用和审美的要求。室内设计的主要内容包括：建筑平面设计和空间组织、围护结构内表面（墙面、地面、顶棚、门和窗等）的处理，自然光和照明的运用以及室内家具、灯具、陈设的选型和布置。此外，还有植物、摆设和用具等的配置。"

除了这些对室内设计概念整体的理解以外，国外还有学者专门对"室内设计"（Interior Design）一词作了更加详细深入的分析。他们认为"室内（Interior）"是指被墙面、地面和顶面等所围合而成的空间。该空间一般总有一个或多个出入口，也有一个或更多个像窗这样的开口以解决它的通风与采光问题。围合该空间的元素的形状可以是各种各样的，其用材也可以是丰富多彩的。"室内（Interior）"与"空间（space）"不同，室内的最大特点在于它是有顶面的，可以为人提供遮风避雨的场所；而空间一词所指的范围要大得多，可以指广场、院落，也可以指室外景观以至无穷的宇宙。“设计（Design）”一词则是指：构思、想象、计划、叙述、描写、创作某些事物。设计的方法既包括向业主解释与交流设计思想，也包括向施工人员传达设计意图。设计还包括对用材和尺度的重视，以及对物质功能与精神功能的强调。所以室内设计可以被认为是在建筑环境中为了实现某些功能而进行的内部空间的创造与组织，而且这种室内空间必须把功能、技术、经济要求与人文、美学、心理等因素完美地结合起来。其实室内设计的对象并不总是在建筑物内部，诸如飞机、轮船等的内舱设计，也带有强烈的室内设计特征，也属于室内设计的范畴。

综上所述，尽管各国不同的专家学者对室内设计的理解定义不尽相同，但在某些原则内容上却是一致的，如：都强调室内设计与建筑设计的密切联系；都强调室内设计包含物质与精神两方面的内容，等等。

因此，综合各家之言，我们可以把室内设计的概念简要地理解为：室内设计是根据建筑物的使用性质、所处环境和相应经济标准等，运用物质技术手段和建筑美学原理，创造功能合理、舒适优美、满足人们物质和精神生活需要的室内环境。这一空间环境既具有使用价值，满足相应的物质功能要求，同时也反映了历史文脉、建筑风格、环境气氛等精神因素。

上述含义中，明确地把“创造满足人们物质和精神生活需要的室内环境”作为室内设计的目的，也就是说要以人为本，围绕人的生活生产活动来创造美好的室内环境。

同时，这个含义里还强调了，在室内设计中，从整体上把握设计对象所依据的主要因素分别是：

使用性质——为了满足何种功能而进行建筑物和室内空间的设计；

所处环境——这一建筑物和室内空间所在地的周边环境状况；

经济投入——相应工程项目的总投资和单方造价标准的控制。

进行室内设计构思时，需要运用一定的物质技术手段，需要考虑各类装饰材料和设施设备的选用等，这是相对容易理解的；此外，还需要注意遵循建筑美学原理，这是因为室内设计还有艺术性的要求。值得强调的是，作为“建筑美学”，除了有与绘画、雕塑等艺术之间共通的基本美学法则（如对称、均衡、比例、节奏等）之外，更需要综合考虑使用功能、结构施工、材料设备、造价标准等多种因素。也就是说，建筑美学总是和实用、技术、经济等因素联结在一起，这是它有别于绘画、雕塑等其他纯艺术门类的差异所在。

现代室内设计所涉及的设计内容既具有很高的技术含量，又有很高的艺术性要求，并且与一些新兴学科，如人体工程学、环境心理学等也有密切的关系。现代室内设计已经在环境设计系列中发展成为一门内容丰富的独立的新兴学科。

二、室内装饰、装修与室内设计

在日常生活中，除了室内设计外，我们还会经常看到室内装饰、室内装潢与室内装修这些词，有的人常常把这几个词混为一谈，但实际上，它们的词义与室内设计还是有一定的区别的。

室内装饰或室内装潢（Interior Ornament or Decoration）：装饰和装潢这两个词原意是指“器物或商品外表的修饰”，偏重于从外观视觉艺术的角度探讨和研究问题，如偏重于室内地面、墙面、顶面等界面的艺术处理，还涉及不同装饰材料的选用，也可能包括对家具、灯具、陈设和室内绿化等的选用、配置等。

室内装修（Interior Finishing）：Finishing 一词有最终完成的含义，所以“室内装修”这个词主要偏重于从工程技术、施工工艺和构造做法等方面进行理解，主要是指在建筑物的主体结构工程施工完成以后，为了满足具体的使用功能要求，对室内各个界面、隔断、门窗等进行的装饰修饰过程。

室内设计（Interior Design）：如本节上述含义，现代室内设计是综合的室内环境整体设计，它既包括视觉艺术和工程技术方面的问题，也包括声、光、热等物理环境以及氛围、意境等心理环境和文化内涵等方面的内容，还包括对社会、经济等综合因素的考虑。

由此可见，室内设计一词的含义远较室内装饰、室内装潢、室内装修要广泛得多，它是对装饰及装修概念的继承与发展，具有全新的含义，因此不能将这几个概念简单地不加区分地混为一谈。学术界经常出现的“室内环境设计”一词，则与“室内设计”一词的含义相同。

三、室内设计师

明确了室内设计的概念，再来理解室内设计师的含义就比较清晰了。担任过美国室内设计师协会主席的亚当（G. Adam）认为室内设计师所涉及的工作要比单纯的装饰广泛得多，他们关心的范围已扩展到生活的每一方面，例如住宅、办公、旅馆、餐厅的设计，提高劳动生产率，无障碍设计，编制防火规范和节能指标，提高医院、图书馆、学校和其他公共设施的使用效率。总而言之，给予各种处在室内环境中的人以舒适和安全。

如今在北美，室内设计师已经与建筑师、工程师、医生、律师一样成为一种发展得相对成熟的职业。美国的室内设计资格认定国家委员会（National Council for Interior Design Qualification，简称 NCIDQ）对室内设计师的定义为：职业室内设计师应该受过良好的专业教育，具有相应的工作经历和经验并且通过相应的资格考试，具备完善内部空间的功能和质量的能力。

NCIDQ 还认为：为了达到改善人们生活质量、提高工作效率、保障公众的健康、安全与福利的目标，专业室内设计师应该具有的能力应包括以下几个方面：

· 分析业主的需要、目标和有关生活安全的各项要求；

· 运用室内设计的知识综合解决各相关问题；

· 根据有关规范和标准的要求，从美学、舒适、功能等方面系统地提出初步概念设计；

· 通过适当的表达手段，发展和展现最终的设计建议；

· 按照通用的无障碍设计原则和所有的相关规范，提供有关非承重内部结构、顶面设计、照明、室内细部设计、材料、装饰面层、空间规划、家具、陈设和设备的施工图和相关专业服务；

· 在设备、电气和承重结构设计方面，应该能与其他有资质的专业人员进行共同合作；

· 可以作为业主的代理人，准备和管理投标文件与合同文件；

· 在设计文件的执行过程中和执行完成时，应该承担监督和评估的责任。

NCIDQ 对室内设计师的定义被普遍认为是一种较为全面的解释，已在北美地区得到广泛的认同，并被有关政府部门所接受。这一概念对我国室内设计行业也具有很好的参考价值，对于理解室内设计师的工作内涵和能力要求有很大的帮助。

四、建筑设计与室内设计

建筑设计和室内设计从广义上来看都属于建筑学的范畴，建筑设计主要把握建筑的总体构思、创造建筑的外部形象和合理的空间关系，而室内设计主要专注于对特定的内部空间的功能问题、美学问题、心理效应问题的研究以及内部具体空间特色的创造。建筑设计与室内设计之间既有联系又有区别。

（一） 建筑设计和室内设计的内在联系

建筑设计和室内设计的内在联系始终贯穿于设计的全过程，主要体现在以下四个方面：

1. 从建筑设计的前期工作方面来看

在室内设计中，有时为了弥补原建筑设计的缺陷或者为了满足新的功能需要，常常会对现有的建筑进行改造。有时即使是新建工程，由于建设思路和需求的变化，也同样会在室内设计时对建筑进行大量的修改，结果造成许多无谓的人力、物力、财力以及时间的消耗。因此，在建筑设计的前期工作阶段就应该充分考虑室内设计的定位，两者最好同时开始，同步进行，以尽量避免不必要的浪费。

2. 从深化设计阶段来看

深化设计是在明确建筑设计思想和空间设计概念的基础上，通过构造技术、细部分析、效果模拟和相关专业配合，对实现建筑整体成果和使用功能作进一步研究，是建筑设计中将概念性成果有效地向施工图设计工作转换的关键环节。如果在这个环节中，不能充分地使建筑设计与室内设计整体配合，就无法确保设计师整体思路的实施，无法对内部环境的未来使用给予技术上的充分保障，会对建设工作造成不利的影响。

3. 从建设工作具体实施的角度来看

在现实生活中，由于各种原因及工作责权的限制，建筑师往往无法全过程对设计方案的落实承担责任，以至有些方案实施后面目全非，无法体现建筑设计的意图。这就要求室内设计师应该把尽量尊重建筑师的设计构思作为工作原则之一，在满足业主新需求的情况下尽量尊重和进一步完善建筑师原有的设计意图，这样有利于内外环境整体构思的完整连续。

4. 从项目成果评价方面来看

建筑设计和室内设计是在整体设计思想指导下相互影响、互利互动的过程，一件优秀的建筑设计作品离不开成功的室内设计的配合，而富有创意的室内设计也能够为建筑设计增色。所以室内设计师在尊重建筑师设计构思的同时，也应该充分发挥自己的聪明才智，通过对内部空间的再创造，营造出富有整体感和生命力的空间氛围，使建筑物具有与众不同的特质。

正是由于建筑设计和室内设计具有这样密不可分的内在联系，所以作为一名合格的室内设计师应该具有一定的建筑设计知识，这样才能做到在设计时充分理解建筑师的设计意图，再根据建筑物的具体情况，运用室内设计手段（在一些改造项目中甚至要运用到建筑设计手段），对内部空间进行丰富和发展。

（二） 建筑设计和室内设计的差异

尽管建筑设计和室内设计关系密切，有许多共同点，如都要满足建筑使用功能包括物质和精神功能的要求，都要受到经济、技术条件的制约，在设计过程中都要考虑一定的构图法则、形式美法则，都要考虑材料的特性与使用方法等，但是建筑设计和室内设计又各有特点，它们的区别主要表现为以下两个方面：

1. 建筑设计和室内设计所包含的工作内容不尽相同

建筑设计主要涉及建筑的总体和综合关系，包括平面功能的安排、平面形式的确定、立面各部分比例关系的推敲和空间体量关系的处理等，同时也要协调建筑外部形体与城镇环境及内部空间形态的关系。室内设计是对某一具体的内部空间环境进行处理，设计时更加重视特定环境的视觉和生理、心理反应，主要通过内部空间造型、室内照明、色彩和材质设计来达到这些要求，创造尽可能完美的时空氛围。所以两者关注的重点不同，涉及的尺度也有所不同。

2. 建筑设计和室内设计是一个完整的建设项目设计的不同阶段

建筑设计是室内设计的前提，室内设计是建筑设计的继续和深入。两者按工作阶段划分是以建筑工程的构架完成为界限，之前为建筑设计，之后为室内设计。建筑设计为室内设计提供了内部空间环境设计的前提条件和基本依据。室内设计则能对建筑设计中的缺陷和不足加以调整和弥补。因为一般来说，建筑物是长期存在的，建筑设计时难以完全预判出现代人不断发展变化的生活工作状况的需要，而室内设计的更新周期比较短，可以通过内部空间的调整和再创造，使建筑物适应时代发展的新要求。

第二节　室内设计的发展历程

通常，室内空间是与建筑同步产生的，从人类历史上诞生建筑物的时候开始，建筑的内部空间也就自然存在了，室内设计的发展与建筑设计的发展有着千丝万缕的联系。但严格说来，室内发展史与建筑史一样也具有其自身的相对独立性，有其自身的发展规律。

室内发展史与建筑史、家具发展史、哲学史、美学史、艺术史等多种学科具有紧密的联系，内容十分丰富。了解室内设计发展的历程，对于我们更好地理解室内设计的含义，了解室内设计所包含的诸多内容，认识室内设计各风格流派的产生，设计出既符合时代要求又能反映历史文脉的优秀作品，具有重要的意义。由于这部分内容有其他学者的相关专著非常详尽地作出了论述，本书在此仅作一简要的介绍。

关键词：室内设计发展历程、设计特征

一、室内设计的发展

尽管室内设计作为一门独立学科出现的历史并不长，但人们对室内空间的关注却早已开始了。人们有意识地对自己生活、生产活动的室内空间环境进行安排布置、美化装饰的活动，甚至可以说从人类文明开始时就存在了。

从我国的情况来看，考古发现，原始社会时期的陕西西安半坡村的方形与圆形住房内，已经开始考虑按使用需要进行空间分隔，合理布置房屋入口与火塘的位置。方形住房内的火塘位置接近门口，并安排有进风的浅槽，以使门口进来的冷空气得到加热；圆形住房内的火塘则位于居室中央，门内两侧设短墙，起到引导并限制气流，保证内部温暖的作用(图 1-1)。在当时的另外一些遗迹内，还发现室内

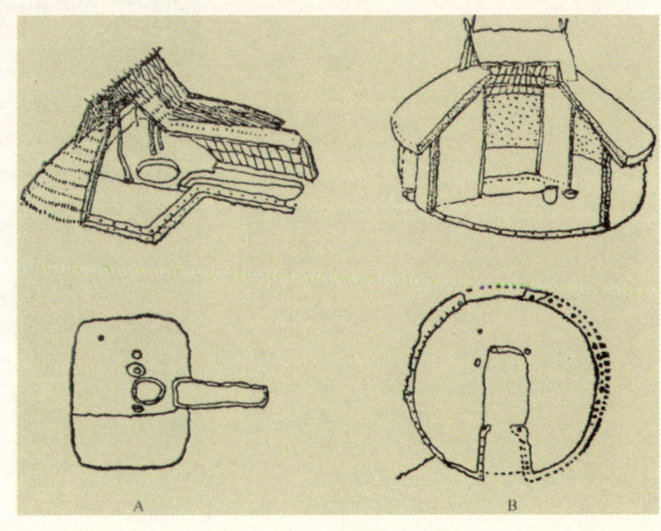

图1-1　陕西西安半坡村原始社会住房
A—方形住房
B—圆形住房

在草泥土上用石灰质做坚硬光滑的白灰面层，比简单的草泥土地面更为适用、清洁、美观；在原始人穴居的洞窟里，壁面上也发现绘有兽形和狩猎的图案。这说明在人类建筑活动的初始阶段，人们就已经开始注意对室内环境的使用和氛围进行改善了。

图1-2 秦汉建筑纹样

奴隶社会时期，夏、商、周的宫室，从出土遗址显示，已开始讲究建筑空间的秩序感，宫室内部也已开始使用经过美化加工的木料、石料进行装饰。封建社会初期，著名的秦阿房宫和西汉未央宫，宏大壮丽、严谨规整。从文献记载和出土的瓦当、器皿以及墓室中石刻的天花、窗棂、栏杆等的装饰纹样来看，当时的室内装饰已达到了相当的水平（图1-2），不过这种装饰还主要是建筑物的某种依附，主要是对建筑构件、室内界面的修饰美化。

隋唐是我国封建社会的高峰期，也是我国传统建筑与室内设计发展的一个高峰期。在这个时期，我国古代建筑基本发展成熟，形成了完整的建筑体系，对建筑内部空间的处理也达到了相当的水平。总的来看，内部空间的设计仍然是与建筑设计紧密地结合在一起的，保存至今的山西五台山佛光寺大殿就是一个很好的例子（图1-3）。

图1-3 山西五台山佛光寺大殿平面、剖面及殿内透视图

佛光寺大殿采用的是内外槽平面，由一圈金柱将大殿的内部空间分成两部分，金柱围合的部分称“内槽”，金柱与檐壁之间的空间称“外槽”。与平面相对应，天花也作了相应处理，内槽与外槽的空间高度不同，内槽较高，外槽较低，两者对比，使得内槽和外槽形成两个完全不同的空间。但两者的梁架和天花的处理方法又是相同的，这又使高低不同的空间能够和谐与统一。内槽的后排金柱之间及南北向金柱最后两个柱间采用实心墙体，使内槽成为一处相对封闭的空间，突出了其在佛坛的重要地位。五间内槽内各安置一组佛像，且以中部三间为主。为了突出佛像与各间内槽的关系，又对斗栱、明栿、月梁等进行了处理。经过设计，每间内槽高度的实际感觉则是从地面到天花、与进深结合形成的一个正方形的空间，在该空间的后部放置比例恰当的佛像，佛像的背光微微弯曲，与后柱上方斗栱的出挑和天花抹斜部分平行，使得内槽空间与佛像成为一个有机的整体。此外，内槽繁密的格子天花与简洁的月梁、斗栱，装饰精致华丽的佛像背光与朴素的建筑结构构件等都形成了鲜明的对比，对于突出重点、渲染气氛具有很好的作用，是把室内艺术处理与建筑结构、建筑构造结合成一体的典型范例。

唐代以后，我国传统建筑的特征虽然还有一些变化，但其建筑根本体系并未发生大的改变，室内处理手法多数仍然仅停留在对建筑构件或其表面进行装饰，建筑内部空间的组织方式也常局限于家具的布置、古玩陈设的摆布、字画的挂置等等，室内设计并没有发展成一个相对独立的设计门类。

综上所述，我们可以看出，室内设计与建筑设计的发展基本上是同步进行的，从有建造住屋的建筑活动那天起，也就相应的有了室内设计的活动。人们的生产、生活需要建筑空间，也需要建筑内部的设计，长期以来，建筑设计与室内设计紧密结合，密不可分。

与我国建筑室内的发展情况相类似，西方建筑的外观设计与内部空间处理在很长的一段历史时期内也没有明确的分工。从古希腊古罗马的神庙、中世纪的教堂，到文艺复兴的建筑，设计师们把功能、结构、材料、工艺等因素完美结合，使建筑内外空间表现出一种浑然一体的感觉。以下举两个例子对这一点做个说明。

著名的帕提农神庙（Parthenon）是雅典卫城的主体建筑，它的外观形体刚毅优美，饱满挺拔，各部分比例匀称，雕刻精致，体现出一种强大的精神感染力，其无可比拟的柱列、完美的立面比例等都被艺术家们视为世界艺术的顶峰。帕提农神庙的内部空间处理也十分精彩。整个神殿平面分成东、西两殿，两殿四周砌以围墙，东殿为正殿，西殿为国库和档案馆，四年一次异常热烈的雅典娜节庆就在东部的正殿中进行。正殿长 29.8 米，宽 19.2 米，正殿的西端耸立着著名的雅典娜雕像，该雕像由雕刻家菲狄亚斯（Phidias）用象牙与黄金雕成，连基座高约 12.8 米。正殿内有双层叠柱式的三面回廊，回廊强化了神像空间的中央轴线感，加强了神圣庄严的气氛。该正殿内部空间的处理达到了石材性能、结构方式、使用功能与艺术效果的完美结合，与建筑外观浑然一体（图 1-4、图 1-5）。

古罗马万神庙（Pantheon）的圆厅是另一个杰出的例子。古罗马万神庙

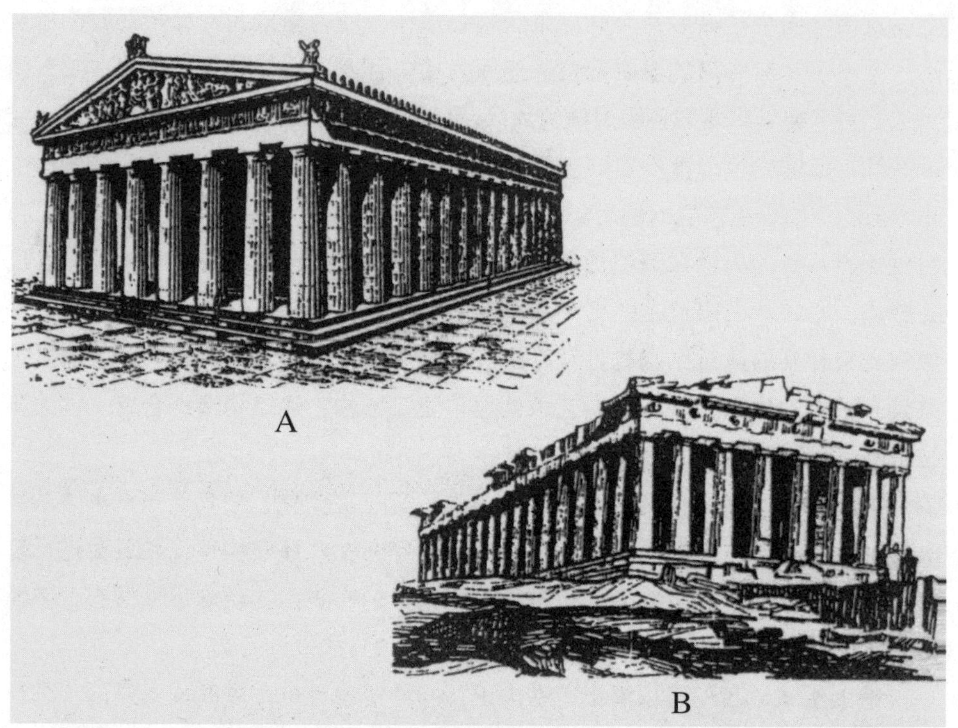

图1-4　帕提农神庙外观　A—复原图　B—遗迹图

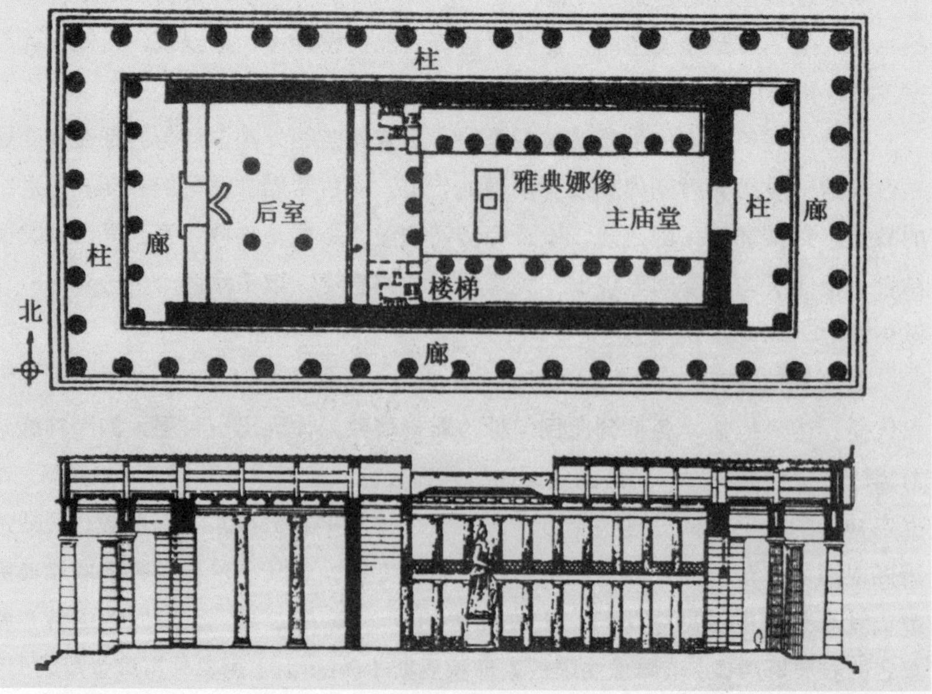

图1-5　帕提农神庙平面、剖面

曾是现代结构出现以前世界上跨度最大的大空间建筑，其内部圆厅直径与高度均为 43.43 米，顶部穹隆正中有一个直径 8.23 米的大圆洞，阳光从中倾泻而下，既解决了采光问题，又使人产生了圣洁庄严和宏伟壮观的印象。穹顶的内面划分为一个个凹进的方形藻井，自下而上共有五层，越高藻井越小。从顶上射入的光线使藻井形成水平向的线条，这些越高间距越小的阴影线强化了圆厅的高大感。圆厅四周有 7 个深深凹进墙面的大壁龛，其中供着 7 个星座之神，每个龛前是两根用整块大理石雕成的柱子，柱子上方是一个大发券。这些壁龛、柱子和发券增加了内部空间的多样性，使单一的圆厅空间显得丰富多彩，达到了多样统一的效果。不仅如此，该圆厅的空间效果还处处反映出设计者对材料和力学性能的理解。例如：圆厅四周墙上的壁龛既节省了大量混凝土原料，减轻了建筑自重，又取得了变化效果，而且还不影响结构受力；穹顶内面的凹形方格藻井既节约了材料，又具有装饰效果，还起到了减轻重量和加固的作用，可谓事半功倍，达到了技术与艺术的完美结合（图 1-6）。

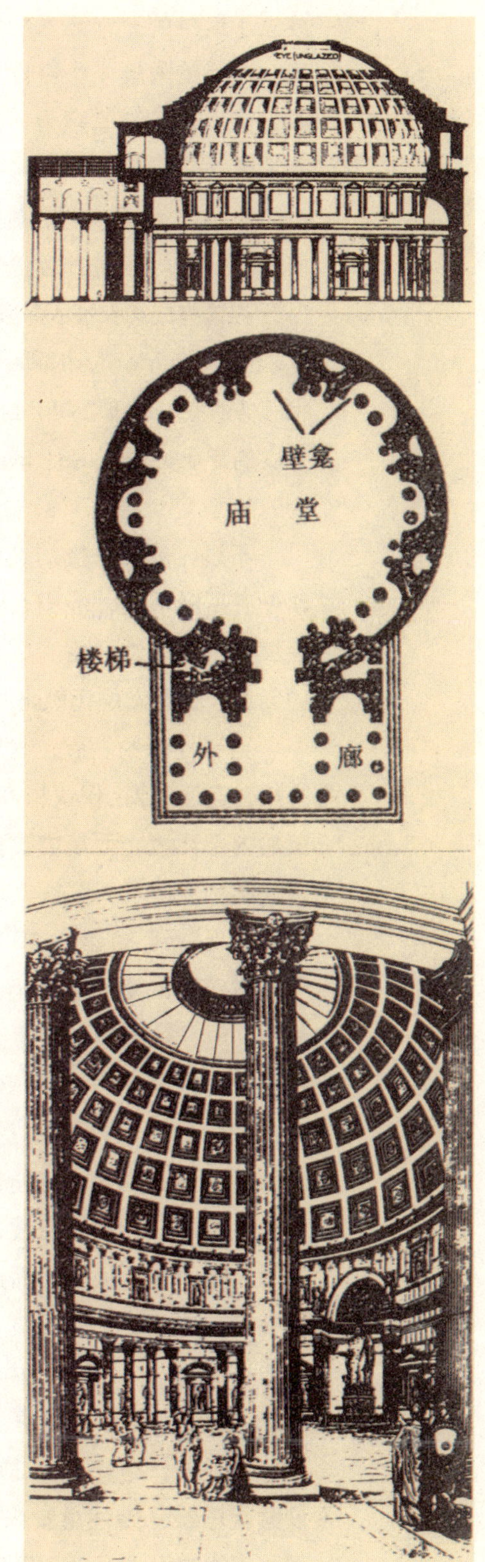

图1-6 古罗马万神庙平面、剖面及内景

从以上这些例子中我们可以看出，长期以来，无论在我国还是其他国家建筑室内历史发展的过程中，建筑物的设计往往就包含着建筑内部空间的设计，二者联系紧密。可以这样认为，在 20 世纪以前，职业化的室内装饰、独立的室内设计是不存在的，建筑内部空间的设计布置方案往往是由建筑师、工匠、家具商以及业主等决定。一直到 20 世纪，在欧美国家，由于生产力发展，社会财富不断增长，一些相对富裕的阶层对室内装饰的需求大有提升，建筑室内改造的业务量也不断增多，专门从事室内装饰设计的人员才渐渐开始增加。

当时，大量中产阶级家庭的室内装饰任务一般常常由家庭主妇承担，由她们负责选购家具、灯具、地毯、窗帘等，因此早期的职业室内装饰师大多是女性。美国的惠勒女士（Candace Wheeler）发起成立了最早的装饰艺术妇女行会，后来又成立了完全由妇女成员组成的设计公司，成为美国最成功的装饰公司之一。1895 年，她在《展望》(The Outlook) 杂志上发表了一篇题为“作为妇女职业的室内装饰”的文章，标志着社会对妇女从事这一行业的认同。美国另一位著名的早期职业装饰设计师德沃尔弗(Elsie de Wolfe) 也是女性，她很早就提倡要重视室内空间的光线、空气和舒适性等问题，到 20 世纪初，她已成为一名相当成功的专职室内装饰设计师了。

在这些成功女性的激励下,欧美涌现出了一批早期的室内装饰公司。1924 年,迈克米兰(Eleanor McMillen) 成立了第一个职业化的、能提供当时最全面的专业技术服务的室内装饰公司。到 20 世纪 30 年代，室内装饰业已成为一个正式的、相对独立的专业类别。1931 年，美国室内装饰者学会成立，这也是美国室内设计师学会的前身。

不过，值得一提的是，早期职业化的室内装饰设计师的工作与建筑师的工作是有所脱节的，他们之中很多人并没有受过正规的建筑教育，一般都只是在延续传统的装饰风格。尽管他们的设计数量很多，但是设计思想上并没有很大的创意，主要做的仍然是对建筑构件、室内界面的修饰美化工作。

随着社会的发展，建筑的规模不断扩大，技术复杂程度也日益提高，人们开始普遍认识到：仅仅依靠室内装饰并不能为人们创造一个安全、健康、舒适、优美的内部环境，而是需要把内部空间作为一个相对独立的对象进行研究，综合解决结构、技术、设备、美观、使用等一系列问题，彼时，“室内设计”的概念开始出现。到 20 世纪 50 年代，作为一门专业技术的室内设计已经和主要局限于艺术范畴的室内装饰有所区别了，“室内设计师”的称号开始被社会大众接受。同时，社会的需求也大大促进了室内设计的发展。随着建筑物规模的不断扩大与复杂程度的提高，建筑师只能把精力集中于空间的组织与建筑立面的处理，越来越难以顾及内部空间的细部设计；其次，由于对城市景观的不断重视，也使得建筑师更多地注意建筑与外部环境的关系以及建筑与文化等的关联，而对内部空间的处理有所忽视；此外，由于产业结构的调整和频繁的功能变换，产生了大量的改造项目，而这些改造项目只依靠表面的装饰是无法完成的，需要一批既有工程技术知识又有美学素养的复合型人才来承担这些业务。一言以蔽之,时代的进步促进了室内设计的发展。1957 年,美国室内设计师学会的成立,标志着这门学科的相对成熟。

在我国，尽管早在 20 世纪 50 年代首都北京人民大会堂等十大建筑工程建设时就已经开始注意室内设计，1957 年中央工艺美术学院也成立了室内装饰系，但室内设计行业以及室内设计教育的大范围兴起与发展还是近二十多年的事。改革开放带来的经济增长，首先从旅游建筑与商业建筑开始，继而涉及办公、金融和大量居住建筑，在室内设计和建筑装饰方面都有了蓬勃发展。1990

年前后，我国先后成立了中国建筑装饰协会和中国室内建筑师学会，在众多艺术类院校和理工科院校里相继成立了室内设计专业。如今，中国建筑装饰业已经与土木工程建筑业、线路管道和设备安装业一起并列成为中国建筑业的三大组成部分，而且其年增长速度都在 30% 以上。从 80 年代初开始发展至 2006 年底，我国建筑装饰行业的从业人员已达 1400 多万，从事装饰工程的注册企业达 17.5 万家，2006 年全国建筑装饰工程年产值已达 11500 多亿元。此外，目前我国已有 100 多所大专院校和 200 多所中等专业学校、中等技术学校、高等职业技术学院开设有室内设计相关专业。我国的室内设计和建筑装饰业已得到了飞速的发展，而且可以预言，在 21 世纪必将得到更全面的发展。

二、各历史时期的室内设计特征

前文提到，在历史发展过程的很长一段时间中，室内设计是与建筑设计密切联系在一起的，很难对两者进行明确区分，因此要单独分析各主要历史时期室内环境的特点也具有一定的困难，它们总是与当时的建筑发展状况、社会意识形态和经济发展水平等存在着十分紧密的联系。这里仅就部分时期的一些主要特征加以简要叙述。

（一） 中国传统室内设计的特征

中国传统建筑尽管在历史上的各个朝代有所变化，但基本上仍然保持着一贯的特征，因而其室内空间的特征也没有太大的变异，其特征主要体现在如下几个方面：

就环境整体而言，中国传统建筑的内部空间常常以独特的方式与外部院落空间相联系，形成内外一体的设计理念，常见的处理手法如用可灵活开合拆卸的隔扇门作为内部空间和庭院天井的分界，使室内外空间可自由交融；用回廊或廊道作为室内外过渡空间，使内外空间的变换更加自然；通过挑台、月台等形式把室内空间向室外拓展；通过“借景”将室外景观纳入室内视野，等等。这些特征对于今天的室内设计仍有重要的借鉴意义。

就其内部空间的划分而言，中国传统建筑主要采用的是木梁柱的框架结构，因此空间分割比较灵活多变，内部布局比较自由，在整齐的柱网中间常常根据具体的使用需求用板壁、隔扇、帐幔、花罩、屏风等隔出大小不一的空间。

就其用材而言，中国传统建筑所使用的材料基本以木材为主，大量采用榫卯结构，并且还有归入“小木作”一类的不少定型的做法。在满足结构要求的前提下，常常对构件进行艺术加工，以达到既不损害功能又具有装饰价值的目的。当然，在很多民居建筑内也有因地制宜、就地取材的实例。

就用色而言，传统官式建筑往往根据不同等级使用比较鲜艳的色彩，建筑上的彩画更是富丽堂皇，而民居用色则要素雅得多。

就室内家具布置而言，在相对正式场合的建筑内部空间中，一般均采用对称的手法，以表达一种端庄稳重的效果。在私密性较强的内部空间或民居内，家具布置则往往依功能而定，显得灵活自由得多。

就室内陈设而言，中国传统室内空间常融书法、绘画、古玩、盆景等艺术于一体，陈设种类十分丰富，并且重视陈设的文化内涵和特色，各门艺术交相辉映，共同创造出富有中国特色的内部空间。

图 1–7 即为某园林建筑的内部空间，反映出比较稳重端庄的气氛。

图 1–7 中国古建筑的厅堂布置

（二） 西方室内设计的特征

西方室内设计的特征在不同历史时期常常有比较大的变化，形式丰富多彩，对当代室内设计的发展具有非常重要的参考借鉴意义。由于其特征的演化比较复杂，受本书篇幅所限，这里仅选取部分有代表性的内容加以介绍。

1. 古罗马风格

古罗马共和制时期，在文化艺术上体现出来的是朴素严谨的风格。而罗马帝国时期，随着物质丰富和奴隶劳动的盛行，贵族的生活日益奢华，这时歌颂权力、炫耀财富、表彰功绩等风气成为时尚，建筑趋向于规模宏大与豪华富丽。罗马人对券、拱和穹顶的运用与发展以及对火山灰混合砂石作成的混凝土等建筑材料的创新与发明，使古罗马的建筑艺术成就在世界文明史上留下了光辉灿烂的篇章。前文提到的罗马万神庙即是当时将室内设计与建筑设计完美结合并充分发挥出穹顶技术与混凝土特性的典型建筑。此外，从意大利庞贝城（Pompeii）遗址还出土了许多金属家具和大理石家具，从壁画上还可以见到各种旋木腿座椅、躺椅、桌子和柜子等，这些都说明当时的室内家具设计制造水平也达到了一定的高度。图 1–8 为从庞贝城遗址发掘的古罗马人别墅卧室，图 1–9 为法国绘画中古罗马贵妇人所用的躺椅。

图 1–8 古罗马别墅卧室

2. 哥特风格

哥特风格出现的时间大约是在12、13世纪初欧洲封建社会时期，国王和教会为了巩固统治、笼络民心，鼓励人们大量兴建能供更多人参加活动的修道院和教堂。当时的新宗教建筑的风格完全脱离了古罗马建筑的影响，呈现出一种崭新的形象。室内以竖向排列的柱子和柱间尖形向上的细花格拱形洞口、尖形肋骨拱顶、飞扶壁等为特征，并用卷蔓、亚麻布、螺形等纹样装饰来创造宗教至高无上的严肃神秘气氛。受哥特式建筑特有结构形式的制约及其风格的影响，当时不少室内空间都呈现出高直的特点，很多家具也模仿了尖拱形的处理手法。图1-10所示为哥特式建筑室内空间，图1-11为哥特式家具。

3. 文艺复兴风格

文艺复兴运动兴起于14世纪末15世纪初，当时的新兴资产阶级为了冲破中世纪封建统治的束缚和确立自己的社会地位，希望借助

图1-9 古罗马贵妇躺椅

图1-10 巴黎圣母院内部空间

图1-11 哥特风格的座椅

古典文化复兴来反对封建文化和建立自己的文化，这个运动以人文主义作为思想基础，反对中世纪的禁欲主义和教会统治一切的宗教观，提倡资产阶级尊重人和以人为中心的世界观。在其影响下，为现实生活服务的世俗建筑类型大大丰富，质量大大提高。在反封建、倡理性的人文主义思想指导下，文艺复兴重新提倡复兴古罗马的建筑风格，以取代象征神权的哥特风格，古典式样再度成为建筑造型的构图主题（图 1－12）。

4. 巴洛克风格

巴洛克风格从形式上看是文艺复兴的一个支流，但其思想出发点却与人文主义截然不同，其目的是要在教堂中制造神秘同时又标榜教廷富有的珠光宝气的气氛。它善于用矫揉造作的手法来产生特殊效果。例如利用透视的幻觉与增加层次来夸大距离感；采用波浪形曲线与曲面、断折的檐部与山花、柱子的疏密排列来助长立面与空间的凹凸起伏和运动感；运用光影变化、形体的不稳定组合来产生虚幻与动荡的气氛等。另外，巴洛克风格的室内还常常通过堆砌装饰和运用大面积的壁画与姿态做作的雕像来制造远离现实的感觉；色彩华丽喜用金色来突出豪华；家具喜用直线与曲线协调处理的猫脚等等。图 1–13 为法国凡尔赛宫路易十四的沙龙，该客厅被认为是巴洛克样式的典型。图 1–14 为巴洛克样式的室内立面，图 1–15 为巴洛克式家具的腿及五金件的造型。

图 1–12 16 世纪后期法国文艺复兴风格的宫廷卧室

图1-13 法国凡尔赛宫路易十四的沙龙

图1-14 巴洛克样式的室内立面

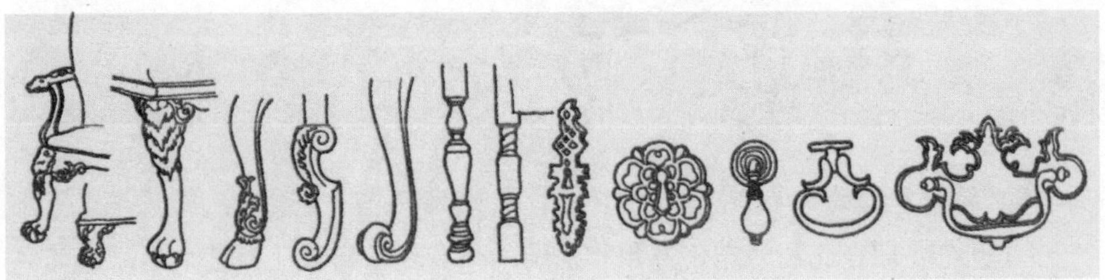

图1-15 巴洛克家具的腿及五金件的造型

5. 洛可可风格

洛可可风格是继巴洛克风格之后在欧洲发展起来的室内装饰风格，它以轻盈柔美的曲线装饰著称，同时还受到了东方文化的影响。其特点是造型装饰多运用贝壳的曲线、皱折和弯曲形构图分割，装饰大量运用卷草纹样，极尽繁琐、华丽之能事，色彩绚丽，具有轻快、流动以及纹样中的人物、植物、动物浑然一体的特点（图 1 – 16、图 1 – 17）。

图 1-16　法国路易十五时期宫廷洛可可风格的客厅

6. 新艺术运动

19 世纪晚期在比利时布鲁塞尔和法国的一些地区出现了新艺术运动，其目的是希望解决建筑和工艺品的艺术风格问题。这一运动反对教条主义地照搬历史样式，提倡创造出一种前所未见的、能适应工业时代精神的简化装饰。其装

图 1-17 洛可可风格的家具及其装饰纹样

饰主题主要来源于模仿自然界生长繁盛的草木形状的曲线，墙面、家具、栏杆及窗棂等装饰均是如此。由于铁易于被弯曲制作各种曲线，因此在装饰中大量应用了铁构件。图 1-18 是布鲁塞尔都灵路 12 号住宅内部的一角，被认为是新艺术运动风格的典型代表。新艺术运动是当时欧洲真正改变建筑形式的开始，在现代建筑的简化与净化过程中具有重要的意义。

图 1-18 布鲁塞尔都灵路 12 号住宅内部的一角（1893 年）

7. 现代主义风格

随着时代的发展，特别是第二次世界大战之后，现代主义风格逐渐在设计领域中占据主导地位。它的主要特点是：强调实用；追求造型简洁整齐，构图灵活多样；强调充分利用新结构的技术性能和美学性能，注重构造节点等细部处理；强调发挥材料本身的性能与质感，力争达到结构、材料与美学的统一；强调内部空间的灵活分割，注重内、外空间的流通和光影的运用；主张以少胜多的美学观点等。正因为现代空间有如此丰富的表现手段，才使人们认识到单纯装饰的局限性，才使室内设计从单纯装饰的束缚中真正解脱出来，极大地推动了室内设计的发展，促成了室内设计的独立。图 1–19 所示为著名现代主义建筑师密斯・凡・德・罗（Mies Van der Rohe）设计的巴塞罗那博览会德国馆，从中可以充分体会到现代主义的风格特点。

图 1–19　西班牙巴塞罗那博览会德国馆平面及室内透视

（三）多元时代的来临

现代主义风格盛行一段时间之后，设计界开始进入多元化的时代，各种哲学思想、艺术流派的不断出现给建筑室内设计带来了各种各样的新思路、新方向。它们既互相对立又互相影响，一时间众说纷纭，流派纷呈，如后现代主义、新理性主义、新地域主义、解构主义、新现代主义、高技派、简约主义，等等。当今设计师面临的选择空前多样，历史倾向、未来倾向、功能倾向、美学倾向、几何的规整性、仿生的不规则性、对称、非对称、简洁、繁复、精雕细刻、简约、多彩、单色、平静、激情、整体、连续、片断、孤立……

这些不同的倾向各有其代表作，孰优孰劣，目前尚难定论。时至今日，还有大量的设计师在进行其他各种各样的尝试与探索，也产生了许多优秀作品和理论，室内设计界展现出一派生机勃勃的景象，设计多元化的时代已经到来。展望未来，室内设计的变化仍将与建筑设计及其他艺术门类的变化思潮齐头并进，并且与整个社会的变化和科技的进步相适应，室内设计必将散发出更为迷人的魅力。

第三节　室内设计的内容及方法程序

现代室内设计所包含的内容和传统的室内装饰相比，涉及的面更广，相关的因素更多，内容也更为深入。其中既包含对室内环境整体空间界面的处理，又包含对室内光、色、材质的考虑，还包含对诸多室内内含物的设计与选择……面对如此丰富的设计内容，在设计时应该注意遵循适当的原则，按照一定的方法程序来进行。在学习室内设计的过程中要对上述问题有全面的认识，同时还要注意学习方法的科学性，这样才能达到理想的效果。

关键词：内容、原则、方法、程序

一、室内设计的内容

（一）室内环境所包含的主要内容

室内环境包含的内容，一方面涉及由界面围合而成的具有一定形状、尺度的室内空间环境，室内声、光、热环境，室内空气环境（空气质量、有害气体和粉尘含量、负离子含量、放射剂量……）等室内客观环境因素；另一方面，由于人是室内环境设计服务的主体，从人们对室内环境身心感受的角度来分析，室内环境还应该包括室内视觉环境、听觉环境、触觉环境、嗅觉环境等，即人们对环境的生理和心理的主观感受，其中以视觉感受最为强烈直接。客观环境因素和人们对环境的主观感受，是现代室内环境设计研究的主要问题（图 1-20）。

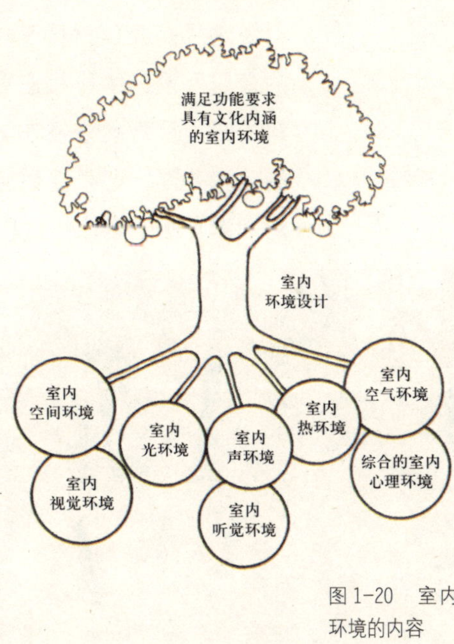

图 1-20　室内环境的内容

与此相对应，室内环境设计的内容主要包括：室内空间组织、调整和再创造；室内平面功能分析和布置；地面、墙面、顶面等各界面线形和装饰设计；考虑室内采光、照明要求和音质效果；确定室内主色调和色彩配置；选用各界面的装饰材料、确定构造做法；协调室内环境控制、水电等设备要求；家具、灯具、陈设等的布置、选用或设计；室内绿化布置，等等（图 1-21）。

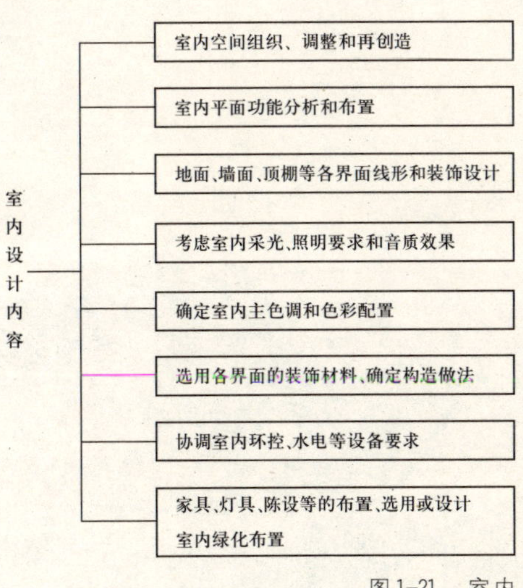

图 1-21　室内环境设计的内容

随着社会生活的发展和科技的进步，室内环境设计需要考虑的方面，还会不断兼容许多新的内容。对于从事室内设计的人员来说，虽然不可能对所有涉及的内容全部掌握精通，但是在进行室内设计实践时，应该根据不同项目的不同功能要求，尽可能熟悉相关的基本内容，了解与该室内设计项目关系最密切、影响最大的环境因素，从而在设计时能主动自觉地考虑各项相关因素，能与相关工种专业人员相互协调、密切配合，有效地提高室内环境设计的内在质量。

比如说影视厅的室内设计，从室内声环境的质量考虑，对声音清晰度具有很高的要求。室内声学知识告诉我们，室内的混响时间越短，声音的清晰度越高，这就要求在影视厅室内设计时采用诸如合理控制顶棚高度，包去平面中的隙角以使室内空间适当缩小，采用穿孔的吸声吊顶，对地面、墙面以及座椅面料等选用高吸声材料等措施，以增大室内各界面的吸声效果。而同属观演空间的音乐厅设计由于相应要求混响时间较长，因此内厅要有较大的体积，装饰材料的吸声反声要求及布置方式也与影视厅不同。可见对于影视厅、音乐厅室内的艺术处理，必须要以室内声环境的要求为前提，作为设计师，必须对这方面的知识有所了解才能进行合理的设计（图 1－22）。

图 1-22 上海东方音乐厅（设计：Paul Andreu）内部 造型独特的界面既提供了视觉上的美感，又满足了声学功能的要求

由此可见，舒适优美的室内环境的创造，一方面需要设计师运用建筑美学原理进行创作，另一方面又需要以相关的客观环境因素要求（如声、光、热等）作为设计的基础。主观的视觉感受或环境气氛的创造，需要与客观的环境因素紧密地结合在一起，这样才能创造出高质量的现代室内环境。

（二） 室内设计包含的主要内容及其内在联系

前面我们已经提到过，现代室内设计涉及的面很广，包含的内容很多，但是从总体上看，设计的主要内容可以归纳为以下三个方面，这三个方面的内容相互之间又存在一定的内在联系。

1. 室内空间组织和界面处理

首先要充分理解原有建筑设计的意图，对建筑物的总体布局、功能安排、人流动向以及结构体系等有深入的了解，再在室内设计时对室内空间

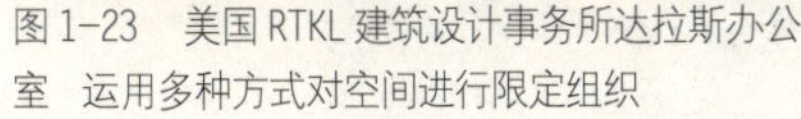

图 1-23　美国 RTKL 建筑设计事务所达拉斯办公室　运用多种方式对空间进行限定组织

图 1-24　别致的界面形状和图案构成处理

和平面布置进行调整、完善或再创造。由于现代社会生活的变化节奏加快，建筑功能发展或变换，也常常需要对已有的室内空间进行改造或重新组织，这在当前各类建筑的更新改造任务中相当常见。此外，室内空间组织和平面布置，也必然包括对室内空间各界面围合方式的设计（图 1-23）。

室内界面处理，是指对室内空间的各个围合面（地面、墙面、隔断、顶面等各界面）的使用功能和特点的分析，对界面的形状、图案、线脚、肌理构成等的设计，以及界面和结构构件的连接构造，界面和水、电、风等管线设施的协调配合等方面的设计。图 1-24 为界面形状和图案构成处理；图 1-25 为一公共建筑室内吊顶结合照明、风口的造型处理。

值得注意的是，室内界面处理不一定非要做“加法”。在有些项目中，从建筑物的使用性质、功能特点方面考虑，一些建筑结构构件（如网架屋顶、混凝土柱身、清水砖墙等）也可以不加任何装饰直接呈现，作为界面处理的手法之一。这也正是现代室内设计与单纯的室内装饰在设计思路上的区别（图 1-26）。

室内空间组织和界面处理，是确定室内环境基本形体和造型的设计内容，设计时应该以物质功能和精神功能的要求为依据，同时考虑相关的客观环境因素和主观的身心感受。

图1-25　吊顶与照明、风口相结合统一处理

图1-26　德国纽伦堡市圣玛丽亚大教堂音乐厅（设计：芬兰拜卡·沙米宁建筑师事务所）暴露建筑屋顶梁架及清水砖墙

2. 室内光照、色彩设计和材质选用

光是人类生活不可缺少的重要元素，是人们对外界视觉感受的前提。

室内光照所指的内容包括室内环境的天然采光和人工照明，光照除了能满足人们对于正常的工作生活环境的采光、照明要求外，还能对人的生理和心理产生显著的影响，光照和光影效果还能有效地起到烘托室内环境气氛的作用（图1-27）。

图1-27 荷兰Supperclub Cruise（设计：Concrete Architectural Association）运用灯光颜色的变化营造出神秘感性的氛围

图1-28 德意志银行悉尼总部（设计：澳大利亚BVN建筑设计事务所）墙面绚丽的色彩为理性的室内空间增添了活力

色彩的视觉效果非常直接，是室内设计中最为活跃生动的因素，室内色彩往往给人们留下室内环境的第一印象，具有独特的表现力（图1–28）。人们通过视觉感受色彩，进而产生一定的生理和心理效应，使人形成丰富的联想和想象。

色彩的感知离不开光的作用，有一定的光照才能充分地感受和分辨颜色。此外，色彩还必须依附于界面、家具、室内织物、绿化等物体。室内色彩设计需要根据建筑物的特点、室内使用性质、人们工作活动特点、停留时间长短、所需环境气氛等因素，确定室内主色调，合理选择适当的色彩配置。

材料质地的选用，是室内设计中直接关系到实用效果和经济效益的重要环节，巧妙用材是室内设计中的一大学问。饰面材料的选用，应该注意同时满足使用功能和人们身心感受这两方面的要求，例如坚硬、平整的花岗石地面，自然、亲切的木质面材，光滑、精巧的镜面饰面以及轻柔、细软的室内纺织品等不同材质会给人带来不同的感受。室内设计中的形、色，最终必须由材质这一载体来体现。在光照下，室内的形、色、质融为一体，赋予人们综合的视觉心理感受。图1–29是一处酒店大厅的综合视觉感受。

3. 室内内含物（家具、灯具、陈设、织物、绿化、标识等）的设计和选用

家具、灯具、陈设、织物、绿化、标识等室内设计的内容，可以相对独立地脱离室内界面布置于室内环境空间里（固定家具、嵌入灯具、壁画及部分织

物、标识等与界面相结合）。通常它们都处于人们视觉中显著的位置，容易吸引人的注意力，家具还直接与人体接触，被人近距离感受。在室内环境中，它们的实用和观赏价值都非常突出。不仅如此，家具、灯具、陈设、织物、绿化等对于烘托室内环境气氛、形成室内设计风格等还具有举足轻重的作用。

特别值得一提的是，室内绿化在现代室内设计中越来越受到人们的重视，具有不可替代的特殊作用。室内绿化具有改善室内小气候和吸附粉尘的功能，更为主要的是，室内绿化给以人工物品构成为主的室内环境增添了自然气息，柔化了室内人工环境，使室内环境显得生机勃勃，令人赏心悦目（图 1–30）。在高节奏的现代社会生活中，室内绿化还具有调节人们心理平衡的作用。

布置室内内含物时，必须根据环境特点、功能需求、审美要求等因素，精心选择、巧妙配置，才

图 1–29 天津瑞湾锦江酒店（设计：刘杰）旋转楼梯的精美流线、造型别致的椭圆形灯具、暖色的特殊肌理墙面等在灯光照射下给人带来的综合视觉感受

图 1–30 坐落于意大利热那亚城西边缘地带的环海山丘上的伦佐・皮亚诺工作室与联合国教科文组织实验室绿化让室内生机勃勃

能创造出高品位、高舒适度、高艺术境界的室内环境。

上述室内设计内容所列的三个方面，其实是一个有机联系的整体：光、色、形体让人们能综合地感受室内空间环境，光照下的室内界面和家具灯具陈设等是色彩和造型的依托载体，家具、灯具、陈设等又必须和空间尺度、界面风格相协调。

现代室内设计被认为是处在建筑艺术和工程技术、社会科学和自然科学的交汇点上的一门学科，包含的内容非常丰富，与另外一些学科和工程技术因素的关系也极为密切。相关学科如建筑美学、材料学、人体工程学、环境物理学、环境心理和行为学等；相关技术因素如结构构造、室内设备设施、施工工艺和工程经济、质量检测以及计算机辅助设计技术（CAD）等。

二、室内设计的原则

室内设计涉及的相关学科门类众多，其设计原则也涉及多方面内容。从整体而言，涉及国家的方针政策；从使用功能而言，涉及功能原则；从建造而言，涉及各种技术规范、安全条例等；从经济而言，涉及各项经济原则；从艺术角度而言，涉及诸多美学原则……这些原则概括起来就是：在一定条件下，完美地综合满足各种功能要求，并且使设计符合美学原则和具有独特的创意。

这里所说的一定条件，一般指的是特定的地域位置、地理环境和气候条件，特定的城市环境、城市文脉与文化氛围，以及特定的法规条件、特定的施工条件、一定的经济能力和时间条件。

这里所说的功能要求包括物质功能和精神功能两方面的双重要求。它既要求室内空间能满足使用、安全、卫生等基本要求，又要求室内空间能为人们提供良好舒适的物理环境，解决照明、采暖、制冷、通风、供水等一系列技术问题，还要求室内环境能满足使用者的精神需求，使设计尽量与使用者的年龄、身份、气质、民族、文化背景等相吻合。

至于美学原则方面的要求，则是任何室内设计首先必须符合的、任何视觉艺术都要满足的基本要求，否则就谈不上美，也就无法成为一个设计作品。另外，在美的基础上，还应该强调设计在创意上的要求，必须具有新颖的立意、独特的构思，具有个性和独创性。只有这样的作品，才能真正称得上是优秀的设计作品。

三、室内设计的思考方法

室内设计创作过程中的思考方法，归纳起来主要包括以下三点内容：

（一）大处着眼、细处着手，整体与细部深入推敲相结合

大处着眼指的是在设计思考中应该先有一个设计的全局观念。首先应该对

整个设计任务具有全面的构思与设想，建立起设计的总体框架，然后在具体设计中再从细处着手进行深化，根据室内的使用性质，深入调查、收集资料，在基本的人体尺度、人流动线、家具尺寸等方面反复推敲，使局部融合于整体，达到整体与细部的完美统一。只有这样，设计才能既有合理的总体构想，又能详细深入，符合具体客观实际的要求，否则就容易陷入空洞或琐碎的境地。

（二） 从内到外，从外到内，内外结合，协调统一

这里的“内”是指某一室内空间，“外”是指与该室内空间相关联的其他室内空间以及建筑室外环境，它们之间有着相互依存的密切关系，设计时需要由内到外、由外到内多次反复协调，才能最后趋于完善合理，使室内环境整体的性质、风格相一致，并且与室外环境协调统一，否则就容易造成相邻室内空间之间的不协调与不连贯，也可能造成内外环境的冲突对立。

（三） 意在笔先或笔意同步，立意与表达并重

“意”是指立意、构思、创意，“笔”是指表达。一项设计，立意与构思是极其关键的因素，缺乏立意与构思往往也就失去了设计的“灵魂”。因此，一般而言，应该意在笔先，只有先有了明确的立意与构思，才能有针对性地展开具体设计工作。但是产生一个独特成熟的构思往往并不容易，需要足够的信息和充分的时间，需要设计者反复思考与酝酿，因此，在很多情况下，也可以笔意同步，边构思边动笔，边动笔边构思，在设计过程中使构思逐步明确与完善。

对于室内设计来说，意与笔的关系还表现在一个优秀的设计构思还需要有优良的表达手段，包括图纸、模型、文字、语言说明甚至多媒体演示等，只有这样，才能使业主、评审人员、专家、领导、同行等快速、完整、清晰地了解设计者的构思，领会设计意图。因此，对于设计者来讲，能够做到熟练掌握并运用各种表达手段也是一项十分重要的能力。

四、室内设计的程序步骤

一个完整的室内设计的过程一般可以分为以下几个阶段：设计准备阶段、方案设计阶段、扩初设计阶段、施工图设计阶段、设计实施阶段和使用后评价阶段。

（一） 设计准备阶段

设计准备阶段主要包括与业主的充分交流，了解业主的总体设想，然后接受业主的委托，根据设计任务书及有关国家文件签订设计合同，或者根据标书要求参加投标。

在此阶段，应该明确工程的性质、规模、投资、等级标准、使用特点、所需氛围、文化内涵和艺术风格等要求，明确设计期限并制定设计进度安排，考虑各有关工种的配合与协调，熟悉相关设计规范，同时应对现场进行调查，了解建筑基本情况，查阅资料并参观调研相关类型的实例。在签订合同或制定投标文件时，还应该明确设计进度安排、设计费率标准等。具体内容包括：

1．了解建筑的基本情况

收集该建筑物（或某一建筑中特定空间）的原始设计图纸（平、立、剖面图等）和设计说明书。如上述资料无法收集时，需进行具体测绘来补救。另外，在可能的条件下，应设法与原设计的建筑师进行交流，充分了解原有的设计意图、建筑物的消防等级、机电设备配套情况等内容。

2. 了解业主的意图与要求

应和业主进行深入细致的交谈，了解他们对于各个空间的具体使用要求、装饰的意图和预期的效果。要注意的是：一味听从业主要求的做法和不顾业主需求自行其是的做法都是不可取的。正确的做法是将业主潜在的心理需求通过设计师的创造性劳动来加以实现，有时应该通过合理的交流和适当的引导促使业主接受合理的建议。

3. 明确工作范围及相应范围的投资额

目前国内关于土建工程与室内设计工程的某些界限有时并不十分明确，因此，在设计准备阶段应该先明确工作范围。同时还必须对业主的装修投资情况进行了解，装修投资额对于材料选择和室内设计的整体效果具有十分重要的影响，在设计前应做到心中有数。

4. 明确材料配套的情况

设计师应该了解可能涉及的材料的品牌、质量、规格、色彩、价格、供货周期、防火等级、环保安全指标等内容。随着安全意识的增强，国家对不同空间、不同装饰部位的材料的防火等级和有害物控制有严格的要求，必须引起设计师的重视。另外，设计师还应该了解材料的供货渠道和供货周期，以便更好地为业主和工程服务。

5. 实地调研和收集资料

对设计现场进行测量，对施工场所和周边环境以及其他种种条件和情况作文字记录，按恰当的比例绘图，拍摄必要的照片，以便进行研究和存查。同时，应尽可能搜集到必要的设计参考资料，研究其借鉴的可能性。

6. 拟定设计任务书

在设计实践中，常会遇到业主的设计委托书不全，或只标明大概的投资金额的情况。业主常以其他工程作参照，或待设计方案出台后，再确定投资金额。这样，设计方案常会因业主的意见而不断修改，给设计工作带来不必要的麻烦。鉴于这种情况，接受委托的设计师务必与业主协商，明确设计的内容、条件、标准，先拟定一份合乎实际需求、经过可行性研究的设计方案委托书。

（二） 方案设计阶段

方案设计阶段是在设计准备阶段工作成果的基础上，进一步收集、分析、研究设计要求及相关资料，与业主进行沟通交流，形成相应的设计构思，然后进行多方案设计，继而经过方案比较、选择，从而确定最佳方案的阶段。

在这个阶段中，室内设计师将通过初步构思——吸收各种因素介入——调整——绘制草图——修改——再构思——再绘成图式的反复操作过程，最后形成一个各方均能满意接受的理想设计方案。这一过程实际上是室内设计师的思维方式从概念转化为形象的过程，是通常所说的室内设计师头脑中的设计语言通过形象思维转化为清晰的设计图式形象的过程，这一阶段是设计过程中的关键阶段。

室内设计师提供的方案设计文件，主要包括设计说明书和设计图纸。其中，设计说明书是设计方案的具体解说，主要涉及建筑空间的现状、相关设计规范依据、设计的总体构思、对功能问题的处理、平面布置中的相互关系、装饰的风格和处理方法、装饰技术措施等内容。设计图纸主要包括平面图、顶面图、主要立面图、剖面图、彩色效果图等。除此之外，还有造价估算和室内装饰材料实样（家具、灯具、陈设、设备等可用照片表示，其他如织物、石材、木材、墙纸、地毯、面砖等均宜采用小面积的实物）。

（三） 扩初设计阶段

在实践中，一般的室内设计项目在具体设计环节上通常分为两个阶段进行，即方案设计阶段和施工图设计阶段。方案设计一般就能送交有关部门审查，待方案被基本认可后，设计单位再在吸收业主和专家意见的基础上，对原方案设计进行调整，然后直接进入施工图设计阶段。

而对于一些大型的、复杂的、技术要求较高的室内设计项目，则需要在方案设计的基础上进行扩初设计，对方案设计进行深化，以报业主和有关部门进一步确认。扩初设计是对方案设计的进一步完善和深入，是从方案设计到施工图设计的过渡阶段。这个阶段要完成工程和方案中的一系列具体问题，作为下一步制定施工图、确定工程造价、控制工程总投资的重要依据。

扩初设计阶段提供的图纸种类基本与方案设计阶段相似，但更深入些并从各专业角度考虑、论证了方案设计的技术可行性。这一阶段提供的成果应包括其他配套专业的相关图纸。

（四） 施工图设计阶段

施工图设计阶段是设计师对整个设计项目的最后决策，必须与其他各专业进行充分的协调，综合解决各种技术问题，向材料商与承包商提供准确的信息。在我国，施工图设计一般均由设计单位完成，然后以此为依据，再进行施工的招投标工作。

施工图设计阶段，主要是在完整性和准确性两方面为工程施工作更进一步的准备，切实保障工程的设计质量和施工技术水平。施工图是直接提供给施工企业按图施工的图纸，图纸必须尽可能规范、详细、完整。施工图还是编制工程预算、银行拨付工程款以及安排材料和设备的依据。施工图的可行性、完整性和准确性应由专门人员进行相应的审查和审批。

施工图设计阶段提供的成果主要包括设计说明书和施工图纸两部分。设计说明书是对施工图设计的具体解说，以此说明施工图设计中对工程的总体设计要求、规范要求、质量要求、施工约定以及设计图纸中未表明的部分内容。施工图是工程施工的依据，其内容应包括：完成施工所必需的门窗表、平面图、顶面图、立面展开图或剖视图、剖面图、节点详图、细部大样图、设备管线图。设计师应该详细标明图纸中有关物体的尺寸、做法、用材、色彩、规格等，为施工操作、施工管理及工程预决算提供翔实依据。需要强调的是，在施工图设计中，除了一般室内设计空间界面装饰部分的内容外，还必须充分考虑给排水系统、强弱电系统、消防系统、空调系统等的管线和设备的布局定位以及施工配套顺序。完整的施工图纸必须包括上述各专业的施工图纸以及装饰配部件、五金门锁、卫生洁具、灯光音响、厨房设备等具体物件的详细文件资料。

施工图出图时必须使用图签并加盖出图章。图签中应有工程负责人、专业负责人、设计人、校核人、审核人的签名。

施工图设计阶段还应提供施工图设计概预算。施工图设计概预算是指在施工图设计完成后、装修工程开工前，根据设计说明书和施工设计图纸计算的工程量、国家规定的现行预算定额、单位估价表、各项费用取费标准以及各种技术资料，确定工程费用的经济文件。

（五） 设计实施阶段

设计实施阶段也就是施工阶段，在此过程中，虽然大部分设计工作已经完成，项目也已经开始施工，但是设计师仍必须高度重视，否则将难以达到理想的效果。

此阶段中，室内设计师的工作主要包括：在施工前向施工人员解释设计意图，进行图纸的技术交底；在施工中根据工程进展情况，进行现场配合与指导，及时回答施工队提出的有关设计的问题；根据施工现场实际情况提供局部设计修改或补充要求（由设计单位出具修改通知书）；进行装饰材料等的选样工作，协助业主选择灯具、洁具等；施工结束时，会同质检部门与业主进行质量验收；施工完成以后，如有必要，还需协助业主选择家具和陈设品等。

在施工阶段，一般还应该有专门的监理单位承担工程监理的任务，对装修施工进行全面的监督与管理，以确保设计意图的实施，使施工按期、保质、保量、高效协调地进行。

总之，为了塑造一个理想的室内环境，使设计取得预期效果，室内设计师必须与业主、其他专业的工程师、管理部门、材料商、施工队等充分合作，在设计意图和构思方面取得共识，在施工过程中密切配合，否则，难免出现问题，造成意想不到的损失。

（六） 使用后评价阶段

当工程施工完成后，室内设计的过程其实并没有真正结束，室内设计效果的好坏还要经过客户使用后的评价才能确定。室内设计工程只有通过使用后的评价才能知道设计中的优点和不足，才能更好地总结经验教训，在以后的实践中改进设计，不断提高设计水平。

五、室内设计的学习方法

室内设计涉及的内容很多，专业性很强，要想成为合格的室内设计师，需要较长时间的学习积累过程。室内设计的学习总的说来分为室内设计理论学习和室内设计实践学习两部分。室内设计理论和室内设计实践之间既有明确的界限又相互联系，理论关注的是普遍的、不受背景限制的一般概括；而实践关注的是具体的、取决于特定背景的特定实例。理论处理的是抽象的概念，可以指导实践；实践处理的是具体的事实，是理论的应用和深化。

（一） 室内设计基本理论的学习

室内设计理论，是指导室内设计师进行设计时最重要的理论技术依据，经过多年的研究发展和实践总结，已经积累了丰富的内容，在学习中要特别注意以下几个方面：

1. 注重对人和自然的关怀

人是室内活动的主体，满足人的生理和心理需求是营造室内空间的根本目的，是现代室内设计的核心内容，因此，围绕人在内部空间的活动规律而制定出的理论就构成了室内设计原理的基础。

可持续发展是21世纪人类面临的最迫切课题。室内设计中的生态问题、环保问题、节能问题等是极为重要的内容，由室内设计所引发出的种种环境问题，如不及时解决，将有可能造成对生态和环境的破坏，因此必须引起我们的高度重视。

2. 注重全球文化与地域文化的发展变化趋势

不同地域的文化各具特色，有其特殊规律和历史延续性。因此，我们既要时刻关心当代全球文化发展的新成果，了解具有时代精神的价值观和审美观，又要充分尊重不同地域特有的传统文化。在室内设计创作中对这方面内容给予充分关注，促进室内设计创作的繁荣。

3. 熟悉人体工程学和环境心理学

人体工程学是近几十年发展起来的一门新兴综合性学科。过去人们常把人和物、人和环境割裂开来，孤立地对待；而人体工程学把人、物、环境三者作为一个整体系统进行研究，其成果有助于我们协调人、物、环境之间的关系，达到三者的完美统一。

环境心理学也是一门新兴的综合性学科，着重从心理学和行为的角度探讨人和环境之间的相互关系，其在室内设计中的应用相当广泛，主要涉及室内设计与人的行为模式和心理特征相符合；认知环境和心理行为模式与室内空间组织的关系；室内空间使用者的个性与环境的相互关系等。

总之，人体工程学和环境心理学的相关内容有助于从人的生理与心理角度出发考虑室内设计问题，塑造充分满足人的生理和心理需求的理想的内部空间。

4．学习相关工程知识

室内设计所涉及的专业很多，技术要求各有不同，因此必须要了解相关知识才能更好地学习室内设计。室内设计与其他工种的配合包括：建筑结构类；管道设施类——空调、水、电、照明、采暖、消防；艺术饰品类——雕塑、字画、饰品等；园林景观类——植物、绿化布局及采光要求；电器设备类——家用电器、办公设备……如此众多的元素必然要求设计师具有宽广的知识面，对相关学科知识都有所了解。特别是在进行大型公共建筑内部空间设计时，牵涉业主、施工单位、经营管理方、建筑师、室内设计师、结构、水、电、空调工程师以及供货商等，设计师只有对各方面的知识都有所了解，才能与各方人员顺利沟通，相互协调，解决复杂工程中的复杂问题，达到各方面都能满意的结果。

5．熟悉相关规范

室内设计首先要保证室内空间使用的安全，其次才是装饰效果。为了确保安全，国家制定了很多专业规范，对于一些特殊行业还有专门的行业标准，而且每年都会对部分规范内容进行修订和更新。室内设计中比较常用的规范有《建筑设计防火规范》、《建筑内部装修设计防火规范》、《高层民用建筑设计防火规范》、《民用建筑工程室内环境污染控制规范》、《建筑装饰工程施工及验收规范》等，作为设计师应该了解常用规范的内容，熟悉主要数据，在设计中主动运用，确保设计符合现行规范的要求。

（二） 室内设计实践的学习

在学校专业教育中，室内设计实践的学习方法主要有以下几种：

1．案例学习法

室内设计中的案例学习法，指的是通过对具体室内设计案例的分析和讨论，形成对室内设计的本质、意义、原理和局限性等内容的认识，了解室内设计中疑难问题的解决方法。

案例学习法为每个参与讨论者提供了同样的事实与情景，其中所隐含的决策信息是相同的，但是由于每个人的知识结构不同，对案例的理解就会有不同，不同的观点与解决方案在讨论中会发生碰撞，产生火花。通过讨论，可以逐渐完善对案例的认识，加深对理论知识的理解。

2．室内空间体验学习法

所谓室内空间体验指的是设计者亲身沉浸在已建成的室内空间环境中，与空间相融，感受空间的存在，和空间进行交流互动。这是学习室内设计的一种重要方法。

室内空间是由具体的物质围合而成，它不是抽象的而是具体的。一个画在纸上的方案不是空间，它只是对空间或多或少的间接表现，只有空间体验才是最直接、最真实的。空间体验能够帮助我们将经由图纸得来的对设计作品的印象在真实环境中加以印证，从而获得对空间、材料、色彩、光线、尺度等最真实直接的体验。我们应该学会以一种具体的方式去体验室内空间，去看它、摸它、听它甚至闻它的味道。我们只有带着对室内设计作品具体形象的体验并受其影响，才有可能在心灵中唤起这些形象并重新审视它们，从而帮助我们发现新的形象，设计出新的作品。

3．室内设计专题训练

所谓专题训练，是指有一定独立性的、有明确的题目和任务、可以获得一定成果（阶段成果）或结论的室内设计，是由学生在教师指导下独立完成的设计实践过程。在教学中表现为课程设计、毕业设计和室内设计实习（实践）等形式。

专题训练的主要目的是培养学生运用已获得的一系列基础知识和专业技术，进行综合思考和分析，进一步训练运用创造性思维分析和解决问题的能力。专题训练的题目有两种，一种是假想的，另一种是实际的，这两类题目各有利弊。前者有利于教学的系统性，但与工程实践有一定的距离；后者的特点正好相反。为了使学生毕业后能尽快融入社会，在教学中应适当增加以实际工程为主题的训练。

4．施工现场实践教学

施工现场实践教学的目的是在学生完成基础课、专业基础课和专业课的基础上，通过工程施工实习，进一步了解室内设计工程的设计、施工、施工组织管理及工程监理等主要技术，使书本理论与生产实践有机结合，扩大视野，增强感性认识，培养学生独立分析问题和解决问题的能力，以适应未来实际工作的需要。

室内设计工程施工的现场实践教学有助于提高专业课的教学质量；丰富和拓宽学生的专业知识面；加深学生对结构体系、细部构造、装饰材料、施工工艺、施工组织管理、工程预算等内容的理解，巩固课堂所学知识；使学生了解装饰施工企业的组织机构及企业经营管理方式等，达到理论联系实践的目标。

本章思考题：

1. 什么是室内设计？

2. 室内设计师应该具有哪些方面的能力？

3. 室内设计与建筑设计有什么区别和联系？

4. 室内设计的大致发展历程是怎么样的？在各个不同的历史时期各有哪些特征？

5. 室内设计包含哪些主要内容？

6. 室内设计的过程包含哪几个不同的阶段？

7. 如何进行室内设计学习？

第二章

室内空间界面设计及造型原则

第一节 室内空间组织

对室内空间处理的重视与强调是现代室内设计区别于传统室内装饰的一个重要特征。室内空间不但为人们在室内进行各项活动提供了物质保障，还能够通过空间形象的塑造满足人们的精神需求。另外，与室外空间相比，室内空间有其特殊性，在设计时要对有关问题给予有针对性的考虑。在室内设计过程中，需要综合考虑上述各种空间功能与需求，通过适当的手段对室内空间进行限定和组织，以取得丰富多彩的空间效果。

关键词：室内空间、限定、组织

一、室内空间的概念、特性与功能

（一） 室内空间的概念

室内空间是相对于室外自然空间而言的，是人类劳动的产物。人对空间的需要，是一个从低级到高级，从满足生活上的物质需求，到满足心理上的精神需求的发展过程。而人们的物质或精神上的需求，又都受到当时社会生产力、科学技术水平和经济文化等方面因素的制约。因此，随着社会的发展，人们的物质精神需求会发生变化，对空间的要求也会随之发生改变。室内空间的内涵、概念也不是一成不变的，而是在不断地补充、更新和完善。

对于一个具有地面、顶盖、东南西北四方界面的六面体的房间来说，室内外空间的区别比较容易被识别，而对于不具备完整六面体的围蔽空间，例如缺少顶面或者缺少几面侧墙的空间，就会表现出多种形式的内外空间关系，有时难以在性质上加以区别。不过在现实生活中我们发现，一个最简单的独柱伞壳，如海滨沙滩上的遮阳帐篷、凉亭等，在一定条件下（主要是高度），可以使人避免日晒雨淋，在一定程度上达到了室内空间最原始的基本功能；而徒具四壁的空间，虽然围合面较多，却因为是露天的，只能被称为“院子”或“天井”。由此可见，有无顶盖是区别内、外部空间的主要标志。具备地面（楼面）、顶盖、墙面三要素的房间是典型的室内空间；不具备三要素的，除无顶盖的院子、天井外，有些可被视为开敞、半开敞等不同层次的室内空间。这样的认识和分析对于创造、开拓室内空间环境具有重要的意义。比如说，当我们希望扩大室内空间感

图 2-1 屋顶挑檐所覆盖形成的半开敞休息空间

时，一般以延伸顶盖的做法最为有效(图2-1)。地面、墙面的延伸，虽然也有扩大空间的感觉，但主要体现的是室外空间的引进，室内外空间的密切联系。而在顶盖设置天窗的做法，则主要表现为进入室外空间，同时也会让室内空间具有开敞的感觉(图2-2)。

图2-2 屋顶天窗，引入室外光线，室内感觉豁然开朗

(二) 室内空间的特性

室外空间主要和大自然直接发生关系，如天空、大地、阳光、山、水、风、树木花草等；室内空间主要和人工因素发生关系，如顶棚、地面、墙面、家具、灯光、陈设等。这两种不同类型的空间具有各自不同的特性。

室外空间是无限的，而室内空间无论面积大小都相对是有限的，在有限的室内空间中，人的视距、视角等会受到一定限制。室内外光线在性质和照度上也很不一样，室外是直射阳光，物体具有较强的明暗对比，室内除部分是受阳光直射照射外，大部分是受反射光和漫射光照射，没有强的明暗对比，光线比室外要弱，相对比较柔和。因此，同样大小的物体，例如一根柱子，在室外由于受到光影明暗变化的影响，显得比较小；而在室内时因为在漫射光的作用下，没有强烈的明暗变化，显得更大一些。室外的色彩显得鲜明，室内则显得灰暗。这些差别对于设计时考虑物体的尺度、色彩是很重要的。

室内空间是与人体最接近的空间环境，人们对室内的一切物体既触摸频繁，又察之入微，对材料在视觉上和质感上都比在室外有更强的敏感性。与室外空间相比，由室内空间采光、照明、色彩、装修、家具、陈设等多因素综合形成的室内空间形象使人的心理产生更强烈的承受力和感受力，从而会对人的生理、精神状态产生更明显的影响。

随着时代的发展，现代室内空间环境的各方面条件不断完善，极大地影响和改变了人的生活、思想、行为等，应该说这是一种合乎社会发展规律的进步现象。但同时这种改变也带来不少新的问题，主要是由于与自然的隔绝、脱离日趋严重，从而使现代人体能下降，对自然环境气候变化的适应能力下降，另外，大量的建设活动也导致能源消耗日趋增加，等等。

历史虽然不会倒退，但人和自然的关系却是可以调整改善的，尽管这是一个全球性的系统工程，实施起来有很大难度，但为了全人类的未来，各行各业都应该尽力而为。对室内设计而言，应该考虑尽可能扩大室外活动空间，多利用自然采光、节约能源、使用环保材料、重视室内绿化、合理利用地下空间等，创造可持续发展的室内空间环境，保障人与自然和谐发展。

（三） 室内空间的功能

室内空间的功能包括物质功能和精神功能两方面内容。

物质功能主要指的是使用上的要求，如空间的面积、大小、形状，合适的家具、设备布置，使用方便，节约空间，交通组织、疏散、消防、安全等措施以及创造良好的采光、照明、通风、隔声、隔热的物理环境等。

现代科技的发展，新技术设备的引进和利用，对建筑使用提出了相应的新要求，其物质功能的重要性、复杂性不言而喻。比如说住宅的设计，在考虑满足一般基本的物质需求之外，还应考虑符合业主的经济条件，在维修保养等方面开支的限度，未来家庭智能化控制系统的安排设置，提供安保设施，并在家庭成员生活发生变化时，有一定的调整灵活性等。

精神功能是在满足物质需求的同时，从人的文化、心理需求出发考虑问题，如对个性、职业、社会地位、文化教育等方面的表现和对个人理想目标的追求等提出的要求，对人的不同爱好、愿望、审美情趣、民族文化、民族风格等方面的表现提出的要求，并能充分体现在空间形式的处理和空间形象的塑造上，使人们获得精神上的满足和美的享受。

谈到空间形象的美感问题，由于不同时代审美观念会受到文化、宗教、民族、地域等多方面因素的影响，往往难于一致，而且就同一个人来说，审美观念往往也是会发展变化的，因此要确立跨时代、跨地域的统一标准有一定的难度。不过，这并不能否定建筑形象美的一般规律。这些规律可以概括为形式美和意境美两个主要方面。

空间的形式美的规律如我们平常所说的构图原则或构图规律，主要包括统一与变化、对比、微差、韵律、节奏、比例、尺度、均衡、重点、比拟和联想等，这些都是在创造空间形式美时必不可少的手段。许多不够完美的作品，总可以在这其中的某些方面发现不足之处。由于人的审美观念的发展变化，这些规律也在不断得到补充、调整、更新。

不过，符合形式美的空间，却不一定都能达到意境美。就像绘画创作中，画一幅人像，可能在技巧上达到了相当高度，如比例、明暗、色彩、质感等都做得很出色，但如果没有表现出人的神态、风韵，就还不能算作上品。所谓意境美就是要表现特定场合下的特殊性格，也可称为建筑个性或建筑性格。故宫太和殿的“威严”、朗香教堂的“神秘”、巴塞罗那德国馆的“灵动”等都表现出建筑的性格特点，达到了具有强烈感染力的意境效果。

由此可见，形式美只能解决一般问题，意境美才能解决特殊问题；形式美只涉及问题的表象，意境美才深入到问题的本质；形式美只抓住了人的视觉，意境美才抓住了人的心灵。掌握建筑的性格特点和设计的主题思想，通过室内的一切条件，如室内空间、色彩、照明、家具、陈设、绿化等，去创造具有一定气氛、情调、神韵、气势的意境美，是室内空间形象创作的主要任务。

意境创造要抓住人的心灵，就要重视了解和掌握人的心理状态和心理活动规律，还可以通过人的行为模式，来分析了解人的不同心理特点。此外，在创造意境美时，还应注意时代的、民族的、地方的风格来表现。

二、室内空间限定与限定度

（一） 室内空间的限定

大自然中的空间是无限的，而室内空间往往是有限的。空间的存在离不开实体，被实体要素限定的虚体才是空间。离开了实体的限定，空间常常就不存在了。正像两千多年前中国古代哲学家老子说的："埏埴以为器，当其无，有器之用。凿户牖以为室，当其无，有室之用。故有之以为利，无之以为用。"（老子《道德经》第十一章）这句名言一语道破了空间的真正意义，十分生动地论述了"实体"和"虚体"的辩证关系，一直为国内外建筑界人士津津乐道。

在空间设计中，人们常常把被限定前的空间称为原空间，把用于限定空间的构件等物质手段称之为限定元素。在原空间中利用各种限定元素限定出另一个空间，经常采用的方法有以下几种：围合、覆盖、凸起、下沉、架起、设立和质地变化（图2-3）。

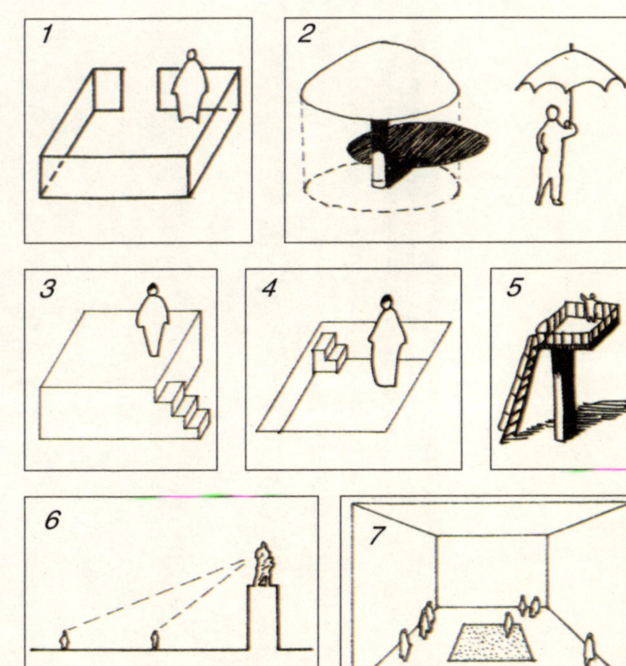

图2-3 空间限定的几种常用方法 1-围合 2-覆盖 3-凸起 4-下沉 5-架起 6-设立 7-质地变化

1．围合

通过围合的方法来限定空间是最常见、最典型的空间限定方法，室内设计中用于围合的限定元素很多，常用的有隔墙、隔断、家具、布帘、绿化等。由于这些限定元素在高低、疏密、质感、透明度等方面的不同，其所形成的限定度也各有差异，从而使所限定的相应的空间感觉也不尽相同（图2-4、图2-5）。

2．覆盖

通过覆盖的方式限定空间也是一种常用的方式。室内空间与室外空间最大的区别在于室内空间一般总是被顶界面覆盖的，也正是由于这些覆盖物的存

图 2-4　利用不同形式的构架来围合空间

图 2-5　利用金属网帘作为隔断围合出一处较为私密的休息空间，有朦胧的意境美

在，才使室内空间具有遮阳避雨的功能。用覆盖的方式限定空间时，一般都采取从上面悬吊或在下面支撑限定元素的办法来实现。在室内设计中，覆盖这一方法常用于比较高大的室内环境中，由于限定元素的离地距离、透明度、质感的不同，其所形成的限定效果也有所不同（图2－6、图2－7）。

图2-6　通过圆形片状吊顶与下方圆弧形沙发坐椅的呼应，增强空间的限定感

图2-7　运用从地面支撑起的弯折薄板组合来限定空间

3．凸起

凸起指的是将某一区域地面升高，形成高出周围地面的空间，其性质是“显露”的。在室内设计中，这种空间形式有强调、突出和展示等功能，有时也具有限制人们活动的意味（图2－8）。

4．下沉

下沉是另一种空间限定的方法，它使某区域地面低于周围的空间，它的空间性质与凸起正好相反，是“隐蔽”的，在室内设计中常常能起到意想不到的效果。它既能为周围空间提供一种居高临下的视觉条件，又能在下沉区域内部营造出一种静谧的气氛，同时也有一定的限制人们活动的功能。无论是凸起或下沉，都涉及地面高差的变化，因此在高差变化的边界处都应该要注意安全性的问题。图2–9就是通过地面的局部下沉限定出聚谈空间的例子。

图 2-8 运用局部地面的凸起与墙面配合限定出一个可供人坐卧的休息空间，与周围环境有明显的区分

图 2-9 通过地面的局部下沉，限定出一个聚谈空间，增加了促膝谈心的情趣，相对于周围的开敞空间也具有一定的私密感

5. 架起

架起形成的空间与凸起形成的空间有一定的相似之处，但架起形成的空间解放了原来的地面，从而在其下方创造出另一从属的限定空间。架起的具体方法一般包括吊杆悬吊、构件悬挑、梁柱架起等。在室内设计中，设置夹层及通廊就是运用架起手法的典型例子，这种方法对于丰富空间效果能起到很好的作用（图 2-10）。

图 2-10 上海建国中路 8 号桥时尚创意中心一号楼大厅大小各异、高低不同的圆形挑台在空间中穿插渗透，增加了空间层次，丰富了空间效果

6. 设立

设立指的是通过将限定元素设置于原空间中，从而在该元素周围限定出一个新的空间的方式。这种空间的形成，是意象性的，空间的边界是不确定的。在该限定元素的周围常常可以形成一种环形空间，限定元素本身也经常可以成为吸引人们视线的焦点。在室内设计中，一组家具、一件雕塑或陈设品都能成为这种限定元素，它们既可以是单个的，也可以是多个的；既可以是同一类物体，也可以是不同种类的物体。图 2-11 中，通过一组家具的设置对空间进行了限定。

图 2-11 HBO（Home Box Office）公司接待处　在开敞空间中通过设置一组圆桌座椅，限定出一处可供人休息等候、观看视频短片的区域

7．质地的变化

在室内设计中，通过界面质感、色彩、形状乃至照明等质地的变化，常常也能限定空间。这些限定元素主要通过人的主观意识发挥作用，一般而言，其限定度较低，属于一种抽象限定。图 2-12 即是通过地面色彩和材质的变化对空间所作的限定，不同区域之间既有一定的独立性，又保持极大的流通性。

（二）室内空间的限定度

通过以上介绍的围合、覆盖、凸起、下沉、架起、设立、肌理、色彩变化等方法可以在原空间中限定出新的空间，然而由于限定元素本身的特点不同和限定元素的组合方式不同，其所形成的空间限定的感觉并不完全相同，我们可以用“限定度”这个概念来判别和比较限定程度的强弱。有些空间具有较强的限定度，有些则限定度较弱。

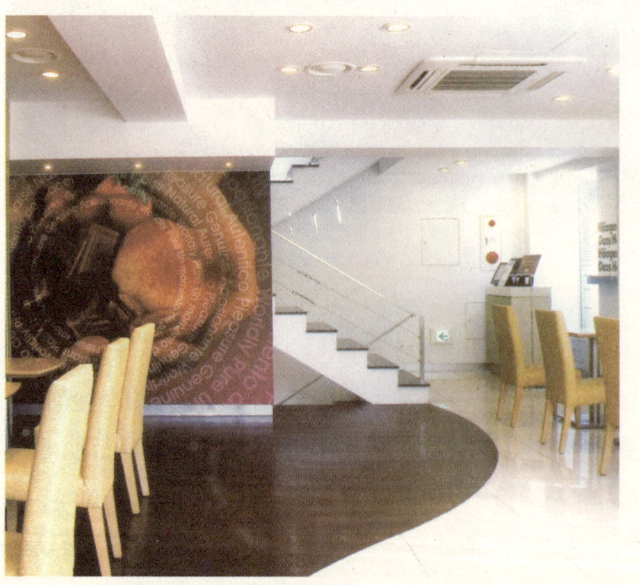

图 2-12　通过地面材质的变化限定不同空间区域

1. 限定元素的特性与限定度

用于限定空间的限定元素，由于本身在形式、大小、质地、色彩等方面的差异，其所形成的空间限定度会有所不同。表 2–1 即为在通常情况下，限定元素的特性与限定度的关系，在设计时可以根据不同的要求进行参考选择。

表 2–1　限定元素的特性与限定度的强弱

限定度强	限定度弱
限定元素高度较高	限定元素高度较低
限定元素宽度较宽	限定元素宽度较窄
限定元素为向心形状	限定元素为离心形状
限定元素本身封闭	限定元素本身开放
限定元素凹凸较少	限定元素凹凸较多
限定元素质地较硬较粗	限定元素质地较软较细
限定元素明度较低	限定元素明度较高
限定元素色彩鲜艳	限定元素色彩淡雅
限定元素移动困难	限定元素易于移动
限定元素与人距离较近	限定元素与人距离较远
视线无法通过限定元素	视线可以通过限定元素
限定元素的视线通过度低	限定元素的视线通过度高

2. 限定元素的组合方式与限定度

除了限定元素本身的特性之外，限定元素之间的不同组合方式也会对限定度产生很大的影响。在这里，我们为了分析问题的方便，假设各限定界面均为面状实体，以此突出说明限定元素的组合方式与限定度的关系。

（1） 垂直面与底面的相互组合。由于室内空间的最大特点在于它具备顶面，因此严格来说，仅有底面与垂直面组合的情况在室内设计中是较难找到实例的。这里之所以摒除顶面加以讨论，一方面是为了能较全面地分析问题；另一方面也考虑到在现实中，有时也会出现在一个室内原空间中，仅通过若干垂直界面限定另一空间的现象（图 2–13）。

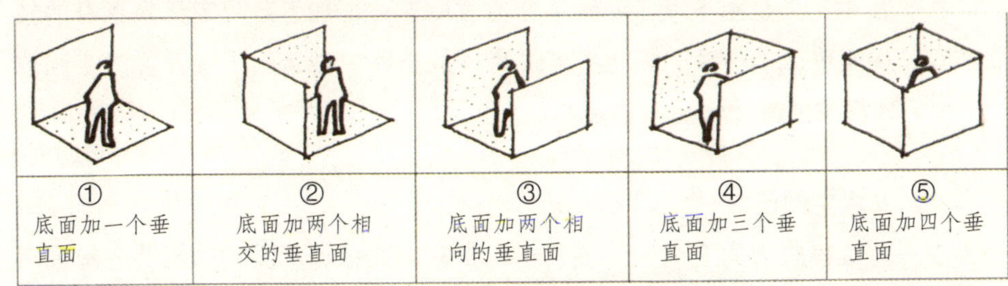

图 2–13　垂直面与底面的组合

① 底面加一个垂直面。人在面向垂直限定元素时，对人的行动和视线有较强的限定作用。当人背朝垂直限定元素时，有一定的依靠感。

② 底面加两个相交的垂直面。有一定的限定度与围合感。

③ 底面加两个相向的垂直面。在面朝垂直限定元素时，有一定的限定感。当垂直限定元素具有较长的连续性时，限定度提高，空间也会产生流动感，室外环境中的街道空间就是一个典型的例子。

④ 底面加三个垂直面。这种情况常常形成一种袋形空间，限定度比较高。当人们面向无限定元素的方向，则会产生较强的“居中感”和“安定感”。

⑤ 底面加四个垂直面。此时的限定度很大，能给人以强烈的封闭感，人的行动和视线均受到较强限制。

（2）顶面、垂直面与底面的组合。这种组合方式不但被运用于建筑设计（即室内原空间的创造）中，而且在室内原空间的再限定中也经常使用（图 2–14）。

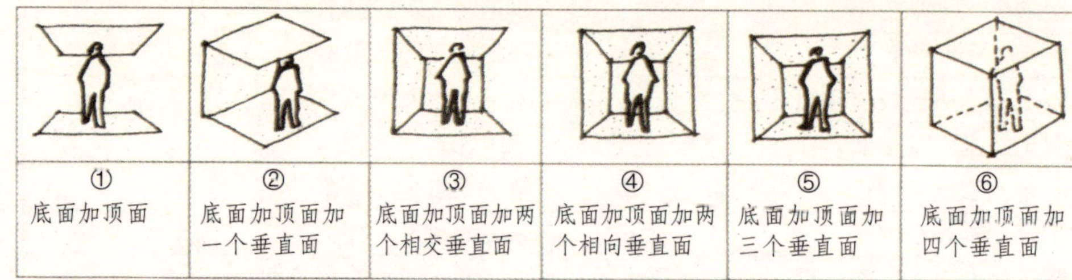

图 2–14 顶面、垂直面与底面的组合

① 底面加顶面。限定度较弱，但有一定的隐蔽感与覆盖感，在室内设计中，常常通过在局部悬吊一个格栅或一片吊顶来达到这种效果。

② 底面加顶面加一个垂直面。此时空间由开放走向封闭，但限定度仍然较低。

③ 底面加顶面加两个相交垂直面。当人们面朝垂直限定元素，有一定的限定度与封闭感，而当人们背向角落时，则有一定的居中感。

④ 底面加顶面加两个相向垂直面。这种组合方式产生一种管状空间，空间沿两个开口端方向有流动感。当垂直限定元素长而连续时，则会产生很强的封闭性，隧道即为一例。

⑤ 底面加顶面加三个垂直面。当人们面向没有垂直限定元素的方向时，有很强的安定感；反之，则有很强的限定度与封闭感。

⑥ 底面加顶面加四个垂直面。这种方式给人以限定度高、空间封闭的感觉。

在实践中，正是由于限定元素组合方式的变化，加上各限定元素本身的特征不同，从而形成了一系列限定度各不相同的空间，创造出千变万化的空间效果，使呈现出来的设计作品丰富多彩。

三、室内空间组织

在一些规模较大的室内设计项目中，常常需要根据不同的功能要求对原有的建筑空间进行再划分与再限定，通过划分限定得到的一系列空间之间如何相互联系，这时便会涉及到空间组织的问题。一般而言，不同空间之间的组织方式主要可以分为以下几种：以廊为主的组织方式、以厅为主的组织方式、嵌套式组织方式和以某一大型空间为主体的组织方式。这几种方式既各有特点又经常综合使用，形成了丰富多样的空间效果。

（一）以廊为主的组织方式

这种空间组织方式的最大特点在于各使用空间之间可以没有直接的连通关系，而是借走廊或某一专供交通联系用的狭长空间来取得联系。使用空间和交通联系空间互相分离，这样既能保证各使用空间的相对独立和互不干扰，又能通过走廊把各使用空间连成一体，以保持必要的联系，如宾馆客房、办公楼、学校、疗养院等，一般都适合采用这种类型的空间组织方式。在具体设计中，作为联系空间的走廊可长可短、可曲可直、可宽可窄、可实可虚，以此可以取得丰富而有趣味的空间变化效果（图 2-15）。

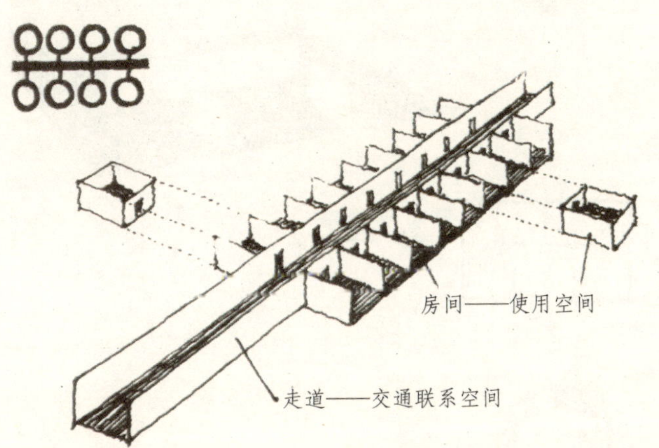

图 2-15　以廊为主的组织方式

（二）以厅为主的组织方式

厅是建筑中一种非常重要的空间类型，它具有集散人流、组织交通和联系空间的功能，同时它还可以兼具观景、表演、休息、提供视觉中心等多种作用。在室内空间布局时，也经常采用以厅为主的组织方式。

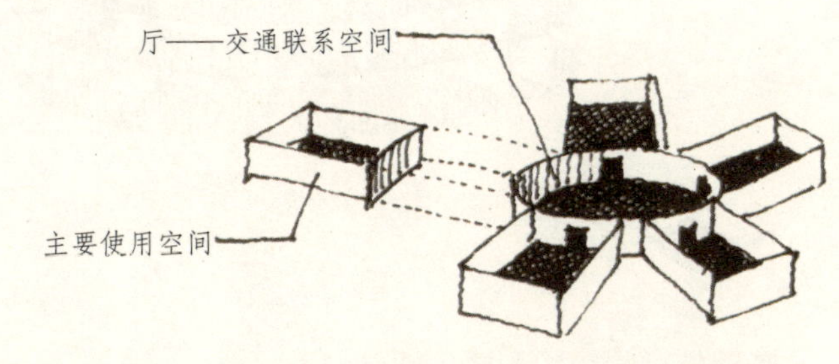

图 2-16　以厅为主的组织方式

这种组织方式一般以厅为中心，各使用空间呈辐射状与厅直接连通。通过厅既可以把各使用空间的人流汇集于这个中心，也可以把人流分散到各使用空间，使厅负担起人流分配和交通联系的作用，成为整个建筑物的交通联系中枢。人们可以从厅进入任意一个使用空间而不影响其他使用空间，增加了使用和管理上的灵活性。这种组织方式比较适合于大量人流集散的公共场所，如大型商场、图书馆、火车站等。在具体设计中，厅的尺寸可大可小，形状可方可圆，高度可高可低，甚至数量也可视建筑的规模大小而不同。在一些大型建筑中，常设置若干个厅来解决空间组织的问题（图 2-16）。

（三） 嵌套式组织方式

嵌套式组织方式通过把各使用空间直接衔接在一起的方式来组织联系空间，取消了专供交通联系用的空间。这种方式可以保持空间各部分之间的连贯性，使各部分空间相互串联贯通，所以经常运用于在以展示功能为主的空间布局中。图 2–17 即是嵌套式组织方式的示意图。

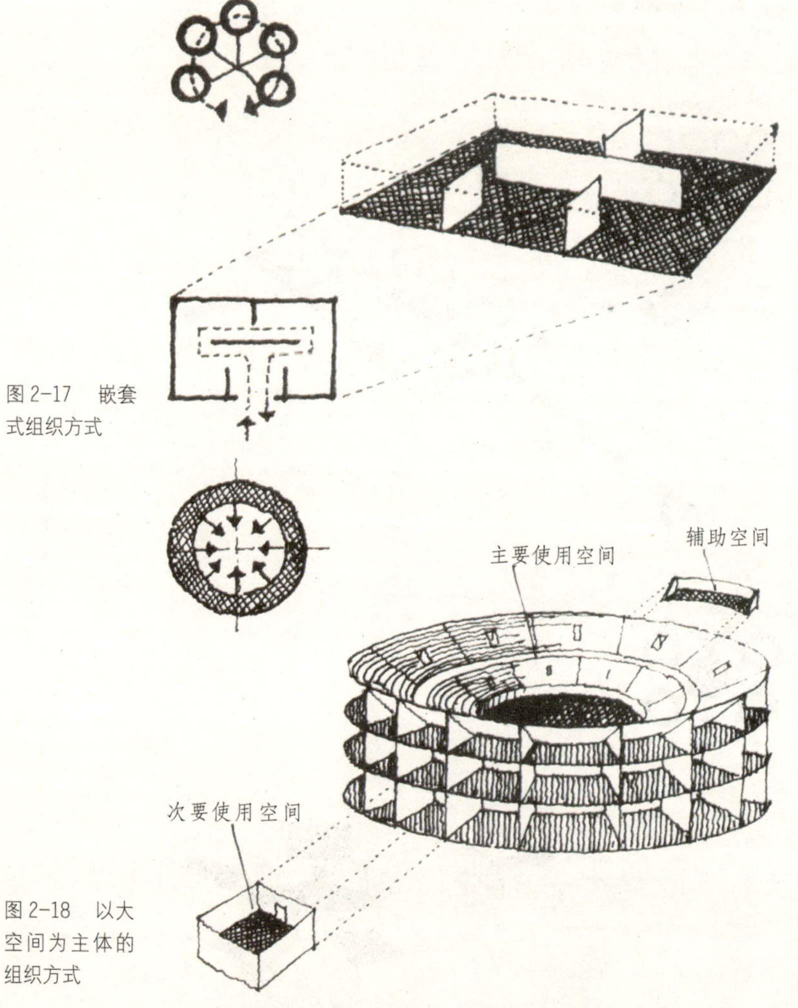

图 2–17 嵌套式组织方式

图 2–18 以大空间为主体的组织方式

（四）以大空间为主体的组织方式

这种组织方式指的是在空间布局中以某一体量巨大的空间作为主体，其他空间围绕其周围布置的方式。作为主体的空间往往是在功能上较为重要，同时在体量上也比较大的空间，从而自然地成为整个建筑的中心。宾馆酒店的中庭、会议中心的大型报告厅等都可以成为主体空间。在影剧院和体育馆等建筑中，观众厅常常是整个建筑物中最主要的功能所在，而且体量巨大，自然成为主体空间，其他各种辅助房间和其发生联系，形成了独特的空间组织形式（图 2–18）。

为了说明空间组织形式与功能之间的相互关系，前面我们把常见的空间组织方式分析归纳为若干种基本类型，并指出它们分别适用于何种类型的建筑功能需求。但应当指出的是，由于建筑功能的多样性和复杂性，实际工作中，一个建筑内部只采用一种空间组织方式的情况是比较少见的，上述四种常见的空间组织方式经常结合使用。在大部分公共建筑的室内空间布局中，总是要综合使用这几种方式，可能某一部分采用大空间为主体的空间组织方式，某一部分通过走廊联系不同的空间，某一部分则通过大厅组织空间；又或者在整个建筑中以某种空间组织方式为主，辅助运用其他组织方式……我们应该从总体构思出发，综合考虑实用、美观、经济的要求，灵活运用各种空间组织方式，创造出既合理有效又丰富多彩的空间效果。

第二节 室内界面处理

室内界面，指的是围合成室内空间的底面（地面、楼面）、侧面（墙面、隔断）和顶面（平顶、吊顶）。人们使用和感受的是室内空间，但通常直接看到甚至触摸到的则是界面实体。

从室内设计的整体来看，我们必须把空间与界面、虚无与实体有机地结合在一起来分析和对待。但是在具体的设计过程中，不同阶段也可以各有重点，例如在室内空间组织、平面布局基本确定以后，对界面实体的设计就显得非常突出。

室内界面的设计，既有造型和美观要求，也有功能技术要求；既包括界面的线形和色彩设计，又包括界面的材质选用和构造问题。此外，现代室内环境的界面设计还需要与室内的设施、设备进行周密的协调，例如界面与风管尺寸及出、回风口的位置安排，界面与嵌入式灯具或灯槽的设置，以及界面与消防喷淋、报警、通讯、音响、监控等设施的接口等等问题也都需要我们给予充分的重视。

室内界面的设计是影响空间造型和风格特点的重要因素，一定要结合空间特点，从环境的整体要求出发，综合考虑各种因素，创造美观宜人、安全实用、经济合理的内部空间环境。

关键词：室内界面、界面设计

一、室内界面的要求与特点

室内设计时，对于底面、侧面、顶面等各类界面，既要考虑到它们的一些共同要求，又要注意它们在使用功能方面各自的特点。

（一） 各类界面的共同要求

（1） 耐久性及使用期限；

（2） 耐燃及防火性能（现代室内装饰应尽量采用不燃及难燃性材料，避免采用燃烧时释放大量浓烟及有毒气体的材料）；

（3） 无毒（指散发气体及触摸时的有害物质低于核定剂量）；

（4） 无害的核定放射剂量（如某些地区所产的天然石材，具有一定的氡放射剂量）；

（5） 易于制作安装和施工，便于更新；

（6） 必要的隔热保暖、隔声吸声性能；

（7） 装饰及美观要求；

（8） 相应的经济要求。

（二）各类界面的不同功能特点

（1） 底面（地面、楼面）——耐磨、防滑、易清洁、防静电等；

（2） 侧面（墙面、隔断）——遮挡视线，较高的隔声、吸声、保暖、隔热要求；

（3） 顶面（平顶、吊顶）——质轻，光反射率高，较高的隔声、吸声、保暖、隔热要求。

为便于分析比较，各类界面的基本功能要求如表 2–2 所示。

表 2–2 各类界面的基本功能要求

基本功能要求	使用期限及耐久性	耐燃及防火性能	无毒不发散有害气体	核定允许的放射剂量	易于施工安装或加工制作，便于更新	自重轻	耐磨耐腐蚀	防滑	易清洁	隔热保暖	隔声吸声	防潮防水	光反射率
底面（楼、地面）	●	●	●	●	●	○	●	●	●	●	●	●	
侧面（墙面、隔断）	○	●	●	●	●	○	○		○	●	●	○	○
顶面（平顶、天棚）	○	●	●	●	●	●				●	●	○	●

注：● 较高要求；○ 一般要求

二、室内界面的处理与感受

人们对室内环境气氛的感受，通常是综合的、整体的。既有对空间形状的感受，也有对作为实体的界面的感受。不同的室内界面的处理方式会使人产生不同的感受。影响室内界面感受的主要因素包括：室内采光、照明、材料的质地和色彩、界面本身的形状、线脚和界面上的图案肌理，等等。

有关采光、照明、材质及色彩的内容本书以后章节另有论述，这里着重对界面的线形做一说明。

界面的线形是指界面上的图案、界面边缘、交接处的线脚以及界面本身的形状。

界面上的图案必须从属于室内环境整体的气氛要求，起到烘托、加强室内

图 2-19 某高级服装店室内墙面上的白色菱形小格图案给人精致典雅的感觉，与商店的定位和商品特点十分吻合

精神功能的作用（图 2-19）。根据不同的场合，图案可能是具象的或抽象的、彩色的或黑白的、有主题的或无主题的。图案的表现手段有绘制、与界面同质材料、或以不同材料制作。界面的图案还需要考虑与室内织物（如窗帘、地毯、床罩等）的协调。

界面的边缘、不同材料的交接，它们的造型和构造处理，即所谓“收头”，是室内设计中的难点之一。界面的边缘转角通常以不同断面造型的线脚处理，光洁材料和新型材料大多不作传统材料的线脚处理，但也有界面之间的过渡和材料的“收头”问题。

图 2-20 迪拜柏悦酒店室内造型独特的墙面给人新奇的视觉体验

界面的图案与线脚，也是室内设计艺术风格的重要表达语言。

界面的形状，通常是以结构构件、承重墙柱等为依托，以结构体系构成轮廓，形成平面、拱形、折面等不同形状的界面；也可以根据室内使用功能对空间形状的需要，脱开结构层另行考虑，例如剧场、音乐厅的顶界面，靠近舞台部分往往需要根据几何声学的反射要求，做成反射的曲面或折面。除了结构体系和功能要求以外，界面的形状也可按所需的环境气氛设计（图 2-20）。

室内界面由于线型的不同划分、色彩深浅的不同配置、花饰大小的尺度各异以及采用各类不同材质，都会给人们以不同的视觉感受。

室内界面的不同处理与视觉感受如图 2-21 所示。

图 2-21 室内界面处理的视觉感受

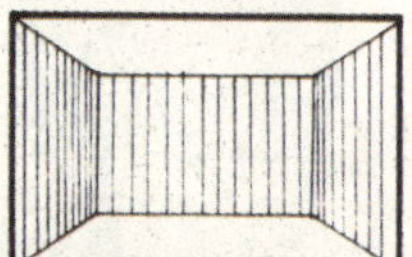

垂直划分感觉空间紧缩增高

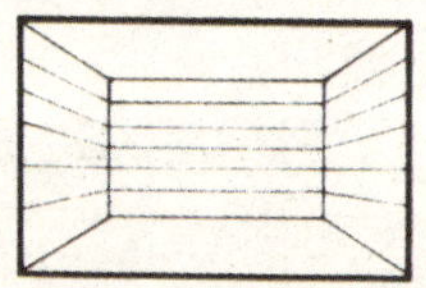

水平划分感觉空间开阔降低

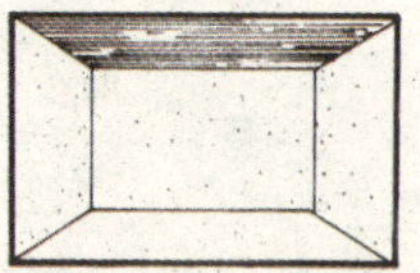

顶面深色感觉空间降低

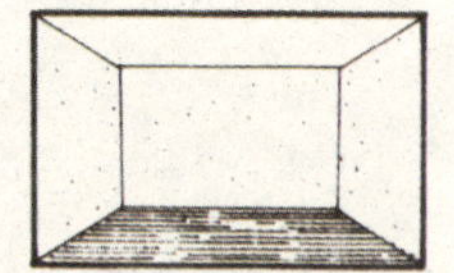

顶面浅色感觉空间增高

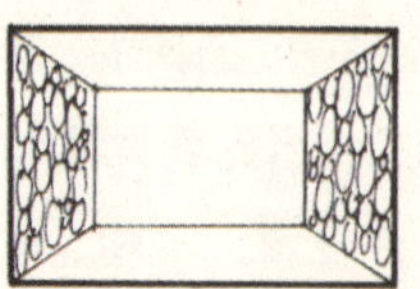

大尺度花饰感觉空间缩小

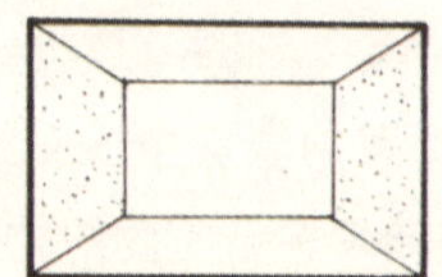

小尺度花饰感觉空间增大

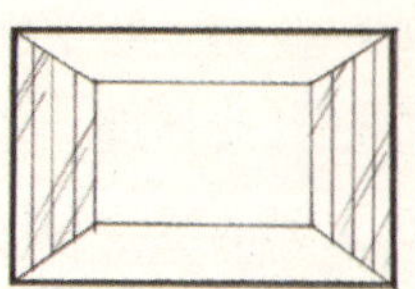

石材、面砖、玻璃感觉冷峻挺拔

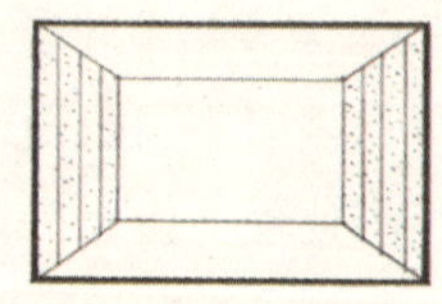

木材、织物感觉温和亲切

在界面的具体设计中，除了综合运用上述各种要素营造室内环境的整体感受之外，根据室内环境气氛的要求和材料、设备、施工工艺等现实条件，也可以在界面处理时重点运用某一手法。例如显露结构体系与构件构成；突出界面材料的质地与纹理；界面凹凸变化造型特点与光影效果；强调界面色彩或色彩构成；界面上的图案设计与重点装饰，等等。

三、各类界面的设计要点

（一）底界面的装饰设计

室内空间底界面设计一般是指楼地面的装饰设计。

楼地面的装饰设计首先要考虑使

图 2-22 西班牙毕尔巴鄂大酒店（设计：Javier Mariscal）因大堂空间形状不规整且放置了很多休闲座椅，采用深灰色方形大理石铺地，主要考虑地面色彩与整体环境的关系，并不过分强调网格或图案

用上的要求：普通楼地面应有足够的耐磨性和耐水性，并要便于清扫和维护；浴室、厨房、实验室的楼地面应有更高的防水、防火、耐酸、耐碱等能力；经常有人停留的空间如办公室和居室等，楼地面应有一定的弹性和较小的传热性；对某些楼地面来说，也许还会有较高的声学要求，为减少空气传声，要严堵孔洞和缝隙，为减少固体传声，要加作隔声层等。

楼地面面积较大，其图案、质地、色彩可能给人留下深刻的印象，甚至影响整个空间的氛围。为此，必须慎重选择和调配。选择楼地面的图案要充分考虑空间的功能与性质。在没有多少家具或家具只布置在周边的大厅、过厅中，可选用中心比较突出的图案，并与顶棚造形和灯具相对应，以显示空间的庄重华贵。在一些要布置较多家具或采用非对称布局的空间中，宜考虑选用一些网格形的图案或者弱化地面图案设计，以给人平和稳定的整体印象，如果仍然采用中心突出的图案，可能导致图案被家具覆盖而不完整（图 2-22）。有些空间可能需要一定的导向性和活跃度，不妨考虑使用斜向图案，让它们发挥诱导、提示和活跃空间的作用（图 2-23）。在现代室内设计中，设计师为追求一种朴实、自然的情调，常常故意在内部空间设计一些类似街道、广场、庭园的地面，其材料多为大理石碎片、卵石、广场砖及凿毛的石板（图 2-24）。

楼地面的装饰材料种类很多，有水泥地面、水磨石地面、陶瓷砖地面、天然石材地面、木地面、橡胶地面、油漆地面、玻璃地面和地毯，等等。

图2-23 地面采用斜向图案，产生强烈的动势，活跃了空间

图2-24 利用形状色彩不一的毛石板铺砌的地面，使人联想到街道与广场，体现出室内空间室外化的意象

（二）侧界面的装饰设计

侧界面又称垂直界面，有开敞的和封闭的两大类。前者指立柱、幕墙、有大量门窗洞口的墙体和各种各样的隔断，以此围合的空间，常形成开敞或半开敞式空间。后者主要指实墙，以此围合的空间，常形成封闭式空间。侧界面面积较大，距人较近，又常有壁画、雕刻、挂毡、挂画等壁饰，因此侧界面装饰设计除了要遵循界面设计的一般原则外，还应充分考虑侧界面的特点，在造型、选材等方面进行认真的推敲，全面顾及使用要求和艺术要求，充分体现设计的意图。

从使用上看，侧界面可能会有防潮、防火、隔声、吸声等要求，在使用人数较多的大空间内还要使侧界面下半部坚固耐碰，便于清洗，不致被人、推车、家具弄脏或撞坏。

图 2-25 某住宅起居室 毛石墙面给人自然粗犷的感觉

侧界面是家具、陈设和各种壁饰的背景，要注意发挥其衬托作用。如有大型壁画、浮雕或艺术挂毯，应注意其与侧界面的协调，保证总体格调的统一。

要注意侧界面的虚实程度，有时可能是完全封闭的，有时可能是半隔半透的，有时则可能是基本通透的。要注意空间之间的关系以及内部空间与外部空间的关系，做到该隔则隔、该透则透，尤其要注意吸纳室外的景色。

要充分利用材料的质感，通过质感营造空间氛围（图 2-25）。

侧界面往往是有色彩或有图案的，其自身的分格及凹凸变化也有图案的性质。它们或冷或暖，或水平或垂直，或

图 2-26 某会议室室内墙面用花朵图案装饰，为室内增添了活跃的气氛

倾斜或流动，都会影响空间的特性。图 2-26 表示了一个用图案装饰的墙面，为室内增添了活跃的气氛。

要尽可能通过侧界面设计展现空间的民族性、地方性与时代性，与其他要素一起综合反映空间的特色。从总体上看，侧界面的常见风格有三大类：一类是中国传统风格；另一类为西方古典风格；第三类为常见的现代风格。中国传统风格的侧界面，大多借用传统的建筑符号，并常用一些寓意吉祥的图案（图 2-27)。西方古典风格的侧界面，大都模仿古希腊、古罗马的建筑符号，并喜用雕塑做装饰，其间常常出现一些古典柱式、拱券等形象（图 2-28)。现代风格的侧界面大都比较简约，不刻意追求某个时代的某种样式，主要是通过色彩、材质、虚实的搭配，表现界面的形式美（图 2-29)。当然，在设计实践中，还有所谓美式、日式等等其他风格，不一而足。

图 2-27 中国传统风格的界面设计

（三）顶界面的装饰设计

顶界面即空间的顶部。在楼板下面直接用喷、涂等方法进行装饰的顶面称平顶；在楼板之下另作新的顶面的称吊顶或顶棚，平顶和吊顶又统称天花。

顶界面几乎毫无遮挡地暴露在人们的视线之内，是三种界面中面积较大的界面，并且包含了许多设备设施，所以会极大地影响环境的视觉效果与使用功能，必须从环境性质出发，综合各种要求，强化空间特色。

顶界面设计首先要考虑空间功能的要求，特别是照明和声学方面的要求，这在剧场、电影院、音乐厅、美术馆、博物馆等建筑中十分重要。拿音乐厅等观演建筑来说，顶界面要充分满足声学方面的要求，保证所有座位都有良好的音质和足够的声音强度，正因为如此，不少音乐厅都在顶部上空悬挂各式可以变换角度的反声板，或同时悬挂一些可以调节高度的扬声器（图 2-30）。为了满足照明要求，剧场、舞厅应有完善的专业照明，观众厅也应有适当的顶饰和灯饰，以便让观众在开演之前及幕间休息时欣赏。电影院的顶界面可相对简洁，造型处理和照明灯具应将观众的注意力集中到银幕上。

其次，顶界面处理要注意体现建筑技术与建筑艺术统一的原则，顶界面的梁架不一定都要用吊顶封起来，如果组织得好，修饰得

图 2-28 西方古典风格的界面设计

图 2-29 现代风格的界面设计

图 2-30 上海东方音乐厅（设计：Paul Andreu）室内空间 舞台顶部上空悬挂有反声玻璃板

当，不仅可以节省空间和投资，还能够取得意想不到的艺术效果（图 2-31）。

此外，顶界面上的灯具、通风口、扬声器和自动喷淋、烟感等设施也应该纳入设计的范围（图 2-32)。要特别注意灯具的配置，因为它们的形式既可以影响空间的体量感和比例关系，灯光照明又能使空间具有或豪华、或朴实、或平和、或活跃的不同气氛。

图 2-31 同济大学大礼堂 暴露顶部菱形网架结构，结构本身的美感令人震撼

图 2-32 顶界面上的灯具、烟感、喷淋和扬声器等设施均居中对位，合理有序

第三节 造型原则

室内设计的造型原则主要涉及在室内设计中如何运用形态、色彩、材质和大小等基本元素的内容。在一个完整的室内空间中，这些基本元素作为统一整体的组成部分，彼此间存在着紧密的关系，它们相互影响，相互制约。但是尽管如此，每一个基本元素仍有其相对独立的特征和相应的设计手法，熟练地掌握这些特征和设计手法，才能在设计中做到灵活运用，从而创造出优秀的室内设计作品。

关键词：形态、色彩、材质、比例、尺度

一、形态

“形”是创造良好的视觉效果与空间效果的重要媒介，“形”通常又可以分为点、线、面、体这四种基本形态。当然，因为现实空间中几乎一切物体都是三维的，所以这四种元素的区分也不是绝对的，而是取决于一定的视野、一定的观察点、它们本身的长宽高尺度比例及其与周围物体的比例关系，等等。通过把握这四种基本形态的特征和美学规律，能帮助我们在室内空间设计中对各种造型元素进行有序的组织，从而创造出良好的室内空间形象。

（一） 点

点在数学上的意义是“只有位置而没有大小”，没有长、宽、高，没有方向性。在室内设计中，较小的形都可以视为点。例如，一幅小画在一块大墙面上或一个家具在一个大房间中都可以视为点。尽管点的面积或体积很小，但它在空间中的作用却不可小视。

当一个点处于区域或空间中央时，往往是稳固安定的，当它由中央被挪开，仍会保留这种以自我为中心的特性，但更趋于动态。点在室内环境中起到的最明显的作用是标明位置或使人的视线形成集中注视，特别是形、色、材质、大小与背景不同或带有动感的点，更易引人注目（图 2–33）。

在室内环境中，还常常遇到点的组

图 2–33 构思精巧、造型独特的圆形灯光反射装置，圆点的旋转组合动感强烈，引人注目

图 2-34　排列有序的灯具，给人以秩序感

合。有规律排列的点的组合，能给人以秩序井然的感觉，图 2-34 即为排列有序的灯具，给人以秩序感。反之则会给人比较活泼的感受。有时点的组合还能产生一定的导向作用（图 2-35）。

图 2-35　点的组合产生导向作用

（二）线

线在数学上的定义是“点的移动轨迹”或“面与面的交接处”。线与点不一样，点是静态的，无方向性的，而线则具有表达运动、方向和生长的特性。在室内

环境中，凡长度方向较宽度方向大得多的构件都可以被视为线，如室内的梁、柱子、走廊等等。常见的线的分类包括：

直线：水平线、垂直线、斜线

几何曲线：圆、弧线、抛物线……

有机曲线：螺旋线、涡形线……

自由曲线：任意形

不同类型的线会给人带来不同的感受。一般说来，直线给人刚直、坚实、明确的感觉；水平线能表达稳定与平衡，给人的感受常常是稳定、舒缓、安静和平和；垂直线能表现一种与重力相均衡的状态，给人的感觉常常是向上、崇高、坚韧和理想；斜线则与水平线和垂直线均不同，它暗示着一种运动，给人以动势和不安定感。

与直线相对，曲线表现出一种由侧向力引起的弯曲的运动感，不同的曲线常给人带来不同的联想。如：抛物线流畅悦目，有速度感；螺旋线有升腾感和生长感；圆弧线则规整稳定，有向心的力量感。一般而言，在室内空间中运用曲线会让空间显得富有变化，可以打破因大量直线而造成的呆板感，使空间富有人情味与亲切感。当然，过于繁琐或者无规律的曲线，也容易给人造成浮华或者杂乱的感觉（图 2 - 36、图 2 - 37）。

图 2-36 斜线为室内空间带来动感

图2-37　曲线富有变化，使空间富有人情味与亲切感

（三）面

面可以看成是由一条线移动展开而成的，若是直线展开，则形成平面；若是曲线展开，则形成曲面。面的基本特性是它的形态，形态由面的边缘轮廓线决定。常见的面的分类如下：

平面：水平面、垂直面、斜面

几何曲面：直纹曲面、非直纹曲面、螺旋面、非螺旋面

自由曲面

面的形式不同，给人的心理感受也不相同。平面比较单纯，具有直截了当的性格。在平面之中，水平面显得平和宁静，有安定感；垂直面则显得高洁挺

拔，有紧张感；斜面有动感，效果比较强烈。曲面常常显得温和轻柔，具有动感和亲切感，其中几何曲面较有理性，而自由曲面则显得奔放与浪漫。就空间的限定与导向而言，曲面往往比垂直面具有更好的效果。曲面内侧的区域感较为明确，给人以安定感，而曲面外侧则更多地反映出对空间和视线的导向性（图 2 － 38、图 2 － 39）。

图 2-38 斜面有动感，效果比较强烈

图 2-39　曲面浪漫奔放

除了形态外，面还具有颜色、质地、花纹等多种特性。

面在室内空间造型中具有十分重要的作用。在室内空间中，面所处的位置通常有三处，即顶界面、底界面与侧界面，它们特有的视觉特性和在空间中的相互关系决定了所界定的空间的形式与性质。

顶界面可以是屋顶或楼板的底面，也可以是顶棚面。顶界面的不同形状可以造成不同的心理感受，顶界面的升降也能形成丰富的空间感受。

底界面即地面，在大部分情况下是水平面。在某些场合下，也可以处理成局部升降或倾斜，以造成独特的空间效果。底界面通常所起的作用主要是作为背景烘托其他形体。

侧界面主要包括墙面和隔断面，由于它垂直于人的视线，因此对人的视觉和心理感受的影响非常重要。侧界面的相交、穿插、转折、弯曲等都可以形成丰富的空间流通与视觉变化，另外，侧界面的开敞与封闭还会形成不同的视觉景观与空间效果。

（四） 体

一个面沿着非自身表面的方向扩展时，即可形成体。体通常用来描绘一个体量的外貌和总体结构，一个体所特有的体形是由体量的边缘线和面的形状及其内在关系所决定的。常见的体包括：立方体、长方体、球体、圆柱体、棱椎体、圆锥体、正多面体……

体既可以是实体（即实心体量），也可以是虚体（由点、线、面围合的空间）。体的这种双重性也反映出空间与实体的辩证关系：实体可以限定出空间的尺寸大小、尺度关系、颜色和质地，同时，空间也预示着各实体（图 2-40）。

总之，通过点、线、面、体的巧妙组合，可以造成室内空间的种种变化，可以赋予室内环境丰富多彩的视觉形式。

二、色彩

色彩是室内造型的另一重要元素，虽然色彩的存在离不开具体的物体，但它却具有比形态、材质、大小更强的视觉感染力，视觉效果更直接。关于色彩的知识，是一门十分深奥的学问，前人有许多有关色彩奥秘的探索，这里仅就与室内设计关系较密切的部分作简要介绍。

（一）色彩的感性效果

1. 色彩的冷暖感

色彩本身是没有温度的，但是由于人们根据自身的生活经验所产生的联想，赋予了色彩能带给人的冷暖感觉。有的色彩使人感到温暖（暖色），有的色彩使人感到寒冷（冷色），这主要是由色相引起的感觉。如红色、黄色、橘红色等属于暖色，看到这些颜色，人们会联想到阳光、火焰、暖和、炎热；而蓝色、青绿色和蓝紫色属于冷色，看到这些颜色，人们通常会联想到夜空、寒冬、大海、绿茵、凉爽、冷静。绿色和紫色属于中性色，以其明度和彩度的高低而产生冷暖

图2-40 体块构成的接待柜台，反映了实体与空间的共生关系

表情的变化。无彩色系中，白色偏冷，黑色偏暖，灰色为中性。色彩的冷暖是相对而言，相对比而存在的。

2. 色彩的轻重感

色彩的轻重感其实也是人的一种心理感觉，主要是由色彩的明度引起的。明度高的色彩感觉轻快爽朗，明度低的色彩感觉沉重厚实。在明度相同的情况下，彩度高则感觉轻快，反之则较沉重。另外，相对而言，彩度高的暖色感觉较重，彩度低的冷色感觉较轻。

3. 色彩的软硬感

色彩的软硬感觉是由色彩的明度和彩度综合引起的。一般而言，明度高、彩度低的色彩产生柔软感，而明度低、彩度高的色彩给人以坚硬感。白和黑有坚硬感；灰色则显得柔和稳定、不刺激。

4. 色彩的兴奋和沉着

一般而言，红、橙、黄色的刺激性强，给人以兴奋感，因此也被称为兴奋色；蓝、青绿、蓝紫色的刺激性弱，给人以沉静感，因此也被称为沉着色。色彩的兴奋性和沉着性会随着彩度降低而下降。绿色和紫色是介于两者之间的中性色，是不容易让人感到视觉疲劳的色彩。

5. 色彩的联想

人们会根据自己的生活经验、记忆或知识对色彩产生一些联想，这种联想会因为个体和民族的不同而产生差异，但一般来说有一定的共性（见表 2–3）。

表 2–3　色彩的联想

色彩	抽象联想	地区　具体联系
红	热情、革命、危险	火、血、口红、苹果
橙	华美、温情、嫉妒	橘、柿、炎、秋
黄	光明、幸福、快活	光、柠檬、香蕉
绿	和平、安全、成长	叶、田园、森林
蓝	沉静、理想、悠久	蓝天、大海、南国
紫	优美、高贵、神秘	紫罗兰、葡萄
白	洁白、神圣、虚无	雪、白云、砂糖
灰	平凡、忧恐、忧郁	阴天、鼠、铅
黑	严肃、死灭、罪恶	夜、墨、煤炭

6. 色彩的象征

色彩不但能使人产生联想，而且由于文化背景的影响，往往还具有一定的象征意义。例如在我国明代，色彩象征着人们的地位，黄色琉璃瓦只能用于宫殿，绿色可用于亲王，违者要受到严究。此外，同一色彩在不同的文化背景中对于不同的民族而言有时会产生不同的象征意义，表 2-4 所示为不同民族对色彩象征意义的不同理解（见表 2 – 3）。

表 2-4 各民族对色彩象征的不同理解

色彩 \ 地区	中国	日本	欧美	古埃及
红	南(朱雀)、火	火、敬爱	圣诞节	人
橙			圣诞节	
黄	中央、土	风、增益	复活节	太阳
绿			圣诞节	自然
蓝	东(青龙)、木	天空、事业	新年	天空
紫			复活节	地
白	西(白虎)、金	水、清净	基督	
黑	北(玄武)、水	土、降伏	万圣节前夜	

（二） 色彩的空间效果

色彩在空间中的效果首要的是引起人的视觉美感，但除此之外还有一些其他的作用。

1. 调整室内空间感觉

一般来说，暖色、明亮的颜色和彩度高的颜色有前进感，看起来比实际距离近些；冷色、暗色和彩度低的颜色有后退感，看起来比实际距离远些。这对于调整室内空间的距离感有一定作用。

同样面积的色彩，暖色、明度高和彩度高的色彩看起来面积膨胀；冷色、明度低和彩度低的色彩看起来面积缩小。这对于调整室内空间的面积感也很有作用。

此外，明度高、彩度高的色彩感觉轻快，明度低、彩度低的色彩感觉沉重；亮色调使室内空间感觉空旷开敞，暗色调使空间感觉紧凑神秘；鲜明的色调使空间显得活泼，灰暗的色调使空间显得严肃……这些对于调整室内空间的感觉也能产生一定的作用。

2. 调节室内光线明暗

室内环境中的色彩可以对室内光线的强弱进行一定程度的调节，这是由于各种颜色有不同的反射率，理论上，白色的反射率为 60% –90%之间，灰色为 10% –60%，而黑色则为 10%以下，因此可以通过色彩的明度来调节室内光线的强弱。

室内色彩明度较高时，室内显得较亮，反之则显得较暗。我们可以根据不同室内空间的采光要求，选用不同的色彩对室内光线进行调节。当室内进入的光线太多太强时，可选用反射率较低的色彩，如蓝灰色，以平衡强烈光线对视觉和心理的刺激；相反，室内光线太暗时，则应采用反射率较高的色彩，如白色，使室内光线的效果得到适当改善。

3. 体现室内空间个性

在色彩设计中，可以根据空间使用者的不同职业、不同年龄，以及空间的不同氛围需求等选择不同的色彩，以此创造相应的室内空间个性，满足使用者不同的生理和心理要求。例如，在工作和休息场所，一般都选用比较淡雅的色彩，以此为人们创造一个相对安静的环境（图 2-41）；而在娱乐场所，一般选用比较明快的色彩，以调动人们的情绪（图 2-42）。

图 2-41 淡雅宁静的色彩效果

图 2-42 活跃兴奋的色彩效果

（三） 室内空间的色彩设计

室内环境一般情况下总是由多种色彩组成的，这些色彩通常可以被分解为背景色、主体色和强调色三大类（表 2–5）。

表 2–5 三类色的应用

	特性	所用位置	作用
背景色	高明度、低彩度或中性色	大面积部位，如天花、墙壁、地面	起背景烘托作用
主体色	高彩度、中明度、较有份量的色彩	中面积的部位，如家具、书	体现室内情调
强调色	最突出的色彩	小面积的部位，如陈设	发挥强调效果

在实际应用中，这三种色调的区分也不是一成不变的，有时主体色可以与背景色合而为一，有时主体色可以与强调色统一，一切应视具体情况具体要求灵活掌握。

室内环境的配色方法有很多种，如双重补色配色法、三对配色法、六角色盘法等，但归纳起来，一般可分成三种方法，分别是：

1. 单色相配色法

这种方法指的是室内空间采用某一色相为主，当然，色彩的明度和彩度可以有所变化。这种方法的最大优点在于能创造鲜明的室内色彩形象，产生单纯细腻的色彩韵味，尤其适用于小空间或静态空间，但应注意避免产生单调感（图2-43）。

2. 类似色配色法

这种方法指的是选择一组类似色，并通过其明度与彩度的配合，使室内产生一种统一中富有变化的效果。这种方法容易形成高雅、华丽的视觉效果，适用于中型空间或动态空间（图2-44）。

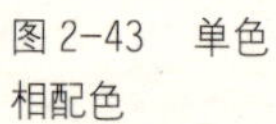

图2-43　单色相配色

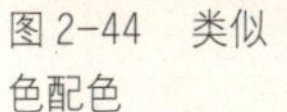

图 2-44　类似色配色

图 2-45　对比色配色

3. 对比色配色法

这种方法指的是选择一组对比色，充分发挥其对比效果，并通过明度与彩度的调节以及面积的调整而获得对比鲜明而又和谐的效果（图 2-45）。这种方法容易引发强烈活泼的效果，适用于大型动态空间。如果加入无彩色或过渡色，还可以取得更为和谐统一的效果。

色彩是一种成本最低廉的设计手法，通过色彩的合理搭配巧妙组合，使室内色彩达到多样统一，能创造出神奇的室内环境效果。

三、材质

材料与质感是室内设计中另一个不可或缺的重要元素。材料的性能有很多方面，但是从造型和视觉效果的角度来看，其中最重要的性能大概当属质感。质感是人对材料的一种基本感觉，是人在视觉、触觉和感知心理的共同作用下，对材料所产生的一种主观感受。如何运用质感与如何运用材料是紧密联系在一起的，因此，作为一名室内设计师，必须学会用正确的方法对待和处理材料，尊重材料的本质，了解掌握各种材料的质感，并结合具体环境巧妙运用，以此创造室内环境的特色。

（一）天然材料与人工材料

室内设计中常见的材料按其质地可以分成硬质材料与软质材料，按其加工程度可分成精致材料与粗犷材料，按其种类则可大致分成天然材料与人工材料。

天然材料由于本身具有自然的光泽、色彩和纹理，通常会给人朴实自然的感觉。在室内设计中，我们应该注意运用发挥天然材料的不同品质，以创造典雅古朴的自然情趣，并力争通过天然材质间的相似、渐变、对比等手段来创造富有个性的内部环境。当然，在不影响天然材料特殊品质的原则下，有时也可以通过人工的方法将天然材料处理成具有某种新特点的形式，如平整光滑的花岗岩有细密整洁的感觉，带有斧痕的毛石有粗犷原始的感觉。

在室内环境中，除了天然材料以外，实际上运用得更多的是人工材料。大部分人工材料都具有机械加工的美感，表面比较光滑细腻。合理运用人工材料，可以使室内充满理性优雅和含蓄有序的气氛。

总之，不论是天然材料还是人工材料，都应该根据室内空间的整体需要，慎重选择，正确运用，才能和形、色等造型元素很好地相互结合，一起发挥出重要的作用。

（二）室内常用材料

室内常用材料一般都要求具有一定的耐腐性、耐久性、良好的防火性能、对人体的无毒无害、易于安装施工、自重较轻、易于运输、隔热保温、吸声隔声、防水防潮、容易清洁、美观大方等特点。对用于某些界面的材料往往还具有特殊的要求，例如，地面有防滑要求、顶面与侧面还常有光反射率的要求等。总之，选择材料在注意质感、注意美观的同时，还要十分注意其他各种功能技术要求，只有这样，才能创造出一个既美观又实用的良好室内环境。

随着建筑装饰材料业的飞速发展，如今在室内设计中运用的材料可谓日新月异，种类十分繁多，比较常用的材料如表 2-6 所示。

表 2-6　常用装饰材料的选用

材料名称	特 点	常见的运用界面	常见适用的空间
大理石	纹理美观，易清洁，吸声差	底界面及侧界面	装饰要求较高的室内空间
花岗岩	纹理美观，易清洁，耐久耐磨，吸声差	底界面及侧界面	装饰要求较高的室内空间
水泥砂浆	价廉，美观性差	底界面	装饰要求很低的室内空间
水泥砂浆粉刷	价廉，美观性差	侧界面及顶界面	装饰要求很低的室内空间

续表

材料名称	特 点	常见的运用界面	常见适用的空间
现浇水磨石	色彩与花纹可设计，易清洁、防滑差，吸声差，施工较复杂	底界面	装饰要求不太高的室内空间
预制水磨石	色彩与花纹可选择，易清洁，易施工，防滑及吸声差	底界面	装饰要求不太高的室内空间
内墙砖	色彩可选择，防火，耐酸，易清洁	侧界面	适用于各类室内空间，常用于厨房、卫生间、阳台等处
地砖	色彩可选择，防火，耐酸，耐磨度强，易清洁	底界面	适用于各类室内空间，常用于厨房、卫生间、阳台等处
马赛克	色彩可选择，耐火，耐磨，易清洁	底界面、侧界面	装饰要求较低的室内空间或厨房、卫生间等处
木材	有纹理，手感好，易清洁，需作防火处理	底界面、顶界面、侧界面	各类室内空间
石膏(矿棉)板	防火性能好，便于施工	顶界面、侧界面	各类室内空间
矿面水泥板，硅钙板	防火性能好，便于施工	顶界面、侧界面	各类室内空间
镀塑铝合金板	防潮，防火，便于施工，耐久	顶界面	装饰要求较高的室内空间
涂料，油漆	色彩可选择，能清洁	侧界面、顶界面	各类室内空间
墙纸，墙布	色彩可选择，有纹样，高发泡类稍具吸声作用	侧界面、顶界面	人流量不大的内部空间
人造革及织物	色彩及纹理可选择，手感及吸声好，需作阻燃处理	侧界面、顶界面、家具	各类室内空间
地毯	色彩可选择，柔软，吸声好，需作阻燃处理	底界面、侧界面	各类室内空间
铸铁	纹样可选择，稳重感	侧界面及各种花饰	装饰要求较高的室内空间
钢	现代感，需作防火处理	侧界面、顶界面	装饰要求较高的室内空间
不锈钢	有抛光、亚光两种，有现代感，耐腐蚀	侧界面及各种饰件，亦可用于舞池地面	装饰要求较高的室内空间

续表

材料名称	特 点	常见的运用界面	常见适用的空间
磨砂玻璃压花玻璃喷花玻璃	透光不透视、花纹可选择，不牢固	侧界面、顶界面	装饰要求较高的室内空间
玻璃砖	透光，绝热，隔声，耐火耐酸，坚固	底界面、顶界面、侧界面	装饰要求较高的室内空间
镜面	能扩大室内空间感，吸声差	顶界面、侧界面	各类室内空间

（三） 质感的特性

常见的室内装饰材料的质感有以下特性（图 2-46）：

1. 粗糙和光滑

表面粗糙的材料，如：石材、未加工的原木、粗砖、磨砂玻璃、长毛织物等；表面光滑的材料，如：玻璃、抛光金属、釉面陶瓷、丝绸、有机玻璃等。

2. 柔软与坚硬

棉麻、纤维织物等都有柔软的触感，如：纯羊毛织物虽然可以织成光滑或粗糙的质地，但摸上去都有舒适的手感。坚硬的材料，如：砖石、金属、玻璃等，耐用耐磨，不变形，线条挺拔。硬质材料多数有较好的光洁度与光泽。

3. 冷与暖

质感的冷暖主要表现在身体的触觉和视觉感受两个方面。一般认为，人的皮肤直接接触的地方都要求选用柔软和温暖的材质；在视觉上的冷暖则主要取决于色彩的不同，即采用冷色系或暖色系。选用材料时应注意同时考虑这两方面的因素。

4. 光泽与透明度

通过加工可以使材料具有良好的光泽，如抛光金属、玻璃、磨光花岗石、釉面砖，等等。通过镜面般光滑表面的反射，可以扩大室内空间感，同时还能映射出周围的环境色彩。有光泽的表面还有易于清洁的优点。

常见的透明、半透明材料有：玻璃、有机玻璃、织物，等等。透明材料具有轻盈感，利用透明材料可以增加空间的广度和深度。

5. 弹性

人们在草地上行走要比走在混凝土路面上感觉舒适省力，这主要是由于弹性的反作用。弹性材料有：泡沫塑料、泡沫橡胶、竹、藤，木材也有一定的弹性，特别是软木。

6. 肌理

所谓肌理指的是材料表面的组织构造所呈现的视觉效果。材料的肌理包括自然纹理和工艺肌理（材料的加工过程所产生的肌理）。运用肌理可以丰富装饰效果，但室内表面肌理纹样过多或过分突出时，也会造成视觉上的混乱，这时应适当辅以均质材料作为背景。

图 2-46 不同材料的质感

（四）质感与视觉条件

在设计中选择运用质感时，还要考虑其特定的视觉条件，具体来说，主要包括观赏距离、光线以及空间大小这三个因素。

材料质感与观赏距离关系密切，人们对质感的感受会因距离的不同而改变。虽然室内环境内的观赏距离比室外要小得多，但也要考虑近观与远视的不同情况。对于既可能被近观又可能被远视的材料，既要考虑其细部分明的特点，又要注意其整体的大效果；对于只宜近观的材料，则要充分保证其有合理的观赏距离，如果距离太远则会失去应有的观赏效果。

光线也会对质感的体现产生影响，质感细腻的材料常需要用均匀的漫射光来充分展现其细腻的质感变化，而粗犷的材料则常需要用侧射光来突出其立体感和粗放感。

室内空间的大小对选择材料的质感也有影响，由于质感粗犷的材料有“前趋感”，易造成空间的“收缩”，因此不宜用于狭小的空间内，反之质感细腻的材料则比较适合用于小型空间。此外，当材料的质感从粗到细逐渐变化时，会形成一个大于实际空间的幻觉，反之亦然。

总之，材料与质感是不可分离的整体，要真正理解材料的质感，必须训练自己去仔细观察、触摸和感受各种材料的特性，积累对材料感知的直接经验，并且在训练过程中要还原、追溯到材料早期或原始的状态，找到材料的原始性格，发现真正具有个性的审美表现方式。只有通过长期的接触、敏锐的感觉和训练有素的眼睛，才能成功灵活地对材质加以运用。

四、比例与尺度

比例与尺度是室内设计中与形态大小有关的问题，是室内造型原则中的又一个重要方面。

（一）比例

比例涉及局部与局部、局部与整体之间的关系。在室内设计中，所谓比例，一般是指空间、界面、家具或陈设本身的各部分尺寸应有良好的关系，或者指家具与陈设等应与其所处的空间有良好的关系。比例问题是设计的一个重要问题，当我们在某个既定环境里观察到其增一分太多，减一分又嫌少时，常常意味着是恰当的比例。在室内设计中，往往需要在单个设计部件的各部分之间、几个设计部件之间以及在众多部件与空间形态或围合物之间反复推敲比例关系（图2-47)，只有这几个方面都出现了协调的比例关系，才能取得最佳的效果。

不同的比例关系，常常会使人形成不同的心理感受。就空间的高宽比例而言，比例不同，给人的感觉就不同。高而窄的空间（高宽比大）常会使人产生向上的感觉，利用这种感觉，建筑空间会产生崇高雄伟的艺术感染力。高而直的教堂正是利用这种空间来形成宗教的神秘感（图2-48）。低而宽的空间（高宽比小）常会使人产生侧向延展的感觉，利用这种感觉，可以形成一种开阔舒展的气氛，不少建筑的门厅、大堂常采用这种比例（图2-49）。细而长的空间会使人产生向前的感觉，利用这种空间，可以造成一种深远的气氛（图2-50）。

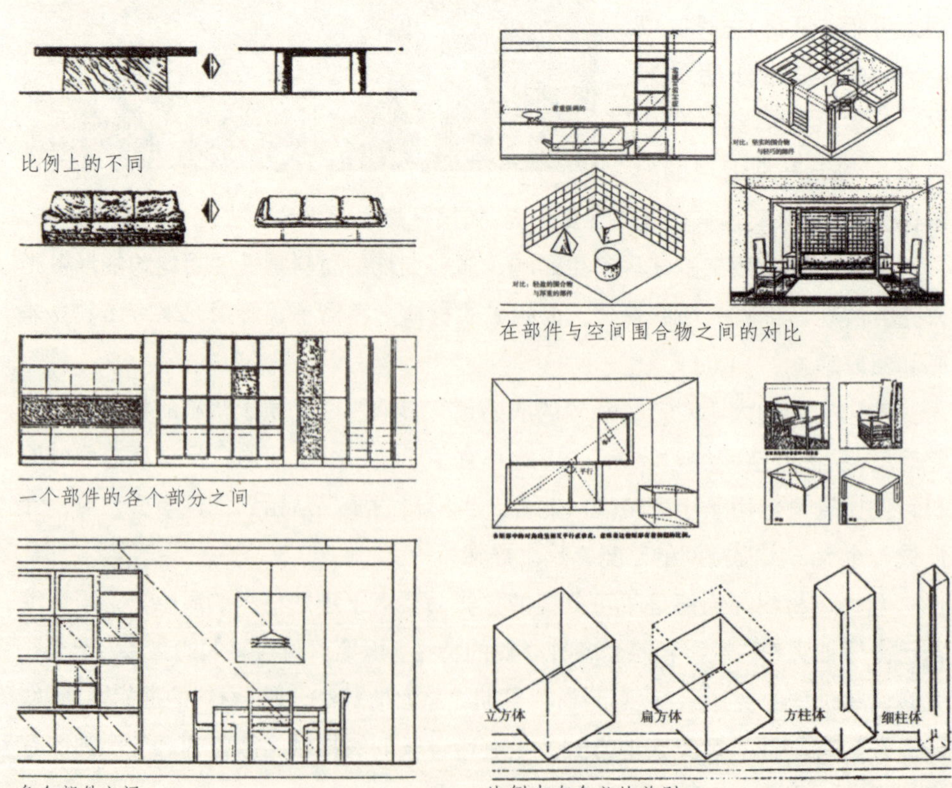

图2-47 比例关系

图 2-48　德国科隆大教堂室内高而窄的空间形成宗教的神秘感

图 2-49　低而宽的空间有侧向延展感

图 2-50　细而长的空间有纵深感

图 2-51 墙面油画与空间比例适当，色彩也与整体环境相协调

就艺术品陈设而言，除了要注意其本身的比例良好之外，还必须注意它与周围环境的比例要协调，否则也会使其观赏效果受到影响（图 2-51）。

（二） 尺度

尺度也是研究物体的相对尺寸关系，与比例有所区别的是，比例是指一个组合构图中各个部分之间的关系，而尺度是特指相对于一些已知标准或公认的常量的物体的大小。当考虑到空间大小、陈设品大小与人的关系时，就涉及人体尺度的问题。人体尺度就是物体相对于人身体大小给我们的感觉，如果室内空间或空间中各部件的尺寸使我们感觉自己很渺小，我们就说它缺乏人体尺度感；反之，如果室内空间或空间中各部件的尺寸让我们感觉大小合适，我们就说它比较符合人体尺度。

尺度对于形成特定的环境气氛有很大影响。就空间尺度而言，尺度较小的空间容易形成一种亲切宜人的气氛（图 2-52）；而尺度较大的空间，则会给人一种宏伟博大的感觉（图 2-53）。即使是空间中的陈设品，其尺度对于人的心理感受也有很大关系。例如在室内布置尺度较大的植物时，容易形成树林的感觉，而布置尺度较小的植物时，则容易有开敞感。如果在儿童卧室内布置太大

图2-52 亲切宜人的家居尺度

图2-53 中国国家大剧院室内（设计：Paul Andreu） 宏伟壮观的公共空间尺度

的盆栽，容易对儿童的心理造成不良影响，在夜间甚至还会使他们受到惊吓。

一般情况下，室内空间各部件之间、各部件与空间整体之间、各部件与使用者之间应该有正常的、合乎常规的尺度关系。当然，在特殊情况下，可以对某些部件采用夸张的尺度，以吸引人们的注意力，形成空间环境的焦点。

第四节　形 式 法 则

就室内空间而言，一方面要满足人们一定的功能使用要求；另一方面还要满足人们精神感受上的要求。为此，不仅要赋予它实用的属性，而且还应当赋予它美的属性。设计师的一项重要任务就是要创造美，创造美的环境。"美"的含义很广泛很复杂，但是形式美无疑是其中很重要很直观的一项内容。重视对形式的处理是建筑设计、室内设计乃至工业产品设计与景观设计的共同之处，也是一切造型艺术的重要内容。

人们要创造出美的空间环境，就必须遵循美的法则来构思并实现它。那么，究竟有没有一种能被大家普遍接受的美的法则呢？如果用辩证唯物主义的观点来看，答案应该是勿庸置疑的，但是在实践中，人们还是不可避免地存在着种种疑问和模糊认识。这固然是由于美学本身的抽象性和复杂性所造成的，更为主要的原因则是把形式美的规律和人们审美观念的差异、变化和发展混为一谈。应当指出：形式美的规律和审美观念是两种不同的范畴，前者是带有普遍性、必然性和持久性的法则；后者则是随着民族、地区和时代的不同而变化发展的、较为具体的标准和尺度。形式美的规律应当体现在一切具体的艺术形式之中，尽管这些艺术形式由于审美观念的差异而千差万别。

由于时代的不同，地域、文化及民族习俗的不同，古今中外的室内设计作品在形式处理方面有很大的差别，但凡是优秀的室内环境，在形式方面一般都遵循一个共同的准则——多样统一。

多样统一，也称有机统一，可以理解成在变化中求统一，在统一中求变化。任何一个室内设计作品，一般都具有若干个不同的组成部分，这些部分之间既有区别，又有内在的联系，只有把它们按照一定的规律有机地组合成为一个整体，才能达到理想的效果。这时，就各部分的差别，可以看出多样性和变化；就各部分之间的联系，可以看出和谐与秩序。既有变化，又有秩序就是室内设计乃至其他造型艺术、其他设计的必备原则。在室内环境中，如果缺乏秩序，会显得杂乱无章；反之，如果缺乏多样性与变化，则必然流于单调，而杂乱和单调都不可能构成令人赏心悦目的美的形式。因此，一个室内设计作品要想唤起人们的美感，既不能没有秩序，又不能缺乏变化，应该达到变化与统一的平衡。

多样统一作为形式美的准则，具体说来，主要包含以下几个方面的内容，即均衡与稳定，对比与微差，韵律与节奏，重点与一般。

关键词：形式美、多样统一

一、均衡与稳定

现实生活中的一切物体，都摆脱不了地球引力——重力的影响，人类的建造活动从某种意义上来说就是与重力斗争的产物。在长期实践中人们逐渐形成了一套与重力有联系的审美观念，这就是均衡与稳定。人们从自然现象中意识到一切物体要想保持均衡与稳定，就必须具备一定的条件：例如像树那样下部粗、上部细，像山那样下部大、上部小，像人那样具有左右对称的体形，像鸟那样具有双翼……除了自然的启示外，人们还通过自己的建造实践证实了上述均衡与稳定的原则，并认为凡是符合这样的原则，不仅是安全的，也是舒服的。

在室内设计中，一般而言，稳定常常涉及的是空间内部各要素上、下之间的轻重关系处理，在传统的概念中，上小下大，上轻下重是达到稳定的常见方法（图2 – 54）。当然，如今也有不少设计借助于新型材料与技术，而把这种关系颠倒过来，以获得新奇的效果（图2 – 55）。

图 2-54　某起居室的室内设计，空间下部安排有大型转角沙发，而上部只有一盏造型简洁的吊灯，且色彩配置上浅下深，达到了稳定安逸的效果

图 2-55　上海外滩5号Glamour Bar（设计：Debra Little，Roger Hackworth）通过在天花板上设置镜面而把物品反射在上方，从而形成倒置的新奇效果

均衡一般涉及的是室内构图中各要素左与右、前与后之间的相对轻重关系处理。均衡包括静态均衡和动态均衡。

静态均衡有两种基本形式：一种是对称的形式；另一种是非对称的形式。对称是极易达到均衡的一种方式，而且往往同时还能取得端庄严肃的空间效果。但对称的方法也有不足，其主要原因是在现代建筑室内功

图 2-56 马德里 Puerta America 酒店客房走廊（设计：Foster and Partners）完全对称均衡的布局，营造了静谧安定的氛围

图 2-57 锦江之星青岛火车站店（设计：叶铮） 基本对称的布局方法，既使人感到轴线的存在，轴线两侧的处理又并不完全相同，显得比较灵活富有变化

能日趋复杂的情况下，很难达到沿中轴线完全对应的关系，因此，其适用范围就受到很大的限制。为了解决这一问题，有时设计师会采用基本对称的方法，即既要使人们感到轴线的存在，轴线两侧的处理手法又并不完全相同，这种方法往往显得比较灵活，图 2-56 与图 2-57 分别是对称均衡与基本对称均衡的例子。除此之外，人们还常常用不对称的方式来保持均衡，即不强求轴线和对称，而是通过左右前后等各方面要素的综合处理以求达到平衡的效果。与对称均衡相比，不对称均衡显得要轻巧活泼的多（图 2-58）。

图 2-58 沙发和储物柜的布局虽然没有轴线对称的关系，但仍然取得了视觉上的均衡

除了静态均衡外，有很多现象是依靠运动来求得平衡的，例如旋转着的陀螺、行驶着的自行车、展翅飞翔的鸟儿等等，就属于这种形式的均衡，一旦运动中止，平衡的条件也将随之消失，人们把这种形式的均衡称为动态均衡。由于室内环境各元素发生大规模动态变化的可能性较小，因而动态平衡在室内设计中运用得不太多，但在有些设计作品中，也能看出设计师在用动态平衡的观点来思考问题，例如在某些展示空间的设计中，考虑人在连续行进的过程中对室内景物形体和轮廓变化的感受等。

二、对比与微差

室内空间的功能多种多样，再加上结构类型、家具设备配套方式、业主爱好等的不同，必然会使室内空间在形式上也呈现出各式各样的差异。这些差异有的是对比，有的则是微差，作为室内设计师来讲，研究的正是如何利用这种对比与微差去创造富有美感的室内空间。

对比指的是要素之间的差异比较显著；微差则指的是要素之间的差异比较微小。当然，这两者之间的界线也很难确定，不能用简单的数学关系加以说明。例如一列由小到大连续变化的要素，相邻者之间由于变化微小，具有连续性，表现出一种微差的关系；如果从中间抽去若干要素，就会使连续性中断，凡是连续性中断的地方，就会产生引人注目的突变，这种突变会表现为一种对比关系，而且突变程度越大，对比就越强烈。

在室内设计中，对比与微差是十分常用的手法。对比可以借彼此之间的烘托来突出各自的特点以求得变化；微差则可以借相互之间的共同性而求得和谐。没有对比，会使人感到单调，但过分强调对比，也可能因失去协调而造成混乱，只有把两者巧妙地结合起来，才能达到既有变化又充满和谐的效果。在室内环境中，对比与微差主要体现在同一性质间的差异上，如大与小、直与曲、虚与实以及不同形状、不同色调、不同质地等。

巧妙地利用对比与微差，能产生良好的室内空间效果。图 2-59 是设计中运用质感对比的例子。在室内设计中，还有一种情况也能归于对比与微差的范畴，即利用同一几何母题。虽然具体形状不同，但由于具有相同的母题，所以一般情况下仍能达到有机的统一（图 2-60）。

图 2-59 石片堆垒的墙面与光洁的玻璃形成了强烈的对比，令此处的过道空间不再单调

图 2-60 某健身中心顶面悬挂的霓虹灯管，虽然大小不一，悬挂的位置角度也各异，但由于具有相同的圆形母题，整体感觉还是协调统一的，其大小疏密的变化所形成的动感还暗合了健身中心的运动主题

图 2-61 立柱、钢梁、玻璃隔断各按一定间距连续排列表现出很强的韵律感

三、韵律与节奏

自然界中许多事物或现象，往往由于有规律的重复或有秩序的变化，激发起人们的美感。例如将一颗石子投入水中，激起一圈圈的涟漪从中心往外扩散，这就是一种富有韵律感的自然现象。对于这样的一些类似现象，人们有意识地加以模仿和运用，从而创造出各种具有条理性、重复性和连续性为特征的美的形式——韵律美。在设计实践中，韵律的表现形式很多，比较常见的有连续韵律、渐变韵律、起伏韵律与交错韵律，它们分别能产生不同的节奏感。

连续韵律一般是以一种或几种要素连续、重复地排列形成的，各要素之间保持恒定的距离与关系，可以无止境地连绵延长。连续韵律往往可以给人以规整整齐的强烈印象（图 2-61）。

把连续重复的要素在某一方面按照一定的秩序或规律逐渐变化，如逐渐加长或缩短、变宽或变窄、增大或减小、变紧密或变稀疏，就能产生出一种渐变的韵律。渐变韵律往往能给人一种循序渐进的感觉或进而产生一定的空间导向性（图 2-62）。

图 2-62 吊顶悬挂薄板上的圆形缺口大小依次变化，产生空间的导向性

渐变韵律如果按一定的规律时而增加，时而减小，有如波浪起伏或者具有不规则的节奏感时，就形成起伏韵律，这种韵律常常比较活泼而富有运动感（图 2-63）。

交错韵律是把连续重复的要素按一定的规律相互交织、穿插而形成的韵律。各要素相互制约，一隐一显，表现出一种有组织的变化。这种韵律既有明

图 2-63　具有起伏韵律的顶棚造型处理

显的条理性又因为各元素的穿插而表现出丰富的变化（图 2-64）。

韵律在室内设计中的体现十分普遍，我们可以在形体、界面、陈设等诸多方面都感受到韵律的存在。韵律本身所具有的秩序感与节奏感，既可以加强室内环境的整体统一效果，又能够产生丰富的变化，从而体现出多样统一的原则。

四、重点与一般

在由若干不同要素组成的整体中，各组成要素的地位与重要性不能一律对待，它们应当有主与从的区别，否则就会主次不分，使人感到平淡无奇，削弱整体的有机统一性。在室内设计中，从空间限定到造型处理乃至细部陈设与装饰都涉及重点与一般的关系。各种艺术创作中的主题与副题、主角与配角、主体与背景的关系也正是重点与一般的关系的体现。在建筑设计中，常用通过轴线、体量、对称等手法达到主次分明的效果，这些方法在室内设计中也被广泛的运用（图 2-65、图 2-66）。

图 2-64 空间上方白色钢结构构架与蓝色顶棚相互间隔形成交错韵律

图 2-65 对称的布局形式突出了墙面上的艺术作品

图 2-66 巴黎阿尔卡特公司总部(设计：Arte Charpentier and Partners Architects)大体量的不锈钢雕塑成为空间的重点

此外，室内设计中还有一种突出重点的手法，即运用“趣味中心”的方法。趣味中心有时也称视觉焦点，指的是整体环境中最引人入胜的重点或中心。它一般都是作为室内环境中的重点出现，有时体量并不一定很大，但位置十分重要，可以起到点明主题、统帅全局的作用。能够成为“趣味中心”的物体一般都具有新奇刺激、形象突出、具有动感和恰当含义等特征。

根据心理学的研究，人会对反复出现的外来刺激产生适应，停止作出反应，因此，要想引人入胜，形成趣味中心，必须具备新奇性与刺激性。在具体设计中，常采用在形、色、质、尺度等方面与众不同的物体，以吸引人的注意，创造独特的景观（图 2-67、图 2-68）。

图 2-67　新颖独特的灯具引人注目，成为空间的焦点

图2-68 尺度巨大的柱子给人视觉上的震撼，成为趣味中心

图2-69 蒙特利尔会展中心（设计：Mario Sais） 红色树干在灰色调的环境中醒目突出，成为趣味中心，让人们印象深刻

形象与背景的关系是格式塔心理学研究中的一个重要问题。人在观察事物时，总是把形象理解为“一件东西”或者“在背景之上”，而背景似乎总是在形象之后，起着衬托作用。一般情况下，人们倾向于把小面积的事物，把凸出来的东西作为形象，而把大面积和平坦的东西作为背景。在理论上，形象与背景可以互相转化，现代绘画中也经常使用形象与背景交替的处理手法，但在处理室内趣味中心时，却应该有意识地让形象与背景有明显区别，以便使人作出正确的判断，起到突出重点的作用（图 2-69）。

运动的物体能使人眼作出较为敏捷的反应，极易影响视觉注意力。人眼的这种特性，早被艺术家所发现和利用，古希腊的“掷铁饼者”和汉代的“马踏飞燕”等作品正是以它们的动感成为了不朽之作。室内设计师在设计中，也要注意发挥眼睛的这种特点。随着时代的发展，艺术家们创造出了真正能够活动的动态雕塑，赢得了人们的极大兴趣，常常成为室内环境中的趣味中心（图 2-70）。

人在观赏物品时，知觉总是会发生“看——赋予含义”的过程。如果作为趣味中心的物品含义过于明显，不需经过太多的思维活动就能得出结论，人们可能会产生兴趣索然的感觉。同样，如果趣味中心的含义过于晦涩难懂，人们也可能会采取敬而远之的态度。适当的做法是提供适量的刺激，吸引人们的注意

图 2-70 某商店空间上部悬挂的活动雕塑，空间气流的变化会使它缓缓地旋转移动，并利用杆件保持动态平衡，这种变幻着的运动形象，在室内建立起包括时间因素在内的四维空间感觉，理所当然地成为室内的趣味中心

力并作出一定的结论，但同时又不能过于一目了然。能吸引人们经常不断注目，并且每次都能联想出一些新内容，每次都由观赏者从自己以往的经验中联想出新的含义，这样的物品也就自然而然地成为了室内空间的重点所在。

总而言之，室内造型原则和形式美的法则是室内设计中具有普遍意义的重要原则。它们涉及空间限定与组织、界面造型处理、家具陈设布置等各方面的内容，能够为设计师们提供有益的创作依据，可以使设计师在创作时有章可循，少犯或不犯错误，塑造出良好的室内环境。不过，一项真正优秀的室内设计作品离不开设计者的构思与创意，如果创作之前没有明确的艺术意图，即便作品具有了优美的形式，也难以感染大众。只有设计师具备了不俗的立意，同时拥有娴熟的技巧，充分灵活地运用这些原则，才能真正做到“寓情于物”，才能通过艺术形象唤起人们的思想共鸣，才能创造出真正称得上是具有艺术感染力的“美”的作品。

本章思考题：

1. 室内空间与室外空间相比，具有哪些不同的特性？
2. 室内空间限定的常用手法有哪些？
3. 室内空间组织的主要类型有哪些？
4. 室内不同界面的特点和设计要点分别是什么？
5. 室内造型原则主要包括哪些方面的内容？
6. 多样统一原则主要包括哪几个方面的内容？

第三章

室内设计包含的其他相关要素

室内设计所涉及的范围十分广泛，除了空间要素之外，还有其他方面的相关元素，而这些元素（从人的使用到更高的精神追求等多种多样的功能需要）与空间相互作用，共同营造出了理想的室内环境。因此对于专业室内设计师而言，深入研究这些要素就显得尤为必要。只有针对不同的功能需要，融会贯通，才能提出更加合理的室内设计解决方案，将室内设计进行得更为完整而透彻。在某些具有特殊要求的空间中，这些元素的正确使用与否往往对空间起着决定性的作用。

第一节　室 内 家 具

建筑内部空间关注的核心是人，人的生活工作离不开家具。家具起源于人的生活要求，同时又促进人们生活方式的改变。家具在建筑与人之间起着十分重要的衔接作用，无论是工作、饮食、休闲与睡眠，都因为有了家具成为可能，并随着家具的不断发展而变得越来越舒适和便捷。同时，作为空间组成的重要元素，家具成为空间处理的重要工具，起着功能区分、流线组织、丰富空间层次等作用。另外，由于家具尺度与人体尺寸密切相关，某种意义上家具成为衡量空间尺度的标准。在满足使用功能的前提下，家具也是表达个性和品位的重要载体，相对于电子产品而言，家具蕴含了更多使用者的情感因素。

关键词：家具与空间、家具风格

一、家具的分类

家具是人生活、工作的基本条件的提供者，人的所有活动，不论是居住、社交、工作都离不开家具，因此家具的使用功能是家具存在的重要理由。通常可以根据家具的使用状态分类，如：

表 3-1　根据使用状态对家具分类

使用状态	功 能	类 型
坐卧类	支撑人体	椅、凳、沙发、躺椅、床、卧具
凭倚类	工作台面	桌子（餐桌、会议桌、写字台、梳妆台）茶几、操作台（工作台、清洗台、吧台、灶台等）
贮存类	储物	衣柜、五斗柜、书柜、文件柜、货架
展示类	展示陈列	案几、陈列柜、陈列架、陈列台

二、家具在室内空间中的作用

家具与室内空间的关系是设计师进行特定空间设计的核心问题。对于室内设计师而言，在室内空间环境中，家具是各种空间关系中不可分割的组成部分，有着特定的空间含义。

美国著名建筑设计师赖特（Frank Lloyd Wright）认为最令人满意的住宅应是一开始便考虑家具的位置，尽量让家具成为建筑及结构体系的一部分。图3-1是一个空间构成的案例，从中可以看出，我们不能脱离整体统一的室内空间组合来孤立解决家具设计与布置问题。选用或设计家具要与室内空间协调，即产生一种“对话”的关系，在大多数的建筑环境中，家具与建筑内部空间的关系是追求相互和谐统一的（图3-2、图3-3）。

图3-1 某别墅室内空间，陈列及储藏用，家具与建筑构造体系融为一体

图3-2 奥迪汽车展示厅(设计:法国Arte Charpentier and Partners Architects),巴黎,2000

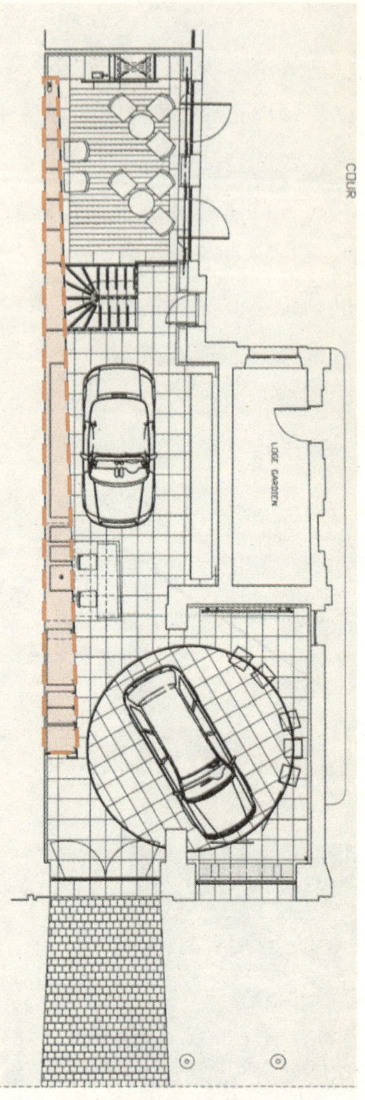

图3-3 奥迪汽车展示厅-平面图，左侧墙面由多种功能的家具连接而成，固定家具与室内空间融为一体，创造出简洁且整体的室内氛围

另一方面，人的特定活动，特定的行为、动作等功能要求有特定功能的家具及家具组合方式。我们要从使用者的实际要求入手，仔细研究家具的尺度、材料、细部及人体工程学方面，充分满足其使用功能，特别应根据不同场合有针对性地提出特定的解决方案。比如在设计宾馆的成套客房时，就以人的起居休息为主要功能研究，根据宾馆的级别及投资额，选用相应空间风格的成套家具。又如对于办公空间而言，总经理办公室的家具是为总经理特定使用而设定的，需研究个体的行为模式和喜好，特殊制定，有时其办公桌、椅的安排总是摆在特殊的位置，以显示使用者的特殊地位，这都会影响使用者对此空间的使用评价和心理感受（图3-4）。

图 3-4 某办公室内空间

图 3-5 通过家具布置显示出各空间的功能定义

（一） 组织空间

使用者动态活动是室内空间研究的主题。研究人们在室内活动的“流线”，在这些活动的“流线节点”上，选择可以停留或必须停留处，布置相应的家具，家具如人的影子般存在。家具得成为空间实用性质的直接表述者，同时家具对空间的组织过程又是对空间重新整理和创造的过程，不同形式的围合和分割表明该区域的不同使用性质及流线安排。比如起居室通常用成组沙发和茶几组成休息待客区域，以此表达其性质（图 3-5），而餐厅用餐椅、酒吧台等形成餐饮区域，这些家具同时表达了使用者在该区域停留的时间和使用状态等关系（图 3-6）。

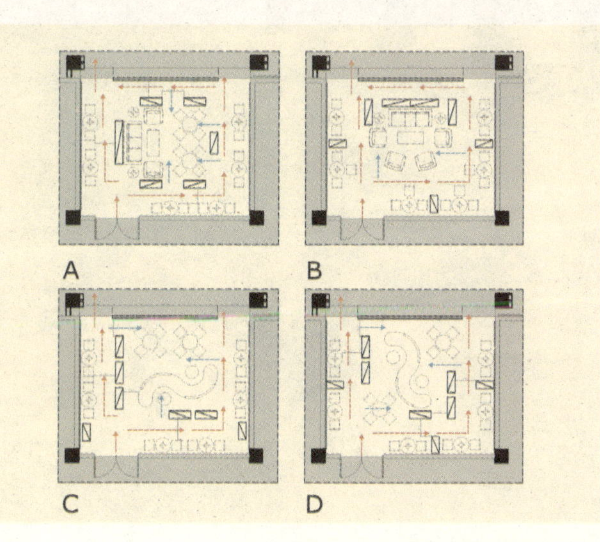

图 3-6 某咖啡厅平面图 在同一室内空间中，布置不同类型的家具，以及同样家具配合不同的布置方式，能够营造出不同使用组合方式

图 3-7 对于现代开放式办公空间内部，通过家具来分隔空间是常见的设计手段，不仅决定了工作组团方式，同时还能够提高室内空间的使用舒适度

（二） 分隔空间

利用家具的分割代替隔墙分割以提高室内空间使用的灵活性和利用率。比如一般办公楼的办公空间，利用办公家具和隔台分隔出一定相对区域，自成单元，节省面积，加强通透感，又为以后办公区域的灵活变化带来了可能性（图 3-7）。因此可以把室内空间分隔与家具结合，通过家具分割满足使用功能，减少墙体面积，提高空间的使用率。

（三） 丰富空间

家具伴随着人们的生活工作，所占空间比重较大，家具也因此有了更多象征意义，可以透露许多信息，往往成为一种文化及性格的表现。因而家具成为室内空间艺术表现的重要角色，使用者往往需要通过家具来表达其身份与喜好，营造特定环境氛围（图 3-8、图 3-9）。

图 3-8 上海金茂君悦酒店浦劲 VIP 房（设计：日本 Super Potato），酒店空间中的家具通过布置与搭配起到了丰富空间的作用

图 3-9 ANNABEL LEE，上海外滩总部，室内家具具有很强的象征意义

三、家具的发展与风格

家具发展与科技、艺术密不可分，家具作为建筑室内空间的组成部分，往往与建筑的发展同步。在家具的发展史上经历了一轮又一轮的设计运动和风格流派的演绎、更迭。对于室内设计中的家具设计而言，了解家具发展历史背景及其表现风格，有助于正确处理家具与空间的关系。

（一） 西方古典家具

1. 古埃及、古希腊、古罗马时期家具（约公元前 16 世纪至公元 5 世纪）

这一时期的家具有桌椅、折凳、榻、橱柜等，坐椅四腿大多采用动物腿形，显得粗壮有力。家具上往往雕刻精美的人物和动植物纹样，显得特别华丽（图 3-10、图 3-11、图 3-12、图 3-13）。

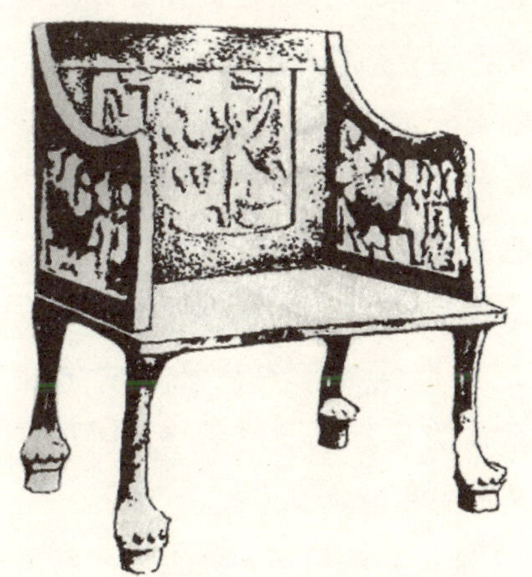

图 3-10 古埃及靠椅

图 3-11 古罗马石桌

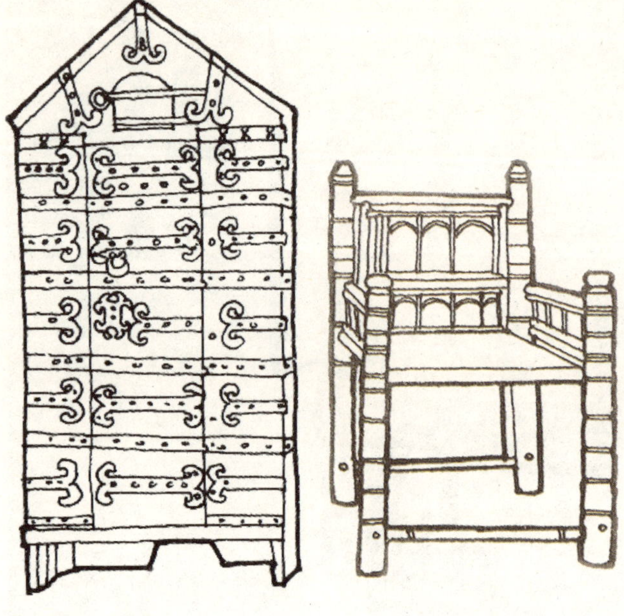

图 3-12　罗马式柜子

图 3-13　罗马式扶手椅

2. 拜占庭及哥特式家具（约公元 5 世纪至 14 世纪）

拜占庭家具多是仿希腊罗马家具形式，但家具形式趋向更多的装饰图案，由于丝绸、象牙等装饰物引入，显得格外奢华。

哥特式家具由哥特式建筑风格演变而来，以高耸、瘦长造型及哥特式尖拱的花饰和浅浮雕形式为装饰主体，强调垂直线条（图 3-14）。

3. 文艺复兴时期家具（约公元 14 世纪至 16 世纪）

文艺复兴是指公元 14 世纪至 16 世纪以意大利为中心开始的对古希腊、古罗马文化的复兴运动，这个时期的建筑师、艺术家和手工艺者皆对古埃及、古希腊、古罗马的装饰主题表现出浓厚兴趣。狮身人面像、方尖塔、三角墙等装饰图案常应用于家具中。方尖塔经过修饰后常放在橱柜的顶部，而一些桌子常用狮身人面像立柱支撑（图 3-15）。

4. 巴洛克及洛可可家具（约公元 16 世纪至 18 世纪）

16 世纪末，文艺复兴运动逐渐被兴起的巴洛克风格所代替，“巴洛克”原是葡萄牙文 Baroque，意思为表述珍珠般光滑、圆润、凹凸不平的特征，由此可想象其艺术风格的造型特点，它以生活需要作为设计原则，使家具设计更加具有情感，也更适合生活功能，常常简化不必要的装饰，以加强整体装饰的和谐效果（图 3-16）。

18 世纪初洛可可风格家具代替了巴洛克风格，洛可可（ROCOCO）是

图 3-14　法国哥特式教堂座椅

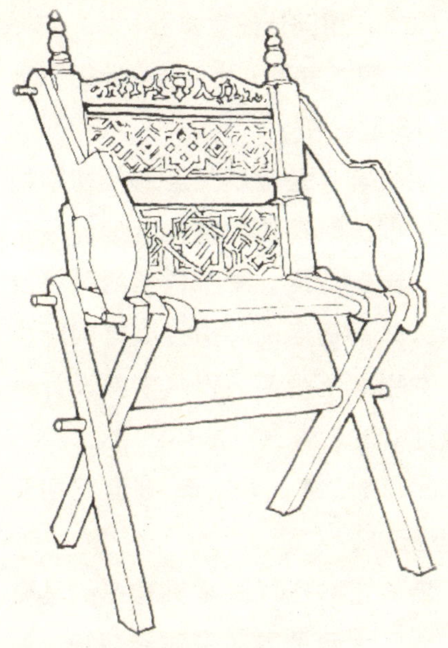

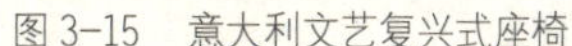
图 3-15 意大利文艺复兴式座椅

图 3-16 法国巴洛克式橱柜

法文“岩石”（Rocaille）和“蚌壳”（Coquille）的复合字，意思是以岩石和蚌壳为装饰特征。洛可可将优美的艺术造型与功能的舒适效果相结合形成完美的工艺作品。但洛可可风格发展到后期，由于形式特征走向极端，片面夸大造型元素，有时显得过度扭曲和过度装饰。

5. 新古典家具（约公元 18 世纪后半叶至 19 世纪初）

由于洛可可风格后期装饰形式已完全脱离于结构理性走向怪诞烦琐的境地，人们更期望有一种清新的风格，在此背景下，产生了新古典风格。新古典主义者拉直了桌椅的腿，提供了大量的结构形式，最终以瘦削直线为主要风格特色（图 3-17）。新古典风格大致可分为两个发展阶段：第一阶段大约自 1760 年至 1800 年间，称为庞欠式（Pompeire）；第二阶段自 1800 年至 1830 年间，称为帝政式（Empire）（图 3-18）。

图 3-17 英国新古典式圆桌

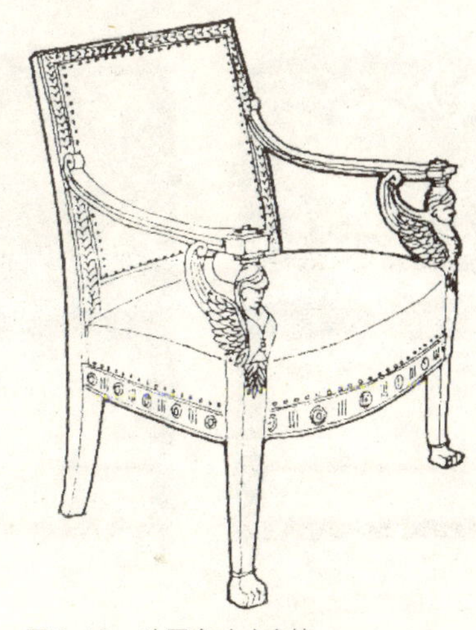

图 3-18 法国帝政式座椅

图 3-19　黄花梨木四出头官帽椅

图 3-20　黄花梨木一炷香平案头

图 3-21　硬木嵌螺钿太师椅

（二） 中国传统家具

1. 明式家具（公元 14 世纪下半叶至 18 世纪初）

明式家具是指明代至清代初期的家具，以造型简洁，结构合理，线条优美，比例适度，素雅自然的风格及其对人体舒适度的考虑，赢得国际声誉，并引起不少西方现代家具设计师的关注（图 3-19、图 3-20）。

2. 清式家具（公元 18 世纪初至 20 世纪初）

清式家具在明式家具构造的基础上加入了大量的雕花及镶嵌装饰，风格厚重华丽，尺度较大。虽然用料考究，制作精细，却忽视了家具结构的合理性以及人体使用的舒适性（图 3-21、图 3-22）。

（三） 现代家具

1. 19 世纪下半叶至 20 世纪初的英国“工艺美术运动”,法国“新艺术”运动，奥地利和德国“青年风格派”

以英国威廉·莫里斯（Willian Morris）为代表的艺术家和建筑师，主张艺术与技术相结合，注重选材、产品结构合理与装饰风格统一，工艺美术运动为 20 世纪的功能美学充当了奠基石的作用（图 3-23）。

法国的“新艺术”运动以曲线和自然形态为特征，强调线条的表现力，强调材料的真实，自发性和个性，每个设计师都有鲜明的风格(图 3 – 24)。

“青年风格派”的发展分为两个时期，在 1900 年前的这段时期，主要受英国工艺美术运动的影响，强调自然主

图 3-22 黄花梨木卷草纹三弯腿炕桌

图3-23 莫里斯设计的高背椅

图 3-24 特纳设计的 14 号椅

图3-25 里特·维德设计的红蓝椅

图 3-26 1930 年英式风格的 Art Deco 家具

义风格。后来,“青年风格派”趋向更抽象的“现代”风格,逐渐融入了 20 世纪初的现代主义运动之中(图 3-25)。

2. 艺术装饰运动(1918-1940)

艺术装饰运动是一场突出“艺术装饰”的运动,法国巴黎是这场运动的中心。采用大量新的装饰元素使工业机械形式及现代特征变得更加自然和华丽,光滑的表面,流线型的结构及几何形的式样是艺术装饰运动在家具方面的主要造型特征,这些装饰风格的特征来源于立体主义、东方形式、古埃及和非洲原始艺术等方面(图 3-26)。

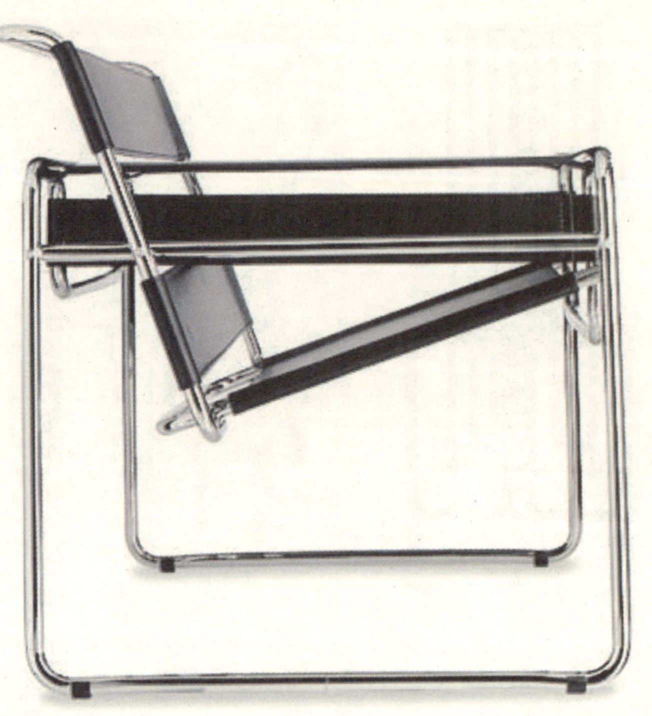

图 3-27 布鲁尔设计的瓦西里椅

3. 包豪斯运动与现代主义设计（1918-1938）

包豪斯是1919年4月在德国魏玛成立的一所设计学院，首任院长沃尔特—格罗皮乌斯（Walter Gropius）是现代建筑大师，也是20世纪最重要的现代设计家及教育家。包豪斯学院开创了著名的“包豪斯运动”。

包豪斯运动提出了艺术与技术统一的思想，打破了19世纪以前存在的艺术与工艺技术之间的屏障，奠定了现代设计思想基础，使设计获得了全新的内涵。这一运动强调形式依随功能，尊重结构自身的逻辑，强调几何造型的简洁明快，并使之能适应工业生产。包豪斯运动在实践中生产出大量现代家具，并培养了大量具有现代设计思想的著名设计师及传播者（图3-27、图3-28）。

4. 现代主义家具发展时期（1945-1970）

第二次世界大战期间，大批优秀的建筑师及设计师被迫自欧洲迁至美国，20世纪二三十年代先后被迫移民美国的格罗皮乌斯、布鲁尔和密斯在美国大学受到热烈欢迎，加上美国雄厚的财力基础及在战争中飞速发展的工业技术，美国现代家具在20世纪50年代迅速崛起。

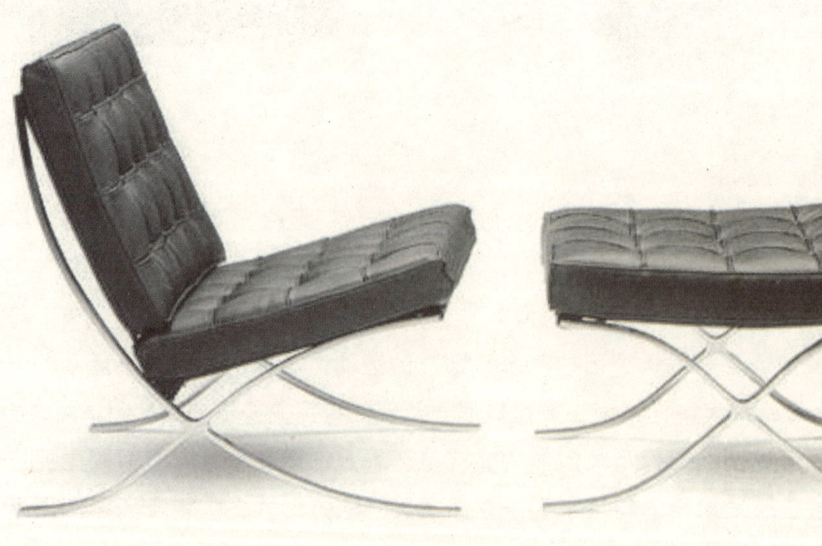

图 3-28 密斯设计的巴塞罗那椅

通过对新材料及新工艺的研究，当时的家具设计已形成了相对成熟的工业设计美学，现代主义家具在美国走上高速发展时期。60 年代初，欧洲工业已从二战中走出来，进入了高速增长阶段，美国的家具设计又对欧洲产生了巨大影响，推动了欧洲家具工业的发展，出现了北欧、德国、意大利等多种流派的现代家具设计之风（图 2–29、图 2–30、图 2–31）。

（四） 当代家具时代（1970 至今）

由于现代主义过分强调形式的简化，突出功能及材料的表现，容易忽视家具与人之间的感情交流，对历史上的优秀遗产的继承也缺乏认识，而社会科技高度发展的同时，人们对情感的需求日益加深，特别是 20 世纪 60 年代中期兴起的一系列新艺术潮流，如波普主义、后现代主义、折中主义、解构主义、仿生学及东方禅学等思潮对家具设计产生了重大影响，使当代家具呈现五彩缤纷、百花齐放的多种表现形式（图 2–32 ～图 2–36）。

图 3–29 汉斯·瓦格纳设计的 CH24, Wishbone 椅

图 3–30 依姆斯设计的躺椅

图 3-31　沙里宁设计的郁金香椅

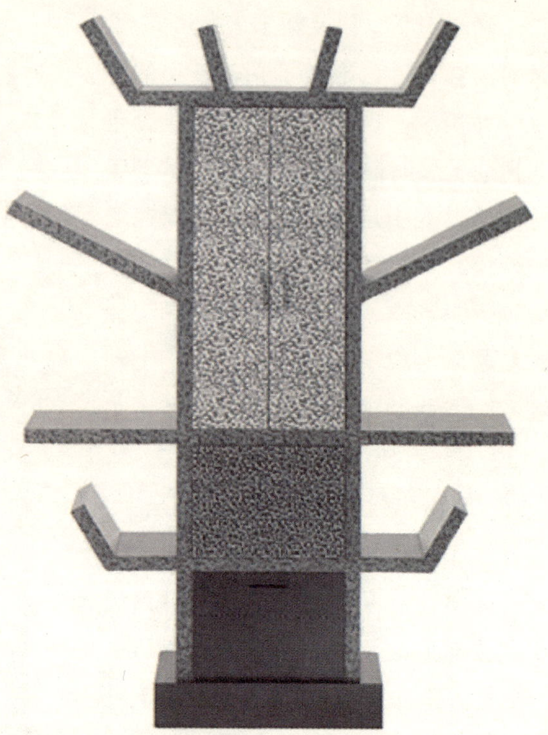

图 3-32　索托萨斯设计的家具

图 3-33　奇尼 · 波埃利设计的 GHOST 椅

图 3-34　弗兰克 · 盖里设计的 Wiggle 椅

图 3-35　柳宗理设计的蝴蝶椅

图 3-36　菲利普・斯塔克设计的 Kartell 椅

第二节　室内陈设

陈设设计是室内设计不可分割的重要组成部分，是室内空间设计的深化和发展，也是室内软环境的再创造。陈设品从人类最早的使用功能需要发展到现在的实用与装饰并重，不同时期不同地点表现出不同的风格，这离不开社会发展，也离不开建筑与艺术的演变以及大的文化背景。当前室内陈设品呈现出非常丰富的状态。

关键词：装饰、二次空间、个性化

一、室内陈设在室内设计中的作用

总体上讲，室内陈设不能孤立地存在，陈设是基于整体的空间效果。陈设可以进一步表现室内环境的特征，使其风格更加显性和易于理解；陈设可以表达更多的地域民族的内涵；对于室内空间来讲，可以使空间层次更加丰富和生动；同时对个体使用者而言，能陶冶情操、彰显个性。

（一）表达空间主题，营造空间氛围，进一步强化室内风格

特定的空间有其特定的中心目的，设计的各层面均应围绕这一中心概念展开，陈设设计有时成为表达空间主题的重要手段，某些陈设品还具有很强的象征意义。另外由于陈设品本身的造型、色彩、图案及质感反映了一定的历史文化、风俗习惯、地域特征，能给人更大的想象空间，对室内风格起着较大的明确与强化作用。比如中国传统的工艺品、字画可以用来表现传统的文人素质的清新典雅风格，而乡土气息浓郁的空间可选用一些具有强烈地域特色的陈设品来烘托（图 3-37、图 3-38）。

图 3-37　传统中式风格陈设在卧室中的运用，烘托出室内优雅的整体氛围（设计：Max Chang）

图 3-38　某欧式乡村别墅，细碎花布织物、装饰台灯及生活用品的组合显示出独特的地域风格

图 3-39 上海西郊一品花园(设计:VEP Design)别墅的客厅

(二) 丰富空间层次并柔化空间

对于较为方正的室内空间而言，陈设作为空间中的填充物起到了柔化空间作用，使空间有了生机活力。织物的柔软质地，让人有温暖亲切的感觉，几盆观赏性的插花为空间增添了生气。另一方面，由家具、艺术品、织物、绿植、水体等陈设营造出的二次空间，使空间层次更加丰富，更加贴近人的生活，使空间的使用功能更趋人性。比如作为织物类的地毯就可以创造象征性空间，根据地毯质地、色彩的不同，从视觉和心理上划分出不同区域，形成领域感(图3-39)。

(三) 反映使用者爱好和生活情趣

某些陈设品具有很强的个人感情色彩，是使用者充分表达个人爱好的最直接的语言，能反映出其职业特征，品位修养。同样装修的空间中不同的陈设品可以营造不同的个性，因此陈设品往往是表现自我的最直接手段之一(图3-40)。

二、室内陈设的类型

室内陈设包含的内容很多，种类丰富。几乎所有具有观赏价值及美化功能的物品都可以成为室内的陈设品，当然日常使用的器皿及具有某些特殊纪念意义的嗜好品也属于陈设品的范畴。有时家具本身也具有某种意义上的陈设功能。概括而言，大致可分为功能性陈设和装饰性陈设两大类。

图 3-40　个性化的室内陈设布置

（一）功能性陈设（实用性为主）

以实用功能为主又有一定的装饰作用，既是人们日常生活的必需品，能解决生活中的某些物质需要，同时因其在形状、色彩、质地方面有很强的感染力，能够美化空间，给人带来情感上的共鸣。这一类型的陈设范围广泛，通常可分为以下几类。

1. 陈设类灯具

作为陈设的灯具多数可定义为脱离空间六面体外的装饰类灯具，如吊灯、吸顶灯、台灯、落地灯、壁灯等。室内空间不能仅仅依靠自然采光，更多的人工照明能形成光线的氛围。所以选择灯具时首先应考虑照明的功能要求，即照度、色温、照射角度和光线氛围，同时灯具本身的风格又是环境中重要的陈设品，应与室内环境的风格协调一致。如大型的豪华水晶吊灯比较适合于宾馆大堂、宴会厅等大空间且吊顶比较高的地方，以增加辉宏的气势，小型台灯及壁灯则常用于较安静的区域照明，如咖啡厅、卧室等。同一组空间中，应根据功能需求选择相应灯具，但不宜太多太杂，应在统一中有变化，光色也相应有所控制（图 3-41、图 3-42）。

2. 织物

相对于其他建筑材料，比如水泥、钢、玻璃，织物应是最柔性的材料，有

图 3-41　上海金茂君悦酒店宴会厅，通过大型的装饰水晶吊灯，烘托出华丽的氛围

图 3-42　装饰吊灯通常能起到渲染气氛的作用

人说服装是人的第二层肌肤，所以与服装有同样感觉的织物带给人更多的亲切与温暖。同时织物因其色彩、质感、图案的多样化，可灵活多变地赋予空间个性化的表达。织物陈设是室内软装饰设计的重要部分，包括地毯、墙纸、窗帘帷幔、织物顶棚、家具蒙面、床罩、床单、靠垫、装饰壁挂等。织物出现的面积较大，且多以板块式出现，有很强的实用性，可以分隔空间、柔和空间、遮光吸声，同时能形成空间氛围、统一视觉效果、陶冶情操和表达个性，具有很强的装饰功能（图 3-43）。

（1） 地毯。地毯通常是在地面展开，有很强的限定及区别空间引导人流的作用；同时由于地毯有较好的弹性，还有保温、降噪和增加摩擦力等性能，使用起来也很舒适。

（2） 窗帘（织物屏风）。窗帘有限定分割空间、遮阳防尘隔音、遮挡视线提供私密性、营造空间气氛形成装饰风格、丰富空间层次等作用。既充当了柔性的可变化的虚的墙面，同时还能形成一些视觉中心（镜框式）的感觉。

（3） 家具蒙面材料。家具蒙面织物通常指沙发椅套、桌布、床单、床罩、靠垫、坐垫等，起着与人体软接触支撑，增加触觉温暖舒适度的作用。由于织物的式样种类丰富，可以使同一造型家具呈现不同的风格与个性，满足不同空间

图 3-43 纽约曼哈顿第五大街上的某住宅的起居空间，织物陈设不仅起到柔化空间的作用，同时其图案、色彩、质地传达出某种传统文化的信息

效果的要求。

（4）装饰壁挂。现代装饰壁挂已成为室内装饰重要手段之一。壁挂具有美化空间界面，美化室内空间的作用，同时也为突显空间的风格创造了更显生命力的视觉中心。装饰织物壁挂通常有一定的主题性创作，有较深的艺术性。

3. 生活用品

由于某些日常生活用品具有一定的美学特质或装饰特点，常被用来衬托区域功能和气氛。例如酒具、茶具、咖啡壶、果盘、玻璃容器等，这些工艺品材质和工艺各不相同，功能和造型及色彩也千差万别。通过细致研究其功能和形式是否与所处空间要求一致，可以恰如其分地营造较生活化的气息。采用成组陈列时，注意造型应尽量简约，色彩与背景色应尽量协调，避免太过杂乱和花哨（图 3-44）。

4. 文体用品及书籍杂志

某些较特殊的空间如健身房、书房、琴房等通常可用一些乐器、文具、体育用品之类的文体用具来装饰，既反映空间特色，又能给人抒情性的感受。当然这些物品的陈列本身反映使用者的个人爱好，喜爱中国传统书法的人，可能会在书桌上放置文房四宝；钢琴有时候会取代电视成为客厅的重心；书架的样式，书架上收藏的书籍同样能映射出主人的专业、年龄及性格。这些看似不太重要，甚至常被忽略的部分，往往能与使用者的精神需求联系起来，合理运用，在大的风格前提下，还能提供更加个性化的解决方案。

图 3-44 上海今古传奇餐厅（设计：蒋琼耳），作为餐具瓷器被精心陈列，其形态及色调与环境交相辉映

（二）装饰性陈设

1. 艺术品

艺术品在空间中的陈设方式通常有两大类，一类是平面型（二维），如绘画、摄影、书法等，固定于墙面部位，另一类是立体型（三维），如雕塑等，常有陈列的基座。由于艺术家创作的艺术品通常有其本身的主题，而这个已有主题如何与空间主题形成合适的逻辑关系是设计师思考的重点。此外，艺术品本身的形式特点及摆放位置也需要苦心地经营，画框和基座应被视为艺术品的一部分。当然，还应着重解决好艺术品的照明设计，正确的光源及灯具选择，最佳照射角度等都需要考虑，不断审视它们与空间气氛的关系，这些看似细节的设计需要非常专业的技能（图3-45、图3-46）。

图3-45 基座在陈设布置中也是很重要的因素

图3-46 某意大利餐厅，墙面壁画成为该空间的主角

2. 工艺品

工艺品顾名思义，通常是具有某种特殊工艺的物品，并且这些工艺带有很强的手工艺特色和地域特色，常有较高的文化价值。有时工艺品与艺术品很难区分，只是艺术品通常不能复制而工艺品是可以复制的。

悠久的历史和文化积淀常能从当地的手工艺品上反映出来，工艺品本身带有很强的地域烙印，选择这一类工艺品时需对工艺品本身进行较深入的研究，不能文不对题或喧宾夺主。能用于陈设的工艺品种类繁多，如木雕、石雕、贝雕等雕刻类；也有陶瓷、琉璃、泥塑等塑造类；金、银、铜器皿等铸造类；织锦、锈片、蜡染，扎染等布艺类（图 3-47、图 3-48）。

图 3-47　ANNABEL　LEE　真丝工艺纺织品

图 3-48　中国青花瓷器是常用的陈设装饰品

3. 纪念品、收藏品

相对于艺术品和工艺品而言，纪念品和收藏品具有更多的个人色彩。获奖证书、奖品、世代相传的传家宝、亲朋好友赠送的礼品，每一类纪念品都有一个故事在背后，有一种美好的回忆，是一种情感的寄托。收藏品最能反映个人的喜好和修养。

这一类物品因其背后的含义不同常常无法取舍，而造型、色彩、材质各不相同，因此应相对集中放置于有框架控制的橱柜中，不至于显得太乱。当然特别有吸引力的物品可以重点陈列，主次分明（图 3-49）。

4. 观赏性动、植物

观赏性动、植物陈设是更加贴近自然的一种陈设方式，会给室内空间带来更有生机的气息。花、鸟、虫、鱼、盆景等寄托了人们对自然的情感，梅、兰、竹、菊则是中国古代文人君子的象征。

图3-49 纪念品及其他收藏品的呈现，往往使空间有了更多时间的概念和个性，显示出主人的品位

三、室内陈设品的选择与布置

陈设品种类繁多，且每种陈设品均有自己的个性，选择不当非但不能形成良好的氛围，有时还会与室内环境的风格相冲突。“有的画与其说是装饰墙面，不如说是破坏墙面。”总的来讲，只有当陈设对室内的实用功能与空间艺术效果起到积极作用时，才真正产生其自身的空间意义。

选择与布置陈设品有时是同时完成的，因为布置的地方和功用直接影响了选择。通常会根据一些形式法则如均衡、统一与变化、节奏韵律、主次分明来帮助陈设。要想达到良好的最终效果，细致的考虑陈列方式显得尤为重要。除此之外，还应考虑以下几个方面。

（一） 考虑空间功能细化的要求

有相当部分的陈设品具有实用功能，布置时可考虑该区域功能上的一致性，有时还需要考虑人的使用状态。比如放置果盘的位置，既应该起到点缀作用，同时也应放在比较容易拿取的地方（图3-50）。

图3-50 某别墅样板房(设计：VEP Design)厨房空间，依据使用功能细化了布置陈设

图3-51 BISAZZA展示厅在大型的室内空间中，设置大体量的雕塑品能够很好地起到烘托的作用

（二） 研究空间的风格与主题

不同功用的空间需要用不同的陈设品来烘托气氛。在布置陈设品的时候，应根据主题有序地陈列，找到这些陈设品本身的逻辑关系，像说故事般地呈现在相应的位置。在一些特殊情况下，陈设品的风格也可以与整体环境风格形成对比，以增加趣味中心（图3–51）。

（三） 考虑空间尺度的匹配

陈设品的布置应与空间的尺度相适应。一般情况下，尺度较大的空间如酒店大堂，可布置一些大尺度的陈设品以加强空间气势；而尺度小的地方如客房则可以布置一些小而精的陈设品，把更多的空间留给使用者（图3–52）。

（四） 研究空间的形体、色彩和材质

除了空间尺度以外，陈设品还应与空间环境（背景）的形体变化、色彩和材质结合起来统一考虑，尝试找到陈设品在形态色彩和材质上与周围空间的相关因素的联系来表达空间性格（图3–53）。

（五） 考虑观赏效果

陈设品更多的时候是用来观赏，因此布置陈设应从使用者的观赏视线及角度出发，寻找最佳角度和位置。比如在墙上挂画，除了考虑画的内容形式与尺寸大小等，还应考虑挂画的方式、悬挂高度与视平线的关系以及照明效果等因素（图3–54）。

图 3-52 某阁楼卧室，精致绿色植物的尺度及造型与空间相匹配

图 3-53 上海某会所入口（设计：冯勃），不锈钢材质与大红漆的旧家具陈设相对比，表达了一种传统与现代的对话关系

图 3-54 上海现代贴金工艺博物馆墙面浮雕（设计：VEP Design）

第三节　室 内 织 物

当前，织物的使用已经渗透到了室内设计的各个方面。在现代室内设计中，织物使用的多少和优劣，已经成为衡量室内装饰水平的主要标志之一。同时，由天然纤维或合成纤维制成的各种纺织品是室内软装饰的不可缺少的组成部分，已经广泛运用于室内设计的方方面面。它们以其各自特有的质感、色彩和形态，扮演着不同的角色，营造出不同的室内氛围。

关键词：软装饰、色彩、图案

一、室内织物的类型与选择

（一）功能分类

室内织物按其功能不同主要包括四大类：地毯、窗帘、家具装饰织物和墙面织物。此外还包括一些小纺织品物件，比如偶有织物壁挂、织物灯罩、织物顶棚、织物插花、织物玩偶等。

图3-55　上海香格里拉酒店盛事堂的地面地毯采用满铺定制图案，不仅提供了轻软温暖的触感，也是烘托空间氛围的主要手段

1. 地毯

地毯是质软、有弹性、触觉好、保暖、吸音的材料。地毯可以增加地面弹性、防潮防寒、限定空间，且具有良好的装饰作用。其铺设应依室内设计的需要而定，可选择满铺或者局部铺，选择合适的色彩和材质。满铺舒适性好、界面整体感强；局部铺则能与石、木等基层材质形成对比，营造不同的空间意境（图3-55）。

2. 窗帘和帷幕

主要功能为分隔空间、避免干扰、遮挡室外或者室内其他空间的视线、增强私密性。调节光线，根据需要采光或遮光，可利用多层窗帘或百叶窗改变调节室内光线的强弱和照射方向，避免产生炫光，保护木地板、地毯和家具免遭日光照射，防止褪色和变形。选用厚的、抗晒性强并涂有反辐射涂料的窗帘材料，可以调节室内温度，阻隔声音和视线，调整窗外景色。窗帘和帷幕是软装饰中丰富空间构图的主要体现者，使用不同款式和材料的窗帘可产生大相径庭的透光效果，所产生的光和影能给静止的空间增添动感和生机，增强室内丰富多彩的装饰效果。

窗帘以其材质不同，有纱、绸、布、呢之分。纱帘的透光性最好，能保证光照、柔匀光线，使室内氛围温馨浪漫。呢帘的遮光性最好，能有效阻挡光线进入室内，满足暗环境的需要。绸帘和布帘则介于上两者之间，属于半透明性，能够满足私密性要求，色彩和材质选择也较多。有些情况下，两种窗帘的叠加使用，能更好地兼顾透光性和私密性，运用得也相对较多（图 3–56）。

3. 家具装饰织物

包裹家具表面或者覆盖家具表面的织物，如家具套、沙发套、床罩和桌布、桌旗等。其主要功能是保护家具、防磨防污、柔和触感、丰富肌理。这类织物在室内空间中占有很大的面积，而且更换频繁，是一种灵活性较大的装饰品。

4. 墙面织物

色泽鲜艳、图案漂亮的墙面织物可用来丰富环境。它们制作容易，形式、工艺多样，使室内空间更活跃、多变。做工精细、质感华丽的墙面装饰织物，如壁毯、绸幔往往起着很重要的装饰作用（图 3–57）。

（二） 质感分类

以质感命名的织物花样繁多，有的根据其纤维命名，如亚麻织物；也有的根据其织法命名，如缎纹织物

图 3–56　窗帘和帷幕在室内的能起到柔化并丰富空间层次的作用

图 3–57　某西餐厅内部，白色沙发套、桌布、餐巾与墙面白色的蕾丝状镂空图案形成了纯净而丰富的氛围

等。只有少数织物只由一种纤维织成，许多织物可由不同的纤维织成，因而材质的比重是决定织物用途的重要因素之一。家居常用的织物，又可依照织物材质的比重不同分为四大类：

1. 透明织物

近乎透明的织物可用作窗帘、顶棚装饰、桌布及下摆。许多透明织物由棉、丝、合成纤维织成，偶有毛纤维织成。常见的有珠罗纱、条格麻纱、玻璃纱、巴里纱、薄纱罗、干酪包布、尼龙绸、网眼花边等。

2. 薄型织物

较厚实，可单独使用，有一定的遮光性。薄型织物可用作帷幕、屏风、顶棚装饰、床罩、枕套、桌旗、桌布和家具套。许多薄型织物由棉、丝、毛或合成纤维织成，较透明织物经洗耐烫。常见的有棉缎、罗缎、窗帘布、亚麻布、牛津布、弹力布、条纹布、细平布、细薄棉布、印花棉布、玻璃丝、六纹绸、茧绸、毛葛、丝纱、泡泡纱等。

3. 中厚织物

中厚织物可用作厚帷幕、家具装饰织物和枕套、靠垫，有一些也可用作屏风。中厚织物由较粗的棉、亚麻、大麻、黄麻、合成纤维或毛纤维制成，其中一些可用水洗。常见的有凸花厚缎、锦缎、织锦、帆布、劳动布、本色布、印花装饰布、坚质条纹棉布、层压织物、马海毛织物、粗厚方平织物（僧衣）、毛圈织物、哔叽等。

4. 厚织物

厚织物结实耐用，非常适合用作地毯、家具装饰织物，稍薄一点的厚织物可用作帷幕、枕套、靠垫。厚织物通常用多种纤维织成，只有少数几种厚织物可水洗。常见的有灯芯绒、天鹅绒、长毛绒、棉绒、毛毡、皮革、塑料、起绒粗呢、（粗）花呢、结子线织物、延展性乙烯基织物、带状织物、针绣花边等（图 3–58）。

图 3–58　桌布和餐巾选用艺术化的厚织物（毛皮），让餐厅环境感觉温暖并增添了更多的个性元素

二、室内织物的运用

织物的运用可以使空间产生文雅、温和的感觉，可以使室内环境显得舒服和柔软，它的色彩、构造和性能丰富多样，在设计中几乎不受什么限制。因为织物在室内的运用范围非常广泛，所以织物往往决定了室内软装饰的主调。织物配套设计是室内软装饰设计的主要内容，织物的不同形

态、色彩、材质都会引起人们不同的心理感受，而人的视觉有一定的选择性和顺序性。一般来说，明度和色相差别大的对象容易被感知而先进入人的视线选择范围，这一视觉的顺序性是室内纺织品配套设计的一个重要依据。

（一） 织物的搭配形式

室内织物因各自的功能特点，在客观上存在着主次的关系。通常占主导地位的是窗帘、床罩、沙发布，第二层次是地毯、墙布，第三层次是桌布、靠垫、壁挂等。

第一层次的纺织品类是最重要的，它们决定了室内纺织品总的配套装饰格调。第二和第三层次的纺织品从属于第一层次的纺织品，在室内环境中起呼应、点缀和衬托的作用。正确处理好它们之间的关系，是使室内软装饰主次分明、宾主呼应的重要手段（图3–59）。

（二） 室内织物的色彩选用基本原则

俗话说："远看色，近看花"。从装饰的角度看，室内织物设计的纹样造型和色彩都十分重要，而最先闯人我们视野的是色彩，色彩也因此显得更重要。不同的色调能给人带来不同的心理感受。赏心悦目的色调，给人轻快的美感，能激起人们快乐、开朗、积极向上的情怀；灰暗的色调，给人以忧郁、烦闷的消极心理；红色给人温暖感，在寒冷的冬季或难见阳光的室内空间，宜选用暖色

图3–59 室内居住环境中，织物布置的层次、比例大小、主次关系、色彩搭配等是决定空间效果的重要因素

图3-60 Ekensberg Villa餐厅基调明确的室内空间，非常重视织物的和谐搭配

调的织物组合，可以营造温暖的气氛；蓝色系使人觉得寒冷，在炎热的夏季或日照充分的室内空间，可以选用冷色调的织品配套，能起到降温的作用。通常色彩选用的原则为：

1. 有基调

基调通常是由地毯、墙布和天花板构成，使室内形成一个统一整体，陪衬居室家具等陈设，以高明度、低彩度或中性色为原则。但地毯在明度上可以深一些，色彩应与主体配合（图3-60）。

2. 有主调

主调多为家具装饰织物，如沙发套、床单、床纬帐等。可采用彩度较高、明度适中、较有分量且活跃的颜色（图3-61、图3-62）。

3. 有强调

体积较小的织物，如坐垫、靠垫、挂毯等，以对比色或更突出的同色调来加以表现。

（三）织物的图案运用

可以利用图案设计所产生的节奏和韵律来增添室内环境的韵律美。有一种或多种纹样重复排列成连续的韵律，有连续的纹样按一定秩序变化会形成渐变的韵律，有

图3-61 红色为主调的室内空间
（设计：Stanford White）

图3-62 深绿色为主调的室内空间
（设计：Stanford White）

图 3-63 织物图案，起到的不仅仅是丰富空间的作用，同时还反映出很多的独特文化和地域风情

纹样各组成部分按一定规律交织穿插形成的交错韵律等。只要织物的图案具有连续性和重复性，有意识地应用韵律法则，就能得到优美和谐的韵律感和节奏感。

另外，各个民族有其自身特有的图案。如汉族，由于代代相承的传统和习俗，大量装饰纹样中都有龙凤题材，龙凤寓意吉祥；彝族将葫芦作为他们的图腾崇拜而陈列于居室的神台上等。了解装饰图案自身的规律和图案纹样所承载的文化含义，对提升室内织物的审美价值大有裨益（图 3-63）。

第四节 室内绿化

室内绿化设计指的是利用具有观赏性的植物，结合室内环境和人的生活需要，对室内家具和空间进行装饰、美化。绿化要素由各种类型的绿色植物和花卉所构成，此外，山石、水体、动物等也可成为室内绿化的组成部分。总之，小到桌面上的小瓶插花，大到高大的树木，都属于室内绿化的范围。

关键词：室内景观、生态自然

一、室内绿化的作用

室内绿化是室内设计中不可或缺的组成部分。绿色植物的作用，不能简单地认为是装饰和美化，植物作为一种生态因素，能够提高环境质量、人的舒适度，满足人们身体和心理方面的需求。它的主要作用有以下几个方面：

（一） 重新营造室内景观

室内如果只是豪华的家具、电器设备，虽然显得富丽堂皇，却让人看起来毫无生气。所以，在室内设计中，植物可以改变空间环境单一、呆板的感觉，营造变化、丰富的空间效果。植物相比工艺品等其他陈设，更具活力和动感。它们通过丰富的色彩、质感、自由的形态，强调室内环境的表现力。色彩上，植物对比墙面、家具等人造的色彩，更加清新悦目。质地上，植物能产生一种回归自然的独特意境；形态上，由于现代的室内设计趋向简洁的直线感觉，植物的轮廓自然，形态多变，大小、高低、疏密、曲直各不相同，正好与其相融合，消除了室内空间的生硬感（图 3-64）。

（二） 自由组织空间

植物的放置能够填补一些空间上的死角，使空间更加舒畅饱满。精巧的室内绿化设计，通过对视线的聚焦和遮挡，能够调整、引导人的观察视角，自然、不

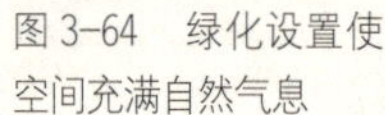

图 3-64　绿化设置使空间充满自然气息

图 3-65　上海西郊某公寓（设计：吕永中）客厅中 央沙发区高大的月桂树下提供了一个舒适的休闲饮茶空间

着痕迹地解决一些空间结构不理想的问题。通过植物的阵列布置，可以自由地分隔空间，形成隔断或者围合的虚拟空间，从而更好地实现某些特定的空间功能。利用植物的观赏性，还可以吸引人的注意力，自然、含蓄地对空间起到提示与指向的作用（图 3-65）。

（三）改善室内物理环境条件

室内绿化设计中，可以利用植物本身的生态特性来调节温湿、净化空气、吸音降噪。大型的观叶植物，具有茂盛的枝叶，可以遮挡部分阳光，吸收一部分阳光和热量以及紫外线，起到遮阳和降低室内温度的作用。绿色植物在进行光合作用时，会蒸发或吸收一部分水分，对室内相对湿度可以进行一定的调节。在干燥多风的季节，植物可以增加室内的湿度，而在黄梅多雨的季节，又可以适当降低室内空气中的水分含量。它们还可以吸附空气中的尘埃，通过光合作用补充室内的氧气，吸收二氧化碳，净化空气。同时，茂盛的枝叶对于声波的反射和漫射也有一定的吸收和影响，有利于降低室内噪声，提供良好的听觉环境。不少植物具有特殊的枝叶，吸附尘埃的同时，可以吸收有毒害的气体、过滤空气。另外有些植物还能向空气中散发出具有杀菌、灭菌性能的有机物质，杀灭室内空气中的有害细菌。

现代心理学研究还发现，室内绿化能够松弛现代人紧绷的神经。植物可以有效地放松视神经，减少对眼睛的刺激，并且使大脑皮层受到良好的刺激，有助于放松精神和消除疲劳。

二、室内植物的类型

室内植物种类繁多，大小不一，形态各异。目前，适合室内栽培的植物按观赏特点，可分为观叶植物、观花植物。按植物学的分类，可分为木本植物、草本植物、藤本植物等。

（一） 木本植物

1. 苏铁

名贵的盆栽观赏植物，喜温湿，耐阴，生长异常缓慢，茎高3米，需生长100年，株精壮、挺拔，叶簇生茎顶，羽状复叶，寿命在200年以上。原产我国南方，现各地均有栽培（图3-66）。

图3-66　苏铁

2. 棕榈

常绿乔木，极耐寒、耐阴，圆柱形树干，叶簇生于茎顶，掌状深裂达中下部，花小黄色，根系浅而须根发达，寿命长，耐烟尘，抗二氧化硫及氟的污染，有吸引有害气体的能力。室内摆设时间，冬季可1～2个月轮换一次，夏季半个月就需要轮换一次。棕榈在我国分布很广（图3-67）。

图3-67　棕榈

3. 山茶花

喜温湿，耐寒，常绿乔木，叶质厚亮，花有红、白、紫或复色。山茶花是我国传统的名花，花叶俱佳，备受人们喜爱（图3-68）。

图3-68　山茶花

4. 蒲葵

常绿乔木，性喜温暖，耐阴，耐肥，干粗直，无分枝，叶硕大，呈扇形，叶前半部开裂，形似棕榈。我国广东、福建地区广泛栽培（图3-69）。

此外，常见用于室内的木本植物还有海棠、栀子、垂榕、印度橡胶树、鹅掌木、假槟榔、三药槟榔、棕竹、诺福克南洋杉、金心香龙血树、象脚丝兰等。

图3-69　蒲葵

图 3-70　万年青

（二） 草本植物

1. 万年青

喜温湿，耐阴，叶卵圆形，暗绿色。原产我国广东等地（图 3-70）。

2. 文竹

多年生草本观叶植物，喜温湿，半耐阴，枝叶细柔，花白色，浆果球状，紫黑色。原产南非，现世界各地均有栽培（图 3-71）。

3. 龟背竹

多年生草木，喜温湿，半耐阴，耐寒耐低温，叶宽厚，羽裂形，叶脉间有椭圆形孔洞。在室内一般采光条件下可正常生长。原产墨西哥等地，现已很普及（图 3-72）。

4. 兰花

多年生草本，喜温湿，耐寒，叶细长，花黄绿色，香味清香。品种繁多，为我国历史悠久的名花（图 3-73）。

5. 吊兰

常绿缩根草本，喜温湿，叶基生，宽线形，花茎细长，花白色。品种多，原产非洲，现我国各地已广泛培植（图 3-74）。

图 3-71　文竹

图 3-72　龟背竹

图 3-73　兰花

图 3-74　吊兰

6. 水仙

多年生草本，喜温湿，半耐阴，秋种冬长春开花，花白色芳香。我国东南沿海地区及西南地区均有栽培（图 3-75）。

此外，常见用于室内的草本植物还有海芋、非洲紫罗兰、金皇后、银皇帝、火鹤花、菠叶斑马、金边五彩、斑背剑花、蟆叶秋海棠、水竹草、春羽等。

（三） 藤本植物

1. 黄金葛（绿萝）

蔓性观叶植物，耐阴，耐湿，耐旱，叶互生，长椭圆形，绿叶上有黄斑，攀缘观赏（图 3-76）。

2. 绿串珠

蔓性观叶植物，喜温，耐阴，茎蔓柔软，绿色珠形叶，悬垂观赏（图 3-77）。

此外，常见用于室内的藤本植物还有大叶蔓绿绒、薜荔等。

（四） 肉质植物

常见用于室内的肉质植物是仙人球和仙人掌。多年生肉质植物，喜光，耐旱，品种繁多，茎节有圆柱形、鞭形、球形、长圆形、扇形、蟹叶形等，千姿百态，造型独特，茎叶艳丽，在植物中别具一格，培植养护都很容易。原产墨西哥、阿根廷、巴西等地，现我国已有少数品种（图 3-78、图 3-79、图 3-80）。

图 3-75 水仙

图 3-76 黄金葛

图 3-77 绿串珠

图 3-78 仙人球

图 3-79 仙人掌

图 3-80 仙人柱

三、室内绿化的选择和布置

（一） 室内植物的选择

室内植物的选择是双向的，对室内来说，是选择什么样的植物较为合适；对植物来说，则是什么样的室内环境适合生长。

室内绿化的选择主要涉及植物和空间两方面。不同的植物，对光照、温湿度的要求均有差别。植物对光照的需要，大多数在 2150LX 以下，这是离窗前有一定距离的照度，容易满足。超过 2150LX 以上，则为高照度要求，要达到这个照度，则需把植物放在近窗或用荧光灯进行照明。植物生长适宜温度一般为 15 ～ 34℃，对大多数植物最为理想的日间温度约为 29.4℃，夜间约为 15.5℃，夏季室内温度不宜超 34℃，冬季不宜低于 6℃。控制室内湿度是最困难的问题，可以把植物花盆放在满铺卵石的水盘中，但不应使花盆盆底接触水体。为了适应室内条件，应选择能忍受低光照、低湿度，耐高温的植物。一般说来，观花植物比观叶植物更需要细心照料。

一般的室内环境由于受阳光照射等条件的局限，室内栽种的植物品种多受到限制，所以通常在室内环境中选择喜阴或耐阴的植物作为栽培的种类。根据上述情况，在选用室内植物时，应首先考虑如何更好地为室内植物创造良好的生长环境，再从选择室内植物的目的、用途、意义等方面考虑以下问题。

1. 室内环境的气氛和风格

选择植物应该和室内要求的气氛一致。不同的植物形态、色泽、造型等都表现出不同的性格、情调和气氛，如庄重感、雄伟感、潇洒感、抒情感、华丽感、淡泊感、幽静感等。不同的功能空间要求具有不同的氛围，如休闲空间的轻松随意，居住空间的温馨甜蜜，办公空间的明快典雅，纪念性空间的庄严肃穆等。

图 3-81 直线条简洁的空间与清新洁净的绿色植物相得益彰

不同植物的风格和不同室内的风格有着密切的联系，植物能强调也能破坏室内原有的风格。现代感强、简洁、直线条的室内，适合大而注目的宽叶植物，而古典传统、精致的室内，则可以和小叶植物结合得更好（图 3-81）。

2. 空间的大小

植物的大小应和室内空间尺度及家具有良好的比例关系。一般把室内植物分为大、中、小三类：小型植物在 0.3 米以下，中型植物为 0.3 ～ 1 米，大型植物在 1 米以上。单独或者零散的小型植物，对较大、较开敞的空间感觉影响不大。大型的茂盛乔木会使小房间的空间感觉变得更小更局促，对高大的中庭反而能增强其雄伟

图3-82 欧洲中庭办公综合楼（设计：法国Arte Charpentier and Partners Architects），大型室内中庭空间配合以大面积的绿色庭园，营造生态景观

的风格。对有些乔木可以通过抑制生长速度或采取树桩盆景的方式，使其能够更广泛地适用于室内观赏（图3-82）。

3. 植物的色彩

植物本身的色彩应该和整个室内色彩协调统一。鲜艳美丽的花叶，可为室内增色不少。但是，由于可选用的植物多种多样，对多种不同的叶形、色彩、大小应组织和简化，过多的对比会使室内空间显得凌乱。选择植物容器时，应该选择适合植物大小、色彩、质地，不过分艳丽显眼的花盆或者花瓶，以免遮掩了植物本身的美感。运用玻璃瓶养花，不会添加杂乱的颜色，简捷、大方，适合于任何场所，并能够透过玻璃观赏到植物美丽的须根及卵石（图3-83）。

图3-83 在选择多种植物的时候要注意植物之间的形态，色彩的搭配

图3-84 巴黎凯悦酒店(设计:法国Arte Charpentier and Partners Architects),大型共享空间中布置成组植物,进行空间分割,组织空间交通流线

4. 与室外的联系

面向室外的开敞空间,被选植物应与室外植物协调一致。植物的色彩、形态应该呼应成趣,植物的容器、材料也应与室外取得一定的统一,使室内外空间有一种延续感,室内空间有扩大感和整体感。

5. 人对植物的过敏性问题

少数植物的气味和花粉,容易引起人的过敏反应,给人们造成不舒适感甚至生命危险,在选择的时候应该注意。

(二) 室内绿化的布置

室内绿化的布置方式多种多样,主要有陈列式、攀附式、悬垂式、壁挂式、栽植式等。

1. 陈列式

陈列式是室内绿化最常用的布置方式。可将盆栽放置在桌面、茶几、窗台和墙角,以构成中心视点。也可将盆栽摆放成一排或是自由的几何图形,组织室内空间,区分室内功能。还可将植物群组成一个花坛,突出中心植物的主题(图3-84)。

2. 攀附式

大空间的某些区域需要分割时,可以采用攀附式的布置方式。使用栅栏附以攀附植物,在尺度、形态、色彩等方面协调,以使室内空间分割合理、实用,并且风格延续、协调(图3-85)。

3. 悬垂式

悬垂式是指在室内较大的空间内,结合天花板、灯具悬挂植物来布置绿化空间。在窗前、墙角、家具旁悬挂有一定体量的悬垂植物,可以改善室内的生硬感和单调感,营造生动活泼的立体空间(图3-86)。

4. 壁挂式

室内墙壁绿化也深受人们的欢迎。在墙上设置局部凸起的墙面或者墙洞,放置盆栽植物,或沿墙地面种植攀附植物,使其沿墙面生长,或在墙上搭建花架,放置花盆,都能达到丰富空间的目的。

图 3-85 某电信总部办公室空中花园方案，钢丝上的爬藤植物形成屏风墙，遮挡部分太阳光并与室内其他植物相呼应，形成空中庭院

图 3-86 在较大较高的空间内部设置一些悬垂式的绿化，不但节省了室内的空间，而且使空间更为生动活泼

5. 栽植式

大型木本植物采用盆栽方式通常不易成活，需要直接栽植。这种方式多用于大型的底层空间以及庭院等场所。栽植时，应注意不同植物的层次，疏密协调，同时考虑与山石、水景等结合，给人以回归大自然的美感。

第五节 室内标识

室内标识系统设计的概念分为两部分：一部分是指用来标明方向、区域的图形符号，另一部分是指符号在环境空间中的表现形式。前者从视觉传达角度出发，关注的是如何用简洁的图形符号来表达准确的含义，并能跨越国界，无需语言，瞬间识别。后者是从环境设计角度来考虑，着眼于材质、外观、位置、艺术表现等因素，并且使图形符号融于整个环境氛围。因此，导向设计关系到视觉传达和环境设计两个领域，概念之间彼此既有交叉，又相互独立。

关键词：标识的功能、标识与环境

一、室内标识的功能与特征

室内标识是指用于室内环境的指示系统。室内标识在室内传递了不同的信息，方便了人们的活动，并提供了安全保证，是公共环境中必不可少的系统设施。此外，它对美化、装饰环境，丰富空间气氛，也都有着不可忽视的作用。

（一）室内标示的功能，依据其性质的区别，可以概括为以下三大类。

1. 引导功能

室内标识可以通过图形、文字等手段来指示人们如何寻找目的地，从而可

图 3-87 丹麦哥本哈根机场的指示牌

以不经询问他人而顺利到达目的地。这样既减少相互干扰，提高办事效率，又能减少不必要的人流盲动。在一定程度上降低了通道的人流量，有助于改善交通混乱的现象，也有利于建筑内部的人流组织（图 3-87）。

2. 管理功能

通过室内标识，可以明确地告诉人们，什么地方可以通行、什么地方禁止通行、什么地方可以进行某种行为；什么地方禁止发生某种行为、什么地方需要加倍谨慎、什么部门在什么地方。它像无声的命令一样管理调整着人们的行为，有助于形成良好的公共程序，减少各种不必要的麻烦和事故。

3. 美化功能

经过认真设计的室内标识不仅能起到引导作用和管理作用，而且还可以用于美化室内环境，一般来说，较为成功的标识，其外形、图案、文字、色彩、灯光和设备方式等方面比较讲究，本身就可以作为一种室内装饰品来看待。有的设计师就把它直接作为一种主要的室内装饰手段，用它来统一整个室内设计风格。那种经过仔细设计，与众不同的标识，还能给人留下深刻的印象，有利于唤起人们对它的回忆（图 3-88、图 3-89）。

建筑和室内空间的结构和现代构成感，往往使人感到冷漠和压抑，标识在

图 3-88、图 3-89 室内标识系统不仅能起到明确空间的作用，优良的标识指示系统往往能美化空间，方便人在空间中的使用，从而起到人与空间的和谐互动的作用，图为日本琦玉县立武道馆，室内指示系统及标识在室内空间中的运用

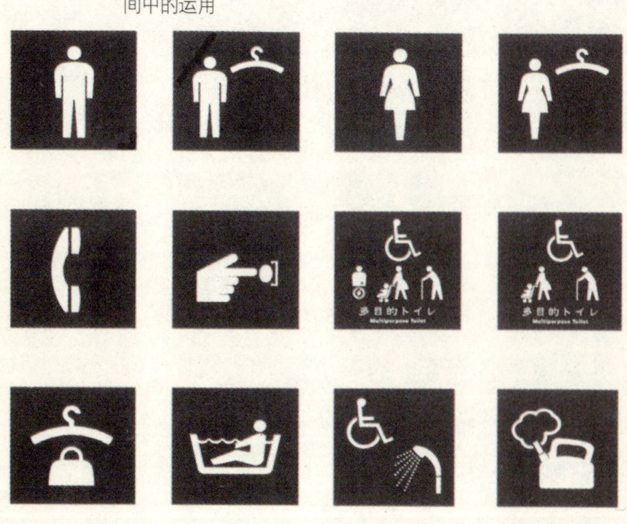

图 3-88

图 3-89

此时能调节气氛。举一个例子，法国蓬皮杜文化艺术中心的建筑室内空间的光彩，是以建筑标识标牌为主导的。本来结构与构成使人感到单调和沉闷，但此时的语言环境、色彩环境、各种形式的为您服务的标识向导系统，很快会让你忘掉冷漠和沉闷，就像回到自己家一样。标识指示系统此时很快拉近了人和陌生环境之间的距离，它无疑是蓬皮杜文化中心最佳和贡献最卓越的“promotion worker”。蓬皮杜国家文化艺术中心的空间标识导向系统设计，充分体现了其国际化的特点，运用多国家语言文字来标识，包括中文。从 2003 年开始，北京市政府也推出双语标识计划，旨在推进北京的国际化进程和为奥运会建设一个针对外国游客的人性化的语言环境以及多种工艺和形式感的指示导向标识。

图 3-90

图 3-91

图 3-92

图 3-93

图 3-90、图 3-91、图 3-92、图 3-93 为蓬皮杜室内清晰而又极具人性化设计的指示系统，方便了来自不同国家的参观者

建筑和室内空间标识系统能提高建筑空间的使用效率，营造流动的、交互的序列空间。建筑和室内空间标识系统是建筑信息的重要组成部分，是建筑形象和身份识别的重要组成部分，是建筑人性化设计中不可忽略的一部分。

很多大型建筑空间，人性化设计的主要地位往往体现在建筑标识和导向系统的设计上，例如，医院、机场、车站。往往这些建筑的结构和构成庞大而复杂，使人感到冷漠和压抑、无助和迷茫，标识和导向系统在此时能调节气氛（图 3-94、图 3-95、图 3-96）。

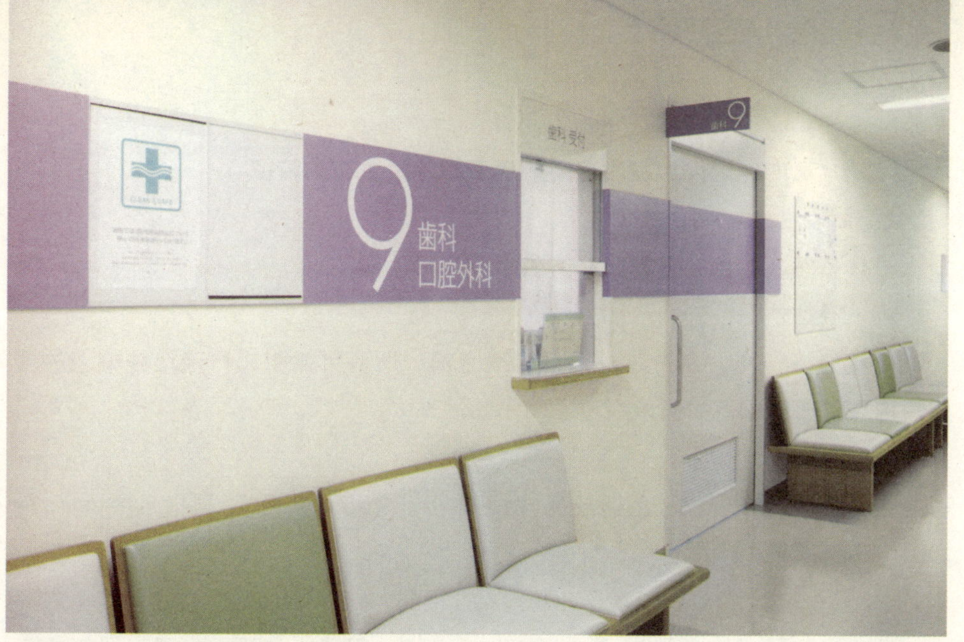

图 3-94

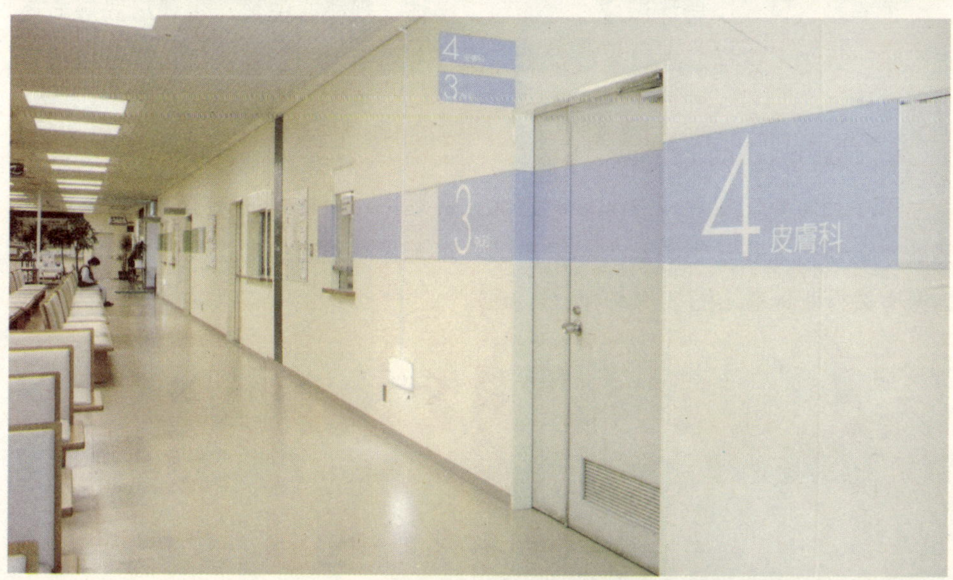

图 3-95

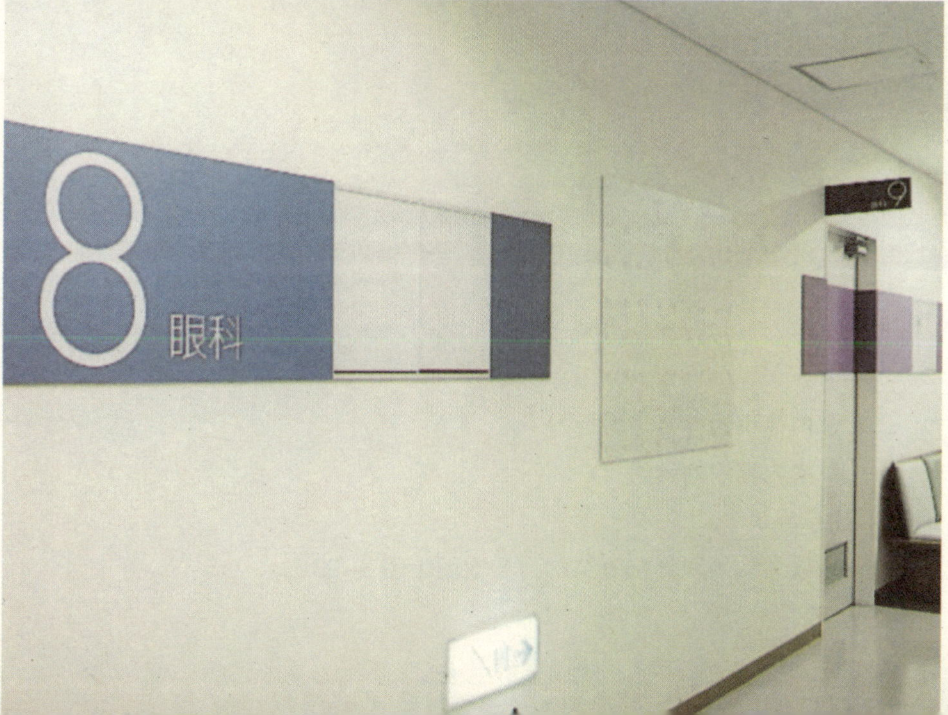

图 3-96

图 3-94、图 3-95、图 3-96 日本 KKR 京阪奈医院，室内指示系统及标识在室内空间中的运用

（二） 室内标识作为室内空间的信息指示所具有的特征

1. 简明性

一目了然，信息完整易懂，方位表示准确明显。

2. 连续性

像接力棒一样，在到达指示目标地之前，所有可能引起行走路线偏差的地方，均应有该目标地的引导指示。

3. 规律性

由大到小，由表及里，由近及远，由多到少。先指示大目标，再指示中目标，最后由门牌标识来指示小目标。

4. 统一性

同类型区域的引导标识应在其颜色、字体、规格、位置、表现形式等方面进行统一规划。这样建立起来的视觉习惯将有助于人们顺藤摸瓜，按系统线索寻找目标。

5. 可视性

文字与背景的色彩应有明显的对比，应选用没有衬线的文字，文字应有足够的体量供行人在一定距离内准确辨认。在无障碍通道的标识设计中，要符合国家有关行业标准（图 3–97、图 3–98）。

图 3–97

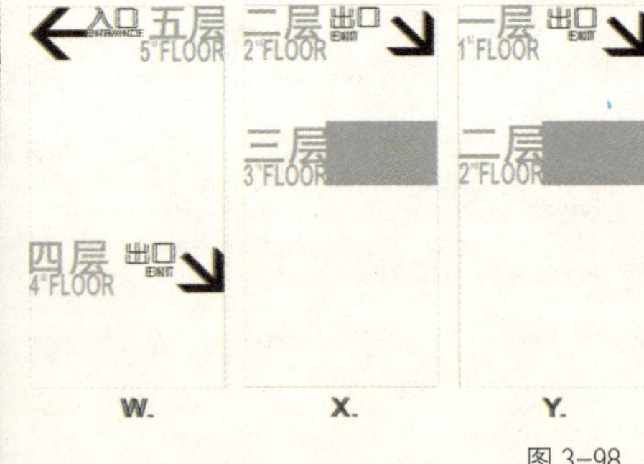

图 3–98

图 3–97、图 3–98　2006 上海双年展的指示系统（设计：Margo Renisio），简洁优雅，起到了引导参观人流、指示作品方位和衬托空间氛围的三重作用

二、室内标识的种类与设计

（一） 室内标识的种类

1. 图示标识

给观众以总体的视觉参照结构，如地图（图 3–99）。

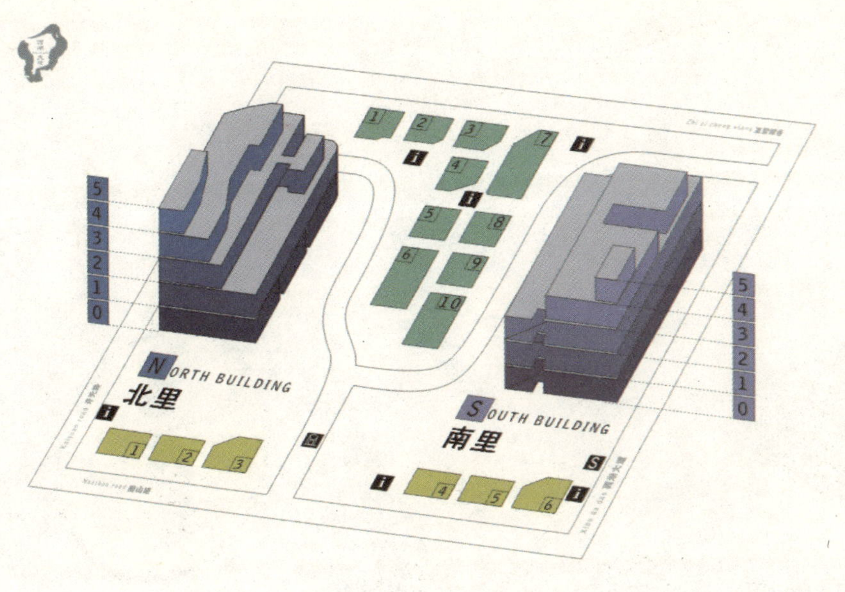

图 3-99 地图类的图示往往涵盖了很多指示信息，以方便人们快速高效地获取信息（设计：Christophe Clerc）

2. 资讯标识

展现给观众以目的、实况、场景的情况等，如符号、标记、导向标志。

3. 指示标识

引导过路者掌握路线、导识目的地。

4. 识别标识

显示、确定目的地、帮助辨别不同场地、场所。

5. 规则标识

示意操作行为的规范、规则，如禁止吸烟。

6. 装饰标识

改观和美化环境，如旗帜、横幅、壁饰，供节庆展览、会议、运动会等活动专用的指示性图形等（图 3–100）。

此处提出建筑和室内标识的设计，在多数情况下，是“标识服务于空间，服从于空间”，标识标牌的材质、款式、造型、色彩、纹样都必须与建筑空间调和。标识是作为一个配角存在，于建筑、环境和空间之中。

另外，标识标牌出现在建筑空间的语言、图标、位置、大小、高低、光线等，均应以人体工程学和使用者的历史文化背景为依据。充分体现建筑设计以人为本的设计理念。标识是一面镜子，于客人，于管理，于服务（图 3–101）。

图 3-100 标识标牌的设计的大小及位置，对空间也会起到一定的影响作用

图 3-101 为特殊人群设计的无障碍导向系统

（二） 室内标识设计中应该注意的问题和遵循的原则

1. 位置原则

室内标识一般应该设置在人流比较集中，有短暂休息以及比较容易注目的地方，如出入口、转弯处、走道交叉处、休憩场所、楼梯出入口等，同时，也应尽量设置在背景不太复杂的地方，以减少视觉干扰。对于悬挂高度，也应以人体工程学的角度出发，设置在人站立时眼睛高度以上，视平线范围之内。在灯光方面亦应有所考虑，可采用直接照明、自身照明和反光显示等方法，亦可运用电脑等先进技术进行控制。总之，除了要使人注意之外，还应使之便于观看，便于寻找，达到一目了然、清晰无误的目的（图 3-102）。

2. 外形原则

一般情况下，室内标识总是采用比较简洁的外形，便于人们能迅速地感知它的存在。但在选用时，应特别注意某些几何形状所代表的特定含义。譬如，圆形表示警告，不准某行为的实施；三角形表示规限，限定某种行为的实施；方形或矩形常用于表达信息，表示引导、指示、告示等内容，这些都需要我们在具体设计中加以重视。

图 3-102 显而易见的信息导向会极大方便人们的使用，图为荷兰阿姆斯特丹机场

3. 色彩原则

室内标识的色彩也有一些约定俗成的规则，在设计中须尽量遵守，不要违反。例如，红色代表禁止或警告、黄色代表小心注意、绿色代表紧急情况、黑色代表特殊的规定，等等。此外，在使用色彩时，应强调图形、文字、符号与其背景的区别，一般都运用对比效果比较强烈的色

彩。另外，也需注意避免产生因过分追求色彩对比而造成色彩纷乱的不良后果。

4. 材质原则

室内标识的用材范围很广，常见的有玻璃、木材、金属和化学材料等，其制作方法常是印刷、镂刻、描画以及喷绘等。此外，还有一些专业工厂批量生产通用标识，以供挑选应用。

第六节　室内物理环境

如果说室内的软装饰更偏重于室内风格与视觉效果方面，那么室内物理环境则是更多地解决使用状态问题。室内空间最终是由置身其中的人所使用的。从使用者的角度考虑，室内物理环境质量的优良与否是室内设计的决定因素之一。同时就新兴的环保与节能理念而言，亦是集中于解决室内物理环境方面的问题。

关键词：环境质量、以人为本

一、室内物理环境涉及的内容

室内环境的舒适性，对置身其间生活、工作的人极其重要。以办公空间为例，若室内环境很舒适，工作人员很满意，其工作效率也会随之提高，对企业管理方面也会带来无形的利益。反之，若室内环境不舒适，员工勉强停留，工作效率就不会高，这对工作人员与管理者都是不利的。所以近年来，室内环境的舒适性，越来越受到重视。

室内物理环境设计，主要是对室内气候（采暖、通风、温度调节等方面）的设计处理，是现代设计中极为重要的方面，也是体现设计“以人为本”思想的组成部分。随着时代发展，人工环境人性化的设计和营造就成为衡量室内环境质量的标准。

室内物理环境涉及的内容有室内热环境、室内声环境、室内光环境、室内重力环境、室内辐射环境等。

二、创造良好舒适的室内物理环境

影响室内环境舒适性的原因，涉及很多方面。这里仅就热、声、光、空气等因素，简要介绍良好舒适的室内物理环境的衡量标准。

（一）热环境

室内热环境是由室外的自然条件和建筑物的隔热性能、太阳辐射屏蔽性能以及采暖和通风换气等的设备性能，共同作用、构成的环境。包括温度环境和湿度环境、风速、新鲜空气补充等。创造室内舒适的热环境，最重要是缓和或隔断外部自然的季节变化对室内造成的影响，以使在室内的人的活动感到舒适，更好地发挥效率。热环境的舒适与不舒适，严重影响到健康、效率等问题，是评价室内环境舒适度的最重要的因素之一。

影响室内热环境舒适性的因素，除了人的穿衣量、活动量，主要的指标有：温度（室温）、湿度（相对湿度）、气流、辐射温度。一般情况下室温最受重视，但其他因素对人体也有很大影响。在实际热环境中，对这些因素必须考虑相互之间的关联作用，采用综合评价的观点是非常重要的。尤其应该重视考虑上下层空间温度的均匀性、辐射温度的均匀性、室温、气流变动的平缓性。

热环境系统要满足热舒适度要求、建筑节能要求和环保要求等。对建筑围护结构的热工性能和保温隔热提出要求，以保证室内热环境满足人体舒适度，冬季供暖室内适宜温度为20—24℃；夏季空调室内适宜温度为22—27℃。建筑的供暖、空调采用清洁能源、新能源和绿色能源。

“恒温”对温度的要求是夏天任何情况下不高于26℃，冬季任何情况下、任何朝向在任何时候不低于20℃。“恒湿”是通过一套中央的新风系统调节湿度，利用控制新风的湿度控制室内的湿度并使它在舒适的范围内波动。

建筑新技术的运用，采用外墙外保温加空气层加干挂装饰层的形式。这种形式不占用室内面积，保温性能也远高于内保温。外保温的材料本身散发的少量有害物质，也不会影响室内的空气质量，还保证了室内使用空间和室内装修的质量。

（二） 光环境

光环境最基本的要求有明视性、舒适性、演出性、象征性等。明视性要求作业面看得清，工作安全，效率高。舒适性要求保持良好的氛围，愉快的光照，适合于工作、居住。演出性强调人或物的观赏性，使其看起来更显眼。象征性要求利用照明光和照明对象，暗示存在及某种意境。

为了满足这些要求，不仅要满足照度等物理量的标准，还应该满足视野内的明暗、眩光以及光的方向性、阴影的效果、光色效果、反射影响等。

影响光环境舒适性的主要因素有作业面照度的平均值、作业面照度的均匀度、阴阳造型、剪影现象、光源的光色、光源的显色性等。室内光环境的舒适性，最基本的是明视性满足情况，作业面的照度与均匀度最为重要。

应该着重强调满足日照要求，室内尽量采用自然光。除此之外，还应注意防止光污染，如强光广告、玻璃幕墙反光等。在室外公共场地采用节能灯具，提倡由新能源提供的绿色照明。现在的建筑多采用大面宽设计，在户型面积一定的情况下尽可能增大朝阳面的面宽。新型材料的开发和利用也很重要。中空镀膜LOW－E玻璃材质阳光室，既保证了室内温度不会流失出去，起到了更好的隔音与隔热的作用，又隔绝紫外线的辐射，能很好地保护人的健康。

（三） 声环境

室内空间声环境的舒适性，主要考虑以下两点，一是噪声和振动对工作、生活是否产生妨碍，妨碍到什么程度，二是看会话和放音需要的声音听起来是否清晰。

为了对这种舒适性的程度做出具体的判断和评价，应考虑以下一些指标，因为这些因素影响着声环境的舒适性。这些指标包括：工作噪声，工作过程中发出的声音；暗噪声，伴随工作噪声发出的其他的声音；强大噪声源，发生特殊强音的噪声源；混响时间，室内声音的响度程度；声音清晰度，会话声音的易听度；放音的易听度。

声环境包括室内、室外和对建筑以外噪音的阻隔措施。室外声环境系统应满足：日间噪音小于 50dB；夜间噪音小于 40dB。采用隔音降噪措施使室内声环境系统满足：日间噪音小于 35dB；夜间噪音小于 30dB。建筑周边的噪音源如果影响了建筑的声环境，应采取隔音降噪措施。

（四） 空气环境

空气，是最重要的环境因素。空气遭到污染，将影响人体的健康。所以必须充分注意维持室内空气中氧气的浓度和清洁度。尤其是近年营造的建筑物，气闭性进步了，空气污染的机会却大大增加了，因此如何维持舒适的空气环境，也显得越来越重要。

涉及空气环境污染的物质非常多，其中绝大多数是无色无臭的气体，人体并不能直接感知到。空气中含有污染物质，氧气浓度降低或浓度过剩都将造成隐患。主要的空气污染来源于燃烧和吸烟产生的物质、建筑材料和自动化机器工作产生的物质以及伴随人体活动而产生的物质，等等。

燃烧和吸烟产生的物质有一氧化碳、二氧化碳、氮氧化合物、硫氧化合物等。此外吸烟过程中还会产生尼古丁和焦油。

建筑材料和自动化机器产生的物质有甲醛、臭氧、氡、石棉等。

伴随人体活动产生的物质有二氧化碳、浮游粒子状物质等。

建筑的空气环境系统包括室内和室外两个方面。室外空气质量要求达到二级标准。室内尽量采用自然通风，卫生间具备通风换气设施，厨房设烟气集中排放系统，排放进入大气层前，应经过空气净化过滤器，以达到室内外的空气质量指标。

（五） 空间环境

室内空间感受的舒适性，是由建筑与室内设计、家具、陈设、设备等各种相关因素构成的。例如，大到建筑物周边的城市环境、社会经济环境，小到室内的人际关系等。其中，建筑与设备、家具与陈设等客观的因素，能够被量化，可以作为空间环境的主要因素和评价对象。关于空间的测定，第一是对盆栽植物、装饰物和家具数量的把握，包括使用人数等，第二是对空间自身的大小的定量性把握，包括各种面积、顶棚高、窗面积率等的测定。

影响空间环境舒适性的客观因素具体包括人均占地面积、窗口面积率、顶棚高、盆栽植物密度、装饰密度、室内色彩、地毯、家具配置形式、桌面占有度、恢复精神空间，等等。这些是直接影响、支配环境舒适度的基本因素，能对人的心理及置身其中的心情产生影响。

（六） 注重绿色环保、节能因素

1. 绿色、环保

在施工时，应严格执行绿色环保标准，最大限度地选用无毒、少毒，无污染、少污染的绿色材料和施工工艺。并且加强施工现场的管理，降低粉尘、噪音、废气、废水对环境的污染和破坏。

在室内装饰装修材料的选择上尽量选用不含甲醛的粘胶剂，不含纤维的石膏板材，不含甲醛的大芯板、贴面板等。对木制品、油漆、釉面砖、绿色或深红色花岗石、黏合剂、大芯板及其他人造材料，最好进行检测，确保质量达标。另外，家具也是引发室内空气污染的重要因素，从健康角度上讲，购买实木家具是一种不错的选择。

绝对环保的无毒无害的装修材料是没有的。在有限的空间承载量内，最好能尽量减少室内装修中材料的使用量，以降低空气中有害气体的释放量。目前提倡的环保概念的设计，就是以舒适、安全、简约为标准，在简洁、实用中充分享受到空间使用上的温馨与舒适。

此外，还要注意装修材料的合理搭配，充分考虑室内空间的承载量及通风量，提高室内空气质量。可以请相关专家对室内设计方案进行绿色预评估，根据房屋的总面积与设计方案中各种装修材料影响空气质量物质的释放比例，通过科学的计算，分析设计方案在施工后的空气环境质量，并针对设计中可能引起的局部空气污染超标额进行修正。

2. 节能

室内环境的舒适度还与节能密不可分。通常建筑的能耗越低，舒适度就越高。首先，室内门窗和墙体的空间尺度、比例，往往决定了热交换的效率、空间的温度和湿度等问题，是节能应当考虑的重要问题。其次，在节能控制方面，对进入建筑的常规能源，如电、燃气、煤等，要进行分析优化，采取优化方案，以避免多条动力管道入户。同时，对进入室内的能源进行分路控制，最大限度上避免能源的浪费和流失。如果条件许可，在空间设计上可因地制宜，积极采用新能源以及绿色能源，如太阳能、风能、地热能和其他再生能源等。

本章思考题：

1. 室内家具陈设在特定空间主题中如何应用？
2. 室内绿化在环境中表现的基本形式？
3. 标识系统如何与室内空间环境创造性地结合？
4. 衡量空间环境质量指标的几个因素是什么？

第四章 室内设计与相关学科

室内设计是一门综合性很强的学科，兼具艺术性和科学性。作为一名合格的室内设计师，除了要重视自身艺术修养外，还应该不断学习其他学科中的有益知识，以使自己的设计作品具有丰富的科学内涵。人体工程学、环境心理学、建筑光学、建筑设备等学科与室内设计关系密切，对于创造宜人舒适的室内环境具有重要的意义，设计师对这些知识应该有所了解。以下对相关学科知识作简要介绍。

第一节　人体工程学与室内设计

人体工程学是一门现代新兴边缘学科，它的学科体系涉及人体科学、环境科学、工程科学等诸多门类，内容十分丰富，其研究成果已开始被广泛应用在人类社会生活的诸多领域。室内设计的服务对象是人，设计时必须充分考虑人的生理、心理需求，而人体工程学正是从关注人的角度出发研究问题的学科。因此，室内设计师有必要了解掌握人体工程学的有关知识，在设计实践中自觉地加以应用，以创造安全健康、便利舒适的室内环境。

关键词：人体工程学、人体尺度、应用

一、人体工程学含义与发展

人体工程学是研究人、物、环境之间相互关系、相互作用的学科。由于该学科研究和应用的范围极广，它所涉及的各学科各领域的专家学者对该学科的命名和定义也不尽相同。

例如，该学科在美国通常称为“Human Engineering”（人类工程学）或“Human Factors”（人的因素学），西欧国家多称为“Ergonomics”（人类工效学），而其他国家大多引用西欧的名称。

“Ergonomics”一词是由希腊词根“ergon”（工作、劳动）和“nomos”（规律、规则）复合而成，本义为人们的劳动工作规律。由于该词能较全面地反映人体工程学这门学科的本质，又源自希腊文，便于各国翻译的统一，所以目前较多国家用它作为该学科的命名。

人体工程学起源于欧美，起源的时间可以追溯到20世纪初期，最初是在工业社会中，广泛使用机器设备实行大批量生产的情况下，探求人与机械之间的协调关系，以改善工作条件，提高劳动生产率。第二次世界大战期间，为了充分发挥武器装备的效能，减少操作事故，保护战斗人员，军事科学技术中开始运用人体工程学的原理和方法。例如在坦克、飞机的内舱设计中，考虑如何使人在舱体内部有效地操作和战斗，并尽可能减少人长时间在小空间内的疲劳感，即处理好人—机（操纵杆、仪表、武器等）—环境（内舱空间）的协调关系。第二次世界大战后，在完成初期的战后重建工作之后，欧美各国进入了大规模的经济发展时期，各国把人体工程学的实践和研究成果，迅速有效地运用到空间技术、工业生产、建筑及室内设计等领域中，人体工程学得到了更大的发展。1961年正式成立了国际人类工效学联合会（The International Ergonomics Association，简称IEA）。

当今，社会发展已经进入信息社会时代，各行业都重视“以人为本”，为人服务。人体工程学强调从人自身出发，在以人为主体的前提下研究人们衣、食、住、行以及一切生活、生产活动并对其进行综合分析，符合社会发展进程的需求，在各个领域的作用越来越显著。

与该学科的命名一样，各国专家学者对该学科所下的定义也不统一，而且随着学科的发展，其定义也不断发生变化。

美国人体工程学专家C.C.伍德（Charles C.Wood）对人体工程学所下的定义为：设备的设计必须适合人的各方面因素，以便在操作上付出最小代价而求得最高效率。

另一位美国学者W.B.伍德森（W.B.Woodson）则认为：人体工程学研究的是人与机器相互关系的合理方案，亦即对人的知觉显示、操作控制、人机系统的设计及其布置和作业系统的组合等进行有效的研究，其目的在于获得最高的效率及作业时感到安全和舒适。

日本千叶大学小原教授则认为：人体工程学是探知人体的工作能力及其极限，从而使人们所从事的工作趋向适应人体解剖学、生理学、心理学的各种特性。

国际人类工效学联合会（IEA）为本学科所下的定义被认为是最权威最全面的定义，即人体工程学是研究人在某种工作环境中的解剖学、生理学和心理学等方面的各种因素；研究人和机器及环境的相互作用；研究在工作中、家庭生活中和休假时怎样统一考虑工作效率、人的健康、安全和舒适等问题的学科。

结合我国人体工程学发展的具体情况，联系到室内设计，我们可以将其含义理解为：以人为主体，运用人体测量学、生理学、心理学和生物力学等学科的研究手段和方法，综合研究人体结构、功能、心理、力学等方面与室内环境各要素之间的合理协调关系，以适合人的身心活动要求，取得最佳的使用效能（参见《辞海》人类工程学条目的释义），其目标是安全、健康、高效和舒适。

人体工程学与有关学科以及人体工程学中人、设施和环境的相互关系如图4-1、图4-2所示。

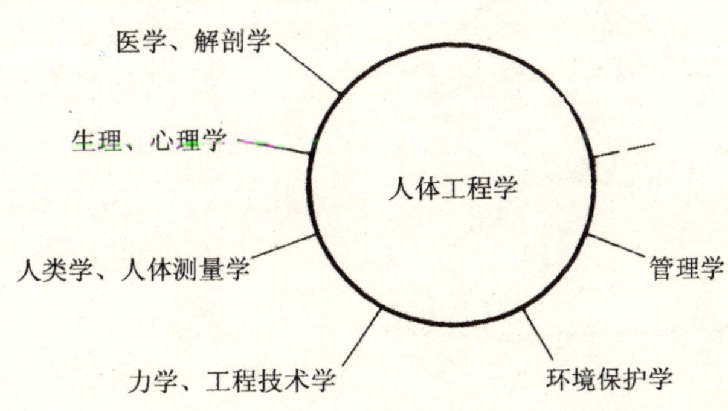

图4-1　人体工程学有关学科示意图

二、人体尺度

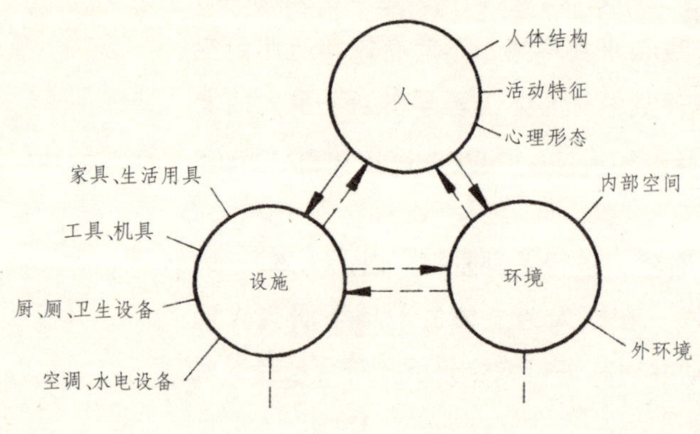

图 4-2　人—机—环境关系示意图

为了使各种与人体尺度有关的设计对象能符合人的生理特点，让人在活动时处于舒适状态和适宜的环境中，就必须在设计中充分考虑人体的各种尺度，这就要求设计者要了解一些有关人体尺寸测量方面的基本知识。人体测量及人体尺寸是人体工程学中的基本内容，各国的研究工作者都对自己国家的人体尺寸做了大量调查与研究，发表了可供查阅的相应资料及标准，这里就人体尺寸的一些基本概念和基本应用原则以及我国的一些有关资料予以介绍。

（一）静态尺寸和动态尺寸

人体尺寸可以分成两大类，即静态尺寸和动态尺寸。静态尺寸是被试者在固定的标准位置所测得的躯体尺寸，也称之为结构尺寸。动态尺寸是在活动的人体条件下测得的，也称之为功能尺寸。虽然静态尺寸对某些设计目的来说具有很好的意义，但在大多数情况下，动态尺寸的用途更为广泛。

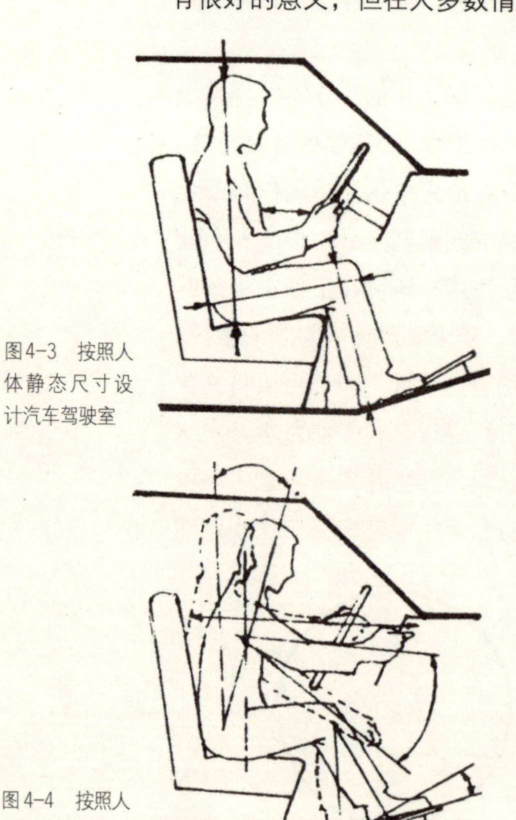

图4-3　按照人体静态尺寸设计汽车驾驶室

图4-4　按照人体动态尺寸设计汽车驾驶室

在运用人体动态尺寸时，应该充分考虑人体活动的各种可能性，考虑人体各部分协调动作的情况。例如，人体手臂能达到的范围绝不仅仅取决于手臂的静态尺寸，它必然受到肩的运动和躯体的旋转、可能的背部弯曲等情况的影响，因此，人体手臂的动态尺寸远大于其静态尺寸，这一动态尺寸对于大部分设计任务而言也更有意义。图 4-3 和图 4-4 是根据静态尺寸和动态尺寸设计的车辆驾驶室。采用静态尺寸，会使设计的关注点集中在人体尺寸与周围边界的净空，而采用动态尺寸则会使设计的关注点更多地集中到所包括的操作功能上去。

1. 我国成年人人体静态尺寸

GB10000—88 是 1989 年 7 月开始实施的我国成年人人体尺寸国家标准。该标准共提供了七类共 47 项人体尺寸基础数据，标准中所列出的数据是代表从事工业生产的法定中国成年人（男 18-60 岁，女 18-55 岁）的人体尺寸，并按男、女性别分开列表。表 4-1 为我国成年人人体主要尺寸。表 4-2、表 4-3、图 4-5、图 4-6 分别为我国成年人立姿人体尺寸和坐姿人体尺寸。

表 4-1　中国成年人人体主要尺寸

年龄分组 数据 百分位数/% 项目	男（18～60岁）							女（18～55岁）						
	1	5	10	50	90	95	99	1	5	10	50	90	95	99
1.1 身高 / mm	1543	1583	1604	1678	1754	1775	1814	1449	1484	1503	1570	1640	1659	1697
1.2 体重 / kg	44	48	50	59	70	75	83	39	42	44	52	63	66	71
1.3 上臂长 / mm	279	289	294	313	333	338	349	252	262	267	284	303	302	319
1.4 前臂长 / mm	206	216	220	237	253	258	268	185	193	198	213	229	234	242
1.5 大腿长 / mm	413	428	436	465	496	505	523	387	402	410	438	467	476	494
1.6 小腿长 / mm	324	338	344	369	396	403	419	300	313	319	344	370	375	390

表 4-2　中国成年人立姿人体尺寸

年龄分组 数据 百分位数/% 项目	男（18～60岁）							女（18～55岁）						
	1	5	10	50	90	95	99	1	5	10	50	90	95	99
2.1 眼高 / mm	1436	1474	1495	1568	1643	1664	1705	1337	1371	1388	1454	1522	1541	1579
2.2 肩高 / kg	1244	1281	1299	1367	1435	1455	1494	1166	1195	1211	1271	1333	1350	1385
2.3 肘高 / mm	925	954	968	1024	1079	1096	1128	873	899	913	960	1009	1023	1050
2.4 手功能高 / mm	656	680	693	741	787	801	828	630	650	662	704	746	757	778
2.5 会阴高 / mm	701	728	741	790	840	856	887	648	673	686	732	779	792	819
2.6 胫骨点高 / mm	394	409	417	444	472	481	498	363	377	384	410	437	444	459

表 4-3　中国成年人坐姿人体尺寸

年龄分组 数据 百分位数/% 项目	男（18～60岁）							女（18～55岁）						
	1	5	10	50	90	95	99	1	5	10	50	90	95	99
3.1 坐高 / mm	836	858	870	908	947	958	979	789	809	819	855	891	901	920
3.2 坐姿颈椎点高 / kg	599	615	624	657	691	701	719	563	579	587	617	648	657	675
3.3 坐姿眼高 / mm	729	749	761	798	836	847	868	678	695	704	739	773	783	803
3.4 坐姿肩高 / mm	539	557	566	598	631	641	659	504	518	526	556	585	594	609
3.5 坐姿肘高 / mm	214	228	235	263	291	298	312	201	215	223	251	277	284	299
3.6 坐姿大腿厚 / mm	103	112	116	130	146	151	160	107	113	117	130	146	151	160
3.7 坐姿膝高 / mm	441	456	461	493	523	532	549	410	424	431	458	485	493	507
3.8 小腿加足高 / mm	372	383	389	413	439	448	463	331	342	350	382	399	405	417
3.9 坐深 / mm	407	421	429	457	486	494	510	388	401	408	433	461	469	485
3.10 臀膝距 / mm	499	515	524	554	585	959	613	481	495	502	529	561	570	587
3.11 坐姿下肢长 / mm	892	921	937	992	1046	1063	1096	826	851	865	912	960	975	1005

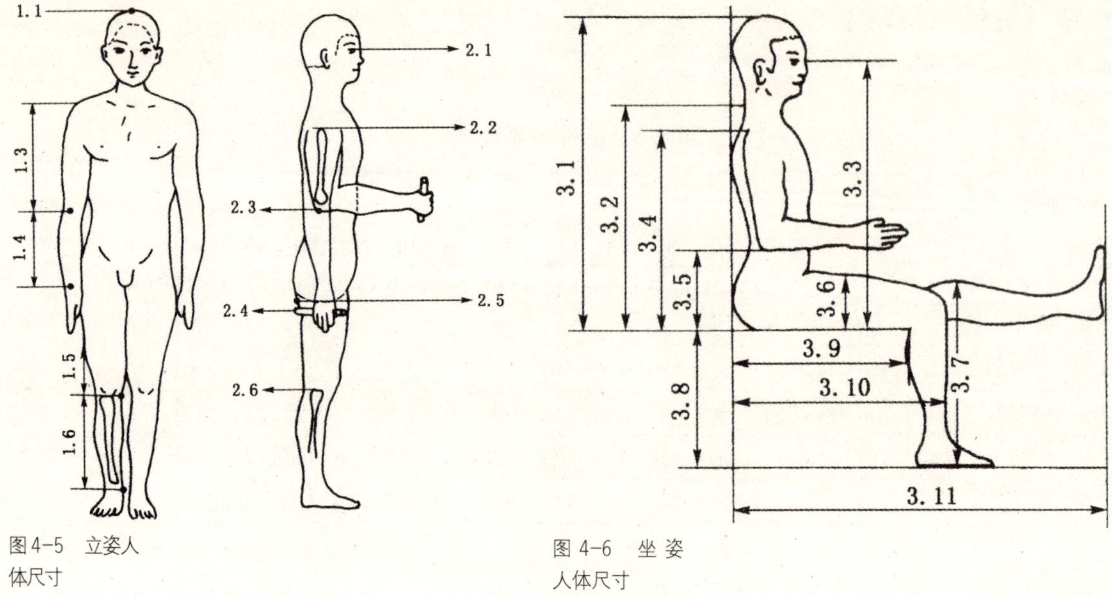

图 4-5 立姿人体尺寸

图 4-6 坐姿人体尺寸

我国地域辽阔，不同地域人体尺寸有较人差异。表 4-4 及图 4-7 是按照较高、较矮及中等三个级别所列的人体尺寸，可供参考。

表 4-4 我国不同地区人体各部分平均尺寸[1]

编号	部位	较高人体地区（冀、鲁、辽）		中等人体地区（长江三角洲）		较低人体地区（四川）	
		男	女	男	女	男	女
A	身高（mm）	1690	1580	1670	1560	1630	1530
B	最大肩宽（mm）	420	387	415	397	414	386
C	肩峰点至头顶点高（mm）	293	285	291	282	285	269
D	正立时眼的高度（mm）	1573	1474	1574	1443	1512	1420
E	正坐时眼的高度（mm）	1203	1140	1181	1110	1144	1078
F	胸厚（mm）	200	200	201	203	205	220
G	上臂长（mm）	308	291	310	293	307	289
H	前臂长（mm）	238	220	238	220	245	220
I	手长（mm）	196	184	192	178	190	178
J	肩高（mm）	1397	1295	1379	1278	1345	1216
K	两臂展开宽之半（mm）	867	795	843	787	848	791
L	坐姿肩高[2]（mm）	600	561	586	546	565	524
M	臀宽（mm）	307	307	309	319	311	320
N	脐高（mm）	992	948	983	925	980	920
O	中指指尖点高（mm）	633	612	616	590	606	575
P	大腿长度[3]（mm）	415	395	409	379	403	378
Q	小腿长度[4]（mm）	397	373	392	369	391	365
R	足背高（mm）	68	63	68	67	67	65

续表

编号	部位	较高人体地区（冀、鲁、辽）		中等人体地区（长江三角洲）		较低人体地区（四川）	
		男	女	男	女	男	女
S	坐高[5]（mm）	893	846	877	825	850	793
T	腓骨头的高度（mm）	414	390	407	382	402	382
U	大腿水平长度[6]（mm）	450	435	445	425	443	422
V	坐姿肘高[7]（mm）	243	240	239	230	220	216

注：① 以上人体高度是参考约 240 万人资料、调查统计 2.5 万人所得的数据。人体各部分尺寸是由实际测量 665 个不同高度的标准成年人所求得的平均尺寸；

② 坐姿肩高是指坐的椅面至肩峰的垂直距离；

③ 大腿长度是指大腿抬起时，大腿上端转折处至膝盖中点的距离；

④ 小腿长度是指膝盖中点至内踝的距离；

⑤ 坐高是指正坐时椅面至头顶的垂直距离；

⑥ 大腿水平长度是指坐时膝窝至臀部后端的水平距离；

⑦ 坐姿肘高是指正坐时肘关节至椅面的垂直距离。

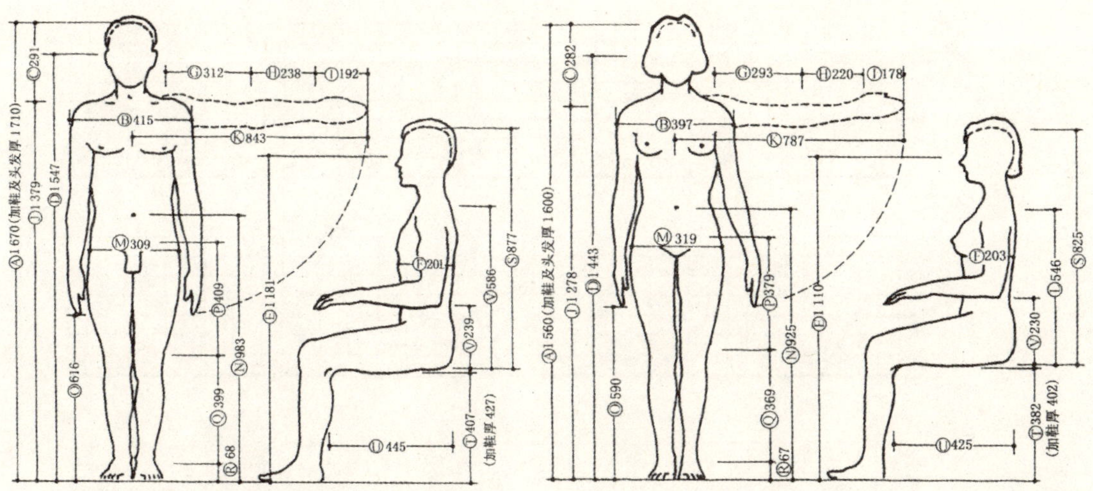

图 4-7 我国中等人体地区人体各部分平均尺寸（单位：mm）

2. 我国成年人人体动态尺寸

人们在进行各项工作活动时都需要有足够的活动空间，人体动态尺寸对于活动空间尺度的确定有重要的参考作用。图 4-8 ～图 4-11 是站、坐、跪、卧这几种常见姿势下的人体活动空间尺寸。

图 4-12 所示为人体基本动作尺度，该尺度可作为各种空间尺度的主要依据。遇特殊情况可按实际需要适当增减加以修正。

图 4-13 为人体活动所占空间尺度。图中活动尺度均已包括一般衣服厚度及鞋的高度。这些尺度可供设计时参考。至于涉及一些特定空间的详细尺度，在设计时可查阅有关的设计资料或手册。

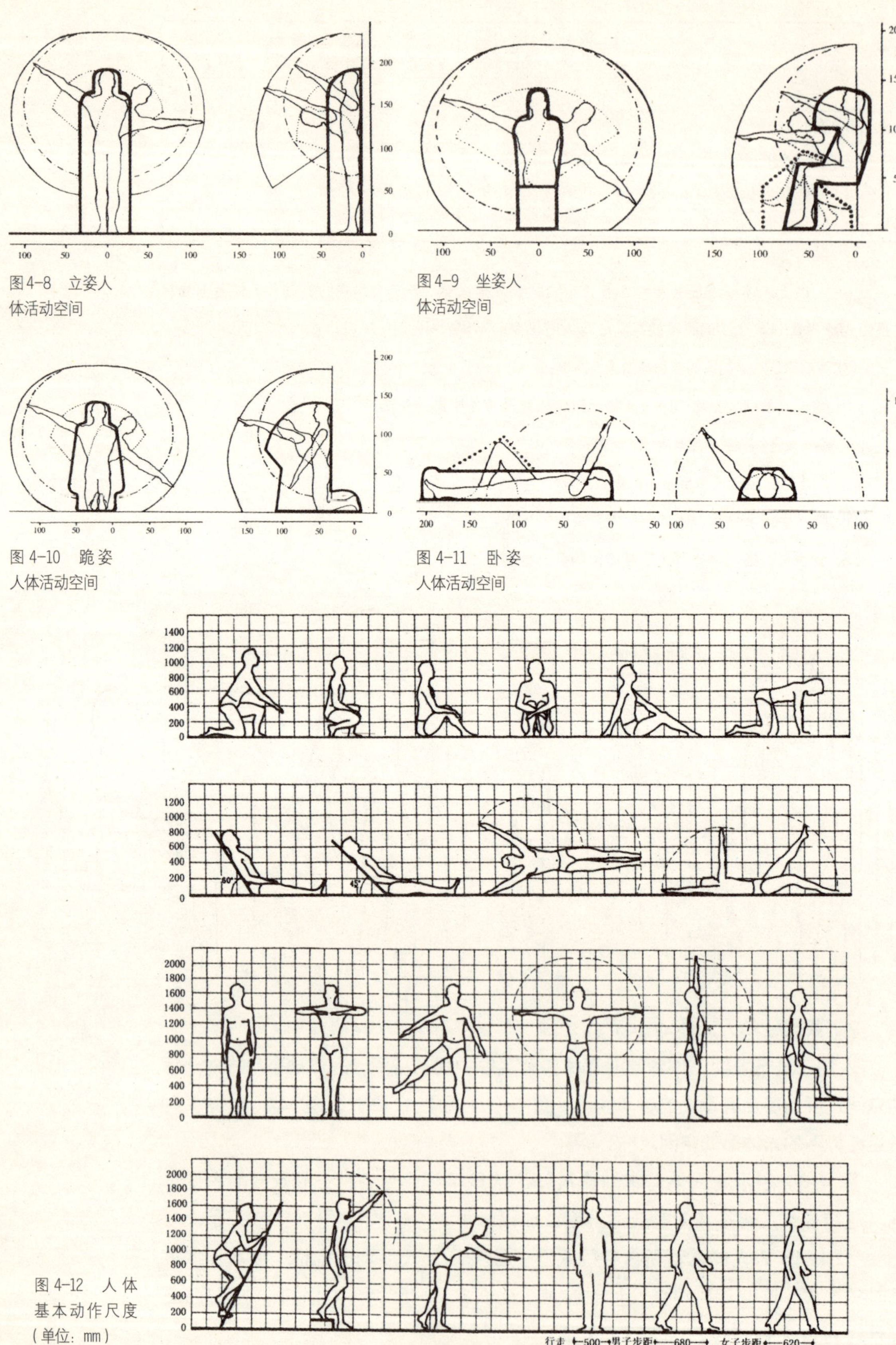

图 4-8 立姿人体活动空间

图 4-9 坐姿人体活动空间

图 4-10 跪姿人体活动空间

图 4-11 卧姿人体活动空间

图 4-12 人体基本动作尺度（单位：mm）

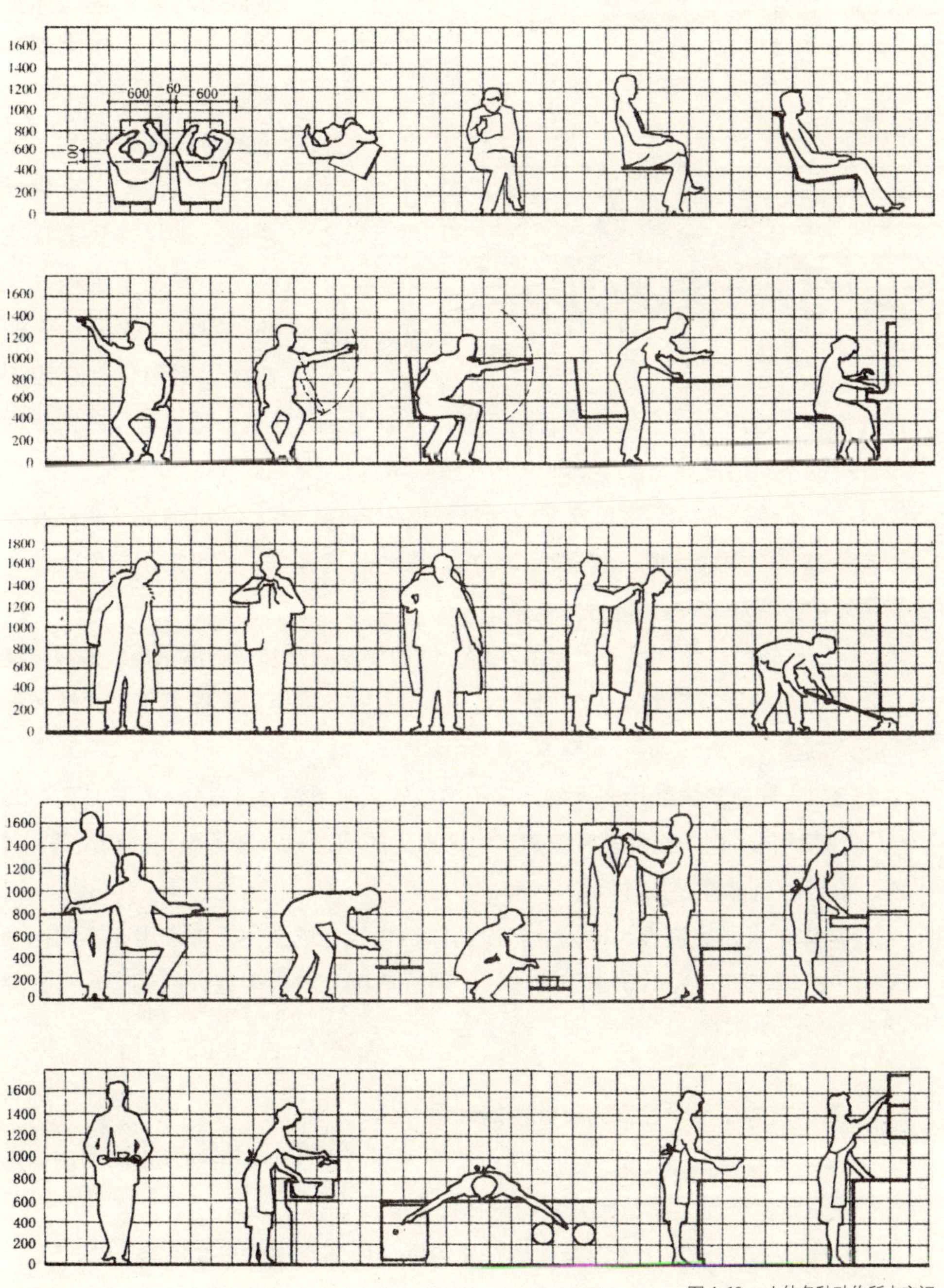

图 4-13　人体各种动作所占空间尺度（单位：mm）

A

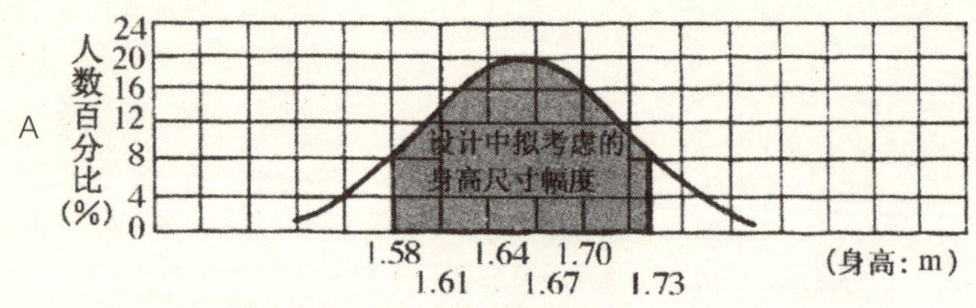

B

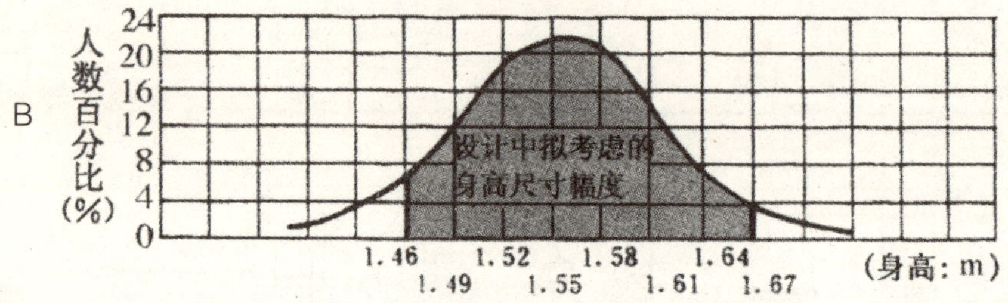

图 4–14 我国成年人不同人体身高占总人数的百分比 A—成年男性 B—成年女性

（二）人体尺寸的应用

图 4–14 所示为我国成年男女不同人体身高的百分比。图中涂阴影部分是设计时可供考虑的身高尺寸幅度。从图中可以看到，可供参考的人体尺寸数据是在一定的幅度范围内变化的，因此，在设计中究竟应该采用什么范围的尺寸作参考就成为一个值得探讨的问题。学者们经过研究一般认为，针对室内设计中的不同情况可按以下三种人体尺度来考虑：

1. 按较高人体高度考虑空间尺度，例如楼梯顶高、栏杆高度、阁楼及地下室净高、门洞的高度、淋浴喷头高度、床的长度等。一般可采用男性人体身高幅度的上限 1.73 m，再另加鞋厚 20 mm。

2. 按较低人体高度考虑空间尺度，例如楼梯的踏步、厨房吊柜、搁板、挂衣钩及其他空间置物的高度、盥洗台、操作台的高度等。一般可采用女性人体的平均高度 1.56 m，再另加鞋厚 20 mm。

3. 一般建筑内使用空间的尺度可按成年人平均高度 1.67 m（男）及 1.56 m（女）来考虑。例如剧院及展览建筑中考虑人的视线以及普通桌椅的高度等。当然，设计时也需要另加鞋厚 20 mm。

总体来说，室内设计时人体尺度具体数据尺寸的选用，应考虑在不同空间及围护的状态下，人们动作和活动的便利舒适以及对大多数人的适宜尺寸，并强调以安全为前提。

三、人体工程学在室内设计中的运用

人体工程学是一门新兴的学科，在室内环境设计中应用的深度和广度，还有待于进一步开发，目前已开展的应用主要有以下几个方面：

（一） 作为确定个人以及人群在室内活动所需空间的主要依据

根据人体工程学中的有关测量数据，从人体尺度、活动空间、心理空间以及人际交往空间等方面获得依据，从而在室内设计时确定符合人体需求的各不同功能空间的合理范围。

（二） 作为确定家具、设施的形体、尺度及其使用范围的主要依据

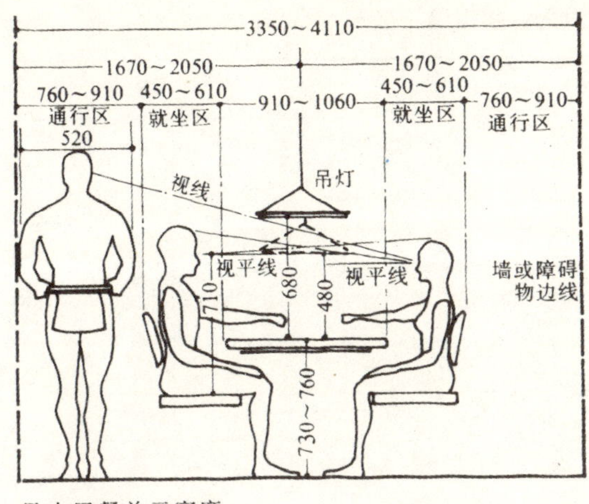

最小用餐单元宽度

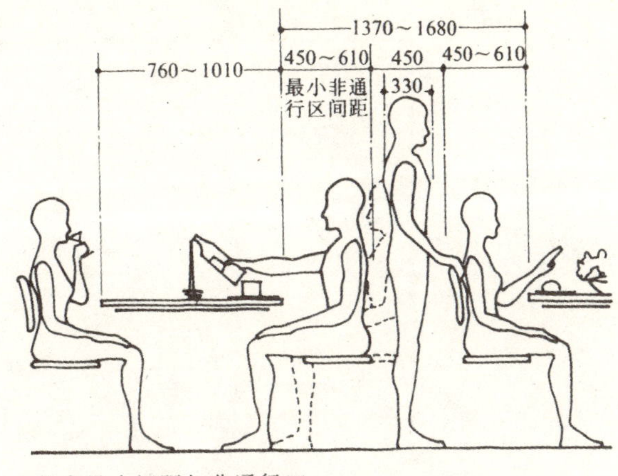

餐桌最小间距与非通行区

图 4-15　由人体尺度及活动空间确定的餐桌尺寸以及活动范围

室内家具设施使用的频率很高，与人体的关系十分密切，因此它们的形体、尺度必须以人体尺度为主要依据；同时，为了便于人们使用这些家具和设施，必须在其周围留有充分的活动空间和使用余地，这些都要求由人体工程学科学地予以解决（图 4-15）。室内空间越小，停留时间越长，对这方面内容进行科学测试的要求也越高，例如车厢、船舱、机舱等交通工具内部空间的设计，就必须十分重视相关人体工程学数据的研究（图 4-16）。

（三） 提供适宜于人体的室内物理环境的最佳参数

室内物理环境主要包括室内光环境、声环境、热环境、重力环境、辐射环境、嗅觉环境、触觉环境等。有了适应人体要求的上述相关科学参数后，在设计时就有可能做出比较正确的决策（表 4-5、表 4-6），从而设计出舒适宜人的室内环境。

图 4-16　某游艇内舱设计，具有明显的室内设计特征，空间安排紧凑合理，符合人体尺度，家具设施均圆角处理，充分考虑了安全性

表 4–5　室内允许噪声级（昼间）

建筑类别	房间名称	允许噪声级（A声级，dB）			
		特级	一级	二级	三级
住宅	卧室、书房	—	≤40	≤45	≤50
	起居室	—	≤45	≤50	≤50
学校	有特殊安静要求的房间	—	≤40	—	—
	一般教室	—	—	≤50	—
	无特殊安静要求的房间	—	—	—	≤55
医院	病房、医务人员休息室	—	≤40	≤45	≤50
	门诊室	—	≤55	≤55	≤60
	手术室	—	≤45	≤45	≤50
	听力实验室	—	≤25	≤25	≤30
旅馆	客房	≤35	≤40	≤45	≤55
	会议室	≤40	≤45	≤50	≤50
	多功能厅	≤40	≤45	≤50	—
	办公室	≤45	≤50	≤55	≤55
	餐厅、宴会厅	≤50	≤55	≤60	—

表 4–6　室内热环境的主要参照指标

项目	允许值	最佳值
室内温度（℃）	12～32	20～22（冬季） 22～25（夏季）
相对湿度（%）	15～80	30～45（冬季） 30～60（夏季）
气流速度（m / s）	0.05～0.2（冬季）0.15～0.9（夏季）	0.1
室温与墙面温差（℃）	6～7	<2.5（冬季）
室温与地面温差（℃）	3～4	<1.5（冬季）
室温与顶棚温差（℃）	4.5～5.5	<2.0（冬季）

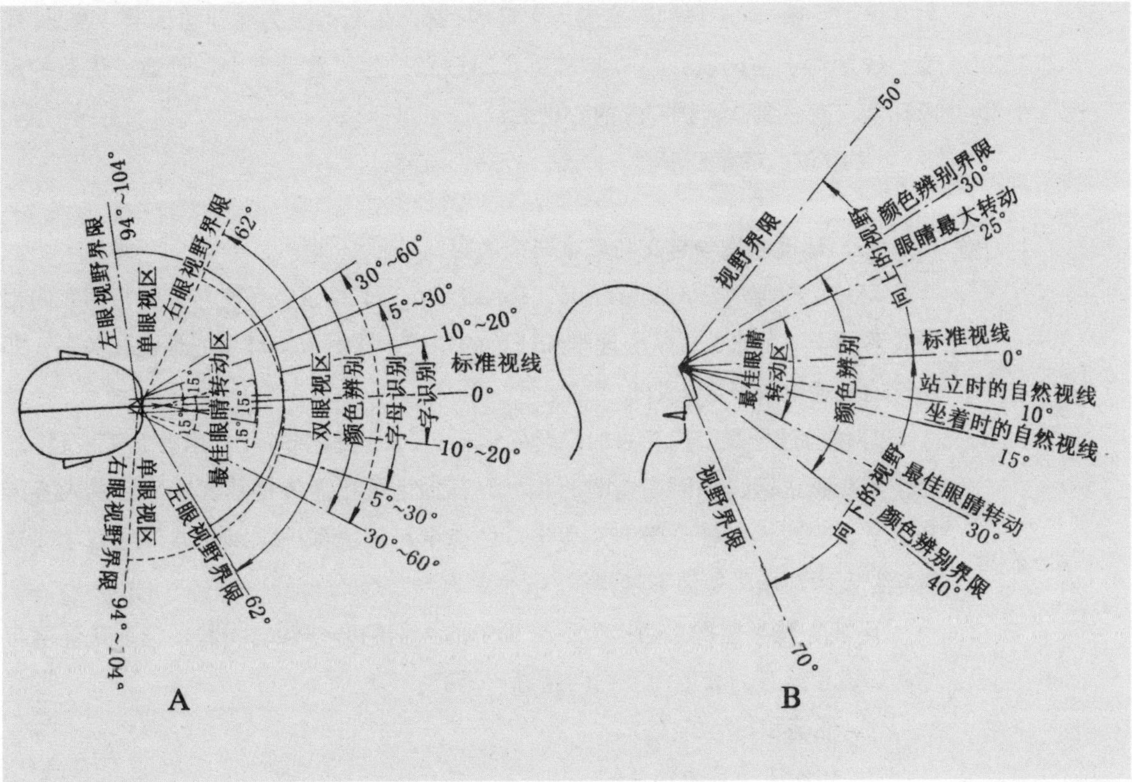

图 4-17 水平视野与垂直视野
A—水平视野
B—垂直视野

（四）对人类视觉要素的测量为室内视觉环境设计提供科学依据

室内视觉环境是室内设计领域的一项十分重要的内容，人们对室内环境的感知有很大程度上是依靠视觉来完成的。人眼的视力、视野、光觉、色觉是视觉的几项基本要素，人体工程学通过一定的实验方法测量得到的数据，对室内照明设计、室内色彩设计、视野有效范围、视觉最佳区域的确定提供了科学的依据（图 4-17）。

第二节 环境心理学与室内设计

所谓环境，通俗的理解即为“周围的境况”，指的是围绕在人们周围的外界事物。人们可以通过自己的行为使外界事物产生变化，而这些变化了的外界事物（即所形成的人工环境）又会反过来对作为行为主体的人产生影响，在这一相互影响的过程中伴随着一定的人的心理活动变化。比如说，设计师设计建造了一处简洁明亮、高雅有序的室内办公环境，在这一良好环境氛围中工作的人们会因此产生良好的心理感受，进而诱导人们更为文明有效地进行工作。环境与人的行为、心理之间的这种相互关系正是环境心理学关注的基本内容。

环境心理学的研究是以心理学的方法来对环境进行探讨，在人与环境之间以人为本，从人的心理特征的角度出发来考虑研究环境问题，从而使我们对人与环境的关系、对怎样创造室内人工环境，都产生新的更为深刻的认识。因此，环境心理学对于室内设计具有非常重要的意义，为了营造安全、舒适、优美的室内环境，有必要认真研究人的心理活动。

关键词：环境心理学、心理、行为、应用

一、环境心理学含义与基本研究内容

环境心理学（Environmental Psychology）是研究环境与人的行为之间相互关系的学科，它着重从心理学和行为的角度，探讨人与环境的最优化关系，即怎样的环境是最符合人们心愿的。

环境心理学是一门新兴的综合性学科，于20世纪60年代末在北美兴起，此后，先在英语区，继而在全欧洲和世界其他地区迅速传播和发展。它的内容涉及医学、心理学、社会学、人类学、生态学、环境保护学以及城市规划学、建筑学、室内环境学等诸多学科。

环境心理学重视生活在人工环境中的人们的心理倾向问题，把选择环境与创建环境相结合，着重对下列问题进行研究：

1. 环境和行为的关系；
2. 如何进行环境的认知；
3. 环境和空间的利用；
4. 如何体验和评价环境；
5. 在特定环境中人的行为和感觉。

就室内设计而言，在考虑如何组织空间，设计好界面、色彩和光照，处理好室内环境各要素的时候，就必须要注意上述各项问题，使设计出的室内环境符合人们的行为特点，能够与人们的心愿相符合。

二、室内环境中人的心理与行为

室内环境中人的心理与行为尽管存在个体之间的差异，但从总体上分析仍然具有一定的共性，仍然具有以相同或类似的方式作出反应的特点，而这恰恰也正是我们进行设计的基础依据。

下面列举几种常见的室内环境中有关人们的心理与行为模式方面的情况。

（一）个人空间、领域性与人际距离

在公共场所中，一般人不愿意夹坐在两个陌生人中间，公园长椅上坐着的两个陌生人之间会自然地保持一定的距离，心理学家针对这一类现象，提出了“个人空间”的概念。研究者们普遍认为，个人空间像一个围绕着人体的看不见的气泡，这一气泡会随着人体的移动而移动，依据个人所意识到的不同情境而胀缩，是个人心理上所需要的最小的空间范围，他人对这一空间的侵犯与干扰会

引起个人的焦虑与不安。

领域性原来指的是动物在环境中为取得食物、繁衍生息等所采取的一种适应生存的行为方式。对于人来说，领域性是个人或群体为满足某种需要，拥有或占用一个场所或一个区域，并对其加以人格化和防卫的行为模式。人与动物尽管在语言表达、理性思考、意志决策与社会性等方面有本质的区别，但人在室内环境中进行各种活动时，也总是力求其活动不被外界干扰或妨碍。不同的活动有其必须的生理和心理范围与领域，人们不希望轻易地被外来的人与物（指非本人意愿、非从事活动必须参与的人与物）所打破。

室内环境中的个人空间常常需要与人际交流、接触时所需的距离一起进行通盘考虑。人际接触根据不同的接触对象和不同的场合，在距离上各有差异。人类学家霍尔（E.Hall）以对动物的环境和行为的研究经验为基础，提出了人际距离的概念，并根据人际关系的密切程度、行为特征来确定人际距离的不同层次，将其分为：密切距离、个人距离、社会距离和公众距离四大类。每类距离中，根据不同的行为性质再分为近区与远区。例如在密切距离（0～45cm）中，亲密、对对方有嗅觉和辐射热感觉的距离为近区（0～15cm）；可与对方接触握手的距离为远区 （15～45cm）。（表 4-7）由于受到不同民族、宗教信仰、性别、职业和文化程度等因素的影响，人际距离的表现也会有些差异。

表 4-7　人际距离和行为特征（距离单位：cm）

密切距离 0～45	近区0～15，亲密、嗅觉、辐射热有感觉 远区15～45，可与对方接触握手
个体距离 45～120	近区45～75，促膝交谈，仍可与对方接触 远区75～120，清楚地看到细微表情的交谈
社会距离 120～360	近区120～210，社会交往，同事相处 远区210～360，交往不密切的社会距离
公众距离 >360	近区360～750，自然语音的讲课，小型报告会 远区 >750，借助姿势和扩音器的讲演

（二） 私密性与尽端趋向

如果说领域性主要讨论的是有关空间范围的问题，那么私密性更多涉及的是在相应的空间范围内人的视线、声音等方面的隔绝要求。私密性在居住类的室内空间中要求尤为突出。

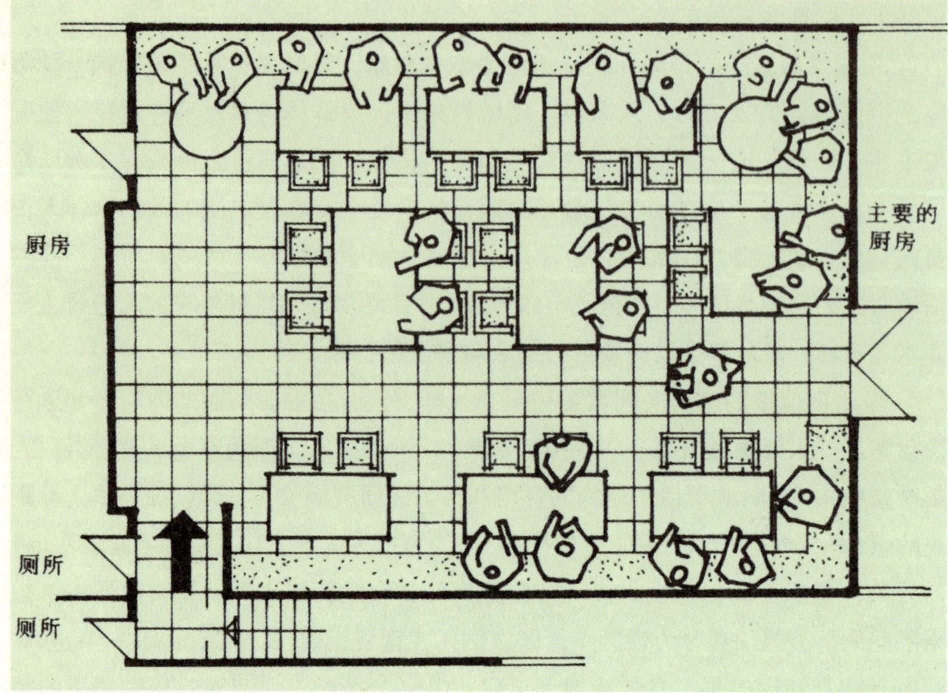

图 4-18 餐厅中就餐者对餐桌座位的选择

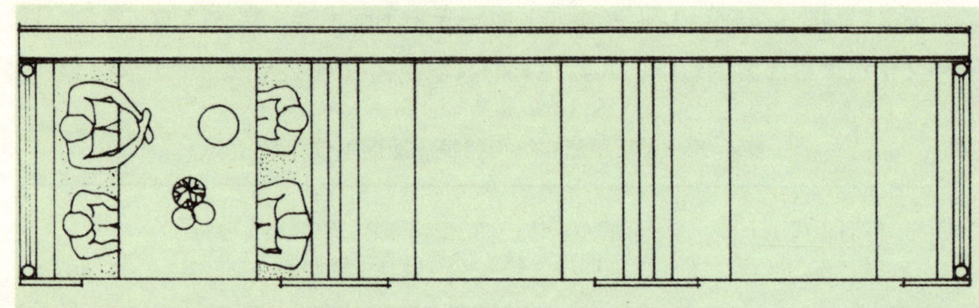
图 4-19 餐厅中的靠墙卡座

日常生活中人们会非常明显地观察到，集体宿舍里先进入宿舍的人，如果允许自己挑选床位的话，他们总是愿意挑选在房间尽端的床铺，而不愿意选择离门近的床铺，这可能是出于生活、就寝时能相对较少地受干扰的考虑。同样的情况也可见于餐厅中就餐者对餐桌座位的挑选（图 4-18），相对来说人们最不愿意选择近门处以及人流频繁通过处的座位。餐厅中靠墙卡座的设置，由于在室内空间中形成受干扰较少的“尽端”，更符合客人就餐时“尽端趋向”的心理要求，所以很受客人欢迎（图 4-19）。

（三） 依托的安全感

在室内空间中活动的人们，从心理感受上来说，并不是空间越开阔、越宽广越好，人们通常在大型室内空间中更愿意靠近能让人感觉有所“依托”的物体。

在火车站和地铁车站的候车厅或站台上，如果仔细观察，我们会发现，在没有休息座位的情况下，人们并不是较多地停留在最容易上车的地方，而是更愿意待在柱子边上，人群相对散落地汇集在候车厅内、站台上的柱子附近，适

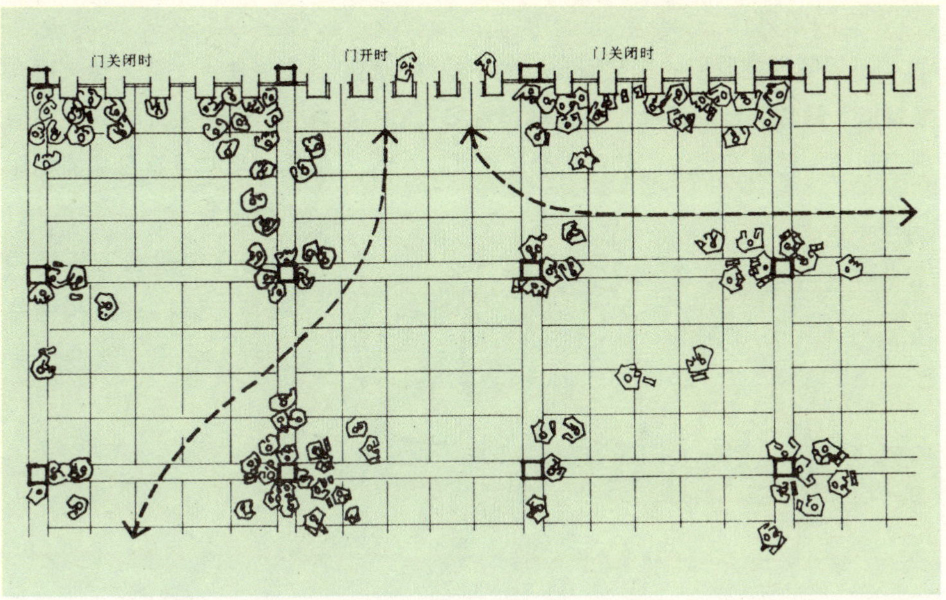

图4-20 日本一铁路车站候车厅内人们候车时选择的位置

当地与人流通道保持距离。在柱边人们感到有了“依托”，更具安全感。图 4-20 所示是大阪大学的学者在一个日本铁路车站候车厅内，根据调查实测所绘制的人们候车的位置图。

（四） 从众与趋光心理

从一些公共场所（商场、车站等）内发生的非常事故中观察到，紧急情况时人们往往会盲目跟从人群中领头的几个急速跑动的人的去向，而不管其去向是否是安全疏散口。当火警发生，烟雾开始弥漫时，人们无心注视标识及文字的内容，往往是更为直觉地跟着领头的几个人跑动，以致形成整个人群的流向。上述情况即属于从众心理。另外，人们在室内空间中流动时，具有从暗处往较明亮处流动的趋向，紧急情况时语音的提示引导会优于文字的引导。

这些心理和行为现象提示设计者在创造公共场所室内环境时，首先要注意空间与照明等的导向，标识与文字的引导固然也很重要，但从发生紧急情况时人的心理与行为来看，对空间、照明、音响等更需要予以高度重视。

（五） 好奇心理与室内设计

好奇心理是人类普遍具有的一种心理状态，能够导致相应的行为，尤其是其中探索新环境的行为，对于室内设计具有很重要的影响。如果室内环境设计能够别出心裁，诱发人们的好奇心，不但可以满足人们的心理需要，而且还能加深人们对该室内环境的印象。对于商业空间来说，则有利于吸引新老顾客，同时，由于探索新环境的行为可以导致人们在室内行进和停留时间的延长，就有利于出现商场经营者所希望发生的诸如选物、购物等行为。著名心理学家柏立纳（Berlyne）通过大量实验及分析指出：不规则性、重复性、多样性、复杂性和新奇性等五个因素比较容易诱发人们的好奇心理。

1. 不规则性

不规则性主要指的是空间布局的不规则。规则的布局使人一目了然，很容易就能了解它的全局情况，也就难以激起人们的好奇心。于是设计者就试图用不规则的布局来激发人们的好奇心（图 4-21）。一般用对结构没有影响的物体（如柜台、绿化、家具、织物等）来进行不规则的布置，以打破结构构件的规则布局，造成活泼感（图 4-22）。

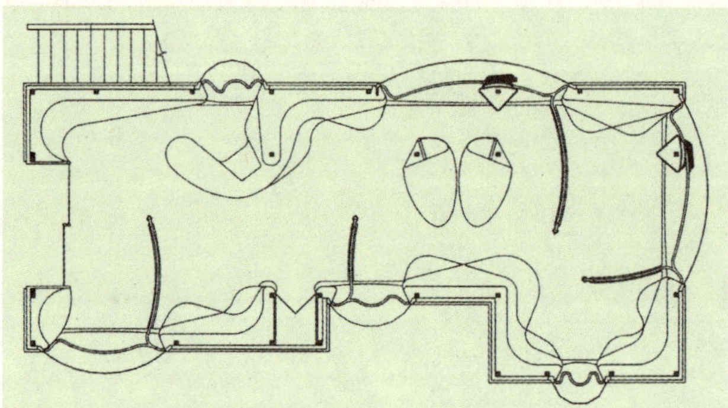

图 4-21 某服装店不规则的平面布局

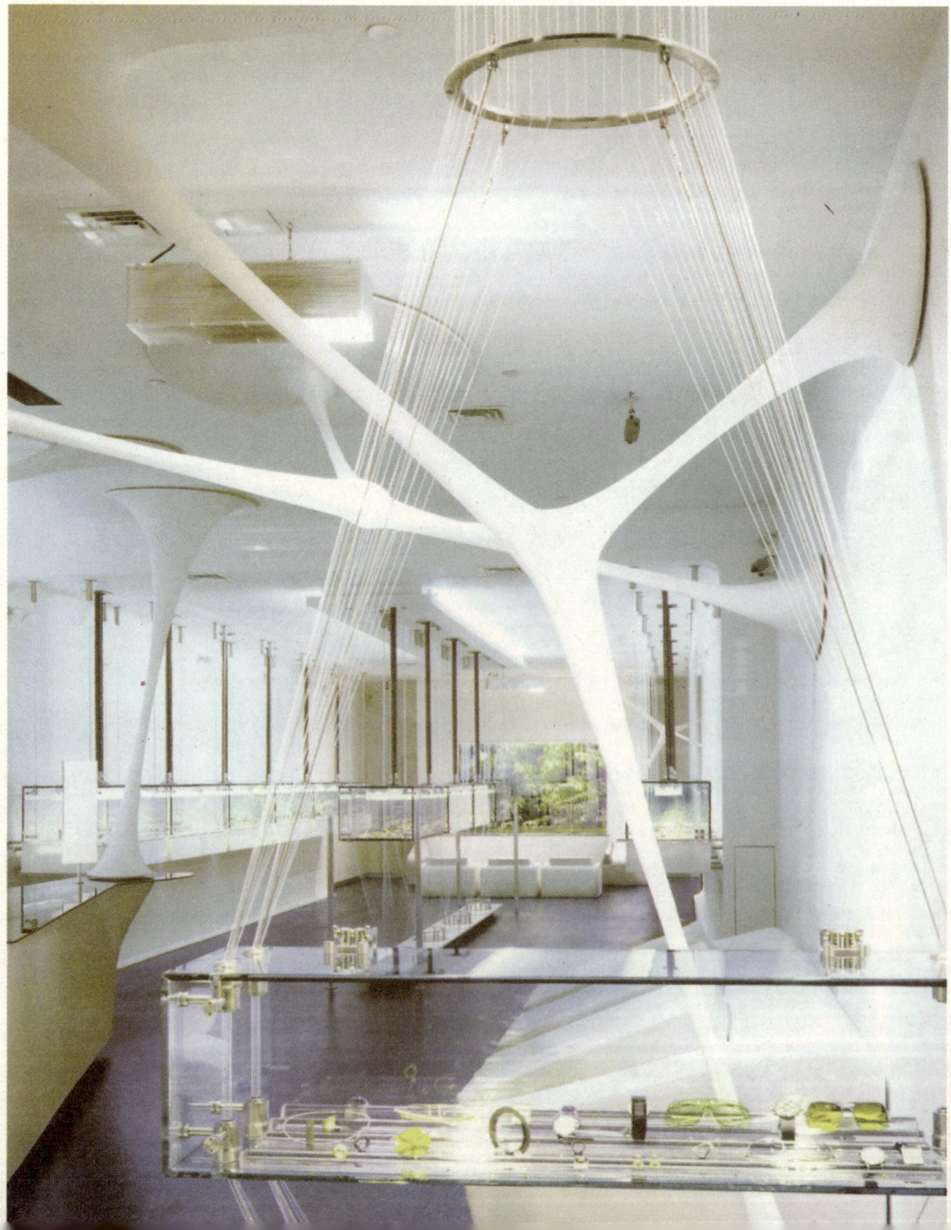

图 4-22 某精品店室内设计通过不规则形态的装置打破了店内空间的规则感，对顾客产生极强的吸引力

2. 重复性

重复性并不仅仅指建筑材料或装饰材料数目的增多，而且也指事物本身重复出现的次数。当事物的数目不多或出现的次数不多时，往往不会引起人们的注意，容易一晃而过，只有事物的数量反复出现，才容易被人注意和引起好奇。室内设计师常常利用大量相同的构件（如柜台、货架、桌椅、照明灯具、地面铺地等）来加强吸引力（图 4–23）。

3. 多样性

多样性是指形状或形体的多样性，另外也指处理方式的多种多样。加拿大蒙特利尔 Complexe Les Ailes 购物中心的室内中庭的设计就很好地体现了多样性（图 4–24）。透明的垂直升降梯和错位分布的多部自动扶梯统一布置在巨大的椭圆形玻璃天棚下，椭圆形回廊内分布着诸多立面各异的商店，加上多种形式色彩的灯光照明，构成了丰富多彩、多种多样的室内形象，充分调动了人们的好奇心，引起浓厚的观光兴趣。

图 4–23 日本东京某化妆品店 采用多个形式特殊的展示柜台，唤起顾客的好奇心理，吸引顾客

图 4-24　加拿大蒙特利尔 Complexe Les Ailes 购物中心

4. 复杂性

运用事物的复杂性来增加人们的好奇心理是设计的一种常见手法。特别是进入后工业社会以后，人们对于千篇一律、缺少人情味的大量机器生产的产品日益感到厌倦和不满，希望设计师们能创造出变化多端、丰富多彩的空间来满足人们不断变化的需要。复杂性可以具体表现为四种情况：

（1）复杂的平面和空间形式（图 4-25）。

（2）运用隔断、家具等对空间进行再次限定，形成一种复杂的空间效果（图 4-26）。

图 4-25 同济大学中法学院内部 通过上下楼梯在平面上的错位和多种造型产生了复杂的空间变化效果

图 4-26 运用形态各异的隔断对空间进行再次限定

（3）通过某一母题在平面和立体上的巧妙运用，再配以绿化、家具等的布置从而产生复杂的空间效果（图 4-27）。

（4）把不同时期、不同风格的东西罗列在一起，造成复杂的视觉感受，以引起人们的好奇（图 4-28）。

5. 新奇性

新奇性指的是新颖奇特、出人意料、与众不同、令人耳目一新。

在室内设计中，为了达到新奇性的效果，常常运用三种表现手法：

（1）室内环境的整个空间造型或空间效果与众不同（图 4-29）。

图 4-27 某电子产品体验中心通过半圆形母题在空间造型、立面装饰、室内道具上的巧妙运用，营造出风格明显又变化万千的室内空间效果

图 4-28 某酒店休息区一角 把不同时期、不同风格、不同色彩、不同质感的物品组合陈列在一起，造成视觉上的复杂

图 4-29 德国柏林 Hotel Q（设计：美国 GRAFT 公司） 空间的不同组成部分被有机地连接在一起，地面、墙面、顶面流转自如，整体空间充满了流动感

图 4-30　超常尺度的吊灯灯罩成为空间视觉一大焦点

图 4-31　造型质感独特的雕塑在墙面图案的衬托下，对人产生强烈的吸引力

（2）把一些日常事物的尺寸放大或缩小，使人觉得新鲜好奇（图 4-30）。

（3）运用一些形状比较奇特新颖的雕塑、装饰品、图像和景物等来诱发人们的好奇心理（图 4-31）。

除了以上所说的这五个方面的因素外，诸如光线、照明、镜面、特殊装饰材料甚至特有的声音和气味等，也都常常被用来激发人们的好奇心理。在室内设计中如果能够充分考虑好奇心理的作用，不但有助于吸引人流，而且可以使人产生心理满足感。这对于创造一个令人满意的室内环境来说，具有相当重要和普遍的意义，值得设计者重视。

6．空间形状给人的心理感受

室内空间的形状多种多样，其形状特征常会使活动于其中的人们产生不同的心理感受。著名建筑师贝聿铭先生曾在介绍他的作品——具有三角形斜向空间的美国国家美术馆东馆时有这样的论述，他认为三角形、多灭点的斜向空间常给人以动态和富有变化的心理感受。表 4–8 所示为不同的空间几何形状，通过视觉常常会给人们心理上带来不同的感受，设计时可以根据特定的要求加以选择运用。

表 4–8　室内空间形状的心理感受

	正向空间				斜向空间		曲面及自由空间	
室内空间形状	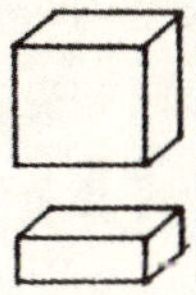	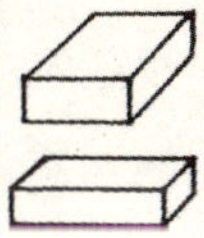	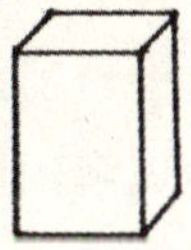	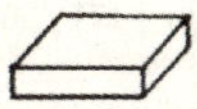	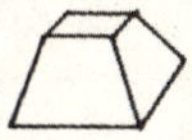	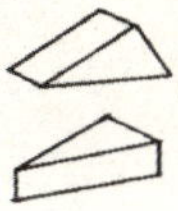		
心理感受	稳定 规整	稳定 有方向感	高耸 神秘	低矮 亲切	超稳定 庄重	动态 变化	和谐 完整	活泼 自由
	略呆板	略呆板	不亲切	压抑感	拘谨	不规整	无方 向感	不完整

三、环境心理学在室内设计中的运用

环境心理学的原理在室内设计中的应用面很广，随着相关研究与实践的不断深入，还会不断增加新的内容，这里暂列举下述几点：

（一）室内环境设计应符合人们的行为模式和心理特征

不同类型的室内环境设计应该针对人们在该环境中的行为活动特点和心理需求，进行合理的构思，以适合人的行为和心理需求。例如现代大型商场的室内设计，考虑到顾客的消费行为已从单一的购物，发展为购物——游览——休闲（包括饮食）——娱乐——信息（获得商品的新信息）——服务（问讯、兑币、送货、邮寄……）等综合行为，人们在购物时要求尽可能接近商品，亲手挑选比较，因此，自选及开架布局的商场应运而生，而且还结合了咖啡吧、快餐厅、游戏厅甚至电影院等各种各样的功能。

（二）环境认知模式和心理行为模式对组织室内空间的提示

人们依靠感觉器官从环境中接受初始刺激，再由大脑作出相应行为反应的判断，并且对环境作出评价，因此，可以说人们对环境的认知是由感觉器官和大脑一起完成的。对人们认知环境模式的了解，结合对前文所述心理行为模式种种表现的理解，能够使设计者在组织空间、确定其尺度范围和形状、选择其光照和色彩的时候，拥有比通常单纯从使用功能、人体尺度等起始的设计依据更为深刻的提示。

（三） 室内环境设计应考虑使用者的个性与环境的相互关系

环境心理学既从总体上肯定人们对外界环境的认知有相同或类似的反应，同时又十分重视作为环境使用者的人对环境设计提出的特殊要求，提倡充分理解使用者的行为、个性，在塑造具体环境时对此予以充分尊重。另一方面，也要注意环境对人的行为的引导，个性的影响，甚至一定程度意义上的制约，在设计中根据实际需要掌握合理的分寸。

第三节 照明设计与室内设计

随着城市的发展，照明设计在市政规划、园林景观、建筑及室内等各方面扮演着越来越重要的角色。在室内设计中，由于目前大量的室内照明设计工作需要室内设计师完成，因而，能否比较完整地理解照明的基本原理及灵活地运用照明就显得十分重要。室内空间需要通过照明设计来满足照明使用功能上的要求和空间氛围的营造，同时配合室内设计中的其他要素，塑造一个理想的空间。

关键词：光学、室内照明

一、光学的基本原理

通常光可以分为人造光和自然光。我们之所以能够看到客观世界中斑驳陆离、瞬息万变的景象，是因为有眼睛接收物体直射、反射或散射的光。光是人类眼睛所能观察到的电磁辐射，这部分电磁波的波长范围约在红光的 0.77 微米到紫光的 0.39 微米之间，而可见光的光谱只是电磁光谱中的一部分（图 4-32）。

图 4-32 光的波长与性质

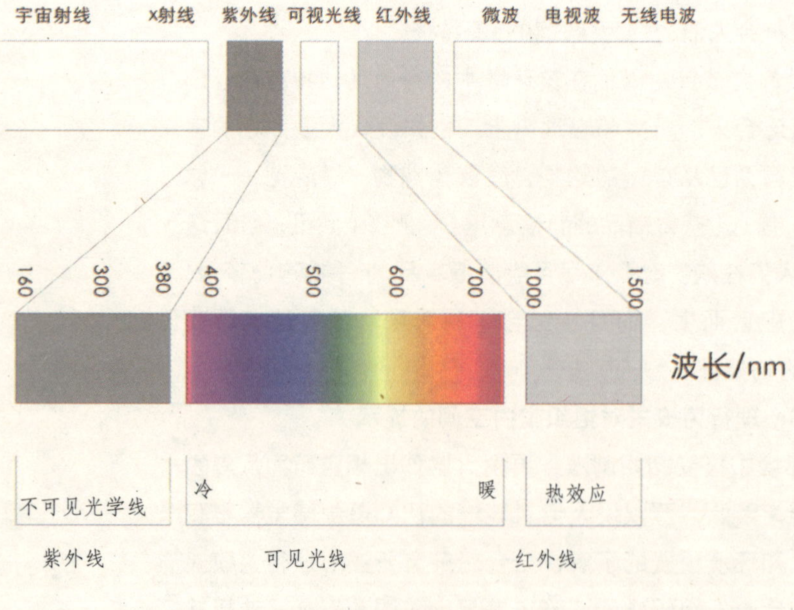

认识基本的光度单位，对于进行室内设计中的照明计算十分必要。在光环境的设计过程中，经常需要计算这些物理量以保证光环境质量的要求。这些基本的物理量包括光通、光强、亮度、照度等（图 4-33）。

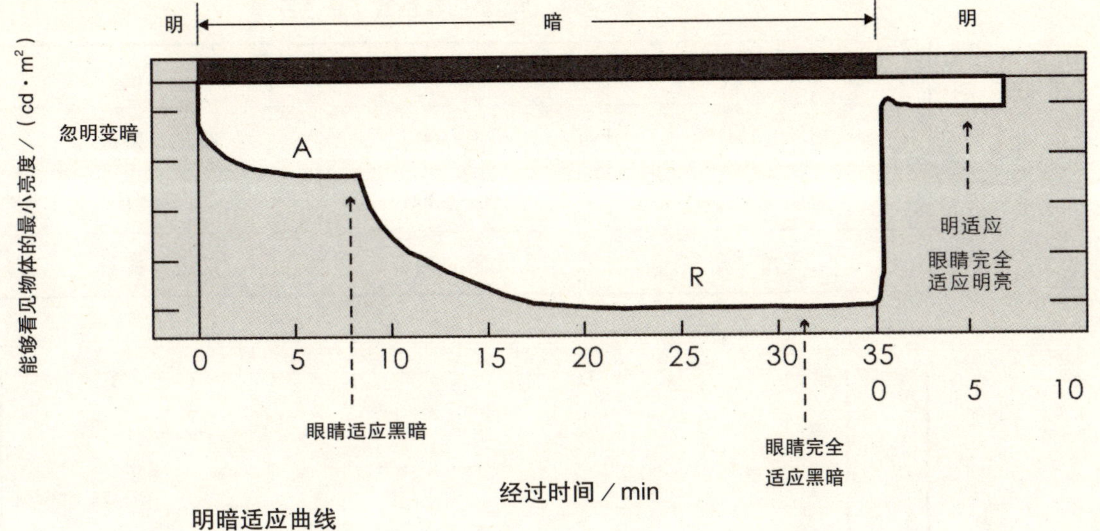

图 4-33　光线明适应与暗适应曲线

1. 光通量

光通量指人眼所能感觉到的辐射能量，用来表示光源发出光能的多少，它是光源的一个基本参数，单位是流明（lm）。

2. 光强

发光强度简称光强，是指光源在指定方向的单位立体角内发出的光通量，也就是光通量的空间密度，单位是坎德拉（cd）。

3. 亮度

亮度是指发光体在视线方向单位面积上的发光强度，单位是坎德拉／平方米（cd/m^2），也称尼脱（nt）。在光度单位中，亮度是唯一能直接引起眼睛视感觉的量。

4. 照度

照度是指光源落在被照面上的光通量，也就是光通量的平面密度，单位是流明／平方米（lm/m^2），也称勒克斯（lx）。照明和采光标准中，常用照度来衡量照明和采光质量的优劣（图 4-34）。

二、室内光源与灯具

（一） 光源的类型

1. 色温

人眼感受到的光源的颜色，以色温表示，色温就是专门用来量度和计算光线的颜色成分的方法，单位是开尔文（k）。不同的色温光源适用于不同的功能场所（图 4 － 35、表 4-9）。

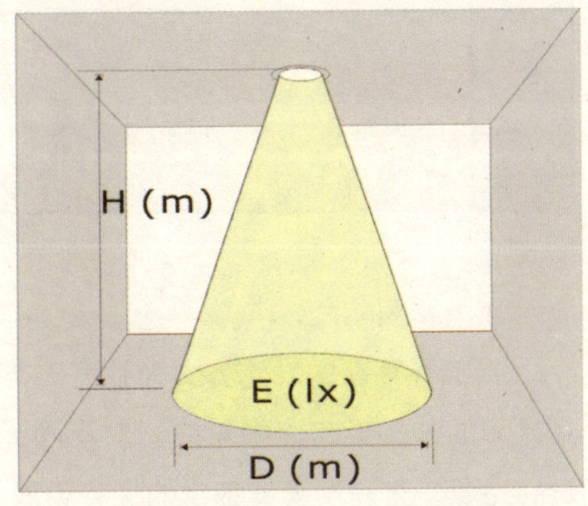

图 4-34　照度示意图

表 4-9 功能场所与色温、光源色

房间功能	色温	光源色
起居、休闲	小于3300	暖色，偏黄
阅读、工作	3300～5300	中间色
自然光补充	大于5300	冷色，偏蓝

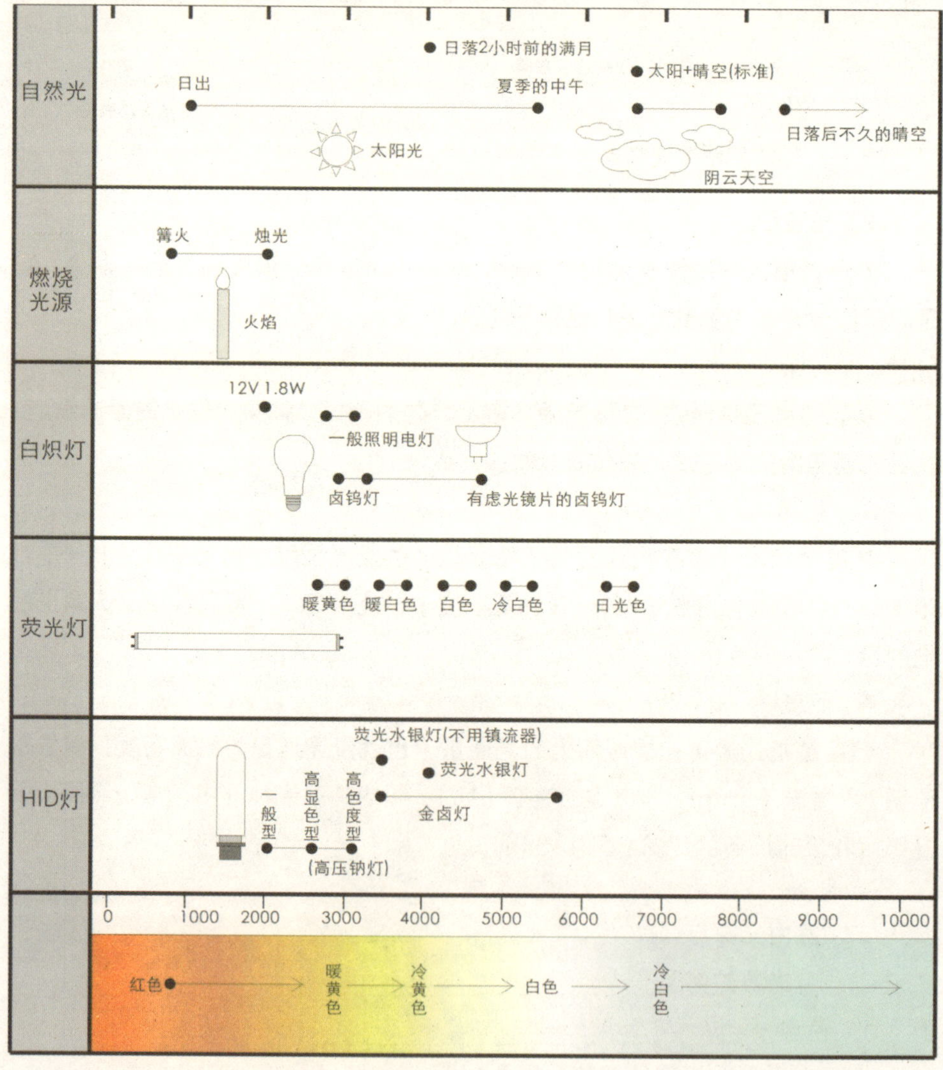

图 4-35 不同光源的色温一览表

2. 光源的发光方式

自然界存在的发光方式大致有三类，分别为热辐射、气体放电和固体发光。灯具光源的分类也与之相对应。对不同光源的了解有助于根据环境的特性选择合适的光源，充分发挥其各自的优势（表 4-10、表 4-11 ）。

表 4-10　发光方式与光源

发光方式	热辐射	气体放电	固体发光
自然光	太阳	闪电	生物发光
人工照明	火焰 白炽灯 玻璃反射灯 卤素灯	荧光灯 紧凑型荧光灯 低压钠灯 高压钠灯 汞灯 金属卤化物灯 霓虹灯 激光	无极感应灯 微波硫灯 发光二极管

表 4-11　　光源种类与色温、显色性

光源种类	色温	显色性
白炽灯	2800	100
卤素灯	2950	100
暖白色荧光灯	3500	59
冷白色荧光灯	4200	98
日光色荧光灯	6250	77
低压钠灯	1800	48
高压钠灯	1950	27
汞灯	3450	45
金属卤化物灯	5000	70

3. 显色性

光源对物体颜色呈现的真实程度称为显色性，用显色指数 Ra 表示，它的满值是 100，80 以上显色性优良，79～50 显色性一般，50 以下显色性差。不同的显色性也适用于不同的功能场所（图 4-36、表 4-12）。

图 4-36 显色性的差异产生不同的照明效果

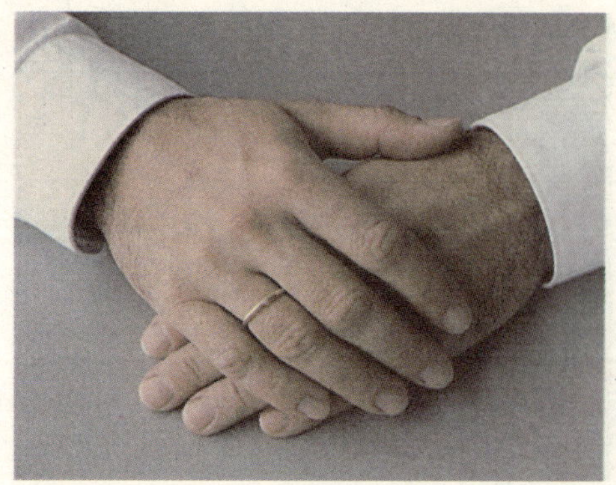

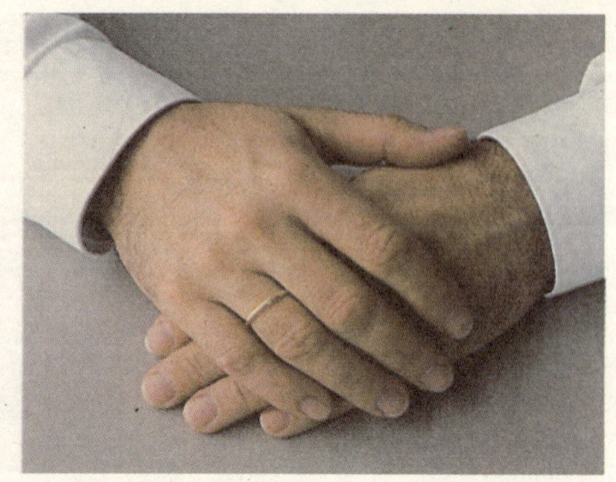

表 4-12 房间功能与显色指数

房间功能	显色指数
绘图、展示等，辨色要求高	大于80
起居、工作等，辨色要求较高	60～80
交通等，辨色要求一般	40～60
储藏等，辨色要求低	小于40

（二） 灯具的类型

灯具已不仅仅起到照明作用，还有较强的装饰性。面对适合家庭使用的吊灯、吸顶灯、壁灯、台灯、落地灯、射灯、轨道灯、筒灯、地灯时，各式各样风格迥异的灯具各有千秋，如何选择合适的灯具是关键。

1. 吊灯

吊灯适用于客厅和起居室。如果高度在 2.7 ～ 3 米，不宜选用长吊杆的吊灯及垂度高的水晶灯，拉杆吊灯的高度要求在 3 米以上，否则将影响安全。吊灯的种类很多，材质上多数选择铜、铝、水晶玻璃、彩绘玻璃等，吊灯的造型有莲花、百合等，配上各色的玻璃磨砂灯罩，经过设计师之手，或豪华气派、或清新优雅的吊灯会使客厅环境舒适高雅（图 4-37、图 4-38、图 4-39）。

图 4-37、图 4-38、图 4-39 丹麦设计师海宁森设计的经典吊灯系列，Artichoke 吊灯，PH5 吊灯和 Achoke 吊灯

图 4-37

图 4-38

图 4-39

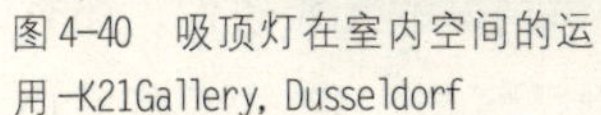

图 4-40　吸顶灯在室内空间的运用 -K21Gallery, Dusseldorf

图 4-41　吸顶灯 - Panarc 德国 ERCO

2. 吸顶灯、壁灯

吸顶灯、壁灯造型简洁，光线柔和，一般采用节能型荧光灯管，适合于卧室。一般来说，卧室主灯是吸顶灯，助灯包括壁灯、台灯、床头灯。主灯要求光线相对强一些，助灯则根据主人的要求，适宜不同的角度需要，起到局部照明的作用，光线相对弱一些，在卧室中，这两类灯应该说缺一不可（图 4-40、图 4-41）。

3. 落地灯

落地灯、门灯、过道灯这些灯具实用性很强。它们多以铁、塑料、玻璃、陶瓷等为材料，款式崇尚回归自然。如果居室色调较为浓重，选择的落地灯、门灯、过道灯的造型就要简洁（图 4-42）。

4. 筒灯、射灯

筒灯、射灯的应用范围也很广泛。根据室内不同照明的需要，任意打开一组或几组小射灯，既能节约能源，又能营造一种自由随意、温馨亲切的感觉（图 4-43、图 4-44、图 4-45）。

三、室内采光与照明设计

室内采光除了通过自然光之外，更多是运用室内灯具来实现的。照明设计和灯具的选择安排与室内的其他因素一样，需要设计之初就予以充分考虑。休朋候（Arthur Schopenhauer）在《意志与表象》（The world as will and Representation）中指出：“灯光非但能画龙点睛，更能有化腐朽为神奇之效”。因而，灯具的形式同

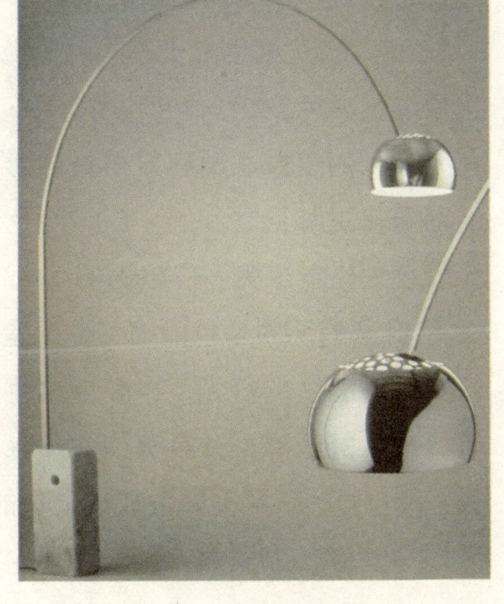

图 4-42　落地灯

图 4-43　筒灯在室内空间的运用 - Lower-Saxony & Schleswing- Holstein, Berlin

图 4-44　吸顶灯 - Cylindrical 德国 ERCO

图4-45　射灯 - Optec, 德国 ERCO

样可以成为室内空间组成元素的一部分，对形成或强调空间性格起到了举足轻重的作用。

（一） 室内采光照明的作用

在室内环境中，获得充足的日照能保证人们尤其是老人、病人及婴儿身心健康，能保证室内空气卫生洁净，改善室内小气候，提高居住舒适度。

室内照明，不仅仅是弥补日照不足、为人们提供良好的光照条件，还有组织空间、烘托气氛、增添情趣等功能，而且能引起人们心理上的注意和联想。利用不同的光源和居室墙面、地面、家具颜色和谐配合，可以构成各种各样的艺术环境。

1. 创造室内的气氛

光的亮度和色彩是决定气氛的主要因素。我们知道光的刺激能影响人的情绪，一般说来，亮的房间比暗的房间更为刺激，但是这种刺激必须和空间所应具有的气氛相适应。适度愉悦的光能激发和鼓舞人心，而柔弱的光令人轻松且心旷神怡。光的亮度也会对人心理产生影响，私密性要求相对较高的谈话区照明，可以将亮度减少到功能强度 1/5。光线弱的灯和位置布置得较低的灯，能使周围造成较暗的阴影，天棚显得较低，使房间似乎更亲切。

室内的气氛也由于不同的光色而变化。许多餐厅、咖啡馆和娱乐场所，常常用加重暖色，如粉红色、浅紫色，使整个空间具有温暖、欢乐、活跃的气氛，暖色光使人的皮肤、面容显得更健康、美丽动人。家庭的卧室也常常因采用暖色光而显得更加温暖和睦。但是冷色光也有许多用处，特别在夏季，青、绿色的光就使人感觉凉爽。应根据不同气候、环境和建筑的性格要求来确定光色。

灯光的不同颜色能够营造出室内环境的不同基调。蓝色基调，配以蓝色的灯具、淡蓝色的灯光，再配以浅色的家具，使人有身临蓝色海洋的感觉，让人有开朗、舒适感，并具有消除烦躁、增添静雅的功效。绿色基调，辅以绿色灯具、绿色灯光、配上栗色或橄榄色的家具，则会造成置身于绿荫丛中的气氛，给人以宁静感、凉爽感，可使人精神放松，这种光环境特别适宜于夏季。土黄色基调，把灯具、灯光设计成富有大地感的土黄色，给人以稳重、广阔感，对面积小的房间特别合适，宜用于春秋季。淡黄基调，淡黄色的墙和橙色的灯具、灯光和浅色的家具组合在一起就使整个房间统一成橙黄色，使人有阳光感，给人以温暖的感觉，这种光环境特别适用于冬天（图 4-46）。

图 4-46　恰如其分的照明设计往往能起到烘托室内整体氛围的作用

2. 加强空间感和立体感

不同的空间效果，可以通过光的作用充分表现出来。室内空间的开敞性与光的亮度成正比，亮的房间感觉要大一点，暗的房间感觉要小一点，充满房间的无形的漫射光，也使空间有无限的感觉，而直接光能加强物体的阴影，能加强空间的立体感。

利用光的作用，可以加强希望注意的地方，也可以削弱不希望被注意的地方，从而进一步使空间得到完善和净化。许多商店为了突出新产品，用亮度较高的光重点照明该产品，而相应削弱次要的部位，获得良好的照明艺术效果。

大范围的照明，如天棚、支架照明，常常以其独特的组织形式来吸引人。商场以连续的带形照明，在使空间更显舒展的同时，还可以起到引导人流的作用。酒吧用环形吊饰，造型与家具布置相对应，使空间富丽堂皇。光环境设计的关键不在个别灯管、灯泡本身，而在于组织和布置。因此，室内照明的重点常常选择在天棚上，而且常常结合建筑结构，或结合柱子产生的遮挡、光影，着重体现出建筑内部的空间感觉（图 4-47）。

图 4-47　通过照明设计可以增加空间内的立体感

3. 光影艺术与装饰照明

自然界的光影由太阳光来安排，而室内的光影艺术靠设计师来创造。光的形式可以从尖利的小针点到漫无边际的无定形式，我们应该利用各种照明装置，在恰当的部位，以生动的光

图 4-48 光影的艺术搭配效果，可以丰富室内空间

影效果来丰富室内的空间，既可以表现光为主，也可以表现影为主，还可以光影同时表现（图 4-48）。

（二） 室内灯具的作用

光既可以是无形的，也可以是有形的。灯饰在家居中所起的作用大于一般的饰物。灯具的造型和颜色，是整个家居装饰的组成部分，灯光效果的合理配置，更能为家居增光添彩。

灯具的造型追求艺术性与科学性的有机结合。灯具的造型除了功能合理外，还应有美化环境、装饰建筑、创造气氛的作用。灯罩的作用是十分明显的，它不仅能够提高光量的利用率，保护光源和视力，而且作为一种装饰品，创造着现代高度的审美情趣。各种灯具配上各种造型优美的灯罩，体现的风格、气质大不相同。

由于灯具是一种可以经常更换的消耗品和装饰品，因此它的美学功能近似日常用品和服饰，具有较大的流行性和变换性。相对于其他家具、空间结构因素，它的安装、替换简单，利于更新。并且，相对于地板、墙纸、涂料、家具的形式种类，市场上灯具的形式、种类、风格，都相当丰富，提供给设计师极大的题材和发挥的空间（图 4-49）。

图 4-49 日本某宾馆走廊，发光顶棚与地面造型的呼应，既满足了室内照明的需要，又保持了空间语言的一致性

按照标准确定了各房间的照度并选择光源后，即可根据房间的大小和功能选择灯具，在选择灯具时还应考虑居室的功能、风格、家具的布置、颜色等。室内灯具对不同功能空间的作用也不相同。

1. 客厅

层高较高、面积较大的客厅，房间中央悬

挂的吊灯可以形成视觉中心和很好的包容感，使大空间感觉稳定；层高不高、面积不大的客厅，选用传统的吸顶灯或枝形吊灯，能够更好地营造友好亲切的氛围。对于墙面的装饰效果，上射霓光灯在空白墙壁及艺术品上的投射，会产生极美的效果，而运用泛光灯进行轨道式照明可产生类似艺术画廊的灯光效果。对于陈设品，上射灯同样可以通过玻璃桌面或玻璃底座，发散出飘忽、朦胧的光，营造出浪漫神秘的氛围，而在陈设品上方安装几盏下射灯可以突出、提醒人们集中注意力（图 4–50）。

2. 卧室

一台可灵活调光的床头灯，可以满足在床上阅读书报的需要。入睡时把灯光调暗，可以使房间充满朦胧的光线，给人以舒适、安静的感觉。即使整夜开灯也不会消耗过多的电，且给人以安全感，有利于安稳的睡眠。顶灯、小吊灯以及在床、桌、沙发等低矮家具所在的空间墙面或者墙角，安装的高度略高过视平线，一般 1.7 米左右的壁灯，可以给卧室提供柔和舒适的背景照明。顶灯和壁灯的光线淡雅、和谐，给人们平稳、宁静的感觉。

3. 商场

商场需保证充足的光线，这对促进商品的销售十分重要。整体照明之外，在商品架、商品柜台的上方和内部，都应该有局部照明的投射灯、轨道灯等，以保证商品的可见度。整体的照明设计配合方向感明确的灯具，经常可以起到引导人流的作用。并且，灯具的位置、光度、投光范围，应根据柜台、架子的实际位置、尺寸进行调整。每一个不同类别和形式的灯具，都有它特有的效果和机能，设计过程中，可以综合考虑商品的不同气质（严肃、浪漫、温馨等）选择恰当的灯具，激发各种货架创意的新构思（图 4–51）。

图 4–50　一盏小巧简洁的台灯配合简约的室内风格

图 4–51　商场内的照明设计不仅能满足基本的照明需要，同时还具有引导人流的作用

4. 展厅

展厅整体照明采用柔光的漫射型大面积发光灯具，展墙则采用嵌入式洗墙灯，均匀洗亮墙面。特殊的国画或雕塑的照明，采用固定暗藏嵌入式导轨与可移动式射灯相结合的照明方式。以观赏为目的时，要求观察对象的亮度对比和色彩能尽量理想地表现，需要展品比背景更为明亮而突出，但又不能因过于强

图 4-52 Caixa Forum (Barcelona)展厅内部为了达到统一的照明效果，营造大的空间氛围，往往选用洗墙灯，以保证整体照度均匀

图 4-53 意大利西耶那博物馆出土文物展厅，照明设计与展示道具相结合

调灯光而失去展品和背景的协调。当以调查研究为观察目的时，需要正确地表现观察对象的形状、色彩、质感等。有特殊要求的展品保护，光源和灯具都应采取紫外或红外防护措施。采用灵活、自由度高的灯具，实现多场景转换，满足不同展览氛围的不同需要（图 4–52、图 4–53）。

（三） 室内采光的方式与要求

1. 按照采光口位置，采光方式可以分为侧窗采光和天窗采光

（1） 侧窗采光

侧窗采光也称侧面采光，是最常见的一种采光方式。它具备众多优点，如建造简单，便于开关、维护，通风性能好等。由于阳光固有的入射角度，侧窗的形状应该结合房间的形状来选择。窄而深的房间宜采用竖长方形的侧窗，宽而浅的房间则宜采用横长方形的侧窗（图 4–54）。

图 4–54 采用侧窗采光的 YOKOGURAYAMA 自然博物馆（设计：安藤忠雄）

图 4-55 采用天窗采光的 IWASA 别墅（设计：安藤忠雄）

（2） 天窗采光

水平天窗采光也称顶部采光，最大优点是采光效率高、分布均匀。经常用于大面积、大跨度的房间，弥补侧面采光不足（图 4-55）。

2. 室内采光的要求

室内采光的要求，应以采光系数最低值为标准，按国家标准——《建筑采光设计标准》有关规定执行。在方案设计阶段，应该对各房间窗地面积比指标进行采光估算，根据所确定窗地面积比再进行采光系数最低值的计算，以确保室内具有良好的自然光照。

日间采光依靠太阳的自然光线，不仅明亮，而且有利于身心健康。参照国家采光设计标准，居室窗口面积与地面面积之比，不能小于 1/7，卫生间窗口面积与地面面积之比，不能小于 1/10。采光口宜采用无色透明玻璃，磨砂玻璃、彩色玻璃或者镂花玻璃等都不利于日间采光。私密空间，诸如浴室等，可以采用磨砂玻璃或 PS 板，透光不透物，比较适宜。

在具体设计中，应尽量选择朝向好的建筑平面布置形式，以创造具有良好日照条件的居住空间。楼体之间的间隔，对日照的阻挡影响很大。我国规定最低标准，住宅间距应该保证被遮挡住宅建筑底层向阳的窗户在大寒至冬至日至少有一小时的满窗日照时间。

（四） 室内照明的方式与基本原则

1. 按照明的形式不同，室内照明分为整体照明、重点照明、辅助照明、装饰照明、背景照明和工作照明等。不同形式的照明对室内空间的形象和色调影响很大，又有其各自的要求。

（1） 整体照明

最基本的照明方法，目的是照亮整个空间。因为不是为视觉分辨率要求特别高的工作所用，光源功率要求不高，照度、亮度都不需要太大（图 4–56）。

图 4–56 日本所沢市体育馆。整体照明设计的时候同样要注意不同色温的光源之间的搭配

（2） 重点照明

用于视觉分辨率较高的照明，采用较为集中的光束照射某件物体或建筑细部结构，使用各类射灯、聚光灯等，以加强光线进行重点照明，是对整体照明的补充，目的是取得艺术效果和装饰作用（图 4–57）。

图 4–57 为了凸现展品，重点照明的效果往往显而易见

（3） 辅助照明

为达到更好的照明和视觉效果，配合和辅助重点照明，可以使用侧光和背景光等，使物象的表现富有层次感（图 4–58、图 4–59）。

图 4-58

图 4-59

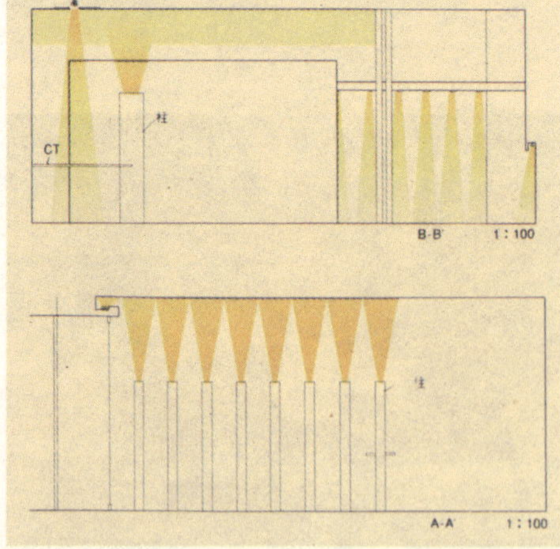

图 4-58、图 4-59 辅助照明可以凸现主题，在进行照明设计的时候最主要的是如何巧妙设置背景光源

（4） 立体照明

在空间环境中不同的位置安装不同类型的灯具，形成不同方位和角度的空间光照，富有立体感，具有宽大、深远和丰富的空间感觉（图 4-60）。

（5） 装饰照明

通过灯具的造型、质感及排列组合，创造视觉美感的照明，通过对光的强弱、分布、照射角度、投光范围的控制，强化细部和创造特殊气氛等。如光影效果的壁灯或有图案的吊灯、灯组成的文字或图形、彩色射灯或泛光灯照明等（图 4-61）。

（6） 背景照明

采用反射自墙面或天花板的光线，避免产生亮点，也不会在人的脸上产生阴影，具有柔和、迷人的光线，使室内空间更具人性化。

图 4-60 立体照明使被照物体更具空间感 法国大宫美术馆，未来幻象展展厅（设计：Margo Renisio）

图 4-61 上海超级计算机中心展厅（设计：吕永中）的装饰照明效果

（7） 工作照明

为人们工作或活动时需要的高亮度而设的照明装置，如浴室的镜灯等。

2. 按对光通量的利用效率不同，室内照明又可分为直接照明、半直接照明、间接照明、半间接照明、混合照明等（图 4-62、图 4-63）。

图 4-62

图 4-63

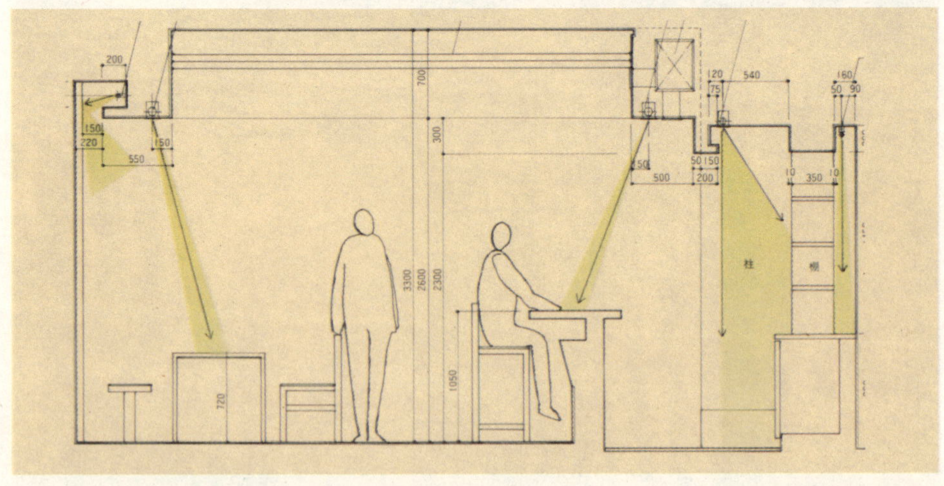

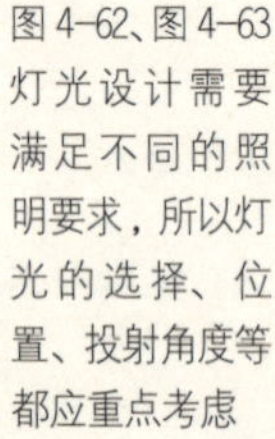
图 4-62、图 4-63 灯光设计需要满足不同的照明要求，所以灯光的选择、位置、投射角度等都应重点考虑

（1） 直接照明

光线直接照射物体或为达到某项特别目的需照亮的地方。光源通过灯罩将 100% 或 90% 的光线投射到物面上，这种方式具有光线亮度大、集中和突出的特点，缺点是容易产生眩光，一般多用于商场、办公场所等场合（图 4-64）。

（2） 半直接照明

约60%左右的光线直接照射物体，其余的光通过半透明的灯罩散射于四周，光源柔和不刺眼，是理想的照明方式，多用于家居客厅、卧室。

（3） 间接照明

将100%或90%的光线投射到墙面或天花板上，经过反射投向另三面墙或四周空间，其特点为是光线柔和，缺点是光能量的损失较大，天花暗藏光常采用此法（图4-65）。

图4-64 直接照明通常能够达到最好的照明光效

（4） 半间接照明

与半直接照明相反，半间接照明将大部分光射向墙面与天花板形成反射，少部分光通过半透明的灯罩向四周散射，其特点为亮度均匀，阴影不明显，如壁灯等（图4-66）。

图4-65 日本关西机场内部的间接照明效果，既满足了空间照度的需要，同时室内结构相互呼应

图4-66　法国卢浮宫克莱尔展厅(设计：Margo Renisio)，采用了半间接照明的方式，创造出柔和优雅的光环境

(5) 混合照明

综合地使用多种照明方式，从而使室内空间层次变化丰富，产生光影交错，灯光辉煌的照明视感，在很多室内公共空间、娱乐场所、展览场地都普遍采用混合照明方式(图4-67、图4-68)。

3. 室内照明的基本原则

(1) 最大限度地采用自然光

与人造光相比自然光更加舒适，在必须使用人工光时，尽量选用节能型灯具，同时确保照明方式符合视觉和人体工学要求。

图4-67　展厅中立面底端采用背光照明，顶部采用半间接照明营造整体的背景墙的效果

图 4-68 展厅背景通过筒灯提亮，前端独立展柜运用射灯产生重点照明，混合照明的恰当使用进一步突现空间层次感——上海现代金箔艺术馆（设计：VEP Design）

（2） 不同的功能区配光的要求不同

照明设计为功能服务，应注意每个功能区的特点。注意配光中的冷暖关系，日光灯为冷光，白炽灯和石英灯为暖光，如果室内空间全部为冷光，使人感到寒冷，全部使用白炽灯则照度不足，艺术效果也缺乏对比。

（3） 配光要主次分明、重点突出

分清主次，辅助光源应衬托主光源，使其突出。天花板配光则应根据吊顶平面造型来决定光源是明装还是暗藏。

图 4-69　不同的照明方式在室内空间中产生多种多样的照明效果

（4） 注重照度的比差

对比手法在设计中尤为重要，有对比才显趣味性。如在咖啡厅、酒吧中，工作区照度高，座位区照度低，墙面聚光灯照射的光影比差也很大。

（5） 注意灯具的外观造型

不同造型的灯具与室内环境结合起来，可以形成不同风格的室内情调和环境气氛（图 4-69、图 4-70）。

图 4-70　遵循基本的照明原则，结合空间特征，会创造出引人入胜的灯光效果。上海超级计算机中心展厅（设计：吕永中）

除此之外特别需要注意的是不同功能的空间对于照度的要求也不同。一般来说，照度应做到足够的均匀，尤其是长时间进行视觉工作的场所，如果照度分布过于均匀，容易引起视觉疲劳，影响工作效率以及休闲娱乐的舒适性。

空间照度的最大值、最小值与平均值之间的差值，不能超过 1/6，最低照度与平均照度之比，不能低于 0.7。这主要靠控制灯具的间距（l）和灯具至被照面的距高比（l/h）来实现。最大距高比可以从照明设计手册中查到，运用这个数据，可以更好地在满足均匀性要求的基础上考虑灯具的布置（表 4–13）。

表 4–13　房间功能与平均照度

房间功能	平均照度
阅读、工作	150–200–300
短时间阅读、工作	100–150–200
起居、休闲	30–50–75
影音	10–15–20
洗浴、更衣	15–20–30
用餐、烹饪	50–75–100
交通	15–20–30

第四节　建筑设备与室内设计

建筑设备指维持、维护建筑正常运作、使用所需要的各种设备。主要包括给水排水系统、暖通空调系统、电气系统等。

关键词：给排水、暖通、电气

一、给水排水系统

给水是将给水管网或自备水源的水引入室内，经配水管送至生活、生产和消费用水设备，并要满足水压、水质和水量的要求。排水是将建筑内部人们的生活和工业生产中用过的水收集起来排到室外（图 4–71）。

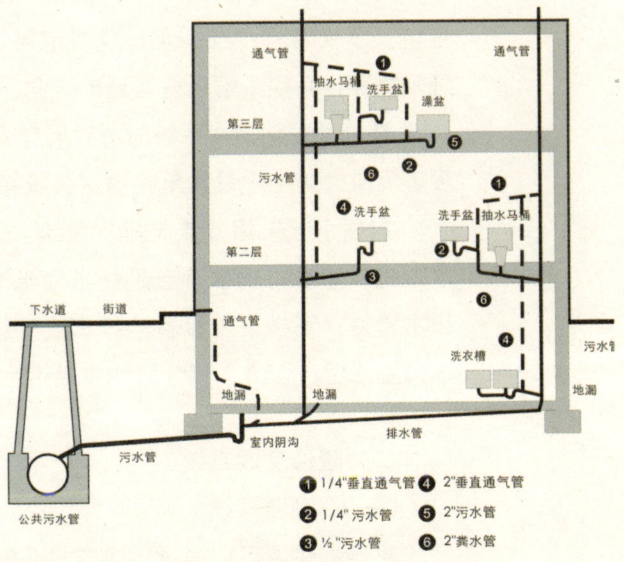

图 4–71　图为一个典型的家庭内部的给排水系统，包括了给排水系统在家庭室内内部的工作流程，和给排水系统与外部的联系

（一）　给水系统

输水管道不得腐蚀、生锈、漏水

或是影响到水的品质，在输水过程中也不能发出噪音或降低压强。热水管长度应尽可能缩短以便降低能耗，如果过长则必须进行隔热处理。管道应尽可能集中安装，就是说厨房、浴室、盥洗室的位置应该平面相连上下垂直。

塑料给水管道在室内明装敷设时易受碰撞而损坏，也易被人为割伤，因此提倡在室内暗装。虽然一般不受到阳光直射，但暴露在光线下和流通的空气中仍比暗装时易老化。给水管道因温度变化而引起伸缩，必须予以补偿。金属管的线膨胀系数较小，在管道直线长度不大的情况下，伸缩量不大而不被重视。塑料管的线膨胀系数是金属管的 7 ～ 10 倍，因此必须予以重视。若无妥善的伸缩补偿措施，将会导致塑料管道的不规则拱起弯曲，甚至断裂等质量事故。

给水管道不论管材是金属管还是塑料管，均不得直接埋设在建筑结构层内。如一定要埋设时，必须在管外设置套管。直埋敷设的管道，除管内壁要求具有优良的防腐性能外，其外壁应具有抗水泥腐蚀的能力，以确保管道使用的耐久性。

（二） 排水系统

在建筑物内宜把生活污水（大小便污水）与生活废水（洗涤废水）分成两个排水系统，以防止窜味。

由于生活污水特别是大便器排水是瞬时洪峰流态，在几秒钟内将 9L 冲洗水量形成 1.5 ～ 2.0L / s 的流量，容易在排水管道中造成较大的压力波动，有可能在水封较为薄弱的环节造成破坏。粪水及废水管道用于排除家居产生的水质垃圾，污水处理系统依赖于重力原理，因此粪水管道必须粗一些，应绝对避免弯口角度过小，而且水平传输必须向下倾斜以防堵滞。入口垂直的管道要安装存水弯以防止污水及臭气渗入屋内。相对来说，洗涤废水是连续流，排水平稳。在重新安装或增添一些固定设施或电器设备时，如洗涤槽、抽水马桶以及洗衣机洗碗机等，必须了解现有管道的走向、管道系统的功能等。

在设置生活排水系统时，对局部受到油脂、泥沙、致病菌、放射性元素、温度等污染的排水应设置单独排水系统将其收集处理。

居住小区采用分流制排水系统，是指生活排水与雨水排水系统分成两个排水系统。建筑物雨水管道是按当地暴雨强度公式和设计重现期设计，而生活污废水管道，则按卫生设备的排水流量进行设计。若在建筑物内将雨水与生活废水或生活污水合流，将会影响生活污水管道系统的正常运行。

二、暖通空调系统

（一） 暖通系统

家居的供暖可以通过以下方式获得：调风器，护壁板散热器，辐射板。

1. 调风器

传递暖气炉散发的热气，能使房间的温度迅速升高，而且初装成本相对较低。经过净化和加湿处理的流动空气可以改善不通风的状况，调节空气湿度。调风器在不同的季节还可用来制冷，因此空气调节的成本进一步降低。调风器一般安装在天花板、墙壁或地面上，向室内散发热量并吸收房间的冷空气。调风器的安装位置可能会影响家具的布局和整面窗墙的处理。

老式壁炉在室内供暖中是效率最低的，90% 的热量会从烟囱流失。在壁炉内安置烧柴或烧炭炉是有效提高效率的选择。壁炉附近必须使用耐火材料，因为壁炉四周的温度通常会非常高。

壁炉及烧柴炉可装配导热管或输气管道，使热空气形成自然对流。

2. 护壁板散热器

促使热水、蒸汽或电阻圈产生的热量进行循环，通过自然导热以及辐射提供相对均匀的温度。散热器通常安装在窗户下面，通常在老式建筑中可以见到，具有隐蔽散热的功能（图 4–72）。

图 4–72 散热片是常见室内取暖的形式之一

3. 辐射板

通过在暖气炉中加热的热水或蒸汽，或将电能转化成热能的电线，形成大面积的受热表层，通常安装在天花板上，但有时也安装在地板或墙壁上。这些辐射板仍能保持居室所需的舒适均匀的温暖，也不会有外露的设备破坏居室设计，但气温上升的过程比较缓慢，若被地毯或其他覆盖物、家具阻隔，阻碍了热能抵达人体，人就会感觉寒冷。辐射板的价格较昂贵，运行成本也很高，而且不具备空气流通、冷却、净化和加湿的功能。

除了温度的调节以外，舒适的室内环境还应保持空气的流通和新鲜、洁净。良好的通风装置可以从房间排出不新鲜的热风，带入新鲜的空气，使气流平缓柔和。主要的通风装置包括可以打开的门窗、通风孔、排气扇、有鼓风机的暖气炉、空气调节装置和风扇等。通常新鲜空气由门窗流入居室，但通风孔更为有效。通风孔在大小、形状以及位置上都比门窗更富于变化，私密性更好。卧室可以借助较高的窗户或两壁上的通风孔接受新鲜的空气。厨房、浴室需要最佳的通风条件，必须有排气扇辅助通风。起居室和餐厅通常是连在一起形成的较大的空间，容易有较好的空气流通（图 4-73）。

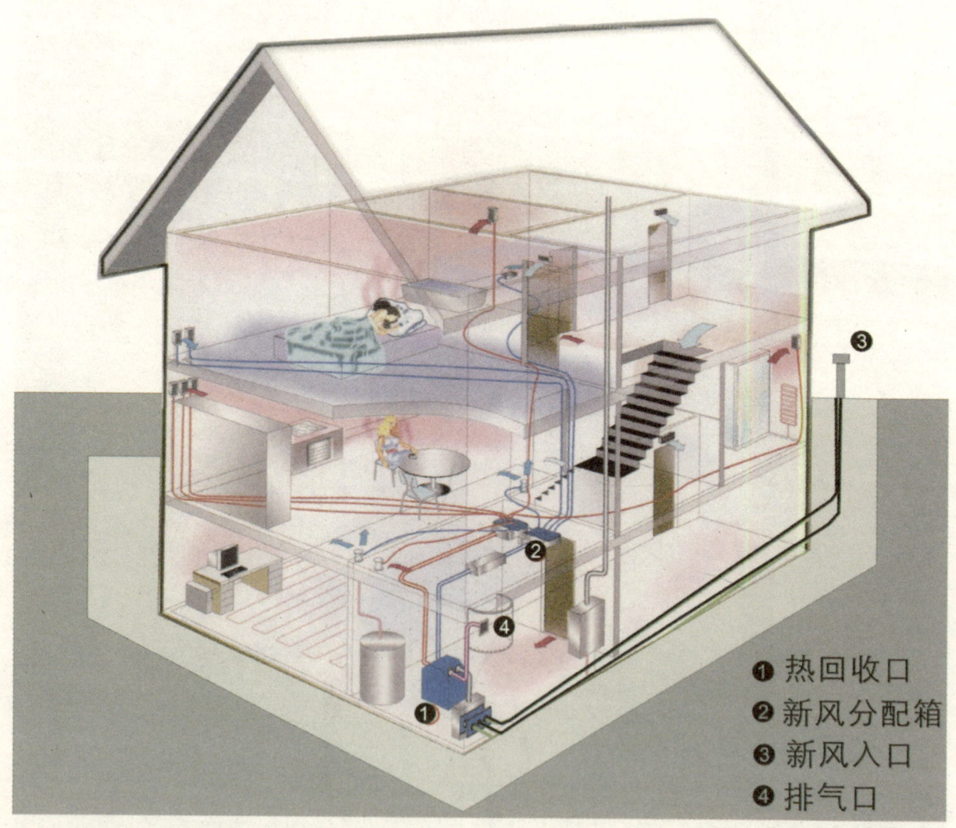

图 4-73　良好的暖通系统可以使室内环境在一年四季的任何时候都保持一种宜人的状态

（二） 空调系统

空调是一种用于给房间（或封闭空间、区域）提供处理空气的机组。它的功能是对该房间（或封闭空间、区域）内空气的温度、湿度、洁净度和空气流速等参数进行调节，以满足人体舒适的要求（图 4-74、图 4-75）。

1. 降温

在空调器设计与制造中，一般允许将温度控制在 16℃～ 32℃之间。如若温度设定过低时，一方面增加不必要的电力消耗；另一方面造成室内外温差偏大时，人们进出房间不能很快适应温度变化，容易患感冒。

2. 除湿

空调器在制冷过程中伴有除湿作用。人们感觉舒适的环境相对湿度应在 40% ～ 60% 左右，当相对湿度过大，如在 90% 以上，即使温度在舒适范围内，人的感觉仍然不佳。

3. 升温

热泵型与电热型空调器都有升温功能。升温能力随室外环境温度下降逐步变小，若温度在 -5℃时几乎不能满足供热要求。

图 4-74 空调的使用为室内，特别是办公空间营造出一个舒适的环境

图 4-75 空调管道与风口的设置通常会与室内的空间结构融为一体

4. 净化空气

空气中含一定量有害气体如二氧化硫等，以及各种汗臭、体臭和浴厕臭等臭气。空调净化空气的方法有：换新风、过滤、利用活性炭或光触媒吸附和吸收，等等。

（1） 换新风

利用风机系统将室内潮湿空气排往室外，使室内形成一定程度负压，新鲜空气从四周门缝、窗缝进入室内，改善室内空气质量。

（2） 光触媒

在光的照射下可以再生，将吸附（收）的氨气、尼古丁、醋酸、硫化氢等有害物质释放掉，可反复使用。

（3） 增加空气负离子浓度

空气中带电微粒浓度大小，会影响人体舒适感。空调上安装负离子发生器可增加空气负离子度，使环境更舒适，同时对降低血压、抑制哮喘等方面有一定医疗效果（图 4–76、图 4–77）。

图 4–76、4–77 空气（温度）调节，新风在室内的引入成为目前环保生态设计考虑的重要因素之一

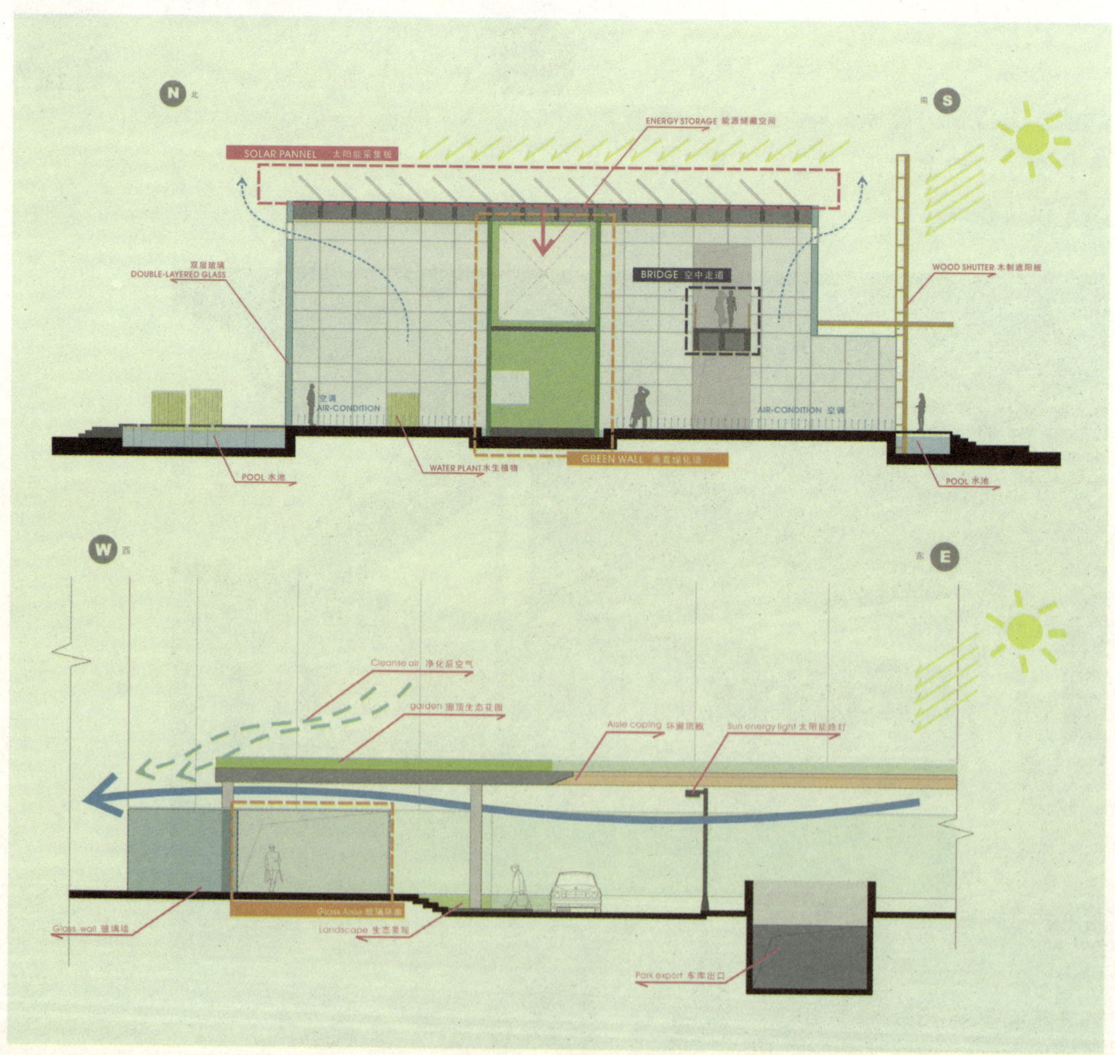

（三）电气系统

大多数住宅一般都为每户单相电源进线。随着社会的发展和生活水平的提高，高级住宅的冬季采暖与夏季降温已不完全是采用以往的分体式空调来完成，而是由家庭小型中央空调系统取而代之。家庭中央空调系统一般由风机盘管和空调主机组成，风机盘管依然为220V电源，空调主机则为380V电源。此时住宅电源应采用三相电源进线，出线回路亦设一路三相断路器作空调主机电源。

一般出线回路按照明、普通插座、空调插座、厨房插座、电热水器插座等回路设计。另一种方式，除了厨房和电热水器插座回路外，其余插座完全可以按房间分片区设置回路，且线路敷设方便，交叉少。

室内设计师要根据空间既定的用途、家具和各种设备的安排，把开关和插座安装在方便恰当的位置。每个房间都应安装足量的插座，在起居室、餐厅和卧室，密度可能更高一些。在厨房，工作台上方和冰箱位置应安装一个接线盒。浴室要在浴缸上方或斜上方安装一个接地的插座。插座不应置于大面墙壁的中间，因为这里可能要安放大件家具，如床、沙发、书橱等。大部分的线路要求均有相关建筑法规的规定，设计师了解熟知并遵守这些法规即可。

门厅和楼道都应该安装开关，具有多个通道的房间可安装双联或者多联开关，以便在进出时控制，无需摸索。每个房间内至少有一盏灯的开关应安装在靠门锁一侧，而不应安装在门后。

电话、内线、传真、电脑和各种其他设备共同构成了安装在住宅内的通讯设施。这些设备的运行也依托于室内电气系统的完善。通讯设备的安装工作应提前计划好，如有可能，线路系统应在建筑过程中由专业人员完成。有些项目比较复杂，涉及音响系统或精密的视听设备及传媒设施的调节器的安装，这时有必要咨询一些顾问。技术要求简单的电话线和插座可以日后再添加。

合理处理室内设计中的各种设备和技术等问题，才能营造舒适的家庭环境。这些因素通常与房屋的美观没有太大关系，但却严重影响人在室内活动时的舒适与安全、健康与快乐。从室内设计一开始，就应该充分考虑到各项技术要求，并将其贯穿到房屋内的方方面面。

本章思考题：

1. 什么是人体工程学？
2. 人体尺寸分为哪些类别？室内设计中应用人体尺寸时应如何加以考虑？
3. 人体工程学在室内设计中有哪些方面的应用？
4. 什么是环境心理学？
5. 室内环境中人的心理和行为有哪些主要特点？

6. 环境心理学在室内设计中有哪些方面的应用?

7. 在照明设计过程中，衡量光的几个基本物理量是什么？

8. 照明设计在室内设计中的作用？

9. 室内建筑设备包括哪些部分？分别起到什么作用?

第五章 当代室内设计的发展趋势

当代室内设计的发展可谓流派众多、百花齐放、百家争鸣，但从总体来看，大体上表现出几种主要倾向。这些倾向在一定程度上不仅反映了室内设计的发展趋势，对于当今的室内设计实践也同样具有指导和借鉴的作用。

第一节　倡导可持续发展的趋势

关键词：可持续、集约、生态

“可持续发展”(sustainable development) 的概念在 20 世纪 80 年代后期就已形成并于 1987 年在名为《我们共同的未来》(Our common Future) 的联合国文件中被正式提出。在《我们共同的未来》一书中对于“可持续发展”概念有这样的解释：“可持续发展是指应该在不牺牲未来几代人需要的情况下，满足我们这代人的需要的发展。这种发展模式是不同于传统发展战略的新模式。”大部分学者对于该概念的表述都持认同的态度。在文件中还提到：“当今世界存在的能源危机、坏境危机等都不是孤立发生的，而是由以往的发展模式造成的。要想解决人类面临的各种危机，只有实施可持续发展的战略。”

“可持续发展”首先强调的是发展，经济发展绝不是唯一的衡量指标。社会、经济、环境等各项指标发展的质量都需要综合起来评价，与此同时强调建立和推行一种新型的生产和消费方式。无论是在生活上还是消费上，都应当尽可能有效地利用可再生资源，减少排放废气、废水、废渣等污染物，尽量改变通过靠高消耗、高投入来刺激经济增长的发展模式。

可持续发展的室内设计趋势有别于以往形形色色的各种设计思潮 。

提倡适度消费

在商品经济中，通过室内装饰及空间设计而创造的人工环境不仅仅只是一种普通消费，而且是人类居住消费中的重要内容。室内可持续设计倡导适度消费思想，倡导节约型的生活方式，不赞成室内装饰中的豪华和奢侈铺张，虽然室内可持续设计把“创造舒适优美的人居环境”作为目标，但实际操作过程中却不能毫无节制。把生产和消费维持在资源和环境的承受能力范围之内，保证发展的持续性，这体现了一种崭新的生态文化观、价值观。

可持续发展强调经济发展必须与环境保护相结合，对于不可再生资源要合理开发并节约使用，对于可再生资源则要考虑持续利用。只有通过这样的方式才能实现眼前利益与长远利益的统一，才能为后辈留下发展的空间。

注重生态美学

生态美学是美学领域的一个新发展，除了传统审美所涉及的内容外它还增加了生态因素。生态美学是一种和谐有机的美。在室内环境的营造中，它强调欣赏质朴的自然美，简洁而不刻意雕琢。它同时强调人类在遵循生态规律和美的法则的前提下，运用科技手段加工改造自然，创造人工生态美。它所带给人们的不是一时的视觉震惊而是持久的精神愉悦，是欣赏人工创造出的室内绿色景观和与自然的融合，因此，生态美也是一种更高层次的审美追求。

可持续发展还提倡人类应当学会爱护自然，尊重自然，并且与自然界和谐相处，把自己作为自然世界中的一员。这是一种态度。我们需要彻底改变那种认为自然界可以任意剥夺和利用的错误观点，取而代之的应该是把自然作为人类发展的基础和生命的源泉。实现可持续发展的步伐涉及人类文明的各个方面。作为人类文明的重要组成部分，建筑物及其内部环境不但与人们的日常生活紧密相连，同时又是耗能大户，消耗着全球总能耗的50%。因此如何在建筑及其内部设计中贯彻可持续发展的原则就成为十分迫切的任务。由此可见，维护世界的可持续发展将会是我们当代设计师义不容辞的责任。

倡导节约和循环利用

可持续设计在室内常常体现在环境的建造过程中。例如在使用和更新过程中，对常规能源与不可再生资源的节约和回收利用以及对可再生资源的低消耗使用等。在室内可持续设计中实行资源的循环利用，这是室内可持续设计的基本特征，也是现代建筑能得以持续发展的重要手段。

作为一个正在研究探索中的新课题，室内可持续设计还重视把生态思想引入室内设计，以扩展室内设计的含义，与此同时，这也会推动建筑业对全球资源的使用从消费型向集约型、使用型的转化。从技术角度看，生态环保技术和工艺的发展，也为实现室内可持续设计的基本思想提供了越来越多的技术手段。

室内可持续设计可选用的基本技术措施

（一） 采用生态环保型装修材料

生态环保型装修材料正在逐步实现清洁生产和产品生态化，在生产和使用过程中对人体及周围环境都不产生危害，从室内更新出的旧材料又比较容易自然化解及转换，并且可以作为再生资源加以利用，生产新产品。这是所有建筑材料的发展方向。目前已研制出的无毒涂料、再生壁纸等，都不同程度地实现了上述目标。由于现在大多数产品都还达不到这种要求，因此选择装修材料首先要考虑选择无毒气散发、无刺激性、无放射性、低二氧化碳排放的材料。

（二） 室内设计与诱导式建筑构造技术结合

通过诱导式建筑构造技术设计可以有效地利用自然通风、自然采光，提高室内的舒适度，满足室内的采光通风要求。把诱导式建筑构造技术的外在形式作为“部件”、“元素”融入室内装修设计。通过科技手段，遵循美的法则，进行人工生态美的创造。这不仅为室内设计增加了新内容，而且也获得了良好的生态效果。

（三） 采用全面的现代绿化技术

由于植物能够吸收二氧化碳，清除甲醛、苯和空气中的细菌，形成健康的室内环境，具有生态美学方面的作用。因此扩大绿化，把绿化、庭园引进室内环境是室内生态设计的重要内容。目前发展起来的腐殖土生成技术、防水处理技术、无土栽培技术等都为室内绿化提供了技术上的支持。室内绿化是多层次的，室内绿化庭园从技术上讲可以设在建筑的任何层数，也可以设在阳台、屋顶上。室内多层次的绿化一方面补充了地面绿化的不足；另一方面，室内绿化往往与建筑自然通风和自然采光的处理结合在一起，大大改善了室内空间与自然的隔离状况（图 5-1、图 5-2）。

图 5-1 办公空间中的室内绿化

图 5-2 室内中庭的绿化

（四） 节约常规能源技术

节约常规能源是室内生态设计中不容忽视的重要方向。现代科技研制出的吸热玻璃、热反射玻璃、调光玻璃、保温墙体等新材料具有许多优越的性能，如能组合成望台的构造形式与室内设计结合，可以达到保温和采光的双重效果而大大节省能源等。此外，节能型灯具、节水型部件在室内装修中的充分运用，都能起到节约常规能源的效果。

（五） 与洁净能源技术结合

使用洁净能源，它既满足使用能源的可持续性，又不会对环境产生危害，最符合生态型的室内环境要求。目前，最有广泛使用前景的是太阳能利用技术。它主要是通过特定的构造和材料来利用太阳能，其应用范围相当广泛。经过精心设计处理后的太阳能设施，可以自然融入建筑物中。目前最有发展前景的阳光温室技术、太阳能热水技术，都会使室内空间呈现出一定的特点，但也对室内装修设计提出了一些新的要求。

（六）与现代高技术的结合

以计算机技术、自动控制技术、电子技术、材料技术等为代表的现代高科技在室内设计中的应用，将对采光、通风、温度、湿度等室内环境产生巨大的影响，有可能使室内环境设计出现一次新飞跃。

现今我国的建设活动规模较大，建筑装饰行业同样如此。积极贯彻并努力推广可持续发展的思想，对于能源消耗、控制污染、充分利用资源等各个方面都会有极大的促进作用，这也是作为新一代设计师的重要职责。

第二节　强调环境整体性的趋势

关键词：协调性、整体感

从人类生存的角度来讲，环境可以分为自然环境，人为环境和半自然半人为环境。在设计领域中的环境概念则是指由设计师创造的人为环境，当然也时常包含一些自然环境元素，如植物、山石、水体等。

如果按照范围的大小可以把环境分成宏观环境、中观环境和微观环境，他们各自有着不同的内涵和特点。我们常提到的太空、大气、山川森林、平原草地、城镇乡村等范围和规模都比较大的环境称为宏观环境，这方面的设计常有国土规划、区域规划、城市及乡镇规划、风景规划等。社区、街坊、建筑物群体及单体、公园、室外环境等则是中观环境，涉及城市设计、建筑设计、室外环境设计、园林设计等领域。建筑物的内部环境设计则是通常所说的微观设计。

与人们联系最紧密的是微观设计，它处处影响着人们的生活，因为我们绝大多数的时间是在与微观环境打交道。同时微观环境又是大系统中的一个小系统，它与其他的子系统相互影响，相互制约。要保证其在这个大系统中的平衡和稳定，则要保证其中的每一个子系统要完整协调，这样子系统之间才能相互促进，相互补充。比如室内设计，就必须考虑与它同在一个大环境系统中的诸如建筑、公园、城镇等因素，只有使它们与室内的环境相互呼应，相互匹配，才能达到这个环境系统的平衡和协调，也才能同时创造出真正良好的内部环境。

设计师在具体的室内设计之前常常需要对其环境先做一番完整的考察，以提出更加适合基地环境的方案，达到环境系统中各要素之间的平衡。许多设计大师在设计之前也的确是这样做的。通过流水别墅这个典型案例就可以看出环境对于一个设计作品的影响以及在设计之前对环境考察的重要性。

室内设计与所在的建筑环境有着密不可分的联系。室内空间形状、大小、朝向甚至室内设计的风格都与建筑物产生着千丝万缕的联系，同时室内设计的质量也直接影响着建筑物的使用与品味。

建筑物周围的自然环境常常也是设计师的灵感来源，同时也是一个需要考虑的重要因素。事实上，室内设计的风格、用色、用材、门窗的设置、视觉引导、绿化选择等方面都与自然环境存在着紧密的联系。甚至可以说自然环境在某种程度上制约和限定了室内的一些要素。我们以迈耶设计的道格拉斯住宅为例，该住宅位于一个俯视密执安湖的坡道上，周围树木郁郁葱葱。基于这个环境因素，设计师将起居室安放于住宅二层，使用了大面积的玻璃以扩大视野，使业主能够透过起居室欣赏到密执安湖的美丽风景。简洁的墙面设计突出了环境中的树木、湖水和变幻的天空，形成自然的装饰。整个设计与周围自然环境一气呵成，使室内和室外形成了很好的衔接（图 5-3、图 5-4、图 5-5)。

图5-3 道格拉斯住宅（设计：Richard Meier）绿树环绕的住宅选址为建筑本身的设计提供了重要的环境因素

图 5-4 道格拉斯住宅（设计：Richard Meier）
半室外的平台为室内外空间及环境的渗透提供了良好的条件

图 5-5 道格拉斯住宅（设计：Richard Meier）
大面积落地玻璃的界面处理将室外的自然景色引入室内，拓展了视野及空间感受

此外，就城市环境而言，室内环境亦受到城市文化、风土人情的潜移默化的影响。例如古都西安的一些饭店设计就运用了很多唐文化和秦始皇陵的装饰元素，以突出其地域特征。

室内设计是一个大环境中的组成部分，在考虑其个性的同时需要考虑它与周围环境的关系，使室内和室外的环境可以相互利用，相互协调，借助彼此相互影响的关系创造富有整体感的空间。

第三节　新技术应用的趋势

关键词：新技术、生态、智能化

随着人类进入机器大生产的时代，设计师始终在尝试着把最新的工业技术运用于建筑。例如萨伏伊别墅和巴塞罗那博览会中的德国馆，都充分体现了新技术的应用。进入 20 世纪 50 年代，西方各国的科学技术有了进一步的发展，这种发展更加深刻地影响着社会的发展，同时也影响着人们的思想，使人们更清晰地认识到新技术的无穷力量和巨大作用。如何将最崭新的技术运用于设计之中，成为不少设计师们津津乐道的话题和不断探索的方向。在室内设计领域，能创造良好物理环境的最新设备成了设计师们的“新宠”；设计师也尝试着用各种方法探讨室内设计与人类功效学、视觉照明学、环境心理学等学科之间的关系；尝试新材料和新工艺的运用；也尝试运用各种最新的计算机技术去表达设计。总而言之，新技术对室内设计产生着各种各样的影响。

图5-6　金属板（图片提供：degussa 中国有限公司）

新材料

最主要的是替代木材质的轻便的结构构件。目前，工业塑料装饰和设备制品体现了这个方向的转变，但是我们仍然在等待更近似于木材的新材料出现（图 5-6、图 5-7、图 5-8）。

新结构

主要体现在用新型轻钢、轻钢混凝土、代木料、工业塑料之类的新结构体系来取代笨重的钢筋混凝土、砖石、重型钢结构。轻型新结构的优势在于造价低，装配和运输方便，利于普及。尤其是旧材料新结构是目前的一大发展方向。

图 5-7　磨砂板（图片提供：degussa 中国有限公司）

图 5-8　磨砂板（图片提供 degussa 中国有限公司）

新构件

在建筑业内，已经有了一些这样的创新尝试：以整体浴室（图 5–9、图 5–10）或者一组房间或者一幢小宅作为一个构件单元，譬如经济型卫生间、经济型厨房单元，等等。目前，比较优秀的例子有瑞士新开发的筒式厅室和北美发展的集装箱式住宅单元等。关于构件的范畴，有许多有趣的研究课题（图 5–11、图 5–12）。

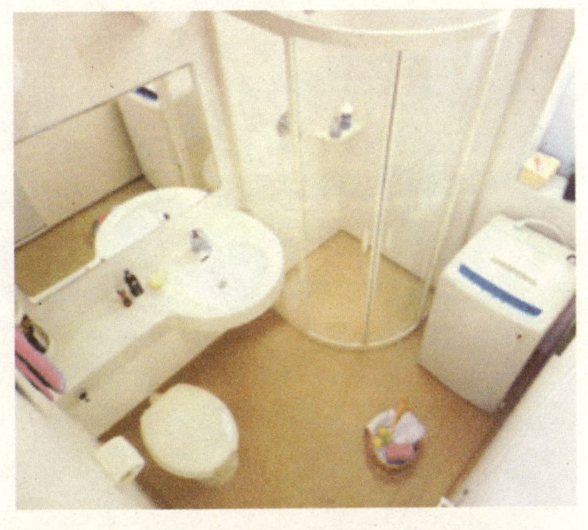

图 5–9 整体浴室（海尔）

图 5–10 整体厨房（海尔）

图 5–11 酒店式 SOHO 办公集合单元整合了 SOHO 办公及休息所需的功能，以单元化的方式集合在一起，为特定的办公人群提供了便捷而实用的条件

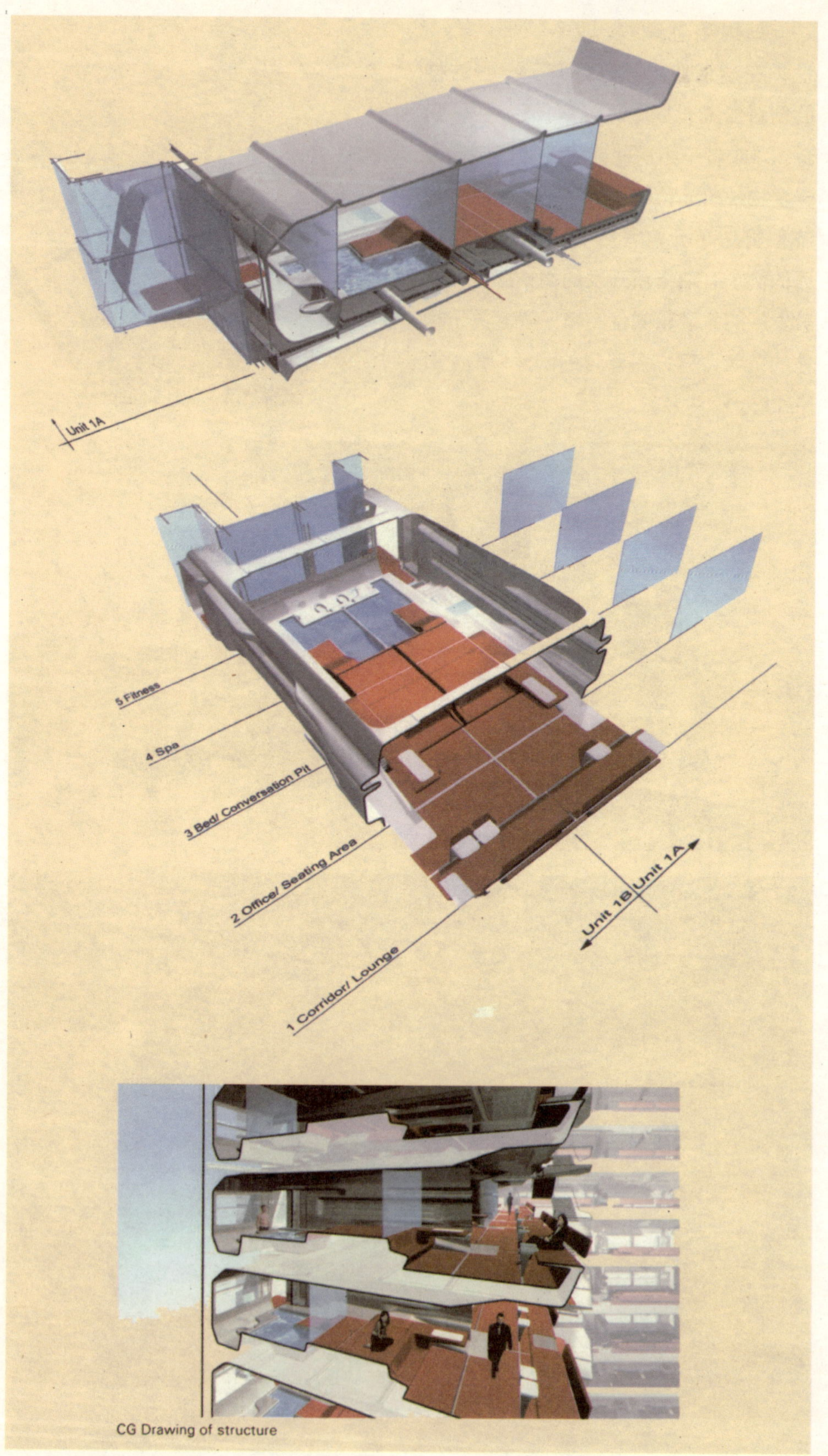

图5-12 酒店式SOHO办公集合单元结构示意图

生态技术的应用

随着生态的观念日趋为人们接受和重视，高新技术的运用又体现出与生态设计理念相结合的趋势。譬如双层立面、太阳能技术、地热利用、智能化通风控制等新技术的涌现。设计师们尝试着利用新兴技术来解决困扰人类的生态问题，达成人与自然和谐共处的美好愿望。

除了以上介绍的四大方面，建筑及室内领域的重大改革还体现在建筑智能化的提出。

智能建筑的定义是将结构、系统、服务、运营相互联系并进行全面综合，以达到最佳的组合程度，使建筑具备高效率、高功能和舒适性。建筑智能化一般不是存在于一个单项之中，而是多项的配合，所以建筑智能化只有通过一个综合的系统才能完成。它既有高效率和高功能，同时又安全、健康和舒适宜人。

通常来说，智能建筑需要具备以下三个特点：一是建筑设备的自动化；二是通讯的自动化；三是操作的自动化。其中，建筑设备的自动化是智能建筑的基础。建筑智能化的目的就是创造一个安全、健康和舒适宜人的环境，以此来保证人们良好的生活条件和工作条件。

智能建筑的系统包括了以下方面：

（1） 电子供应与管理系统（含变电、配电、应急发电等）；

（2） 照明控制与管理系统（含工作生活照明、艺术照明、事故照明及特殊照明）；

（3） 环境控制与管理系统（含给水、排水、冷源、热源、通风、空调及环境监测控制等）；

（4） 消防报警控制系统（含自动报警与监测、自动灭火与排烟、联动控制与紧急广播等）；

（5）保安防盗与控制系统(含出入控制、电视监测、防盗报警、确认分析等)；

（6） 交通运输控制系统（含电梯、自动扶梯与停车场所自动化管理）；

（7） 广播系统（含背景音乐、正常广播与事故广播等）；

（8） 管理服务系统（含运行报告、经济分析、维修记录与档案管理等）。

完整的智能建筑是指利用先进的技术设备实现自动化和科学化，它由计算机技术、通信技术及相关的设备三部分组成。智能建筑的发展无疑是建筑领域内的重大变革，因为它不仅仅对建筑结构、形式和设备的发展产生了巨大的发展，同时它还影响着人们对建筑的理念和对建筑的艺术审美观念的认识。以人民大会堂为例，为了满足智能化的需要，在考虑室内设计和体型墙面的开孔布置以及起伏轮廓时，设计师完全忽略了传统形象的约束，但是在建成之后，它得到了群众的接受和认同。因此，智能化建筑的诞生和发展绝对不是某个人的灵感一现，而是反映了人们对物质、精神的需求日益增长的总体趋势。无论是建筑师还是室内设计师，都必须察觉到这种形势并且运用个人的技术和智慧积极地推进这一发展。

综上所述，我们可以初步地认识到，现代技术的运用不但能使建筑及其室内环境在空间形象和环境氛围等方面有新的变化和突破，而且还能节约能源和资源。这在倡导可持续发展的社会是极其珍贵的一点。新技术是当代室内设计中的重要趋势，值得我们每个人去审视和探究。

第四节　注重多元并存的趋势

关键词：多元、渗透、协调

建筑设计领域与室内设计领域在20世纪后期的西方发生了巨大的改变，人们开始不断质疑和挑战现代建筑的机器美学观念，人们从理性思考和逻辑推理以及功能至上的浪潮中逐渐开始转向一种多元的设计理念，形成了多元的设计潮流，涌现了大批的流派，此起彼落，也同时使人们感到无所适从。一些学者也提出了一些对立相关的设计因素，如：技术与文化；自然与人工；当代与传统；本国与外国，等等。

我们可以提出诸多如上所述的相互对立的因素，但是却难辩其中孰是孰非，个人持有个人的观点，却难在其中找到满意的平衡，也正因如此，“钟摆”理论就顺应时机地被诸多学者提出。所谓“钟摆”即是或向左或向右的不断摆动，正因这种不定性和摇摆才推动指针不断运动，若钟摆停止运动，指针也随之停滞。

当下的室内设计领域，也正是“钟摆”在不同理论中的不断“运动”才引导了这个领域的相互交流和彼此补充，推动了设计的进步和发展。然而对于某个特定环境的具体项目而言，应该借其环境和具体条件而有所侧重，有所突出，这样才能做出具有风格和个性的室内设计作品。

图5-13　运用复杂视觉元素的室内效果

每一种设计理论的存在都有其依据和理由，如同上述两个不同风格的设计作品，岂能论断他们的孰是孰非呢！也如同各流派之间的相互批判，又怎样去决断他们的正误之分呢！与其争论不休还不如在承认各自相对合理性的前提下，重点探索各种观点的适应条件与范围，这对室内设计的发展更加有意义。

室内设计需要根据每一个具体项目的特殊环境和条件有所侧重，需要综合考虑室内环境所处的特定时间、环境条件、经济预算，再加之设计师的个人风格、业主的喜好等因素。要在协调中去寻找平衡和处理手段，而绝非简单如同钟摆在摆动幅度内的自由无禁区。正是综合考虑了设计中所涉及的诸多因素，才能达到多元与个性的统一，不断深化发展，使室内设计在多元中相映生辉，这样才能走向室内设计的真正繁荣（图 5-13、图 5-14、图 5-15、图 5-16）。

图 5-14 极简主义室内效果

图5-15　自然材质，理性空间

图5-16　新材料流动空间

第五节　尊重历史传统的趋势

关键词：历史文脉、时代精神、融合

曾经有一种否定传统、否定历史的思潮存在于设计界。在现代主义运动盛行的时期，有些人不承认过去的事物与现在会有某种关系，认为当代人可以脱离历史而随自己的意愿任意行事。随着时代的推移和人类思想的成熟，这种脱离历史、脱离现实生活的设计观逐渐被人们所批判和否定。人们认识到历史是密不可分、相互联系的有机体。任何人只有了解了事物的过去、熟悉它的发展过程、寻找它的变化规律，才能更加全面地认识到它今天的状况，更加正确地预见到它未来的发展。否则一切推断和结论都是毫无根据的妄想。所以，在 20 世纪 50 至 60 年代，尤其在 60 年代以后，设计界将历史文脉这一概念推上了舞台，人们开始倡导尊重历史，尊重历史文脉，以此来保证人类社会发展的历史延续性。直至今天，这一趋势仍然受到人们的重视。

尊重历史的设计思想主张在进行设计时，要尽量把历史感和历史文脉有机地结合起来，并且尽量通过现代的技术手段赋予古老传统文化新的活力，努力把时代精神和历史文脉有机地融于一体。这种设计思想对建筑设计和室内设计都产生了巨大的影响，尤其在室内设计领域表现得更为淋漓尽致。例如我们可以发现在生活居住、文化娱乐和旅游休息等室内环境中，带有乡土风味、地方风格、民族特点的内部环境更多时候更容易得到人们的青睐。所以室内设计师们更加注重突出各地历史文脉和民族传统特色的因素。

贝聿铭设计的香山饭店（图 5–17、图 5–18、图 5–19）是现代感和传统性完美结合的优秀案例。设计师从我国古典园林和民居中汲取灵感。比如在整个建筑空间的中心部分，粉墙翠竹、叠山流水和传统壁影组织在一起，刻画出具有中国风格的中庭空间。同样，在选择材料和处理细节上设计师也是倾注了许多精力，白色粉墙和灰砖线脚就是典型的体现。民族化的风格也很好地融入了山石、壁灯、灰楼梯、栏杆等的处理中。简而

图 5–17　香山饭店（设计：贝聿铭）
山水园林的植入，使室内空间更加自然柔和

图5-18　香山饭店(设计：贝聿铭)
传统中国文化元素与现代室内空间
形式的结合

图5-19　香山饭店(设计：贝聿铭)
运用了中国传统的建筑构建元素，
以此营造新的室内界面

言之，香山饭店的设计很好地考虑了时代感和中国历史文脉之间千丝万缕的联系，并通过设计手段巧妙而充分地表达出来。

第六节　关注旧建筑改造及再利用的趋势

关键词：修缮、改造、历史感、记忆

何谓旧建筑？从广义上来说，我们可以将它定义为凡使用过一段时间的建筑。可大致分为以下两种：一是具有重大的历史文化价值的古建筑和优秀的近现代建筑，二是广泛存在着的一般性建筑，比如厂房、住宅等。事实上，室内设计和旧建筑的改造关系十分紧密。从某种层面上来说，室内设计之所以成为一门相对独立的学科正是因为大量旧建筑需要重新进行内部空间的改造和设计，这才使室内设计师们有相对稳定的业务。在多数情况下，室内设计中的各种原则完全可以适用于旧建筑的改造。在这里，重点介绍一下当前具有历史文化价值的旧建筑和产业类旧建筑改造中的一些设计趋势。

建筑不仅仅是实体，它还是人类文明的载体。建筑通过各种途径传达着多样的信息。比如人们可以从一幢建筑中读到一个地区、城市甚至是国家的历史。一般说来，倘若一个城市不具备对存在着的不同时期的旧建筑的保护意识，那么何谈这个城市的历史感？何谈这个城市的精神魅力？那么我们该如何保护旧建筑，保留城市建筑传达的记忆呢？对于这个问题，人们一直在探索和研究，认识也在不断提高，经历了从原物不动、展览品式保护到逐渐再开发利用等几个阶段。

众所周知，建筑的意义在于使用性。对建筑实施展览品式的保护，纵然可以使它得到很好的保护，但是却造成了建筑活力的缺失。所以，除了那些顶级的、历史意义极其深刻的历史古迹或者那些建筑结构已经无法承担新的功能的历史建筑之外，对于大部分年代并不久远、数量繁多的建筑，应该从考虑改造再利用开始。譬如在欧洲，有很多年代久远具备很高历史价值的教堂，人们对于它们采取的是保护和使用同时进行的措施，即在使用中保护，在保护中使用。这些历史建筑既满足着人们的使用功能，又没有失去自身的魅力，而是随着时间的推移愈发散发活力，成为城市的象征和亮点。许多遗留的工业建筑再利用也是如此，英国伦敦泰晤士河边的泰特美术馆改建就是一个经典的案例（图5-20、图5-21、图5-22）。

图5-20　泰特美术馆入口中庭保留原有厂房的大尺度开敞空间，为新的建筑使用提供了必要的功能空间，空间功能发生了转换

图5-21　泰特美术馆室内加入了视觉设计的语言，重新定义了原有建筑的内部功能与流线

图5-22　泰特美术馆室内界面新材料塑造的体块为原有建筑的室内空间提供了实际的使用功能，同时也削弱了原有厂房的压抑感

在对具有历史文化价值的旧建筑进行改造时，我们不仅要运用一般的室内设计的原则和方法，还应处理好“新与旧”的关系，特别要贯穿“整旧如旧”的观念。如何理解“整旧如旧”？它是各种与建筑遗产保护有关的国际宪章普遍认可的原则。学者们普遍认为：尽管“整旧如旧”具有美学上的意义，但其本质目的不是使建筑遗产达到功能或美学上的完善，而是保护建筑遗产从诞生

起直到采取保护措施时为止所获得的全部信息，保护史料的原真性与可读性。“修缮不等于保护。它可能是一种保护措施，也可能是一种破坏。只有严格保存文物建筑在存在过程中获得的一切有意义的特点，修缮才可能是保护。……而这些特点甚至可能包括了地震造成的裂缝和滑坡造成的倾斜等等所谓‘消极的’痕迹。”由于有些特点的意义现在尚未被认识，而在将来它可能被逐步认识，所以《威尼斯宪章》一般规定，“保护文物建筑就是保护它的全部现状。修缮工作必须保持文物建筑的历史纯洁性，不可失真，为修缮和加固所加上去的东西都要能识别出来，不可乱真。并且严格设法展现建筑物的历史，换一句话说，就是文物建筑的历史必须是清晰可读的。”（陈易主编．室内设计原理．2006）

产业建筑同样是在我国日趋受到重视的旧建筑类型之一。在 20 世纪，我国很多城市都曾经经历了以重工业为经济支柱的时期，随之而来的是工业厂房大量集中于某一地区。由于受到国外工业建筑形式的影响，这些厂房都采用了当时的新材料、新结构和新技术。然而，近年来第三产业的发展以及城市产业结构的转变导致了不少结构良好的厂房闲置下来，这种转变甚至引起了城市的区域性衰落。目前，旧建筑改造在我国的各大城市已经有许多成功改造的案例，譬如将废旧的厂房改造成为艺术家工作室、酒吧、室内运动场所或者购物中心、餐厅等。由于厂房的特殊结构、特殊设备和特殊的材料质感，它为人们提供了不同的视觉和心理感受，带给人们工业文明特色的体验，而相对高大的体量感也带给人们新奇的感觉。同时，旧建筑改造还具有一定的社会价值，因为改造后的建筑重新焕发了自身的生机，也带动了区域的繁荣，为社会创造了更多的就业机会。同前文所述的旧建筑一样，在产业建筑再利用的过

图 5-23 上海 8 号桥咨询中心入口（改造后）改造过的建筑立面，运用了新材料和新的设计语言，增加了通透感，也增添了时尚的活力

图 5-24　上海 8 号桥某商店橱窗（改造后）
加入了时尚产品与装饰，使旧有的工厂环境更具时代感与商业气息

图 5-25　上海 8 号桥某展示空间（改造后）
利用原有厂房的建筑结构加以局部构件的改造，在保留开敞空间的同时注入了新的功能，也赋予了新的面貌

程中，我们也应该在“整旧如旧”和“整旧如新”中选择。就目前来说，很多设计者偏向于前者，因为他们认为这样可以保持历史的原真性和可读性。

上海 8 号桥旧厂区改造项目就集中体现了建筑价值、历史价值、艺术价值和经济价值，并运用新的设计和模式改造，注入时尚、创意的元素，使保留的旧厂房成为现代城市景观的新景象，也促进了设计创意产业的产业链形成（图 5-23 ～图 5-25）。

北京也有相似的案例，北京东北部的大山子 798 工厂区曾经集中了很多企业。随着时间的推移，很多企业不再兴盛。于是一批艺术家租下这些厂房，并且因地制宜将它们改造成为自己的工作室、画室、展览室等，经过一段时间的发展，现在这一地区已经成为了北京的“苏荷区”。

第七节　多学科多领域跨界融合的趋势

关键词：跨界、融合

“跨界”、“融合”不是简单的折中或混合，而是强调各方结合之后撞击出新的火花，大胆颠覆常规界限，以创造出全新的效果。

室内设计的发展不能只是从一个固定专业的角度狭义地解读。站在专业里看专业，永远都走不出来。广义的空间设计范畴，可以是包括城市、建筑、室内、产品以及不仅仅作为装饰而应有更多意义的艺术在内的一个整体。室内设计在西方被称为“interior architecture”，有着相对独立但却更为广泛的行业特性。西方的建筑师很多时候一方面被归结为艺术家，一方面被归结为思想家，这也体现出它们思考角度的多维性。其中涉及城市、社会、哲学、经济等范畴。

室内设计是在一定时代背景下发生的所有与设计有关的综合因素共同作用的反映。不同的时代背景可以提供不同的设计原动力。比如现在的数码艺术，它启示人们可以用数码的形式和思维方式来创造空间，具体到室内设计，也带来了观念的冲击与发展。设计者要学会通过更多的途径，站在更多的角度去处理空间的问题，比如空间与人、空间与社会等。

如果室内设计师能够以一种更加多维度的视角去思考和对待室内设计这个领域，开拓思路，关注自身与周围的联系，就能真正地推动室内设计向更好的未来前行。

西班牙马德里的 Silken Puerta America 酒店就是一个特别的案例。酒店一共 12 层客房，每一层均由一位世界顶级设计师设计，加上负责酒店其他部分的设计，总共有 29 位世界顶级的设计师参与其中。在这些风格迥异的室内设计中，我们可以看到各个设计领域的交叉应用，也可以找到各种技术及思维方式的结合，可视为交融并济的典范（图 5-26 ～图 5-33）。

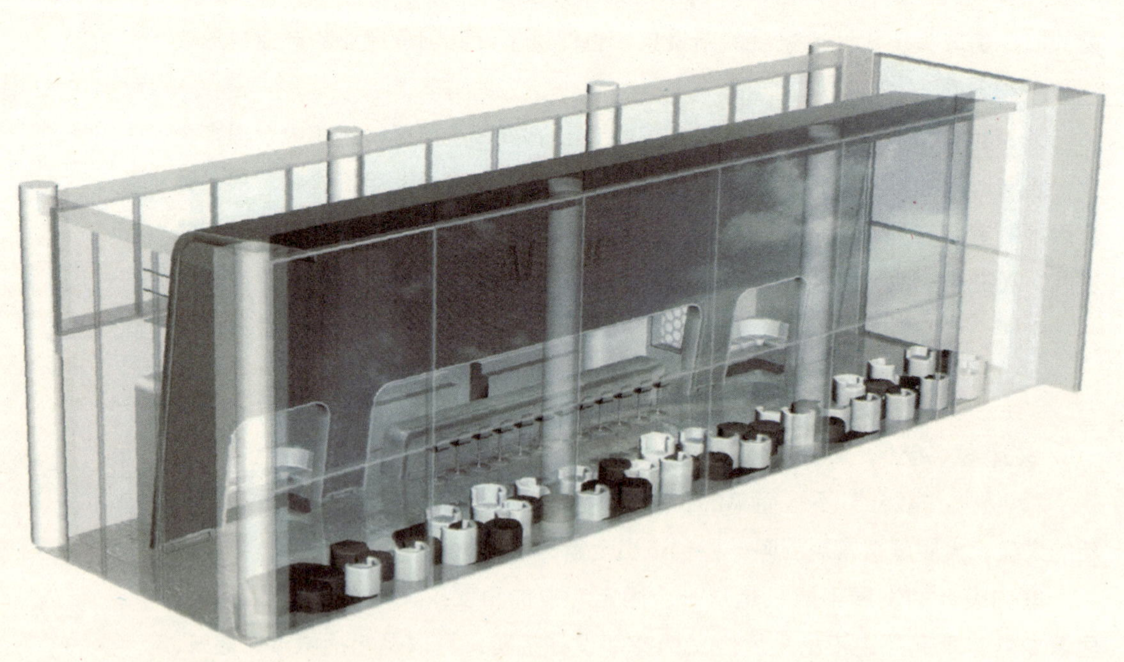

图 5-26 Silken Puerta America 酒店 cocktail bar（设计：Marc Newson）

图5-27 Silken Puerta America酒店cocktail bar（设计：Marc Newson）

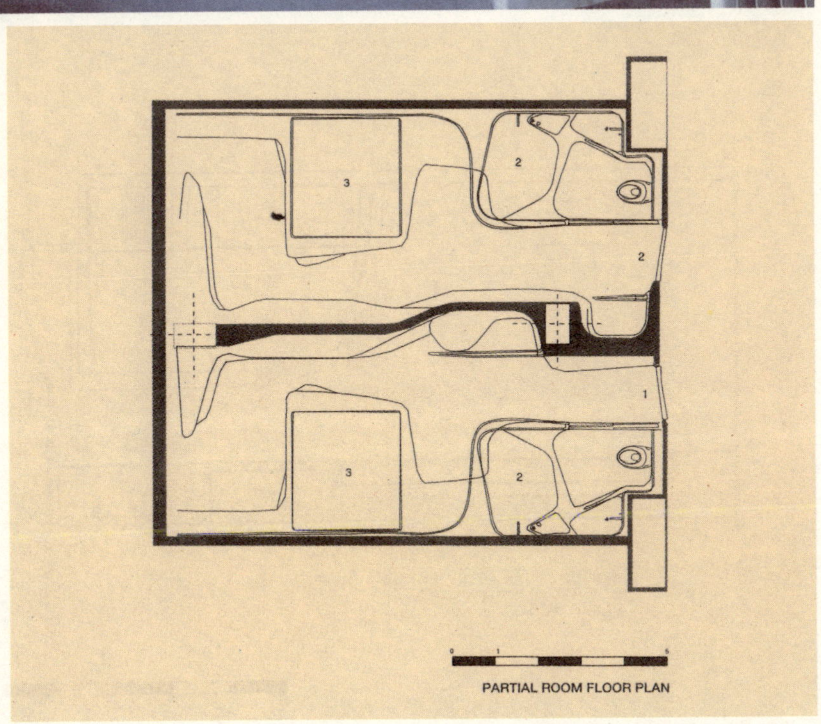

图5-28 Silken Puerta America酒店1层客房标准平面（设计：Zaha Hadid）

图5-29 Silken Puerta America 酒店1层客房（设计：Zaha Hadid）

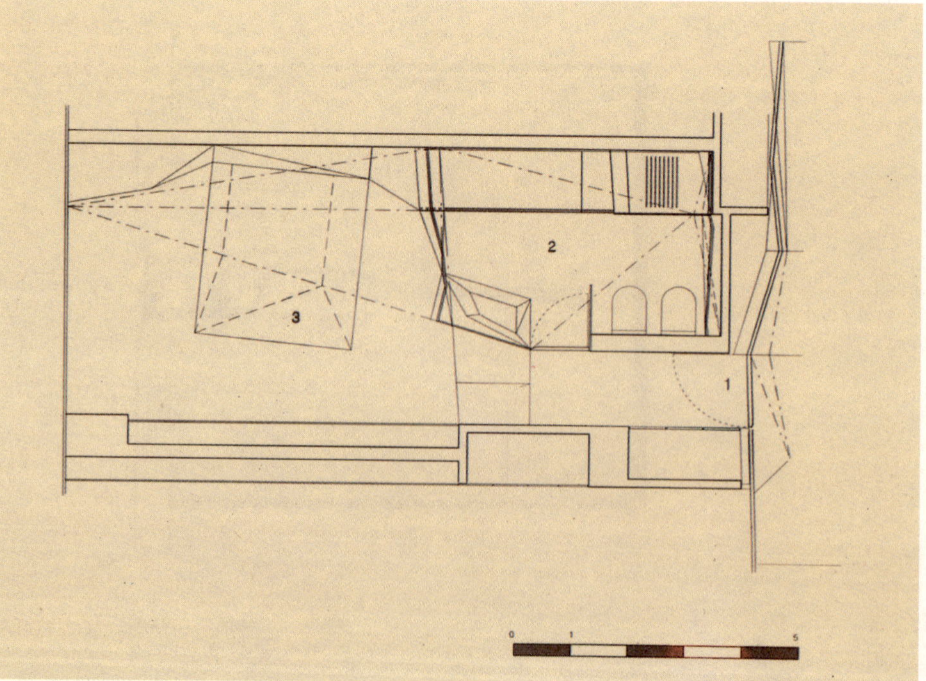

图5-30 Silken Puerta America 4层客房标准平面（设计：Plasma studio）

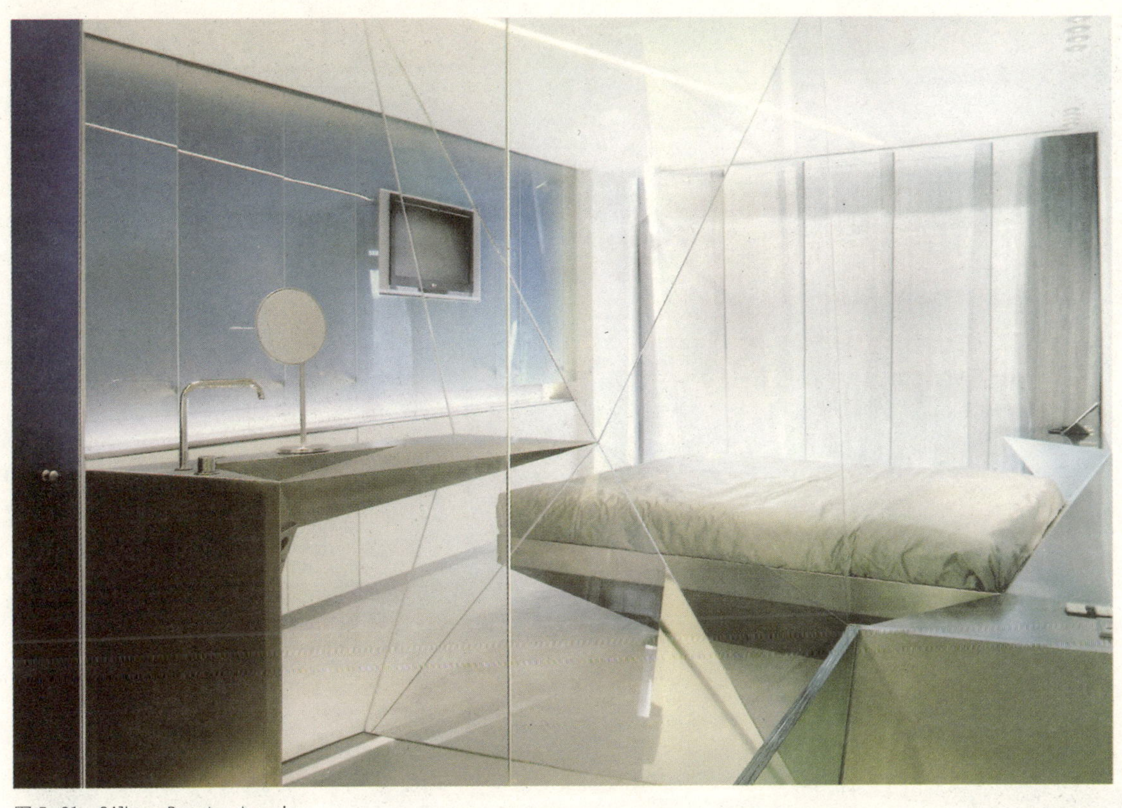

图 5-31 Silken Puerta America
4 层客房（设计：Plasma studio）

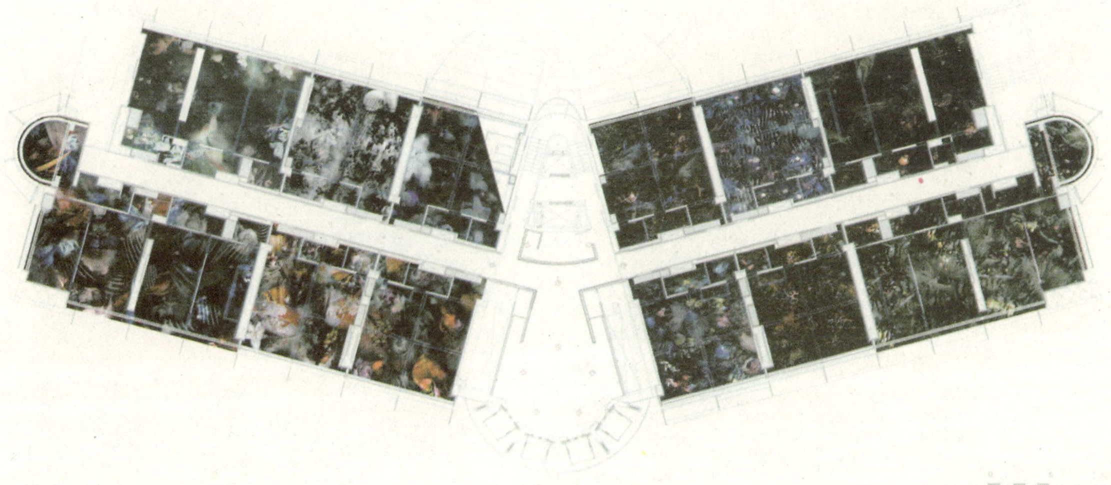

图 5-32 Silken Puerta America
12 层楼层平面（设计：Jean Nouvel）

图 5-33 Silken Puerta America 12 层楼层客房（设计：Jean Nouvel）

本章思考题：

1. 在当代中国室内设计的发展过程中，哪些趋势表现得更为显著？

2. 请尝试从其他相关设计领域中找出相似的发展趋势与前景，并思考其对室内设计发展的影响。

附录一

课程作业

- 教学大纲
- 课程作业一　空间构建设计
- 课程作业二　小住宅设计
- 课程作业三　室内小空间设计
- 课程作业四　居住空间室内设计
- 课程作业五　办公室内空间设计
- 课程作业六　餐厅室内设计
- 课程作业七　快题设计——家具
- 课程作业八　快题设计——照明
- 课程作业九　毕业设计

教学大纲

同济大学建筑与城市规划学院艺术设计系环境设计方向
《室内设计及原理》课程教学大纲

一、课程性质、目的与任务

培养学生进行内部空间环境设计的能力，学会从建筑内部把握空间，根据空间的使用性质和所处环境，运用物质技术及艺术手段，创造出功能合理、符合使用者的生理心理要求的理想场所。

二、课程基本要求

1. 掌握室内设计的基本原理
2. 了解国内外室内设计的发展过程，存在问题和发展趋势
3. 掌握室内设计方法及步骤
4. 培养设计能力及室内设计表达能力
5. 培养分析问题解决问题的能力

三、课程教学基本内容

1. 室内设计的概述
2. 室内设计的内容

① 空间组合与室内界面处理
② 室内环境采光与照明设计
③ 家具与陈设
④ 色彩与装修材料
⑤ 建筑设备

3. 室内设计的方法与步骤

四、实验或课程设计的内容及学时分配

序号	学期	内容（题目）	学时
1	二年级下	空间构建设计	32 课时
		小住宅设计	80 课时
		室内小空间设计	24 课时
2	三年级上	居住空间设计	64 课时
		办公室设计	72 课时
3	三年级下	餐厅设计	100 课时
		快题设计——家具	16 课时
		快题设计——照明	20 课时
4	四年级下	毕业设计	128 课时

五、室内设计与相关各学科的关系

建筑设计、展示设计、外环境设计、人体工程学、环境心理学、建筑设备、照明设计、装修构造、家具与陈设设计。

课程作业一　空间构建设计

· 设计：王圣莹　指导老师：俞培晃

二年级（下）

空间构建设计

一、教学要求

通过基本单元的分割和构建设计，熟悉人体尺度与活动空间之间的关系，分析活动方式的构成，创造个性空间形式，研究室内外空间的特征与联系，把握环境设计的基本原则，掌握单元空间的平面、剖面尺寸，掌握图纸表现与模型表现的方法。

二、题目内容

1. 对中轴尺寸为 8m×8m×8m，板厚为 200mm 的正立方体空间进行分割和构建设计，以 1m 为模数；可利用的条件为：

板材：每单元为 1m×1m，板厚 200mm，不超过 200 个单元（即 200 m^2）。

柱子：方柱子截面 200mm×200mm，不超过 20 根，每根长度不限。使用板材和柱子时务必水平或垂直。

楼梯可自行另定，不占用板材或柱子用量。

2. 功能要求任选以下两项中的一项：①展示厅，展示主题任定。②学生活动中心，项目内容任定。

3. 立方体及板材可任意开门洞和窗洞。

4. 符合基本力学原理，符合功能需要和空间尺度，符合美学原理，有个性特点及空间创造力。

三、图纸和模型要求

1. 图纸比例为 1：50，各层平面图、所有立面图、2 个方向的剖面图，全部手绘制图；

2. 模型比例为 1：50，材料和制作方式不限，以表达空间为主，门窗家具等细部可省略；

3. 1 张手绘透视效果图；

4. 简要设计说明。

四、时间安排：共 32 课时

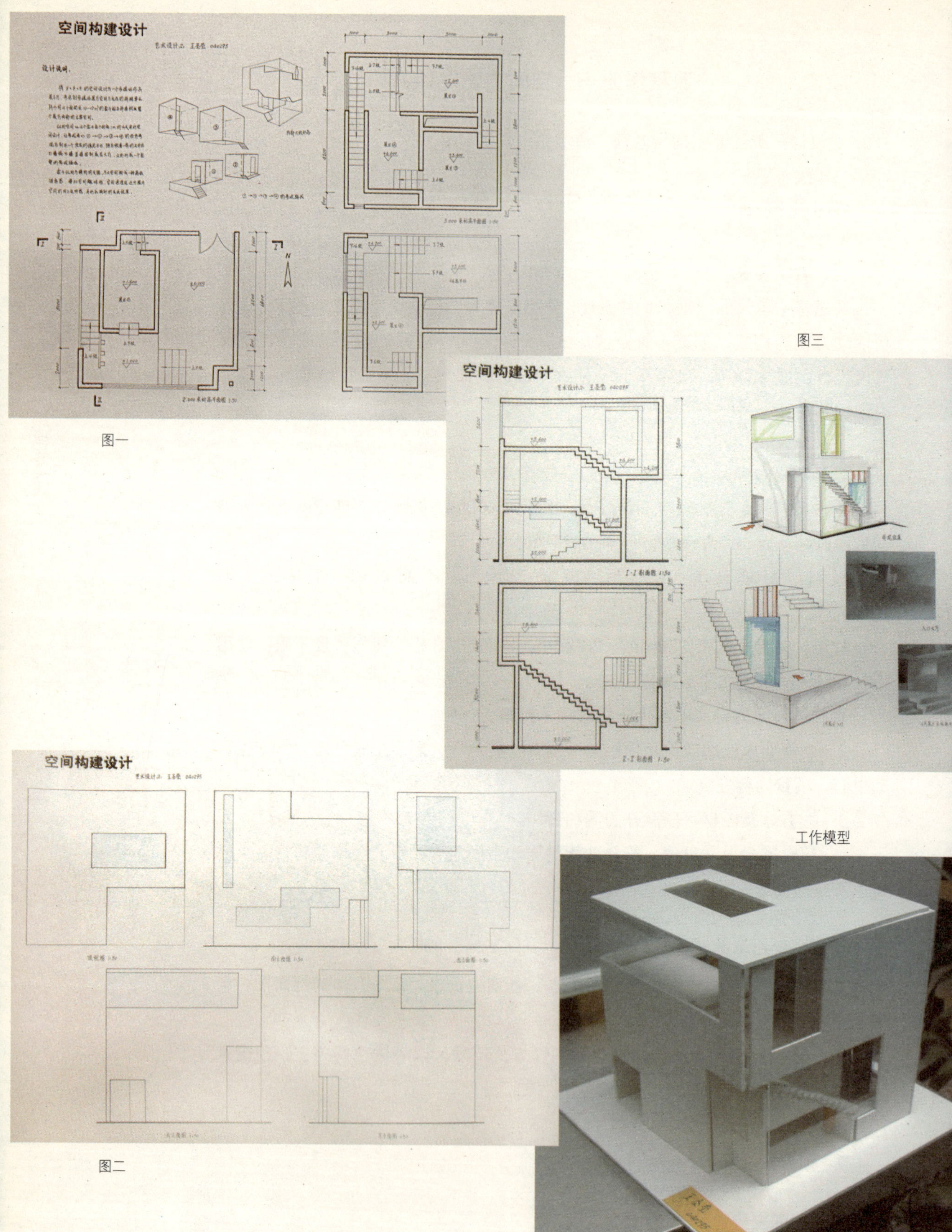

图一

图三

图二

工作模型

模型展示一

模型展示二

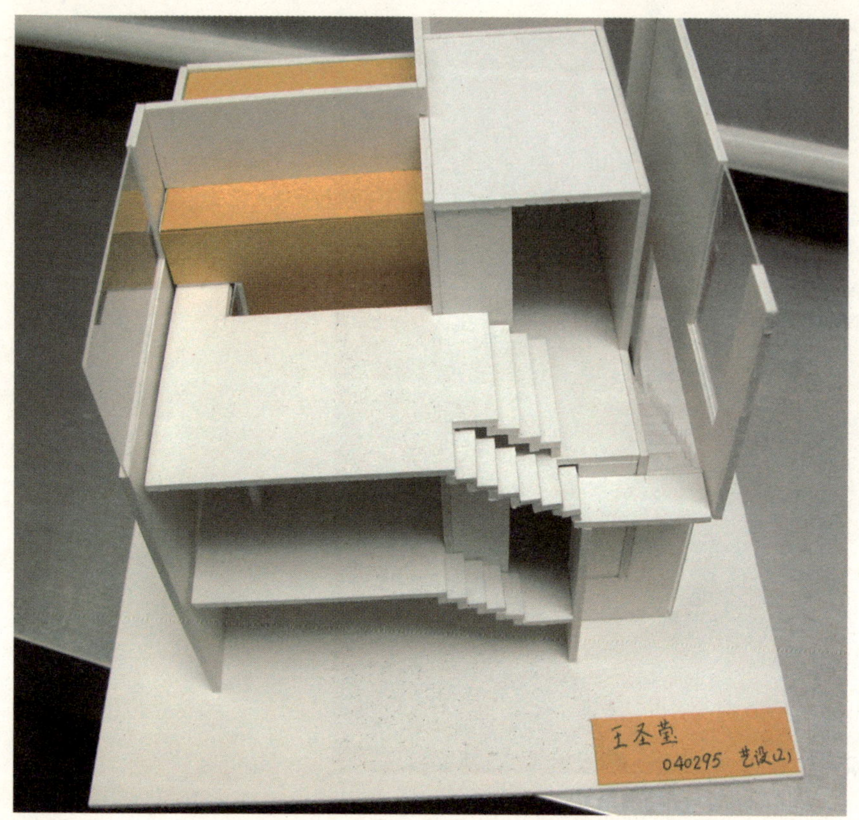

模型展示三

模型展示四

模型展示五

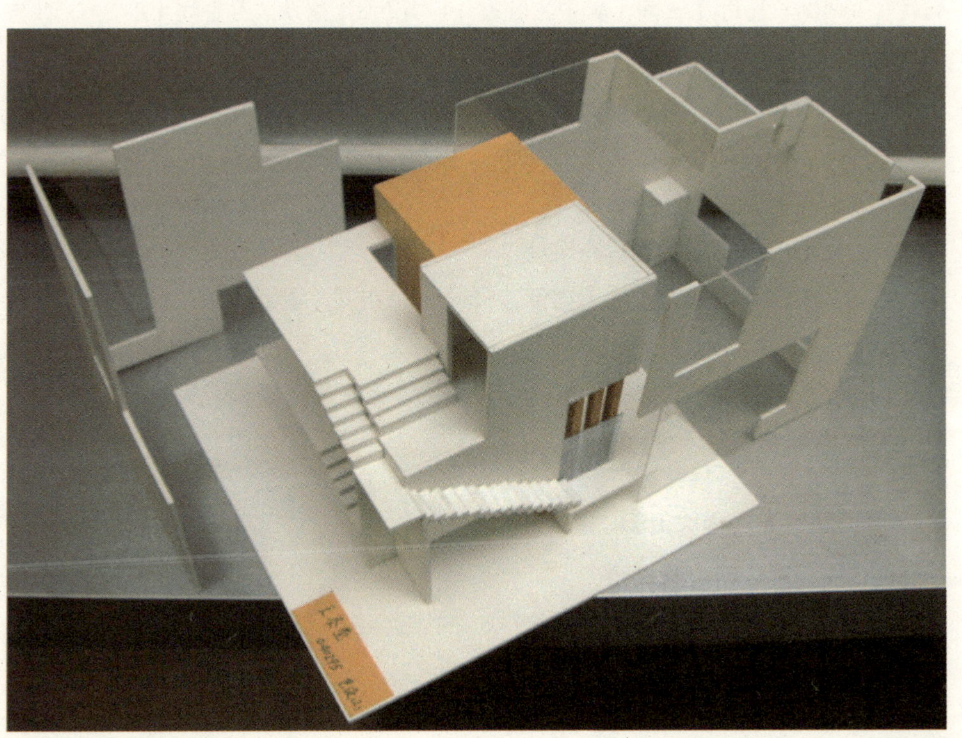

模型——空间结构

课程作业二、三　小住宅设计与室内小空间设计

·设计：瞿丰瑜　指导老师：赵月　朱小村

张晓英

二年级（下）

独立式小住宅建筑及室内小空间设计

一、教学要求

1. 通过在给定基地上进行独立式住宅建筑设计，培养学生运用空间构建的各种手法、结合具体功能要求和面积指标进行设计构思的能力，把握建筑与基地环境的相互关系，研究建筑外部形体和内部空间的特征与联系，了解基本建造方式，掌握建筑图纸表现与模型表现的方法。

2. 通过对该住宅内部小空间的室内设计，熟悉人体尺度与活动空间之间的关系，分析人的行为模式，创造有一定个性特征的内部空间环境，掌握室内设计图纸表现与模型表现的方法。

二、题目内容

1. 独立式住宅建筑设计

（1） 建筑以两层为主，内部可做三层。

（2） 总建筑面积控制在 200m^2 左右（±10%）。包括起居室（≥ 20m^2）；餐厅（≥ 10m^2）；卧室三间（其中主卧室 14~16m^2）；厨房、卫生间（2~3 个）、洗衣房、储藏室等根据功能需要自定面积。

（3） 主要房间应有良好的朝向，各房间均应满足通风、采光要求。

（4） 结构合理，符合功能需要和空间尺度，造型美观。

（5） 简要的建筑外环境设计。

2. 住宅内部小空间的室内设计

（1） 在设计的独立式住宅内部选择一个小空间（厨房或卫生间）进行室内设计。

（2） 合理安排布置必要的家具和设施，综合考虑色彩、材质、灯光照明，体现一定的内部空间环境特色。

三、图纸和模型要求

1. 独立式住宅建筑设计

（1） 各层平面图、立面图、2 个方向的剖面图（比例 1：100），1 个节点详图（比例自定）。

（2） 模型一个，比例 1：100，材料和制作方式不限，以表达空间为主，门窗家具等细部可省略。

（3） 简要设计说明。

2. 住宅内部小空间的室内设计

（1） 平面图、地坪图、顶面图、立面图（或剖立面图，比例 1：20），2 个节点详图（比例自定）。

（2） 模型一个，比例 1：20，材料和制作方式不限。

（3） 简要设计说明。

四、时间安排

独立式住宅建筑设计：共 80 课时。

住宅内部小空间室内设计：共 24 课时。

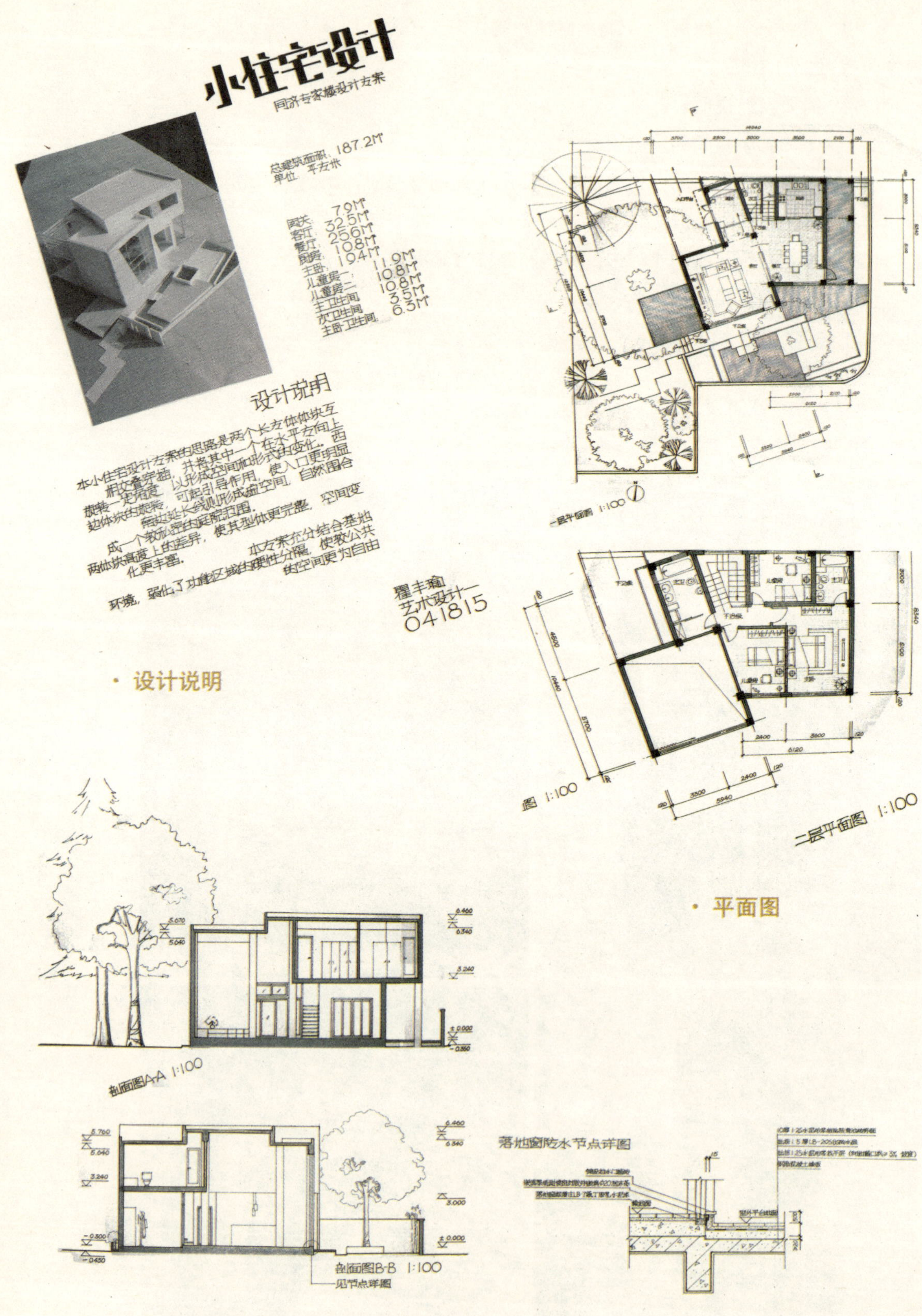

· 设计说明

· 平面图

· 立面图及节点设计

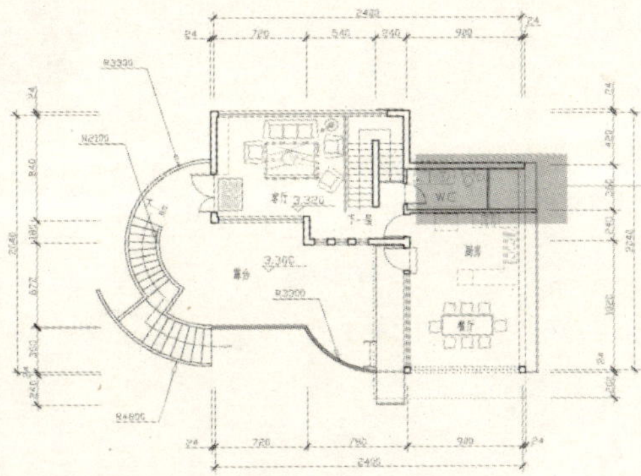

平面索引图 1:100

材料分类	产品内容		价格小记
洁具类	台盆 台盆龙头 坐便器…		¥1397.00
淋浴类	花洒 龙头 浴帘…		¥666.00
瓷砖类	地砖 墙砖 装饰砖…		¥3854.11
灯具类	[illegible]		¥2010.40
其它	[illegible]		¥2540.13
每平米小记	¥1292.30	合计	¥10467.64

设计说明

[illegible]

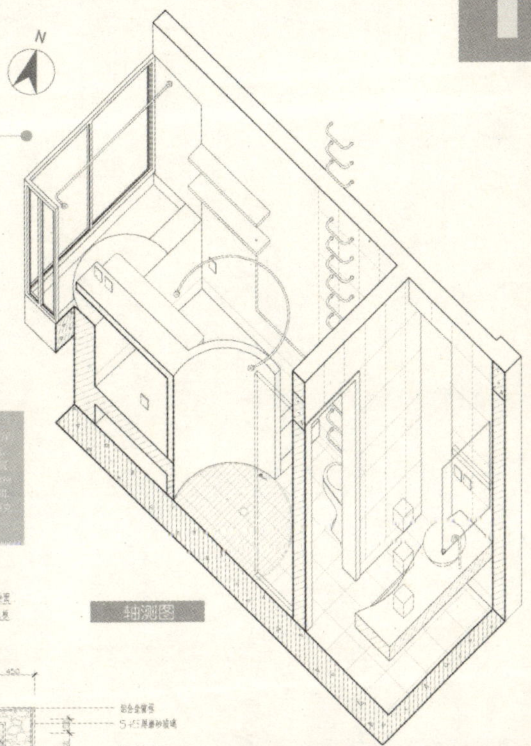

150厚白色人造大理石台面
不锈钢台上式龙头
150厚白色人造大理石台面
柚木门框
白色陶瓷碗形平台上盆
10宽环状地漏槽
Φ20环形复合钢管
1800×2000白色塑料浴帘
蓝绿色方古马赛克瓷砖贴面台面
抽拉式晾衣板
铝合金窗框
5+5厚磨砂玻璃
白色东岳岩石
复合钢管晾衣架
金色防水薄板
20W金属镜前灯
700×900 镜面
300 电源白色浴霸开关
25 厚马赛克

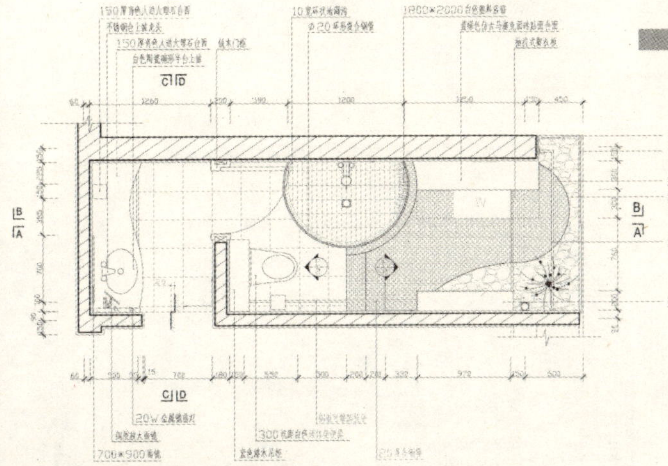

平面图 1:20

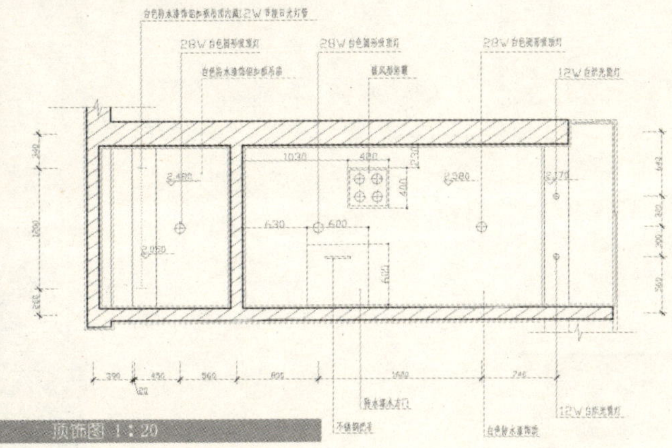

白色防水漆饰面(参照防潮处理) 2W平板荧光灯
28W 白色圆形吸顶灯
28W 白色圆形吸顶灯
28W 白色圆形吸顶灯
白色防水漆饰面
排风扇
12W 白色荧光灯
12W 白色荧光灯
不锈钢浴帘
白色防水漆饰面

顶饰图 1:20

轴测图

2

卫生间室内设计

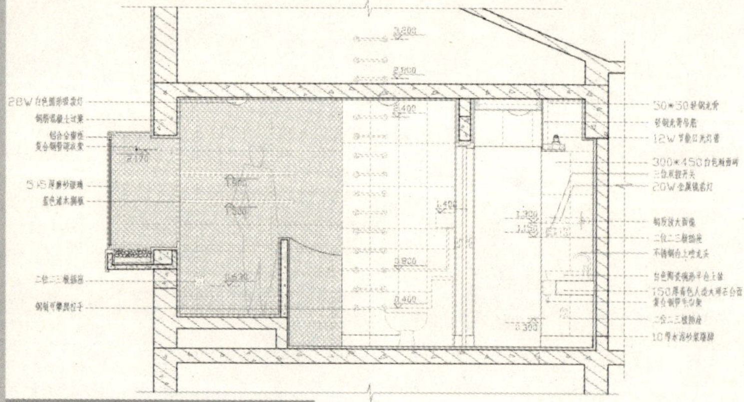

041825 张晓英

28W 白色圆形吸顶灯
钢筋混凝土过梁
铝合金窗框
复合钢管晾衣架
5+5厚磨砂玻璃
蓝色浸木隔板
二位二三极插座
铜制可攀爬拉手
50*50轻钢龙骨
轻钢龙骨吊筋
12W 节能日光灯管
300*450白色釉面砖
三位双控开关
20W 金属镜前灯
铜质放大镜
二位二三极插座
不锈钢台上喷龙头
白色陶瓷碗形平台上盆
150厚青色人造大理石台面
复合钢管毛巾架
二位二三极插座
10厚水泥砂浆踢脚

A-A剖面图 1：20

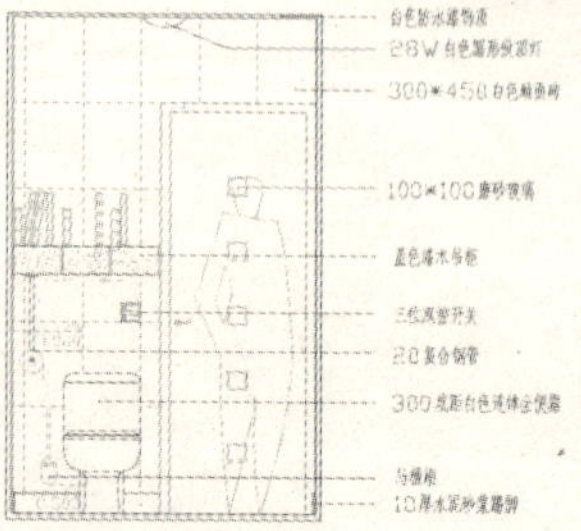

白色防水筒灯
28W 白色圆形吸顶灯
300*450白色釉面砖
100*100磨砂玻璃
蓝色浸木隔板
三位双控开关
20复合钢管
300或距白色连体坐便器
马桶座
10厚水泥砂浆踢脚

E立面图 1：20

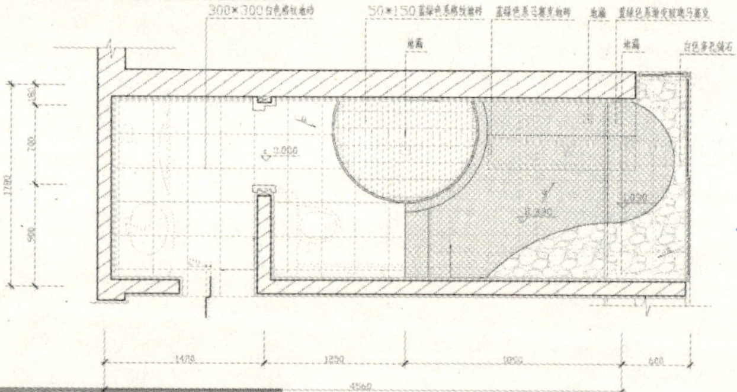

300*300白色防滑地砖
50*150蓝绿色系釉纹墙砖
蓝绿色系马赛克地砖
地漏
蓝绿色系渐变玻璃马赛克
地漏
白色多孔砾石

1470 1250 1050 600
4560

地坪图 1：20

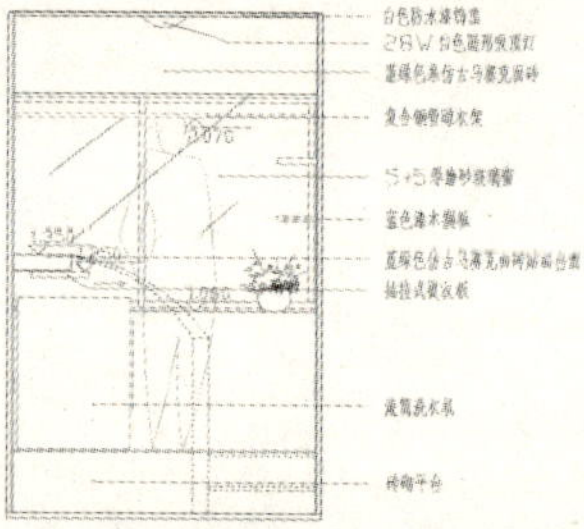

白色防水筒灯
28W 白色圆形吸顶灯
蓝绿色系仿古马赛克瓷砖
复合钢管晾衣架
5+5厚磨砂玻璃窗
蓝色浸木隔板
蓝绿色仿古马赛克面砖贴面台面
抽拉式搁衣板
滚筒洗衣机
砖砌平台

F立面图 1：20

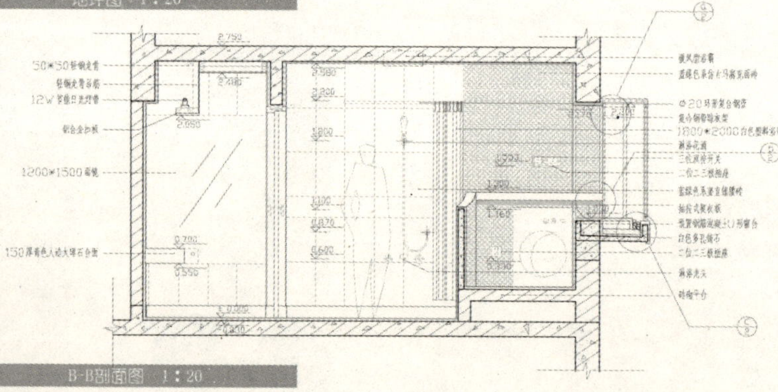

50*50轻钢龙骨
轻钢龙骨吊筋
12W 节能日光灯管
铝合金扣板
1200*1500扇镜
150厚青色人造大理石台面
换风扇吊顶
蓝绿色系仿古马赛克面砖
Φ20马赛复合钢管
复合钢管晾衣架
1800*2000白色塑料浴帘
淋浴花洒
三位双控开关
二位二三极插座
蓝绿色系渐变玻璃砖
抽拉式搁衣板
现置钢筋混凝土U形窗台
白色多孔砾石
二位二三极插座
淋浴龙头
砖砌平台

B-B剖面图 1：20

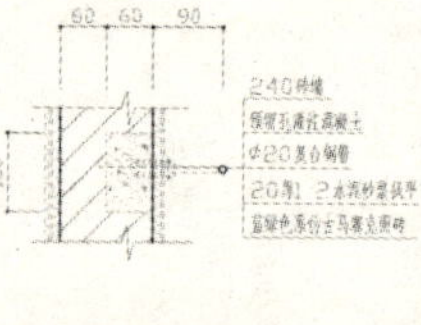

60 60 90
100
240砖墙
预埋孔灌注混凝土
Φ20复合钢管
20厚1：2水泥砂浆找平
蓝绿色系仿古马赛克面砖

a节点详图 1：10

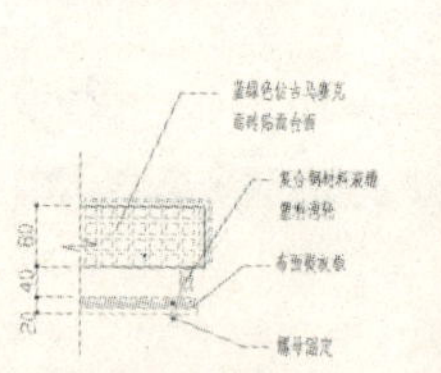

蓝绿色仿古马赛克
面砖贴面台面
复合钢材料滚珠
塑料滑轮
布面搁衣板
螺母固定
60 40 20

b节点详图 1：5

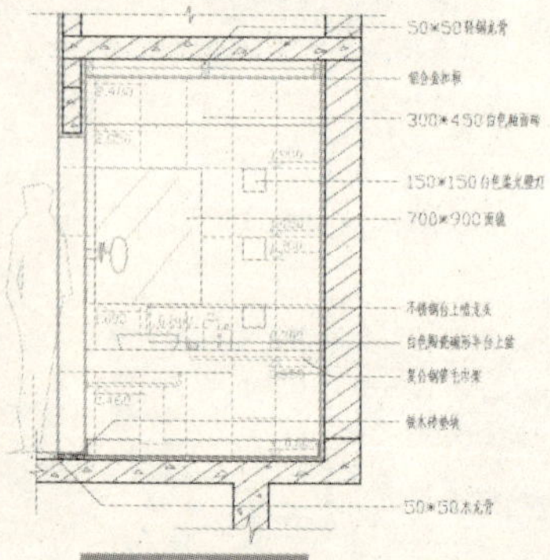

50*50轻钢龙骨
铝合金扣板
300*450白色釉面砖
150*150白色柔光壁灯
700*900面镜
不锈钢台上喷龙头
白色陶瓷碗形平台上盆
复合钢管毛巾架
做木砖垫块
50*50木龙骨

C-C剖面图 1：20

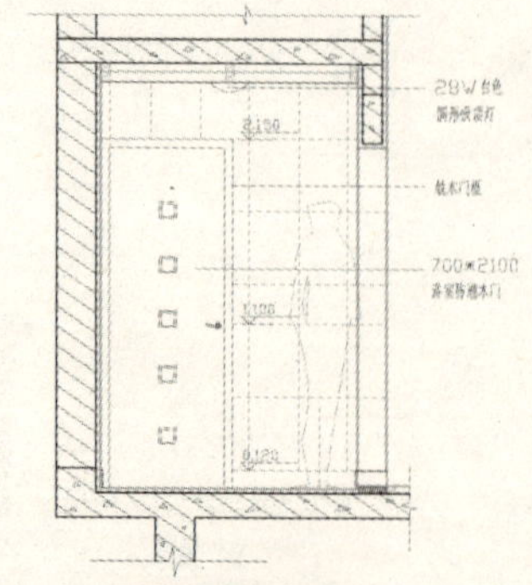

28W 白色
圆形吸顶灯
做木门框
700*2100
浴室防潮木门

D-D剖面图 1：20

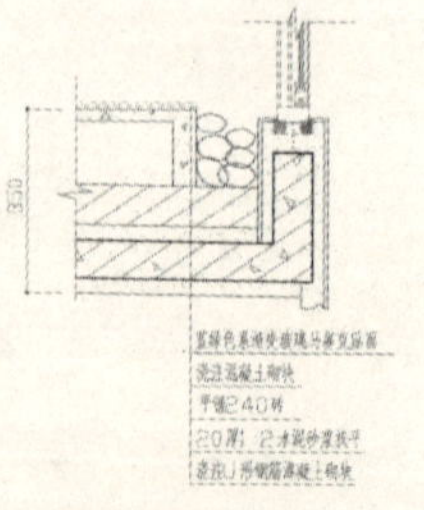

350
蓝绿色系渐变玻璃马赛克贴面
浇注混凝土砌块
平砌240砖
20厚1：2水泥砂浆找平
浇注J形钢筋混凝土砌块

c节点详图 1：5

课程作业四　居住空间室内设计

· 设计：杨一峰　指导老师：雷朴实

三年级（上）

居住空间设计

一、教学要求

通过给定住宅房型的室内设计，培养学生在一定的限制条件下，运用室内设计的各种手段进行内部空间再创造和细部处理的能力，掌握分析已有建筑现状的方法，了解居住生活的模式构成，熟悉室内设计的程序与方法，训练一定的设计深化能力。

二、题目内容

1. 自行设定业主背景情况（包括职业、年龄、家庭组成、家庭喜好、特殊要求等），合理分配使用空间，满足业主日常生活起居及特殊喜好要求。

2. 合理完成内部空间组织和界面处理，安排布置家具和设施，综合考虑色彩、材质、灯光照明，塑造内部空间环境特色。

3. 不少于 3 处有特色的细部设计（家具细部、设施细部、构造细部等）。

三、图纸要求

1. 平面图、顶面图、铺地图（可与平面图结合）比例 1:100。
2. 主要立面图（不少于 4 个）比例 1:50。
3. 各主要空间室内透视效果图（彩色，不少于 4 张，表现方式不限）。
4. 细部设计（表达方式自定）。
5. 设计说明（包括住宅业主背景、室内设计特点、风格等，字数 200 字以内）。

四、时间安排：共 64 课时

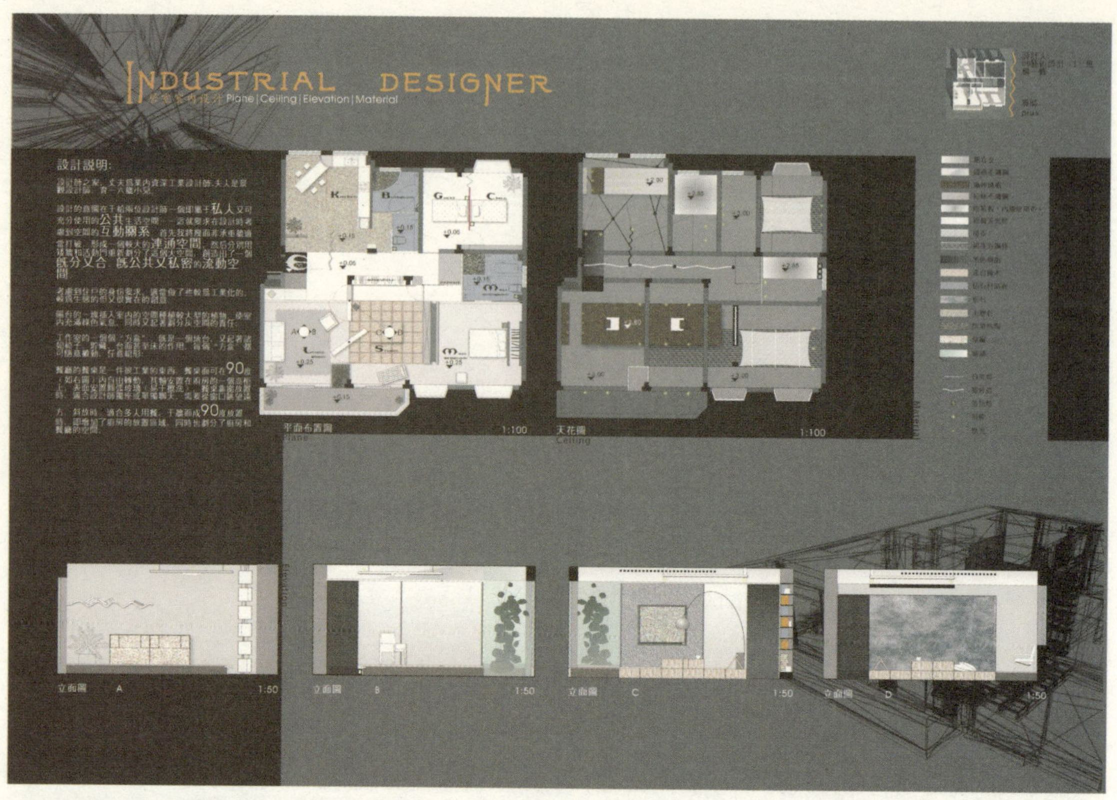

INDUSTRIAL DESIGNER
Plane|Ceiling|Elevation|Material
設計說明:
平面布置圖 1:100
Plane
天花圖 1:100
Ceiling
立面圖 A 1:50
立面圖 B 1:50
立面圖 C 1:50
立面圖 D 1:50

INDUSTRIAL DESIGNER
居室室內設計 Effect|Details

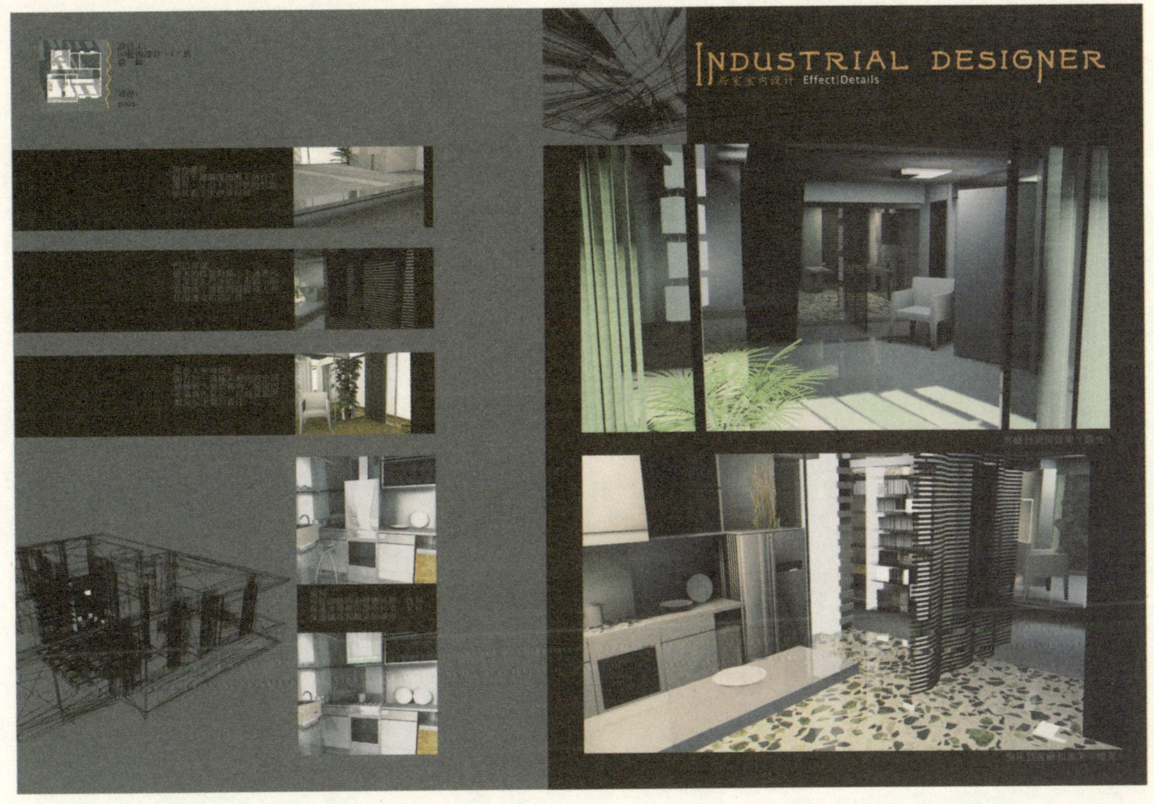

课程作业五　办公室内空间设计

· 设计：楼乐菲　指导老师：俞培晃

三年级（上）

办公室内空间设计

一、教学要求

从分析功能布局、研究流线安排入手，把握办公空间设计特点，强调使用效率以及空间形象特征在不同功能区的转换与过渡，对重点家具及照明效果进行较深入的研究。

二、题目内容

1.（任选一电子消费产品）品牌的办公室，兼带对外服务展示功能。

2. 基地：某办公室写字楼 4 层，约 $1\ 000\mathrm{m}^2$。

3. 功能要求：

（1） 前台接待 1 个

（2） 对外服务窗口（维修接单台）10 个

（3） 维修服务区 200m^2

（4）展示体验区 350m^2

（5）洽谈区若干

（6）开放办公室 4～6 人

（7）经理室 3 间（每间 12m^2）

（8）财务室 1 间（12m^2）

（9）咖啡区

（10）复印打印区

三、图纸要求

1. A2 图纸自行排版，包括：

平面图，天花图，效果图；流线分析图。

2. 简要设计说明

四、时间安排：共 72 课时

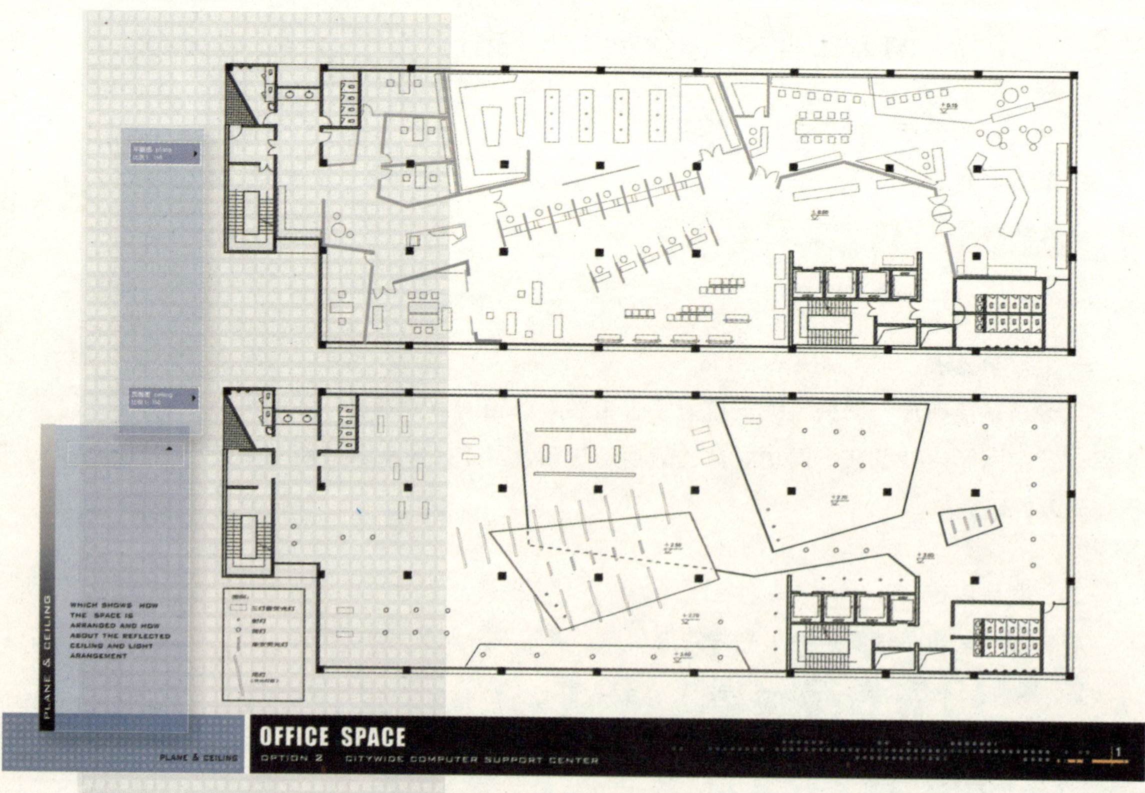

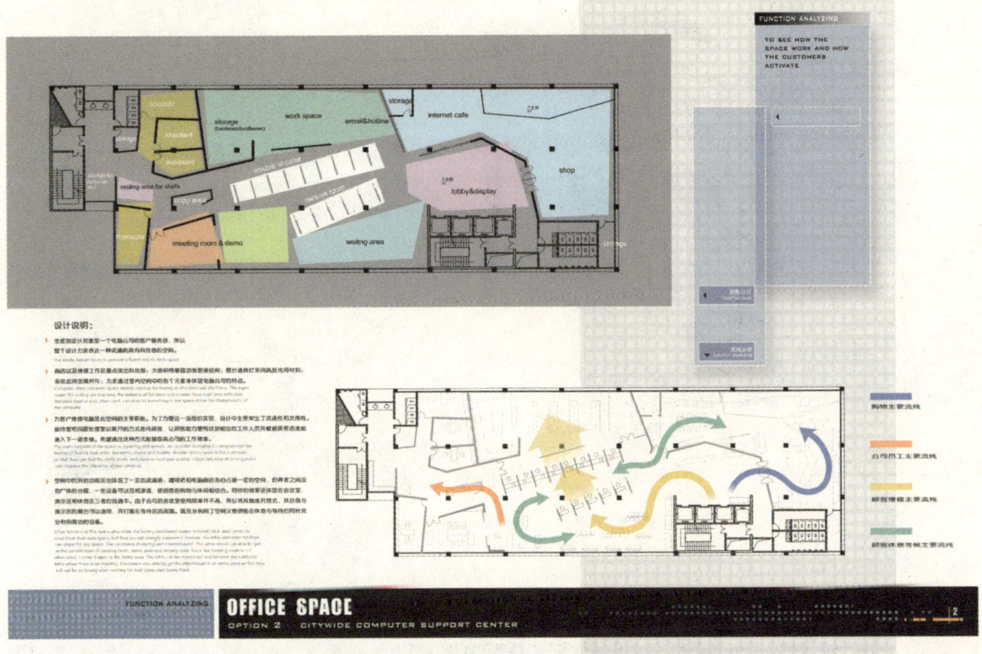
FUNCTION ANALYZING
TO SEE HOW THE SPACE WORK AND HOW THE CUSTOMERS ACTIVATE
storage
work space
email&hotline
internet cafe
shop
lobby&display
resting area for staffs
meeting room & demo
waiting area
设计说明：
FUNCTION ANALYZING
OFFICE SPACE
OPTION 2 CITYWIDE COMPUTER SUPPORT CENTER
2

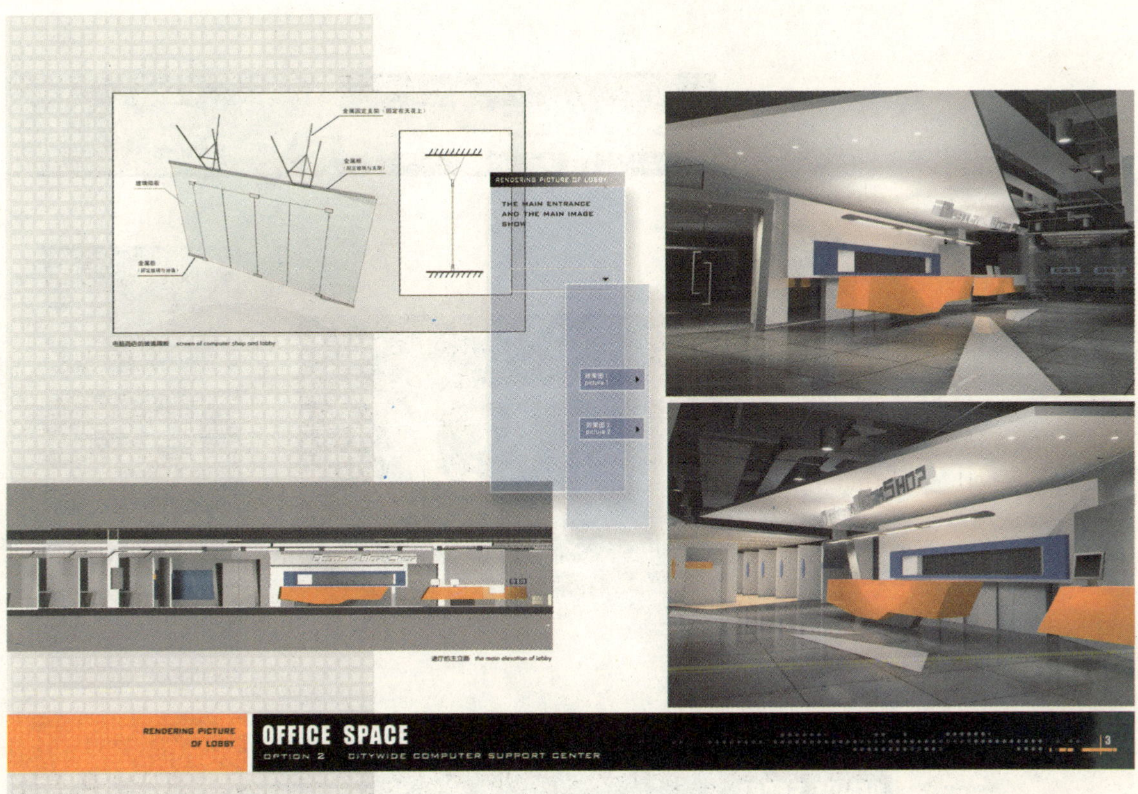
RENDERING PICTURE OF LOBBY
THE MAIN ENTRANCE AND THE MAIN IMAGE SHOW
screen of computer shop and lobby
the main elevation of lobby
RENDERING PICTURE OF LOBBY
OFFICE SPACE
OPTION 2 CITYWIDE COMPUTER SUPPORT CENTER
3

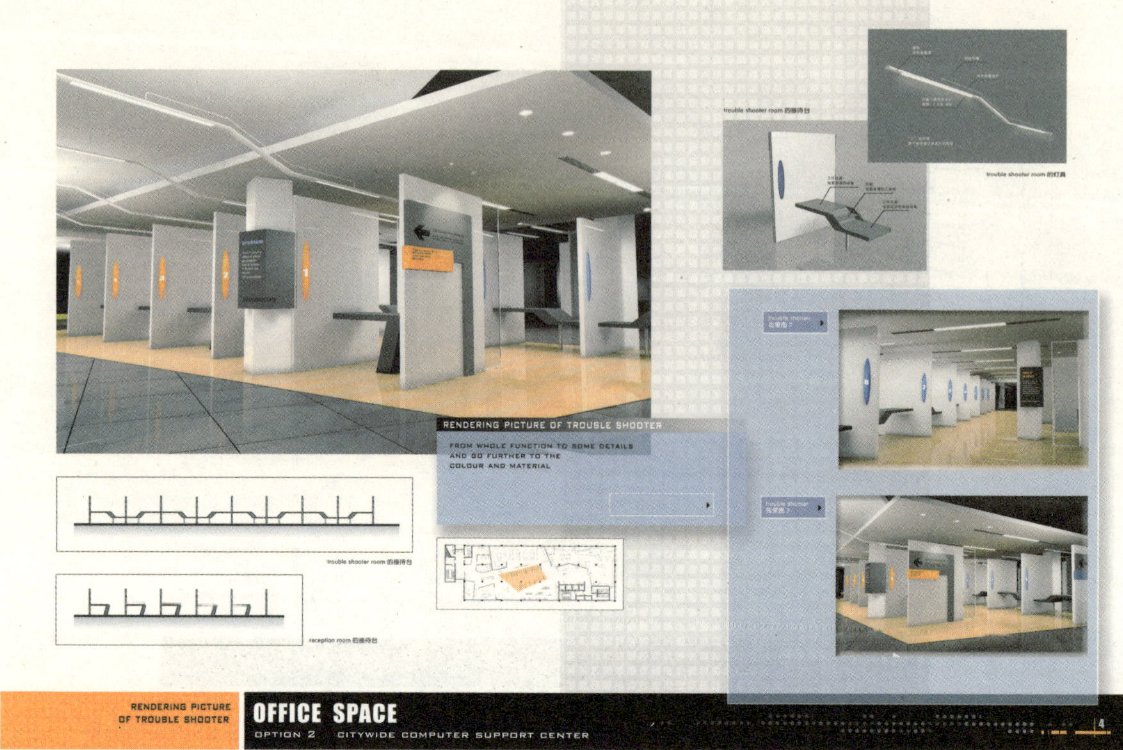
trouble shooter room 的接待台
trouble shooter room 的灯具
RENDERING PICTURE OF TROUBLE SHOOTER
FROM WHOLE FUNCTION TO SOME DETAILS
AND GO FURTHER TO THE
COLOUR AND MATERIAL
trouble shooter room 的接待台
reception room 的接待台
RENDERING PICTURE
OF TROUBLE SHOOTER
OFFICE SPACE
OPTION 2 CITYWIDE COMPUTER SUPPORT CENTER
4

商店立面1 elevation 1 of computer shop
商店立面2 elevation 2 of computer shop
RENDERING PICTURE
COMPUTER SHOP
ANOTHER IMPORTANT
FUNCTION OF THIS
SPACE
RENDERING PICTURE OF COMPUTER SHOP
电脑商店的效果图 rendering picture of computer shop

课程作业六　餐厅室内设计

· 设计小组：朱　莺　指导老师：吕永中
李一萍
王卿裕

三年级（下）
大学快餐厅设计

一、教学要求

餐饮空间是商业空间的重要形式之一，通过对餐饮模式的研究，熟悉餐饮空间的特点，了解室内设计与商业经营之间的关系，并能提出以品牌为战略的餐饮空间设计所包含的系统解决方案。

二、题目内容

1. 分组调研现有连锁快餐厅的经营模式。
2. 分析大学生餐饮的消费特点。
3. 以同济大学留学生楼楼下的餐厅为基地展开。
4. 创造连锁快餐品牌，提出空间解决方案，完成该基地的室内设计。

三、图纸和模型要求

1. A3 文本（包含调研报告、品牌创意及室内空间设计相关内容）
2. 模型 比例 1:2（餐厅中某一局部节点）

四、时间安排：共 120 课时

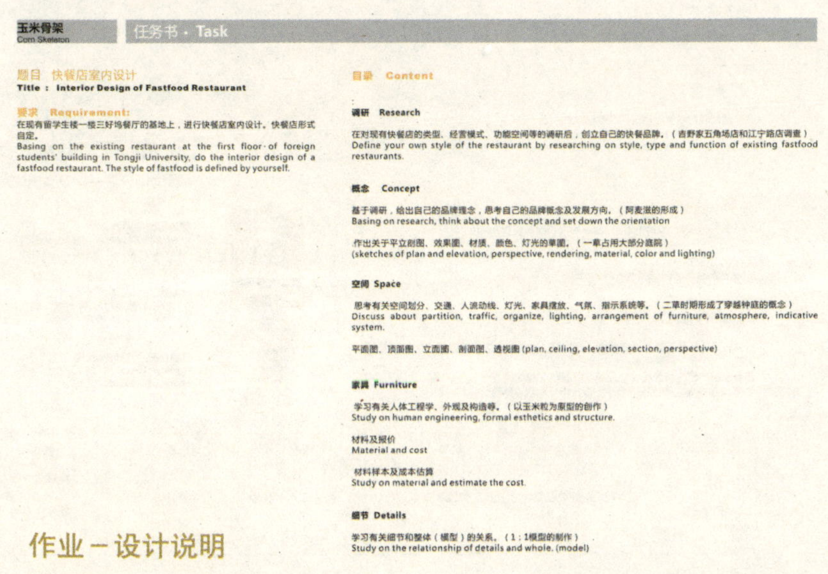

玉米骨架
Corn Skeleton

任务书 · Task

题目　快餐店室内设计
Title ： Interior Design of Fastfood Restaurant

要求　Requirement:
在现有留学生楼一楼三好坞餐厅的基地上，进行快餐店室内设计。快餐店形式自定。
Basing on the existing restaurant at the first floor of foreign students' building in Tongji University, do the interior design of a fastfood restaurant. The style of fastfood is defined by yourself.

目录　Content

调研　Research

在对现有快餐店的类型、经营模式、功能空间等的调研后，创立自己的快餐品牌。（吉野家五角场店和江宁路店调查）
Define your own style of the restaurant by researching on style, type and function of existing fastfood restaurants.

概念　Concept

基于调研，给出自己的品牌理念，思考自己的品牌概念及发展方向。（阿麦滋的形成）
Basing on research, think about the concept and set down the orientation

作出关于平立剖图、效果图、材质、颜色、灯光的草图。（一章占用大部分庭院）
(sketches of plan and elevation, perspective, rendering, material, color and lighting)

空间 Space

思考有关空间划分、交通、人流动线、灯光、家具摆放、气氛、指示系统等。（二章时期形成了穿越钟庭的概念）
Discuss about partition, traffic, organize, lighting, arrangement of furniture, atmosphere, indicative system.

平面图、顶面图、立面图、剖面图、透视图 (plan, ceiling, elevation, section, perspective)

家具 Furniture

学习有关人体工程学、外观及构造等。（以玉米粒为原型的创作）
Study on human engineering, formal esthetics and structure.

材料及报价
Material and cost

材料样本及成本估算
Study on material and estimate the cost.

细节 Details

学习有关细节和整体（模型）的关系。（1：1模型的制作）
Study on the relationship of details and whole. (model)

作业一设计说明

玉米骨架
Corn Skeleton

目录 · Index

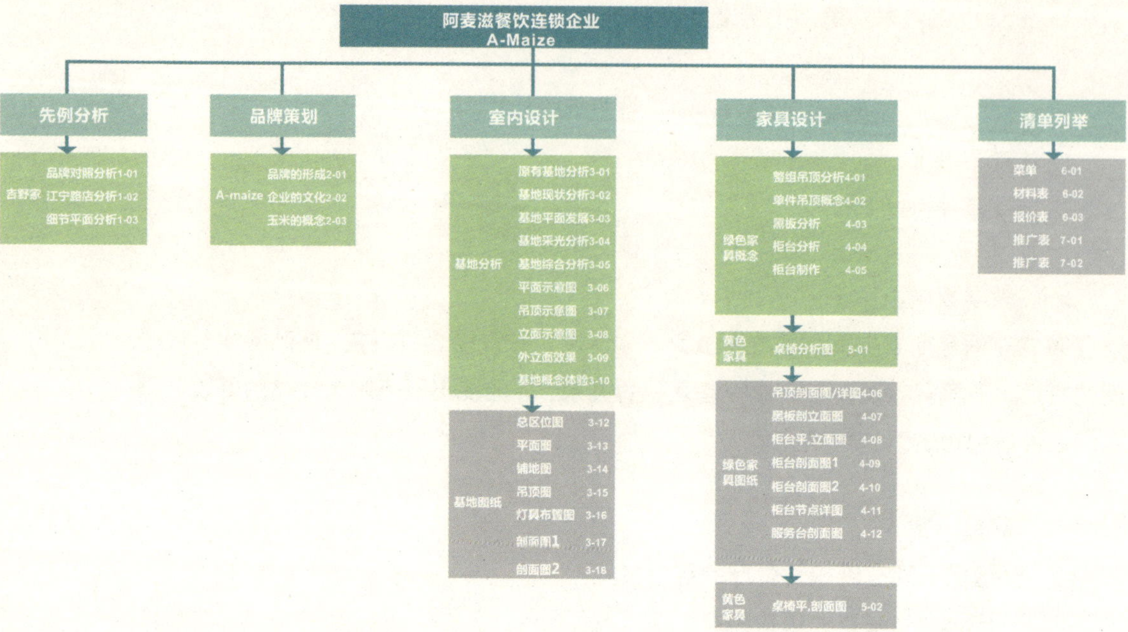

作业－文本目录

生长养料
Growth nourishment

吉野家品牌对照分析 · 调研之路 Investigation 1-01

品牌对照分析：
[Yoshinoya]
related to our fastfood resturnt

校园快餐的定位：

顾客：师生，工作人员，人均7元
Customers: teachers and students
stuff
RMB 7 per personal

食物：米饭类，中式，及韩国料理
Food: Flesh and high quality. eg: rice

规模：例如同济本部食堂之一,可容140座
Size:

吉野家品牌定位：

顾客：中层消费人群，学生，白领，人均 20元
Customers: students,
stuff
RMB 20 per personal

食物：新鲜高质量，牛肉饭等米饭类
Food: Flesh and high quality. eg: rice

规模：一百年历史，一千一百多家分店
Size: 100 year histry，1100 outlets

市场分析：
Market analysis

复旦大学 Fudan University
同济大学 Tongji University
财经大学 Caijing University
五角场商业中心 Wujiaochang Commercial center

其他分店位于：
Other branches located at

商业繁华地区
Bustling commercial district
小商品市场周边
Commodity markets around

结论：
Conclusion

主要顾客群为学生族及白领族中层消费市场.
Major customers for the students and white-collar ethnic communities middle consumer market.

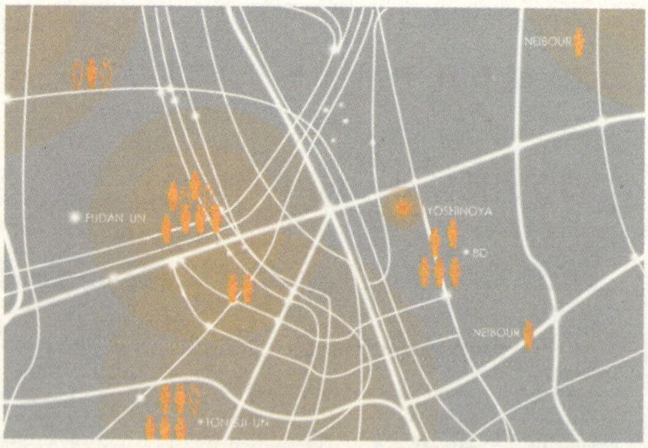

五角场分店——人流地域分析

品牌策略比较(中庸之道)
Middle-of-the road(compare to different brand)

国际化与民族化
Internationalization and nationalization

文化与无文化
Culture & none-culture

这两种选择既是迎合当地消费者还是引导当地消费者进行消费的选择,这个选择很大程度上决定了品牌形象.
吉野家走的是将饮食民族化,品牌国际化的中庸之路,由于我们的基地是位于留学生楼,这条中庸之路在我们将来的设计中会起到很重要的作用.

饮食国际化,品牌国际化
Internationalization of food and nationalization of brand

饮食民族化,品牌国际化
Nationalization of food and internationalization of brand

饮食民族化,品牌民族化
Nationalization of food and nationalization of brand

求同存异	受众	价格	地段	风格	食物
吉野家	中层阶级,学生,白领	定位都在20圆以下	商业区,大学校园	中西并进	民族化食物
校园快餐					国际化食物

生长养料
Growth nourishment

江宁路店分析 · 调研之路 1-02

江宁路分店——具体分析
.Branches on Jiangning Road--Specific analysis

主入口 Main entrance
次入口 Minor entrance

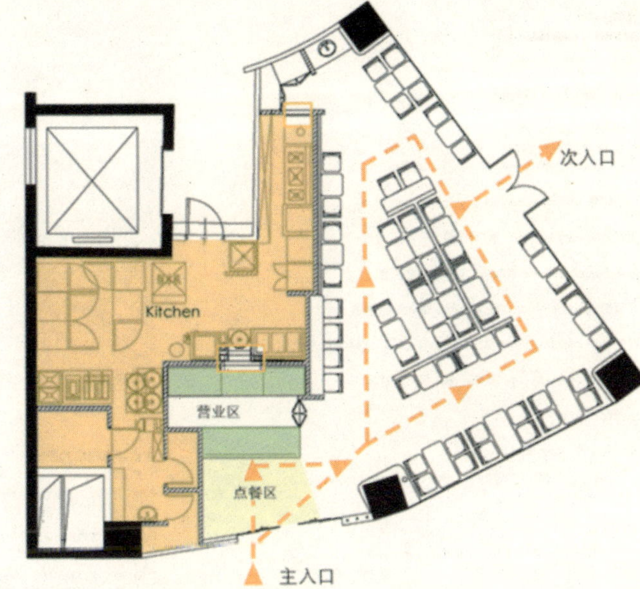

·备餐区与就餐区面积比1：1
Prepare area to eating area should be 1:1

点餐区大小需对照客流量，充分考虑排队顾客的空间需求.
Set Point district size will control customer flow, and give full consideration to the customer queuing space requirements.

主入口与安全出口的位置关系·人流动线分析[主干道，次干道].
Main entrance and security exports to the location of mobile lines were analyzed [roads, sub-distributor].

特设与厨房的连通口，便于收拾餐盘.
Make a special window to get back the dirty dishes.

客流量决定柜台长度及收银台数量.
Quantity of customer decided counters length and the cashier volume

备餐区+员工区 District prepared meals + District staff
营业区 Business district
点餐区 Waiting district
顾客动线
与厨房连通处 Where connect to the kitchen

生长养料
Growth nourishment

细节平面分析 · 调研之路 Investigation 1-03

细节设计:
Detail design

功能上的便捷，提高作业效率。
A convenient function, improve operational efficiency.

使空间更生动。
Make the space alive.

体现服务质量，更人性化。

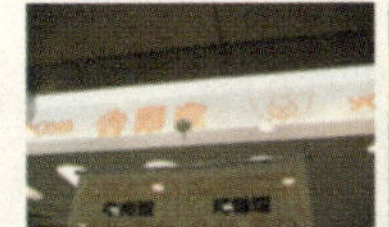

（吊顶）
从室外向内看，嵌吊顶处设计了logo灯箱：
From the outdoor look inwards, a logo Bollards was on ceiling

·体现企业品牌形象.
Brand image embodied.

·为了把吊顶内部封闭隐藏.
To hide the inside of ceiling.

（吊顶）
从室内向外看，模仿吊顶镜面：
Looking outwards from the indoor, Imitation ceiling mirror

·出门不经意的小发现。
Little surprise when go out of the door

·利用logo，内堂里的镜面设计呼应。
with logo, Lane appear within the design echoes the Mirror

（窗口）
柜台与厨房的连通窗口：
The window connect kitchen and counter

·递送食物便捷，服务员内部交流方便。
Convenient delivery of food, the attendant to facilitate internal communications.

·顾客点餐时可见食物操作。
Food can be seen when Customers ordering.

（窗口）
特色便捷设计清理餐盘窗口：
Window which cleaning plate conveniently.

·隐藏的与厨房相通。
Connect with kitchen concealmently

·让服务打扫效率更高。
Let services more efficient.

（餐桌）
传统的木质餐桌加上特色台板：
The traditional wooden table add a board

·方便顾客放置包裹。
Customers placing parcels.

·节省原来放包空间，增大了座位空间。
Save the room for bag,so let the seat bigger.

平面在环境中的运用:
LOGO in environment design

平面设计高度融合品牌形象，logo，橙色，历史文化。
Integration of the brand image,spread the logo, orange,history and culture.

多处频繁运用logo做环境中的平面设计。
Frequent use of multiple logo of Environmental Graphic Design.

强化了品牌意识，使顾客容易记住吉野家。
Strengthen the brand awareness,customers can easily remember it.

（东墙）
平面指示系统以橙色作为背景.
Plane instructions system as a background to orange

·为了体现企业品牌形象.
To reflect corporate brand image
·为了与墙面颜色区分，使之更加醒目
To distinguish between the wall colors, make it more eye-catching

（南墙）
分割室内外大面积落地玻璃墙上印刷店名.
Printing logo on Segmentation of the indoor and outdoor large area ground glass wall

·吸引外界的人进入
Attract outsiders from entering
·给店内用餐的人心理暗示
Customers to the psychological hint

（西墙）
平面构成设计：
Graphic Design

·吉野家的历史文化。
Yoshinoya's history and culture

·企业品牌logo。
Brand logo

（北墙）
整体平面设计：
Overall graphic design

·将上海文化与吉野家融合在了一起。
Conbine Shanghai Culture and Yoshinoya together with fusion.

·让人进门就一目了然。
Make people clearly when they enter.

（灯具）
传统的日式灯笼上醒目的"吉"字样。
Traditional Japanese-style lanterns on the eye-catching "吉" words

·企业名称 brand name
·在中国人看来又是吉祥如意。
In the eyes of Chinese people are lucky.

阿麦滋政策
The Policy of A-maize

品牌形成 · Brand Development

2-01

品牌定位：
Brand Orientation

主食 staple food：粗粮：

主要包括 Include：
谷类 grain：玉米、小米、紫米、高粱、燕麦、荞麦、麦麸
干豆类 pulse：黄豆、青豆、赤豆、绿豆等

饮食特色 food feature：健康，药效，减肥

烹调方式 way to cook：粗粮精做 [蒸，煮，拌]

售卖方式 brand orientation：套餐+自由配餐

经营模式 woek mode：校园连锁，中央厨房配送

针对客户 client aim to：爱好健康食物，追求新鲜事物的师生，及白领

环境氛围 atmosphere：新鲜，令人惊叹[Amazing]

主要色彩 main color：黄色　　，绿色

最大容坐量 most contain：160 人

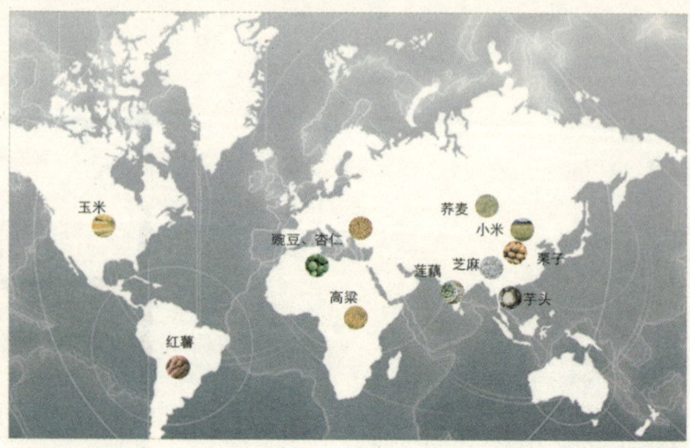

粗粮的世界分布图
Coarse Grain Map in the world

主食选择粗粮的原因：
The reason we choose Coarse Grain

A.粗粮本身绿色健康.
Coarse Grain is healthy and green.

B.粗粮遍布世界各地，推广件强.
Coarse Grain belongs to the world.

C.粗粮烹饪方式简单健康，无油炸.
The way to cook Coarse Grain is easy and healthy.

D.粗粮引领新的饮食方式，美容瘦身，抗癌药性.
Coarse Grain lead the new fashion way to eat.

E.粗粮适用人群广，男女老少，古今中外.
Coarse Grain is adapt to every age of man and women.

阿麦滋概念
The concept of A-maize
品牌概念 • Brand Concept
2-03
寻找代表粗粮的食物—具象的玉米
提取抽象玉米形体概念
运用到实际场景
在实物中德具体体现
卡座与隔墙的正负形对应
玉米粒与玉米棒形成正负形
吊灯与吊顶的正负形对应
玉米粒的阵列感
座位的排列形式
桌椅的形态
麻绳与绿色有机玻璃结合
板式的有机玻璃吊顶
玉米皮的通透感和纤维感
通透的包裹
缠绕装的桥梁通道

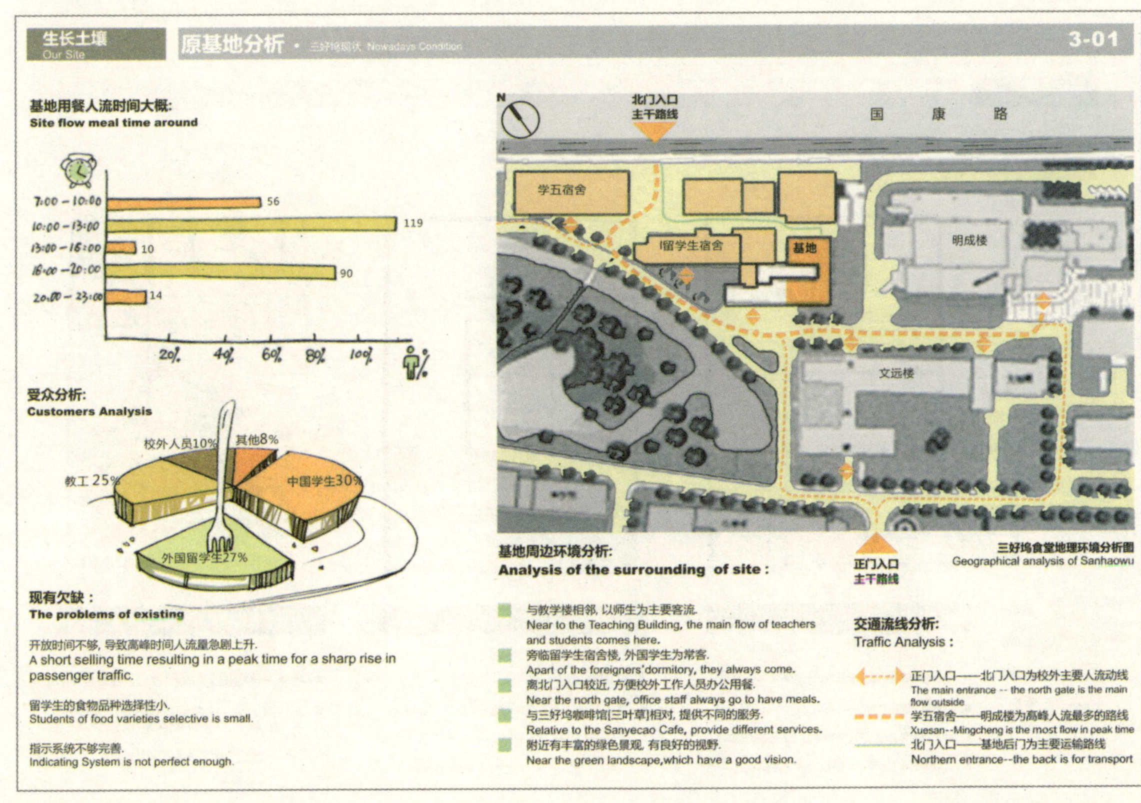

生长土壤
Our Site
原基地分析 • 三好坞现状 Nowadays Condition
3-01
基地用餐人流时间大概:
Site flow meal time around
7:00－10:00 56
10:00－13:00 119
13:00－16:00 10
16:00－20:00 90
20:00－23:00 14
20% 40% 60% 80% 100%
受众分析:
Customers Analysis
校外人员10%
其他8%
教工 25%
中国学生30%
外国留学生27%
现有欠缺：
The problems of existing
开放时间不够，导致高峰时间人流量急剧上升。
A short selling time resulting in a peak time for a sharp rise in passenger traffic.
留学生的食物品种选择性小。
Students of food varieties selective is small.
指示系统不够完善。
Indicating System is not perfect enough.
北门入口
主干路线
国 康 路
学五宿舍
留学生宿舍
基地
明成楼
文远楼
正门入口
主干路线
基地周边环境分析:
Analysis of the surrounding of site :
三好坞食堂地理环境分析图
Geographical analysis of Sanhaowu
与教学楼相邻，以师生为主要客流。
Near to the Teaching Building, the main flow of teachers and students comes here.
旁临留学生宿舍楼，外国学生为常客。
Apart of the foreigners'dormitory, they always come.
离北门入口较近，方便校外工作人员办公用餐。
Near the north gate, office staff always go to have meals.
与三好坞咖啡馆[三叶草]相对，提供不同的服务。
Relative to the Sanyecao Cafe, provide different services.
附近有丰富的绿色景观，有良好的视野。
Near the green landscape,which have a good vision.
交通流线分析:
Traffic Analysis :
正门入口——北门入口为校外主要人流动线
The main entrance -- the north gate is the main flow outside
学五宿舍——明成楼为高峰人流最多的路线
Xuesan--Mingcheng is the most flow in peak time
北门入口——基地后门为主要运输路线
Northern entrance--the back is for transport

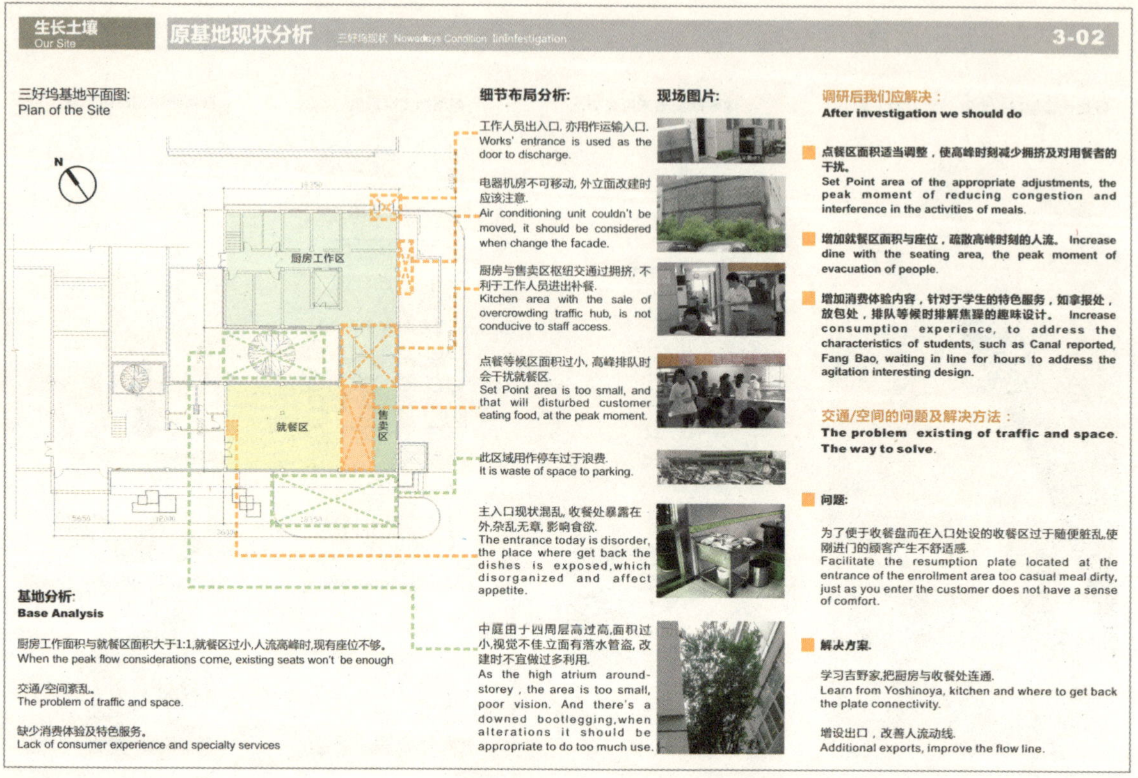

生长土壤
Our Site
原基地现状分析
三好坞现状 Nowadays Condition linInfestigation
3-02
三好坞基地平面图:
Plan of the Site
N
厨房工作区
就餐区
售卖区
细节布局分析:
工作人员出入口,亦用作运输入口.
Works' entrance is used as the door to discharge.
电器机房不可移动,外立面改建时应该注意.
Air conditioning unit couldn't be moved, it should be considered when change the facade.
厨房与售卖区枢纽交通过拥挤,不利于工作人员进出补餐.
Kitchen area with the sale of overcrowding traffic hub, is not conducive to staff access.
点餐等候区面积过小,高峰排队时会干扰就餐区.
Set Point area is too small, and that will disturbed customer eating food, at the peak moment.
此区域用作停车过于浪费.
It is waste of space to parking.
主入口现状混乱,收餐处暴露在外,杂乱无章,影响食欲.
The entrance today is disorder, the place where get back the dishes is exposed, which disorganized and affect appetite.
中庭由于四周层高过高,面积过小,视觉不佳.立面有落水管盗,改建时不宜做过多利用.
As the high atrium around-storey, the area is too small, poor vision. And there's a downed bootlegging, when alterations it should be appropriate to do too much use.
现场图片:
基地分析:
Base Analysis
厨房工作面积与就餐区面积大于1:1,就餐区过小,人流高峰时,现有座位不够。
When the peak flow considerations come, existing seats won't be enough
交通/空间紊乱。
The problem of traffic and space.
缺少消费体验及特色服务。
Lack of consumer experience and specialty services
调研后我们应解决:
After investigation we should do
点餐区面积适当调整,使高峰时刻减少拥挤及对用餐者的干扰。
Set Point area of the appropriate adjustments, the peak moment of reducing congestion and interference in the activities of meals.
增加就餐区面积与座位,疏散高峰时刻的人流。 Increase dine with the seating area, the peak moment of evacuation of people.
增加消费体验内容,针对于学生的特色服务,如拿报处,放包处,排队等候时排解焦躁的趣味设计。 Increase consumption experience, to address the characteristics of students, such as Canal reported, Fang Bao, waiting in line for hours to address the agitation interesting design.
交通/空间的问题及解决方法:
The problem existing of traffic and space.
The way to solve.
问题:
为了便于收餐盘而在入口处设的收餐区过于随便脏乱,使刚进门的顾客产生不舒适感.
Facilitate the resumption plate located at the entrance of the enrollment area too casual meal dirty, just as you enter the customer does not have a sense of comfort.
解决方案.
学习吉野家,把厨房与收餐处连通.
Learn from Yoshinoya, kitchen and where to get back the plate connectivity.
增设出口,改善人流动线.
Additional exports, improve the flow line.

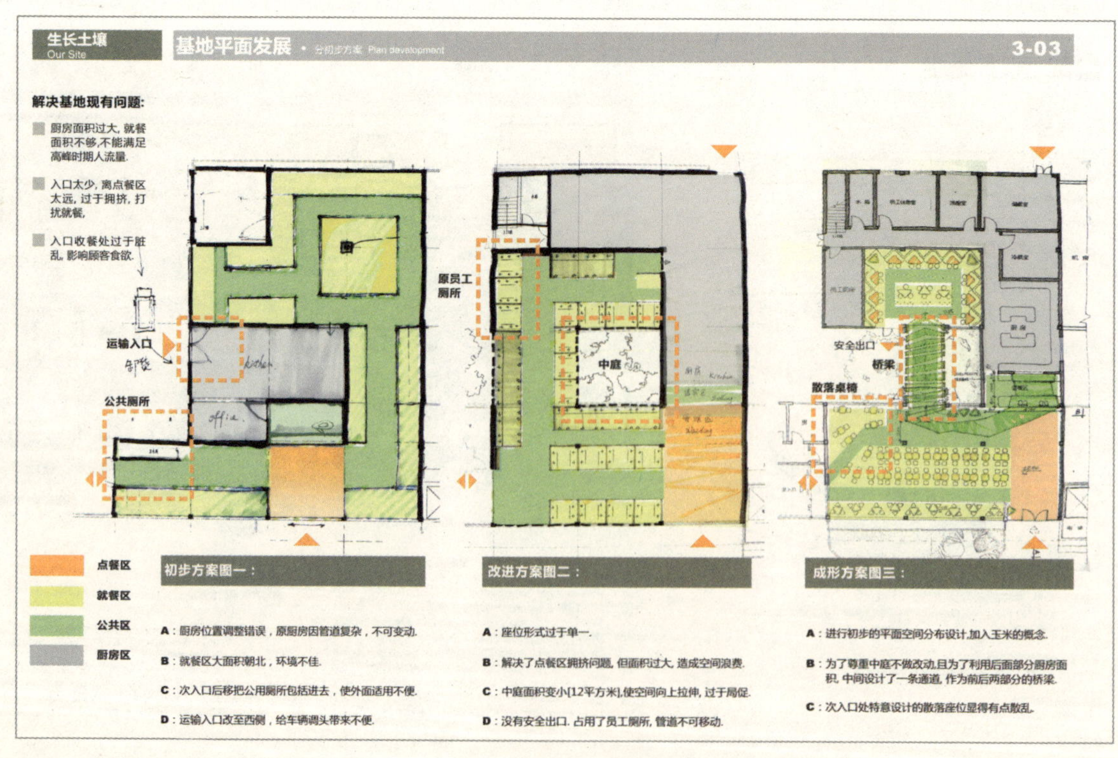

生长土壤
Our Site
基地平面发展
分阶步方案 Plan development
3-03
解决基地现有问题:
厨房面积过大,就餐面积不够,不能满足高峰时期人流量.
入口太少,离点餐区太远,过于拥挤,打扰就餐.
入口收餐处过于脏乱,影响顾客食欲.
运输入口
公共厕所
员工厕所
中庭
安全出口
桥梁
散落桌椅
点餐区
就餐区
公共区
厨房区
初步方案图一:
A:厨房位置调整错误,原厨房因管道复杂,不可变动.
B:就餐区大面积朝北,环境不佳.
C:次入口后移把公用厕所包括进去,使外面适用不便.
D:运输入口改至西侧,给车辆调头带来不便.
改进方案图二:
A:座位形式过于单一.
B:解决了点餐区拥挤问题,但面积过大,造成空间浪费.
C:中庭面积变小[12平方米],使空间向上拉伸,过于局促.
D:没有安全出口.占用了员工厕所,管道不可移动.
成形方案图三:
A:进行初步的平面空间分布设计,加入玉米的概念.
B:为了尊重中庭不做改动,且为了利用后面部分厨房面积,中间设计了一条通道,作为前后两部分的桥梁.
C:次入口处特意设计的散落座位显得有点散乱.

生长土壤
Our Site

基地采光分析 · Lighting Analysis of Base

3-04

光照分析:
Lighting System

南部空间:

基地靠南的空间可以进行双面采光,南北均有窗户,自然光可以满足白天大部分采光需求.

缺点:
朝南落地窗外有一个1.6米的挑檐,影响了一部分朝南的采光.

优点:
夏天时室内基本没有直射光线,可以节省一部分空调制冷,也可以不用拉窗帘.

现状:
朝北的窗户面向一个小合院, 合院上方是3层楼高的建筑, 光照不是很充足, 仅能满足基本采光要求, 对于快餐店食物及气氛营造差距甚远.

解决:
南部空间白天需要灯光进行辅助采光,提高食物上的照度及营造氛围.

北部空间:

现状:
北部空间是一个相对封闭的空间.

朝南:
仅有窗户面向庭院, 由于中庭有6米的空间进深, 采光相对不足.

解决:
白天时,北部空间仍然需要大量的人工照明.

index

人工照明区 Artificial lighting
自然采光区 Natural lighting
工作照明区 Work lighting

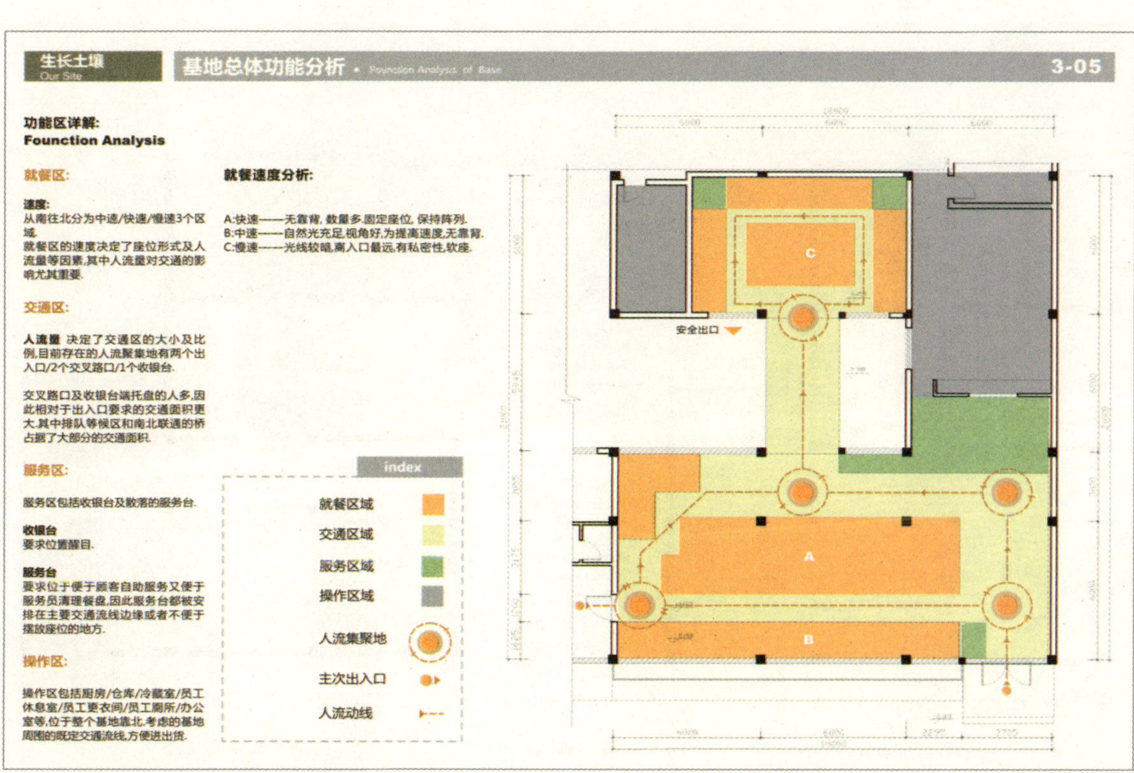

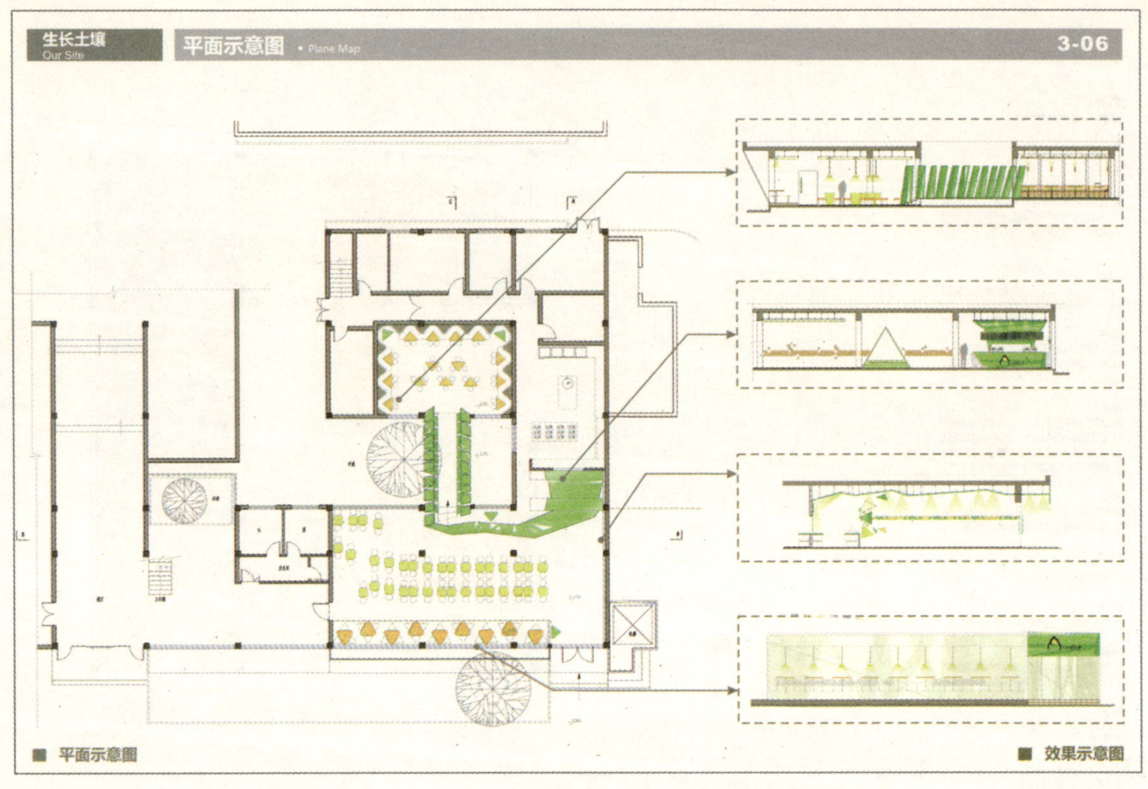
生长土壤
Our Site
平面示意图 • Plane Map
3-06
平面示意图
效果示意图

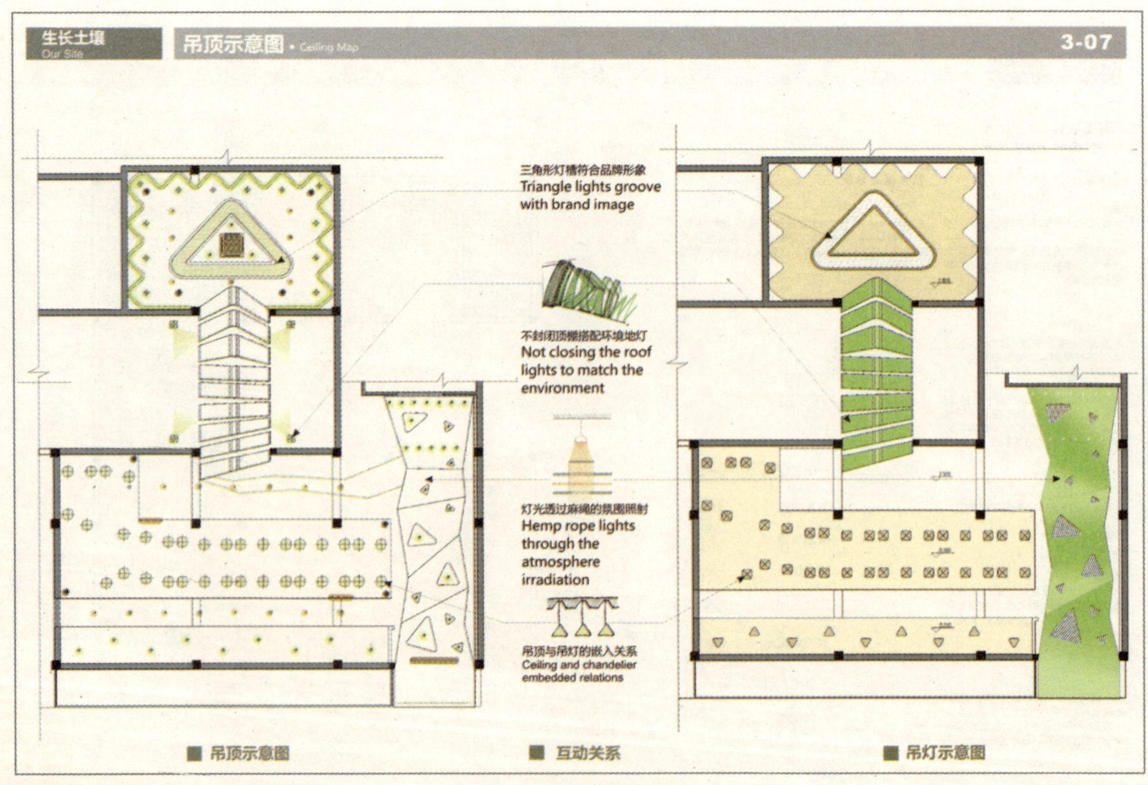
生长土壤
Our Site
吊顶示意图 • Ceiling Map
3-07
三角形灯槽符合品牌形象
Triangle lights groove with brand image
不封闭顶棚搭配环境地灯
Not closing the roof lights to match the environment
灯光透过麻绳的氛围照射
Hemp rope lights through the atmosphere irradiation
吊顶与吊灯的嵌入关系
Ceiling and chandelier embedded relations
吊顶示意图
互动关系
吊灯示意图

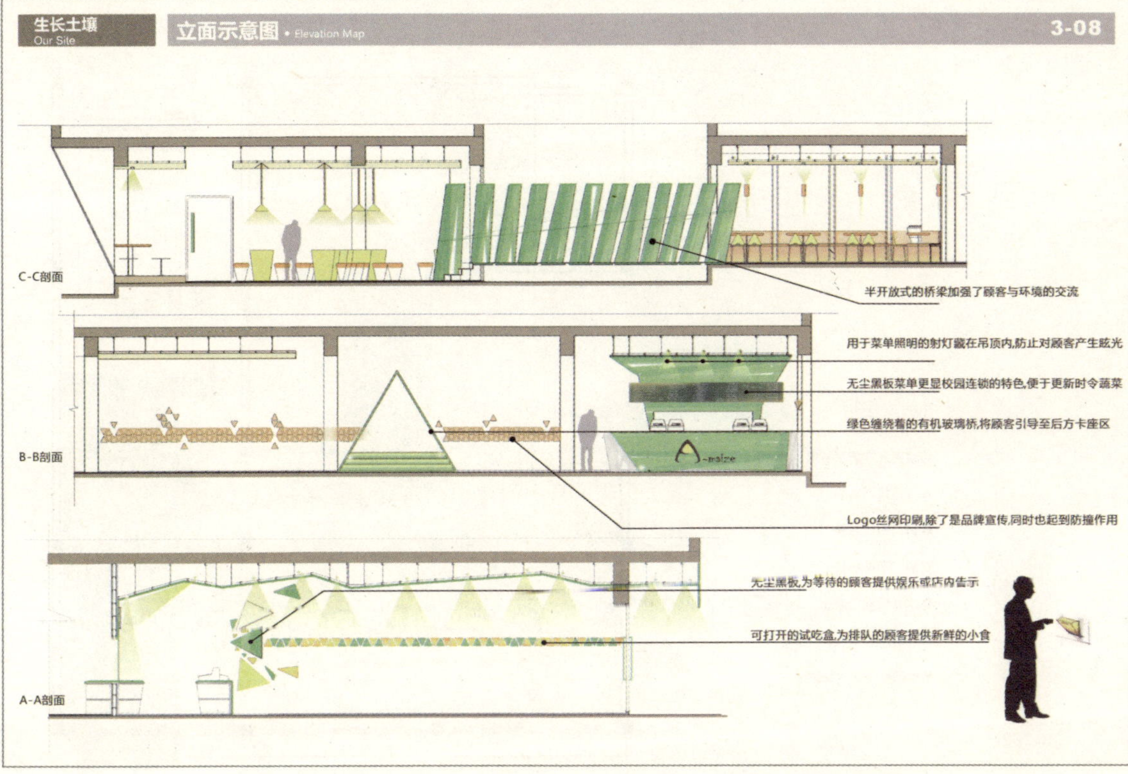
生长土壤
Our Site
立面示意图 • Elevation Map
3-08
C-C剖面
半开放式的桥梁加强了顾客与环境的交流
用于菜单照明的射灯藏在吊顶内,防止对顾客产生眩光
无尘黑板菜单更显校园连锁的特色,便于更新时令蔬菜
绿色缠绕着的有机玻璃桥,将顾客引导至后方卡座区
B-B剖面
Logo丝网印刷,除了是品牌宣传,同时也起到防撞作用
无尘黑板,为等待的顾客提供娱乐或店内告示
可打开的试吃盒,为排队的顾客提供新鲜的小食
A-A剖面

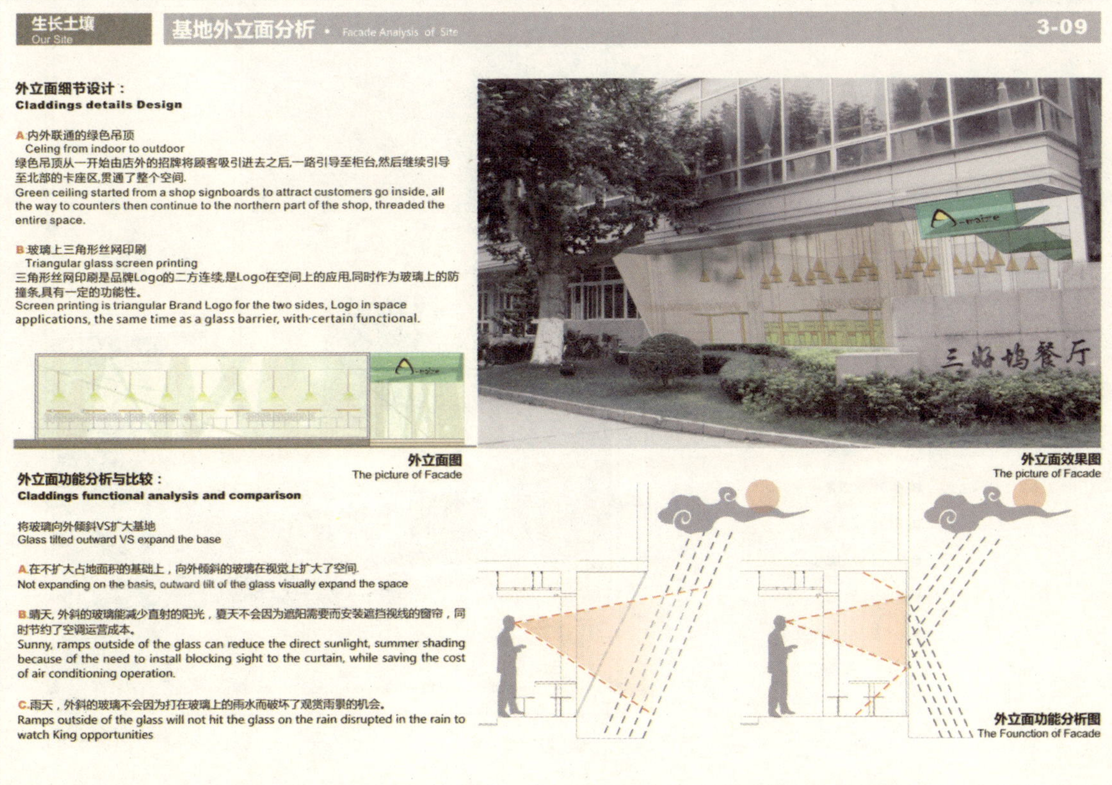
生长土壤
Our Site
基地外立面分析 • Facade Analysis of Site
3-09
外立面细节设计：
Claddings details Design
A.内外联通的绿色吊顶
Celing from indoor to outdoor
绿色吊顶从一开始由店外的招牌将顾客吸引进去之后,一路引导至柜台,然后继续引导至北部的卡座区,贯通了整个空间.
Green ceiling started from a shop signboards to attract customers go inside, all the way to counters then continue to the northern part of the shop, threaded the entire space.
B.玻璃上三角形丝网印刷
Triangular glass screen printing
三角形丝网印刷是品牌Logo的二方连续,是Logo在空间上的应用,同时作为玻璃上的防撞条,具有一定的功能性。
Screen printing is triangular Brand Logo for the two sides, Logo in space applications, the same time as a glass barrier, with certain functional.
外立面图
The picture of Facade
三好坞餐厅
外立面效果图
The picture of Facade
外立面功能分析与比较：
Claddings functional analysis and comparison
将玻璃向外倾斜VS扩大基地
Glass tilted outward VS expand the base
A.在不扩大占地面积的基础上，向外倾斜的玻璃在视觉上扩大了空间.
Not expanding on the basis, outward tilt of the glass visually expand the space
B.晴天，外斜的玻璃能减少直射的阳光，夏天不会因为遮阳需要而安装遮挡视线的窗帘，同时节约了空调运营成本。
Sunny, ramps outside of the glass can reduce the direct sunlight, summer shading because of the need to install blocking sight to the curtain, while saving the cost of air conditioning operation.
C.雨天，外斜的玻璃不会因为打在玻璃上的雨水而破坏了观赏雨景的机会。
Ramps outside of the glass will not hit the glass on the rain disrupted in the rain to watch King opportunities
外立面功能分析图
The Founction of Facade

初步了解空间 • First know the space

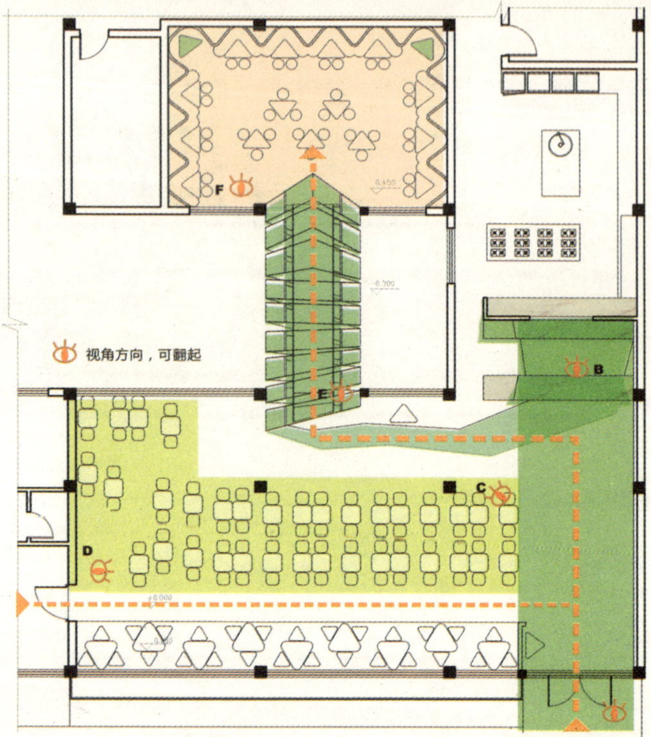
视角方向，可翻起
A
B
C
D
E
F

顾客进入本店的顺序：

A.入口吊顶鸟瞰

B.进门柜台效果

C.进门左视桌椅

D.次入口进门前视

E.通道[桥]的入口

F.后面就餐区平面效果

初步了解空间 • First know the space

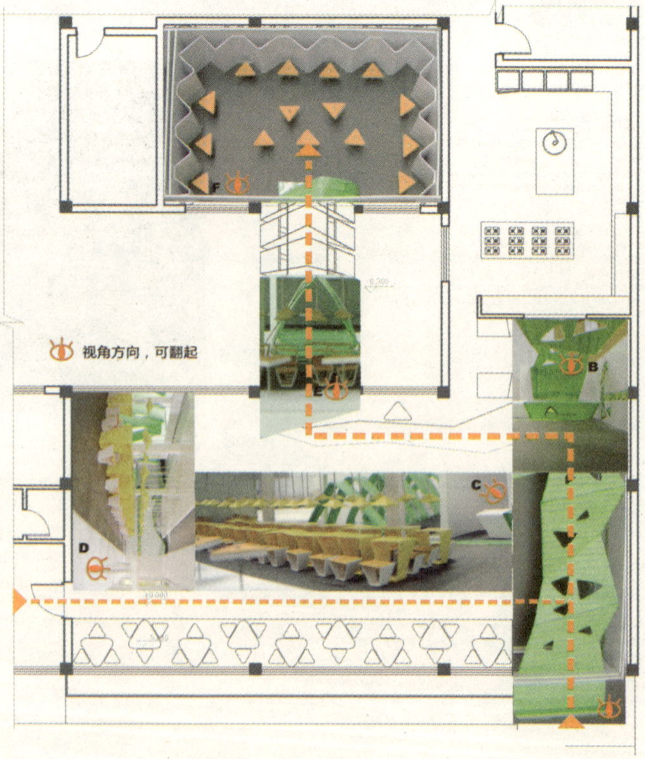
视角方向，可翻起
B
C
D
E
F

顾客进入本店的顺序：

A.入口吊顶鸟瞰

B.进门柜台效果

C.进门左视桌椅

D.次入口进门前视

E.通道[桥]的入口

F.后面就餐区平面效果

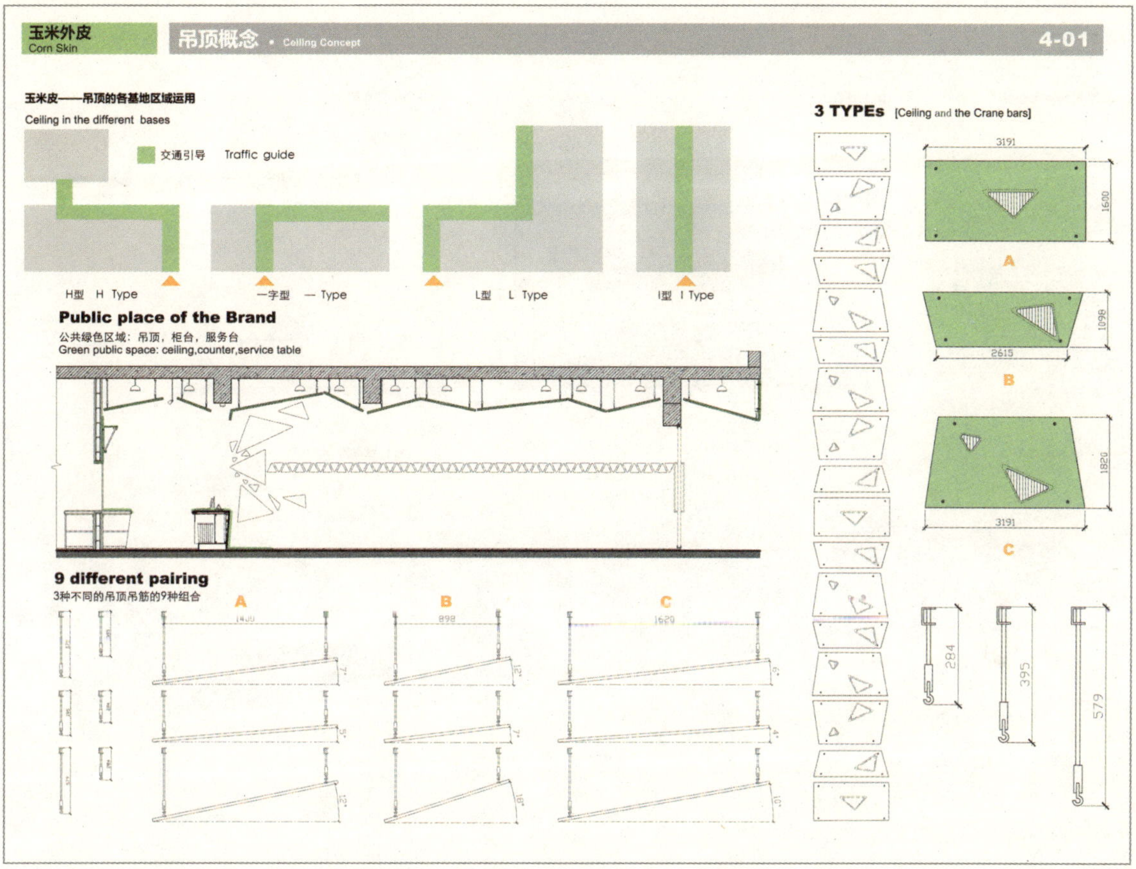

玉米外皮 Corn Skin

吊顶概念 · Ceiling Concept 4-01

玉米皮——吊顶的各基地区域运用

Ceiling in the different bases

交通引导 Traffic guide

H型 H Type　一字型 — Type　L型 L Type　I型 I Type

Public place of the Brand

公共绿色区域：吊顶，柜台，服务台

Green public space: ceiling,counter,service table

9 different pairing

3种不同的吊顶吊筋的9种组合

A 1400　B 898　C 1620

3 TYPEs [Ceiling and the Crane bars]

A 3191 1600

B 2615 1098

C 3191 1820

284　395　579

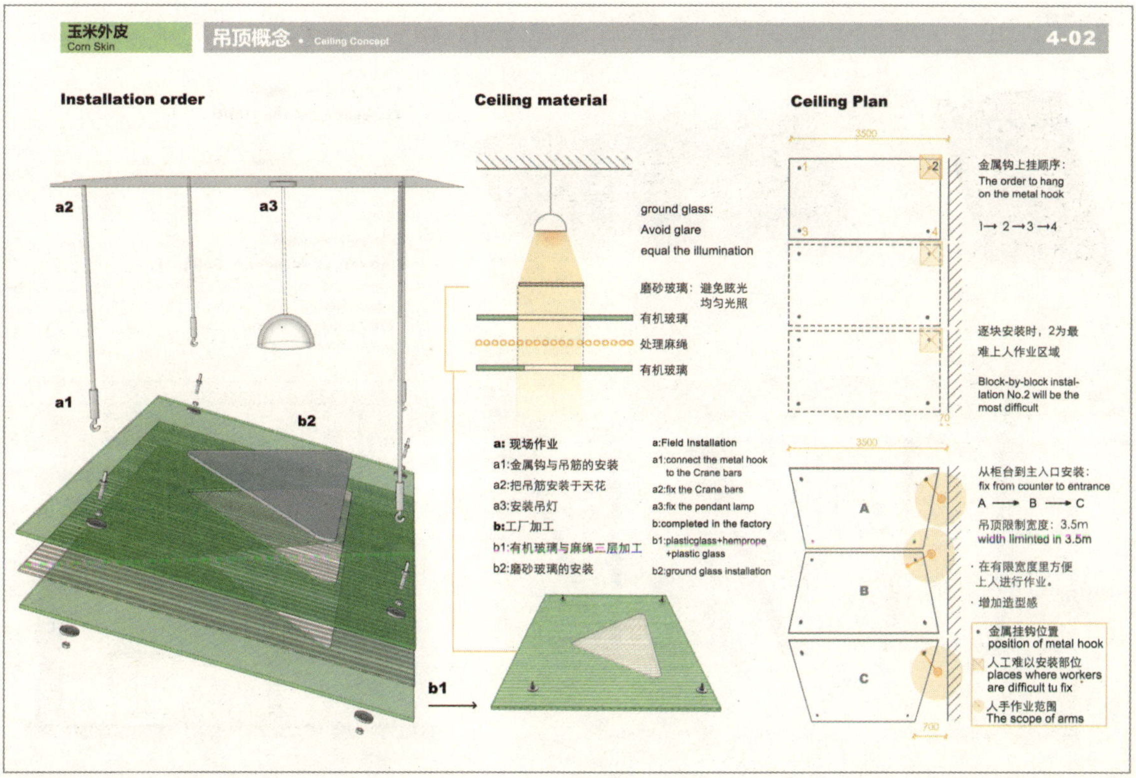

玉米外皮 Corn Skin

吊顶概念 · Ceiling Concept 4-02

Installation order

a2　a3　a1　b2　b1

Ceiling material

ground glass:
Avoid glare
equal the illumination

磨砂玻璃：避免眩光
均匀光照

有机玻璃

处理麻绳

有机玻璃

a: 现场作业
a1:金属钩与吊筋的安装
a2:把吊筋安装于天花
a3:安装吊灯
b:工厂加工
b1:有机玻璃与麻绳三层加工
b2:磨砂玻璃的安装

a:Field Installation
a1:connect the metal hook to the Crane bars
a2:fix the Crane bars
a3:fix the pendant lamp
b:completed in the factory
b1:plasticglass+hemprope +plastic glass
b2:ground glass installation

Ceiling Plan

3500

金属钩上挂顺序：
The order to hang on the metal hook

1→2→3→4

逐块安装时，2为最难上人作业区域

Block-by-block installation No.2 will be the most difficult

3500

从柜台到主入口安装：
fix from counter to entrance
A → B → C

吊顶限制宽度：3.5m
width liminted in 3.5m

· 在有限宽度里方便上人进行作业。
· 增加造型感

· 金属挂钩位置
position of metal hook

人工难以安装部位
places where workers are difficult tu fix

人手作业范围
The scope of arms

700

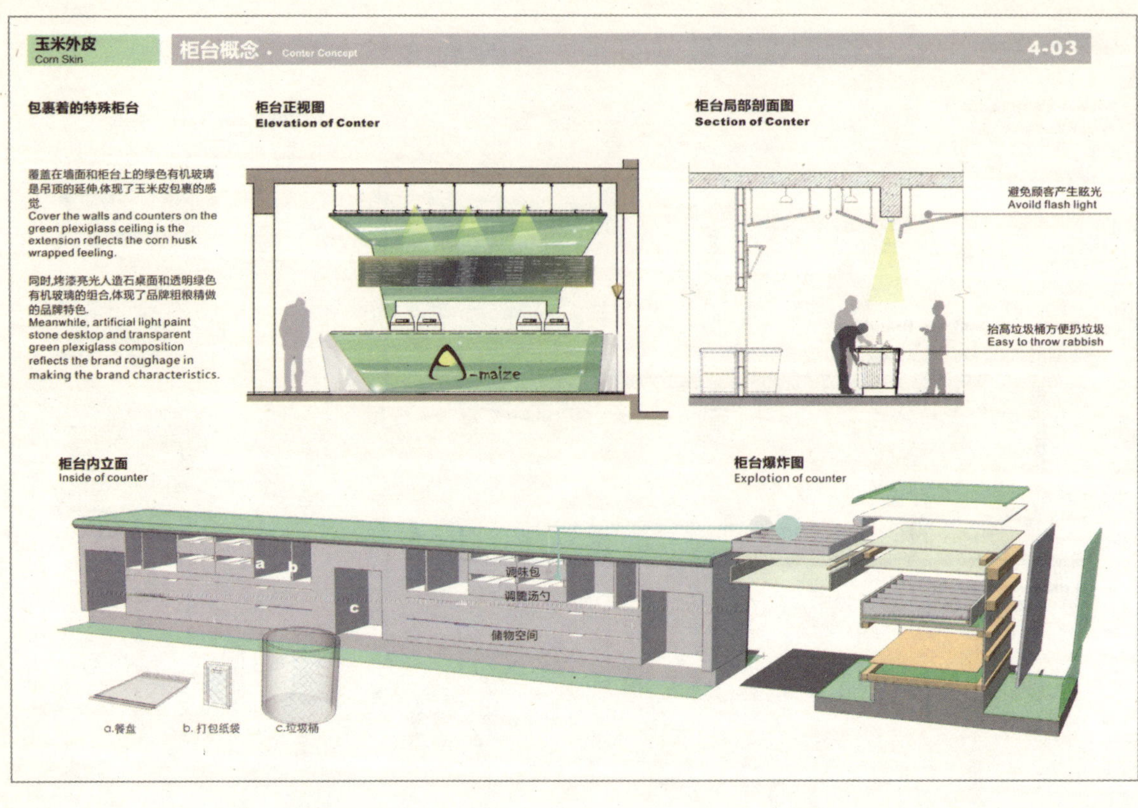

玉米外皮
Corn Skin
柜台概念 · Conter Concept
4-03
包裹着的特殊柜台
覆盖在墙面和柜台上的绿色有机玻璃是吊顶的延伸,体现了玉米皮包裹的感觉.
Cover the walls and counters on the green plexiglass ceiling is the extension reflects the corn husk wrapped feeling.
同时,烤漆亮光人造石桌面和透明绿色有机玻璃的组合,体现了品牌粗粮精做的品牌特色.
Meanwhile, artificial light paint stone desktop and transparent green plexiglass composition reflects the brand roughage in making the brand characteristics.
柜台正视图
Elevation of Conter
A-maize
柜台局部剖面图
Section of Conter
避免顾客产生眩光
Avoild flash light
抬高垃圾桶方便扔垃圾
Easy to throw rabbish
柜台内立面
Inside of counter
调味包
调羹汤勺
储物空间
a.餐盘
b. 打包纸袋
c.垃圾桶
柜台爆炸图
Explotion of counter

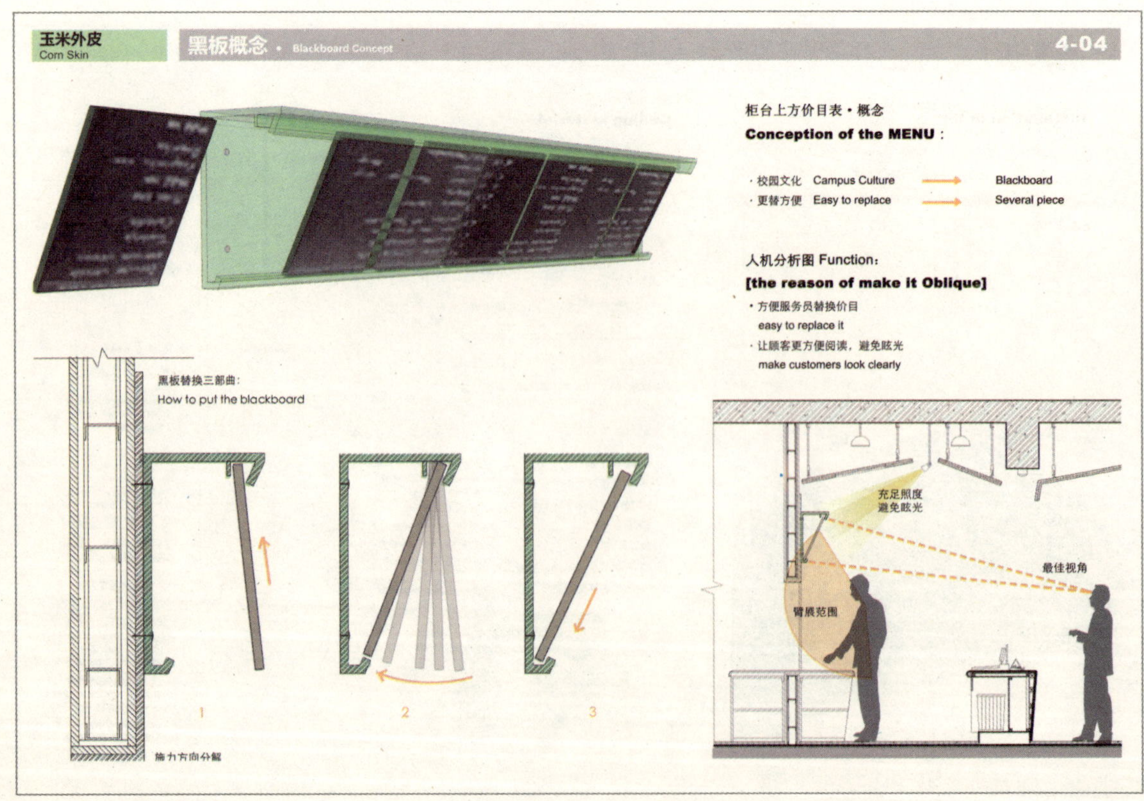

玉米外皮
Corn Skin
黑板概念 · Blackboard Concept
4-04
柜台上方价目表 · 概念
Conception of the MENU :
· 校园文化 Campus Culture → Blackboard
· 更替方便 Easy to replace → Several piece
人机分析图 Function:
[the reason of make it Oblique]
· 方便服务员替换价目
easy to replace it
· 让顾客更方便阅读，避免眩光
make customers look clearly
黑板替换三部曲:
How to put the blackboard
1
2
3
施力方向分解
充足照度
避免眩光
最佳视角
臂展范围

玉米外皮
Corn Skin
模型制作 · Model Making
4-05
Work Infor
[What We Think]
a 锯木龙骨时要挫平
Saw theWood keel
ps: Polishing it
b 使用尺,铅笔裁切防火板
Cut the Unfired Board
ps: Use ruler and pencil
c 防火板要先粘在细木工板上再用锉刀挫平
combine the wood keel and plywood with nail oblique
d 在人造石上要垂直打洞
Dig a hole on the Artificial Stone
ps: make the bit vertical
e 在细木工板上先打洞再放钉
Dig a hole on the Plywood to put the nails in
f 钉钉子时注意垂直
Put the nails into the board
g 喷漆时在板下面垫几张报纸
Spray green Pigments
1 安装地基木龙骨
放上底板
ps:先把防火材料贴于
2 安装横向承重板
ps:实物操作时应搭木
3 安装纵向承重板
4 安装纵横木龙骨
钉上中隔板
5 定位面材承重龙骨
钉上底层龙骨
6 定位面材承重龙骨
钉上4根龙骨
7 安装已处理的纵向人造石
8 安装顶层细木工板
9 安装顶面人造石
10 安装绿色有机玻璃
Model Progress
[How we make it]
Model Photo
[What we have now]

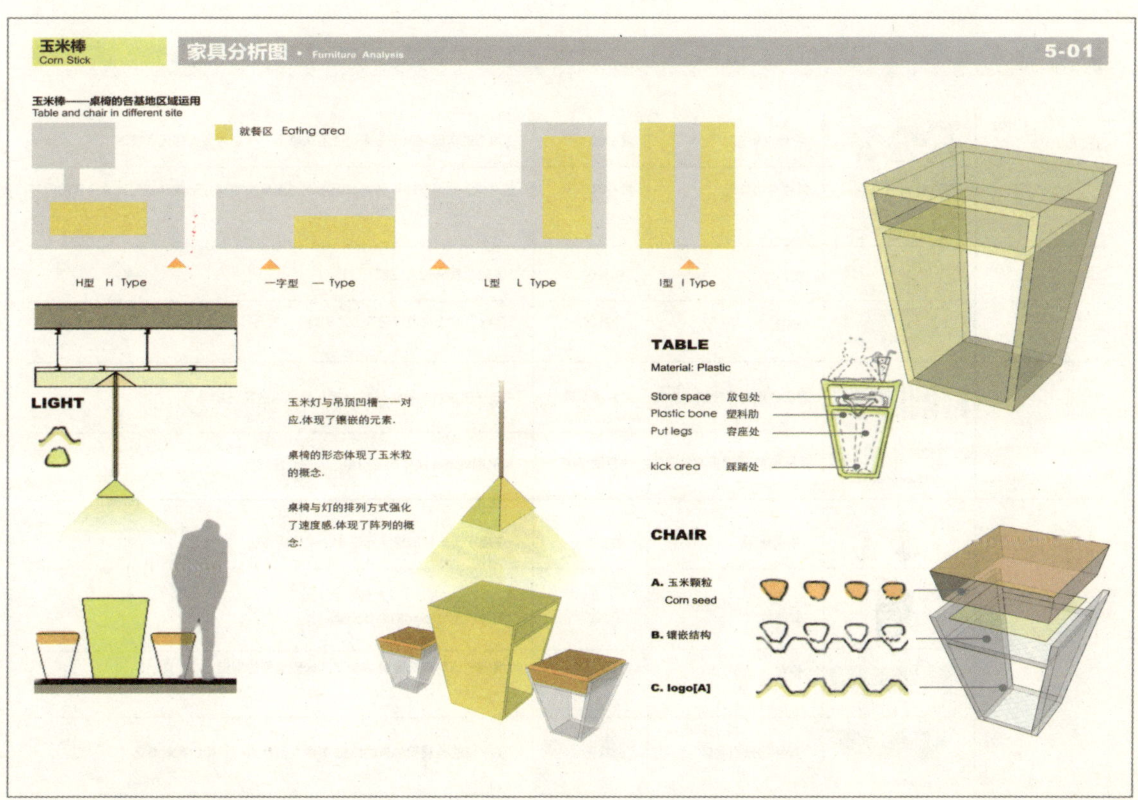
玉米棒
Corn Stick
家具分析图 · Furniture Analysis
5-01
玉米棒——桌椅的各基地区域运用
Table and chair in different site
就餐区 Eating area
H型 H Type
一字型 — Type
L型 L Type
I型 I Type
LIGHT
玉米灯与吊顶凹槽一一对应.体现了镶嵌的元素.
桌椅的形态体现了玉米粒的概念.
桌椅与灯的排列方式强化了速度感.体现了阵列的概念.
TABLE
Material: Plastic
Store space 放包处
Plastic bone 塑料肋
Put legs 容座处
kick area 踩踏处
CHAIR
A. 玉米颗粒
Corn seed
B. 镶嵌结构
C. logo[A]

A-maize Menu 阿麦滋菜单

乞/卸		鬼		缅绞		图		粥		羹		乞昭		少各	
名称	单价	名称	单价	名称	单价	名称	单价	名称	单价	名称	单价	名称	单价	名称	单价
木须薯饭	5	朝鲜冷面	5	两面蜂糕	5	高粱团子	5	玉米糁奶粥	3	番茄玉米羹	4	杏仁茶	3	蜂蜜煮红薯	3
肉丁豌豆饭	6	日式冷荞面	5	枣豆丝糕	4	芋糯麻团	5	小米黄豆粥	3	山芋羹	4	莲藕绿豆汤	4	薯卷果	3
什锦果汁饭	5	三菇荞麦凉面	6	玉米面丝糕	5	绿豆团	4	腊八粥	4			五彩绿豆汤	3	冰糖豌豆	3
奶油八果饭	5	家常牛肉荞面	6	雷草凉糕	5	雪花团子	5	八宝什锦粥	4			赤豆桂圆汤	4	豆沙凉糍粑	4
荷叶八宝饭	6			牛奶冻糕	5	黄金团	4	甘薯粥	3					黄豆粉布丁	4
金银卷	5			扒糕	4			豌豆绿豆粥	3					奶油豆沙布丁	4
芝麻白薯卷	5			血糕	4			绿豆杨梅粥	4						
豌豆泥蛋卷	6			鸳鸯凉糕	5			绿豆银耳粥	3						
				豆茸凉糕	5			八宝莲子粥	4						
				果味凉糕	5										
				豌燕糕	5										
				重阳栗糕	5										
				百果蜜糕	5										

背景为主食　　背景为副食　　彩色字体为推荐菜色

类别	名称	区域	说明
空间	三角形卡座	就餐区	三角形的卡座来源于玉米粒在玉米棒上一一对应嵌入的元素提炼
	黄色桌椅阵列	就餐区	玉米棒上的强烈的阵列感被运用到速度最快的部分就餐区,简短顾客停留的时间
色彩	黄色	就餐区	体现速度感,提升食欲
	绿色	公共区	用醒目的绿色进行空间上的引导
材质	双层绿色有机玻璃夹麻绳	公共区引导	来自于玉米皮的提炼元素,体现粗粮精做的品牌理念
	亚麻布壁纸/亚麻布软包	内立面/座垫	粗糙的触感间接体现了粗粮给人的心里感受
家具	玉米桌/椅	就餐区	来自于玉米粒的提炼元素,形态类似玉米粒
	服务台	公共区	三角形配合logo的立体元素
	柜台	公共区	覆盖的绿色有机玻璃,体现了玉米皮包裹的感觉
	绿色吊顶引导区	公共区	玉米皮的延展和包裹的感觉,引导人们从大门到柜台到就餐区

课程作业七　快题设计——家具

· 设计小组：楼乐菲　指导老师：雷朴实
蒋　宁
傅　佳
高懿理

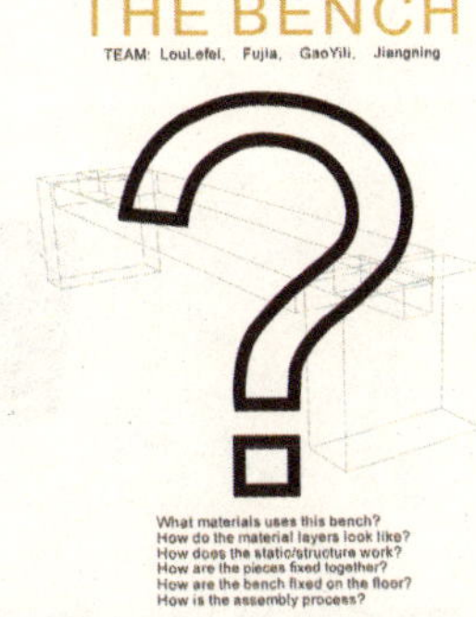

三年级（下）

快题——家具结构设计分析

一、教学要求

通过对既成家具的视觉观察，训练学生读取并思考其内部构造及材料应用的能力。学会从表象到内部结构的反向思考过程，进而达到全面设计能力的培养。

分组形式：3~4 位同学一组

二、题目内容及需解答的问题

对图示照片内的椅子进行观察，并解答以下问题：

1. 该座椅使用了什么材料?
2. 材料的分层结构是怎样的?
3. 座椅的内部支撑结构?
4. 各结构部件是如何组装的?
5. 该座椅是如何固定到该场地上的?
6. 从制作到现场安装的步骤是怎样的?

三、图纸要求

1. 图纸数量及形式自定，以可汇报为准。
2. 平面图、立面图、剖面图及材料标注。
3. 尺寸标注图。
4. 尽可能多的节点详图，各部件间连接处的详图。

四、时间安排：共 16 课时

座椅实体照片

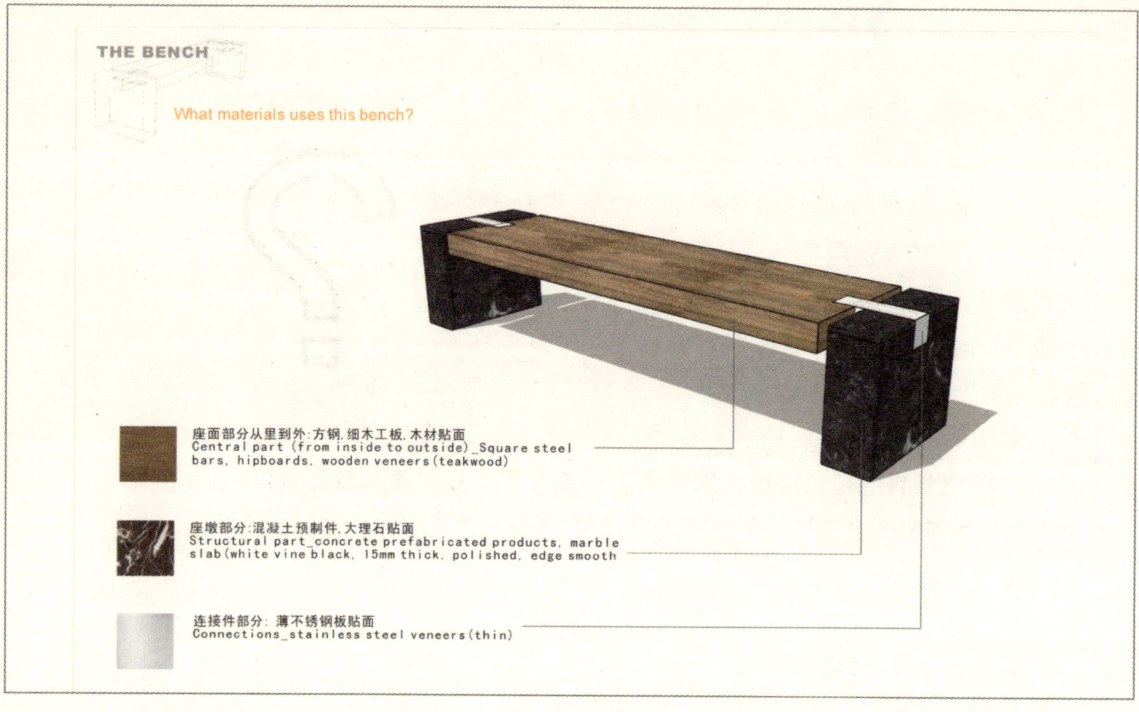

we suggeste to use **plaste(2 side)** to adhere the bench to the floor

benifits:

- cheap
- easy to deal with
- do not destroy the ground
- firm (especially in the horizontal direction)
- can be removed to change position if needed

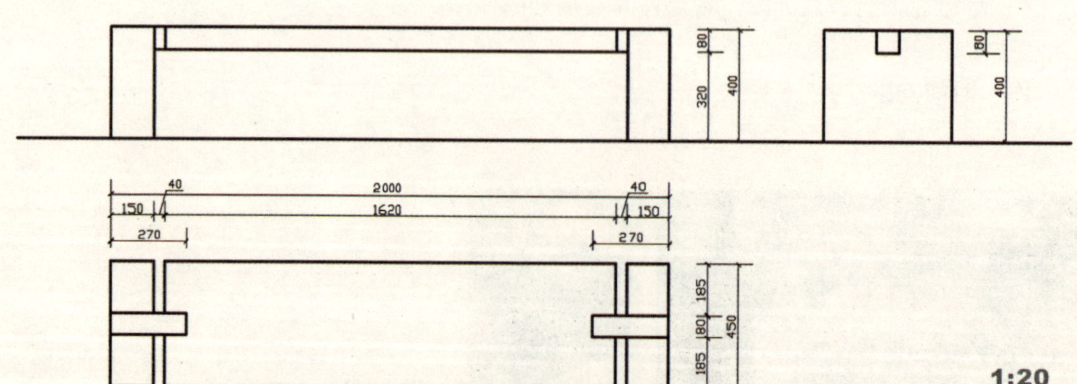

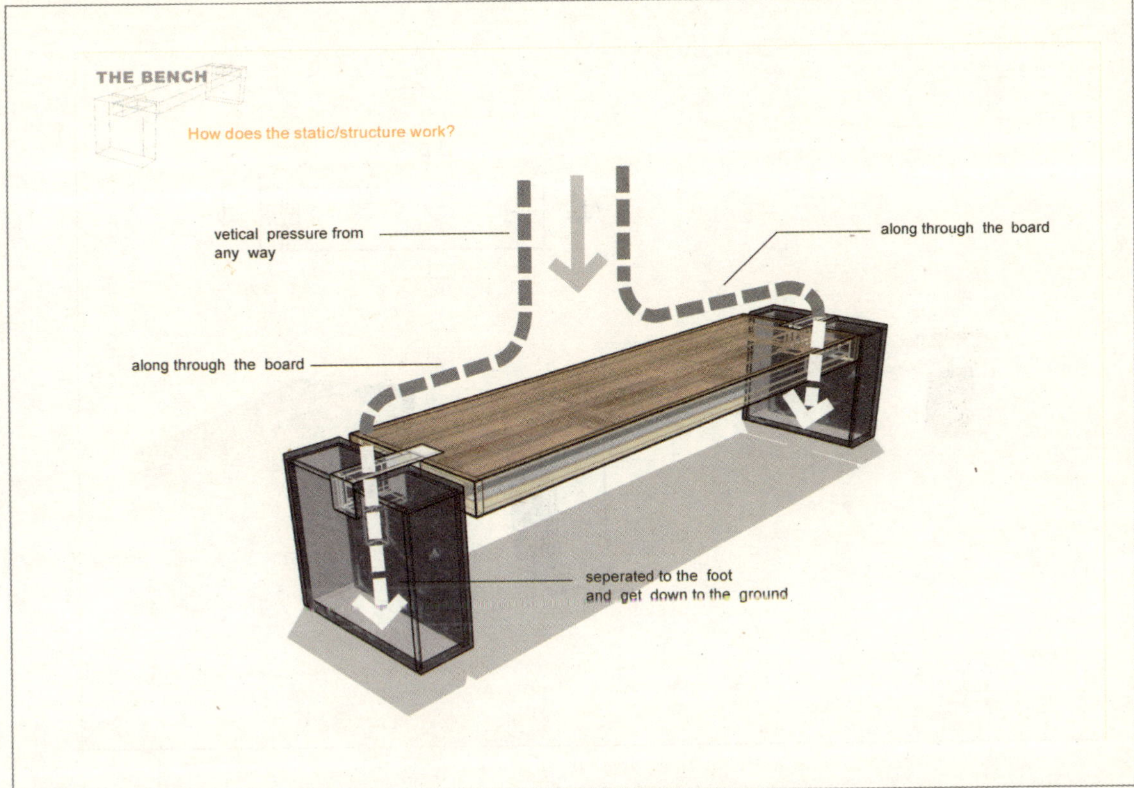
THE BENCH
How does the static/structure work?
vetical pressure from any way
along through the board
along through the board
seperated to the foot and get down to the ground

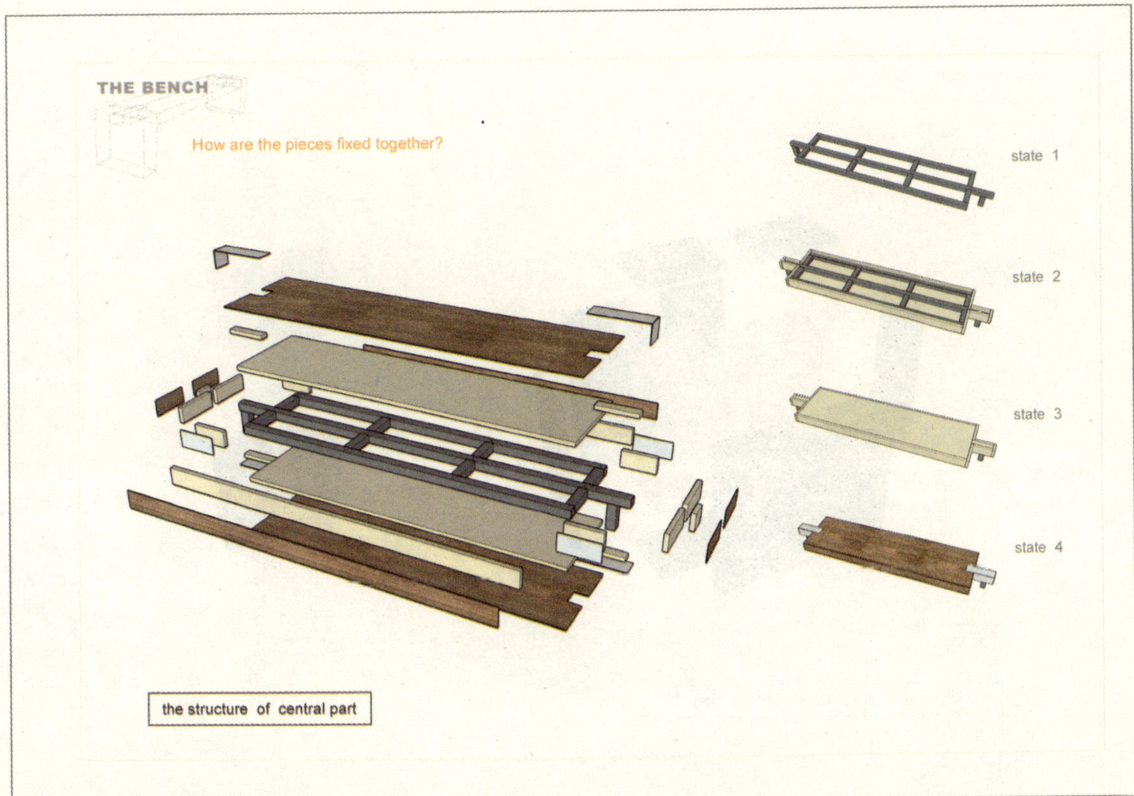
THE BENCH
How are the pieces fixed together?
state 1
state 2
state 3
state 4
the structure of central part

THE BENCH

How are the pieces fixed together?

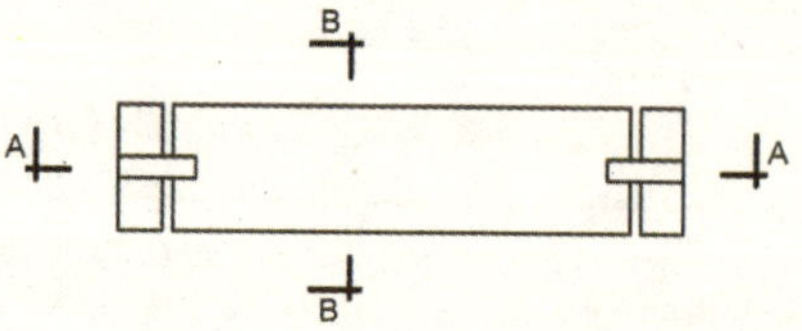

B

A

A

B

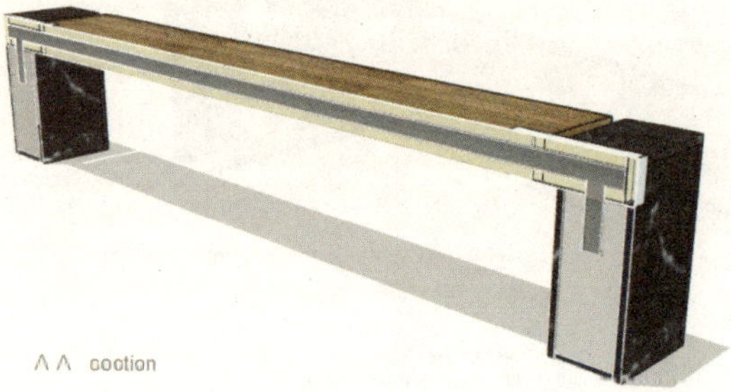

A A section

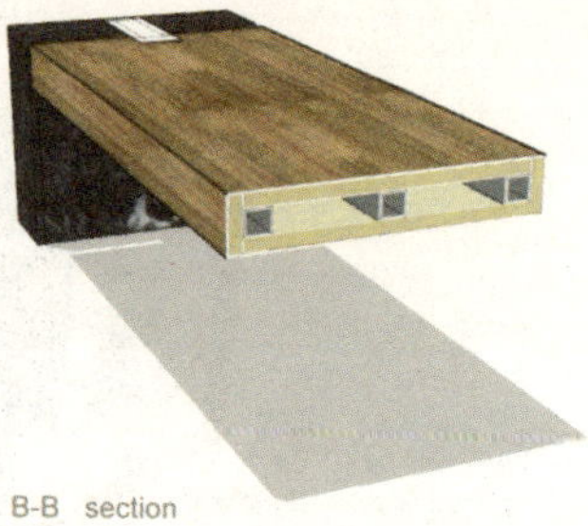

B-B section

section

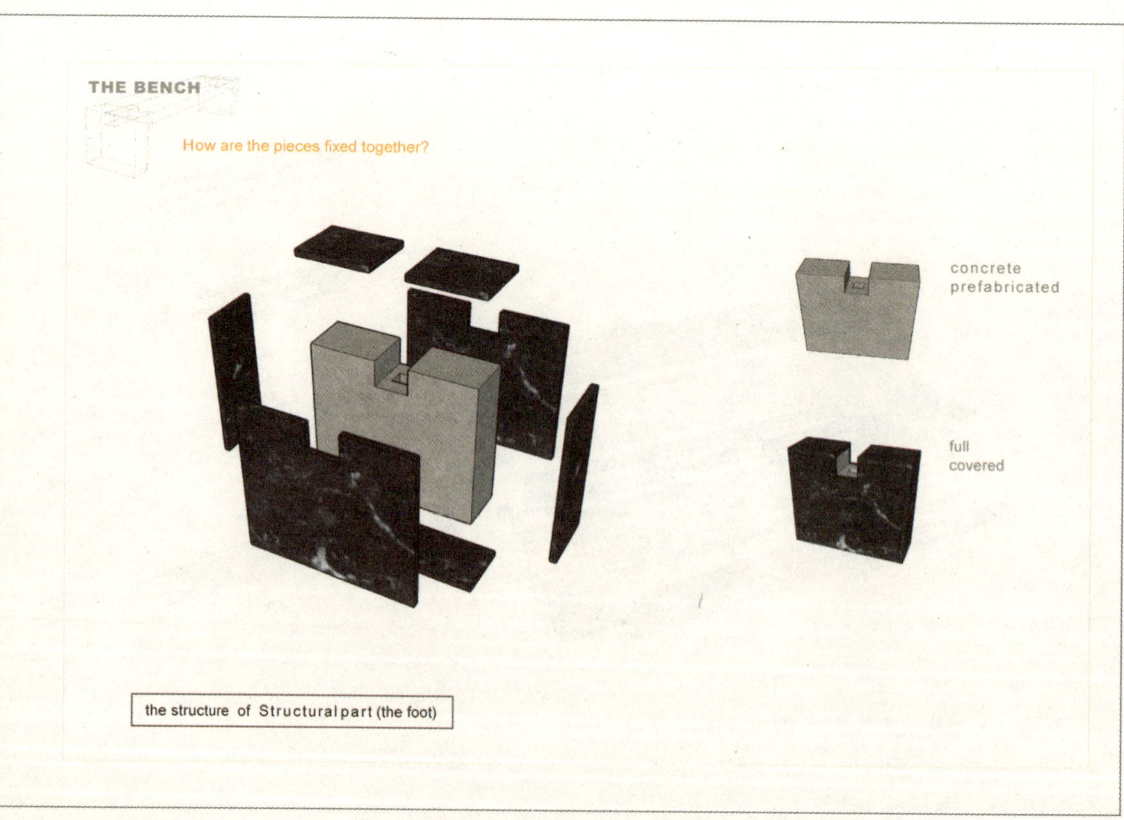

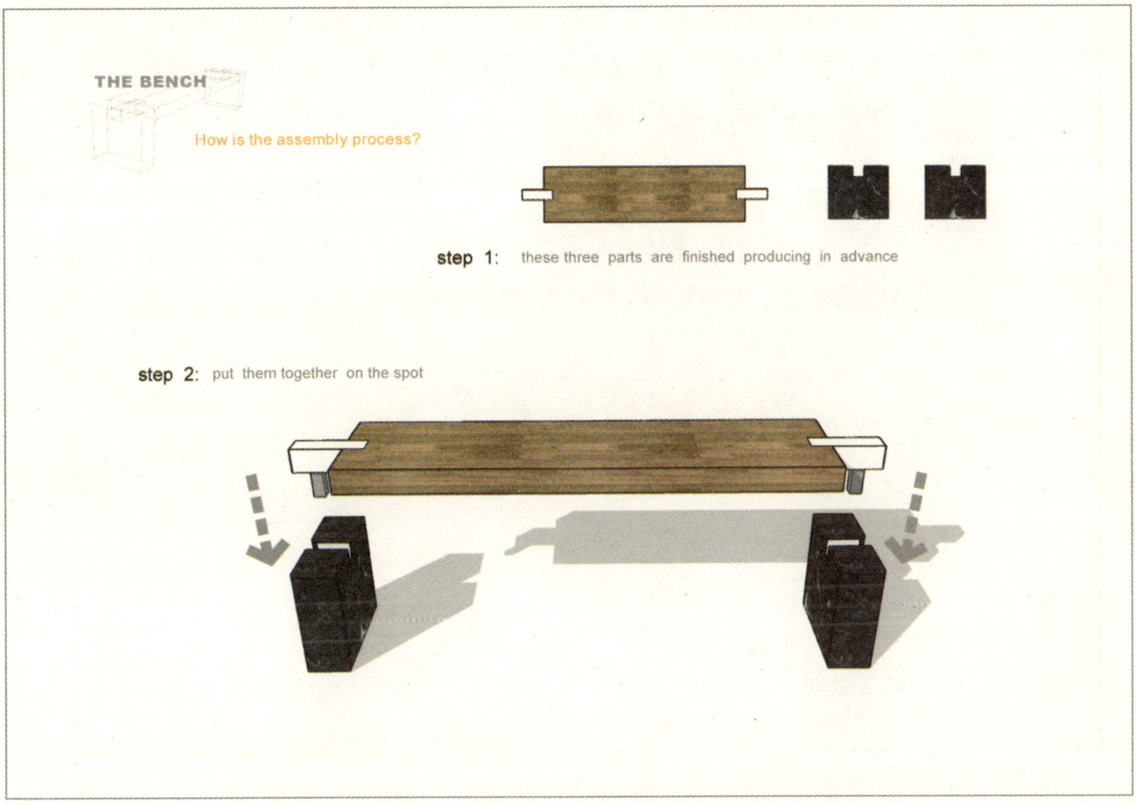

THE BENCH

How is the assembly process?

step 1: these three parts are finished producing in advance

step 2: put them together on the spot

课程作业八　快题设计——照明

· 设计：李　曜　指导老师：郝洛西

三年级（下）

快题——照明设计分析

一、教学要求

通过照明设计，在了解空间及其功能要求的基础之上，为空间创造出合理而舒适的光环境。 同时照明设计应体现展示空间的光环境特色，与家具、展品相协调，从专业的角度去进行设计。

二、题目内容

按照已给的建筑设计图进行照明设计。

作业过程分为二个阶段：

1. 空间分析：明确空间功能，进行恰当的功能 区域划分，同时应注重展区内展品的照明方式，突出展品的自身特点，满足观者的视觉及心理需求。

2. 室内照明设计：根据空间及展示的需要，进行相应的照明设计与光源选配，光源与灯具选型（以 ERCO 灯具样本为主）。

3. 照明计算与表达：（使用 Dialux4.2 照明计算软件）最终计算结果至少包括以下计算面的照度：地面的水平照度及展示区域的水平面或垂直面照度，其他根据具体设计内容进行计算。

三、图纸要求

1. 灯位布置图（平面与剖面），各主要空间光照图式示意图（平面与剖面）、室内照明效果图（电脑或手绘均可）、照度分析图等。

2. 设计说明。

四、时间安排：共 20 课时

Introduction

设计说明：

展示空间的重要性不言而喻。但是如何让整个空间达到理想的效果和氛围却是建筑师，设计师，深入研究的目的。 通常人们越来越重视合理的展示方式，却忽略了灯光效果对展示方式的影响，正如不同的展品有着多种多样的展示方式，材质，色彩。

优良的照明设计有要考虑到光源的选择，投射角度的大小，显色性，照度值，及炫光控制多方面。

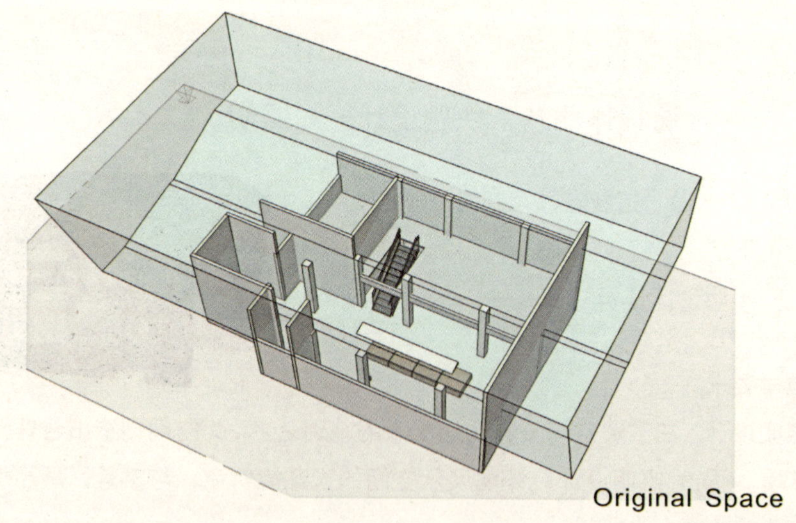

Original Space

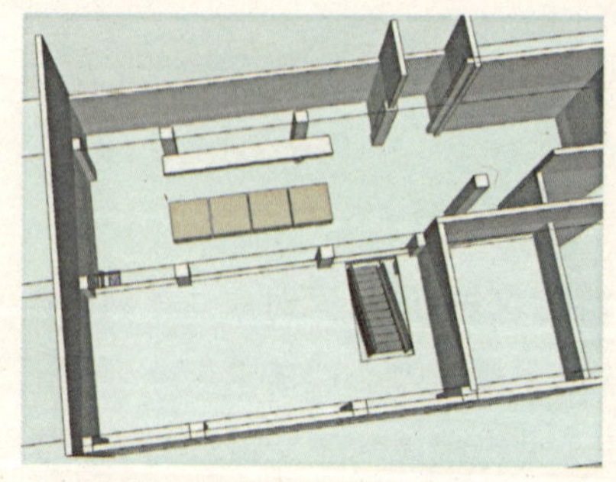

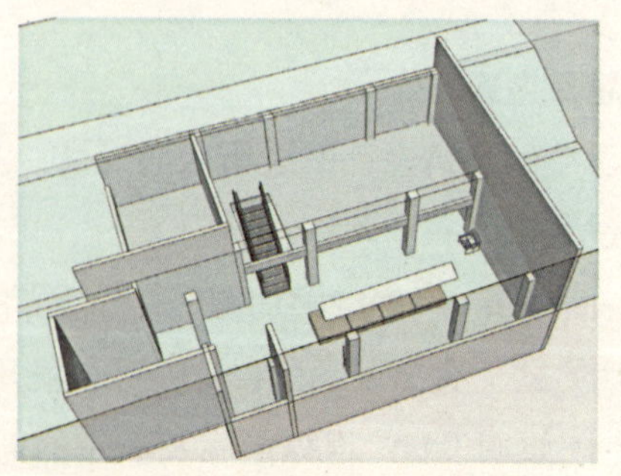

Bird’s eye view

Design Concept

设计说明：

院史馆的展示空间，展示的不仅仅的是既有的成果和辉煌，更重要的是展示一段历史，让曾经的珍贵片断——重现，以历史为轴线，分隔不同时期的事件成为设计的切入点，灯光也根据不同的区域而有所区分，进而凸现不仅仅是展品本身，而更多的是一段令人记忆犹新的历史。

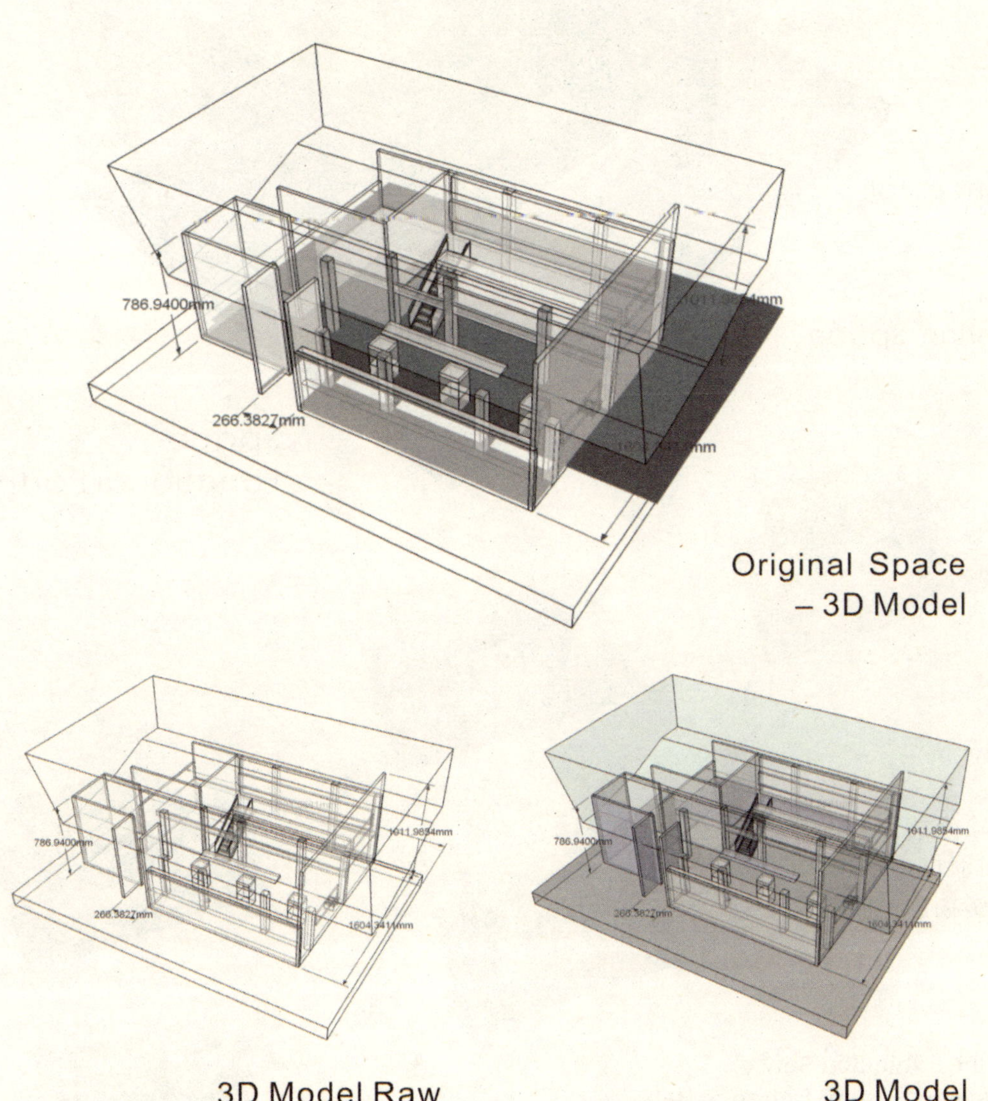

Original Space
– 3D Model

3D Model Raw

3D Model

Space Analysis
空间分析:

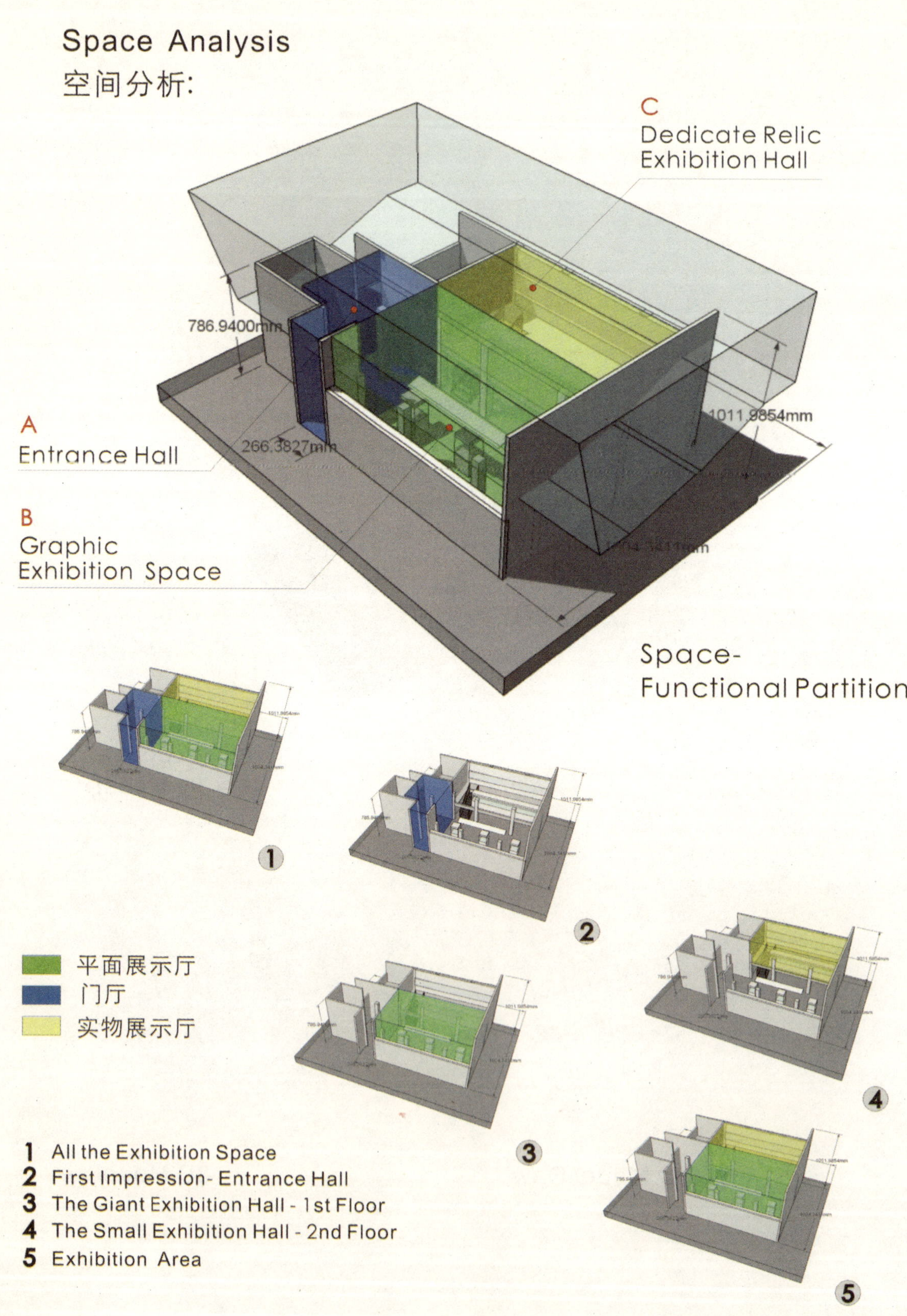

1 All the Exhibition Space
2 First Impression- Entrance Hall
3 The Giant Exhibition Hall - 1st Floor
4 The Small Exhibition Hall - 2nd Floor
5 Exhibition Area

3D Rendering
空间效果图

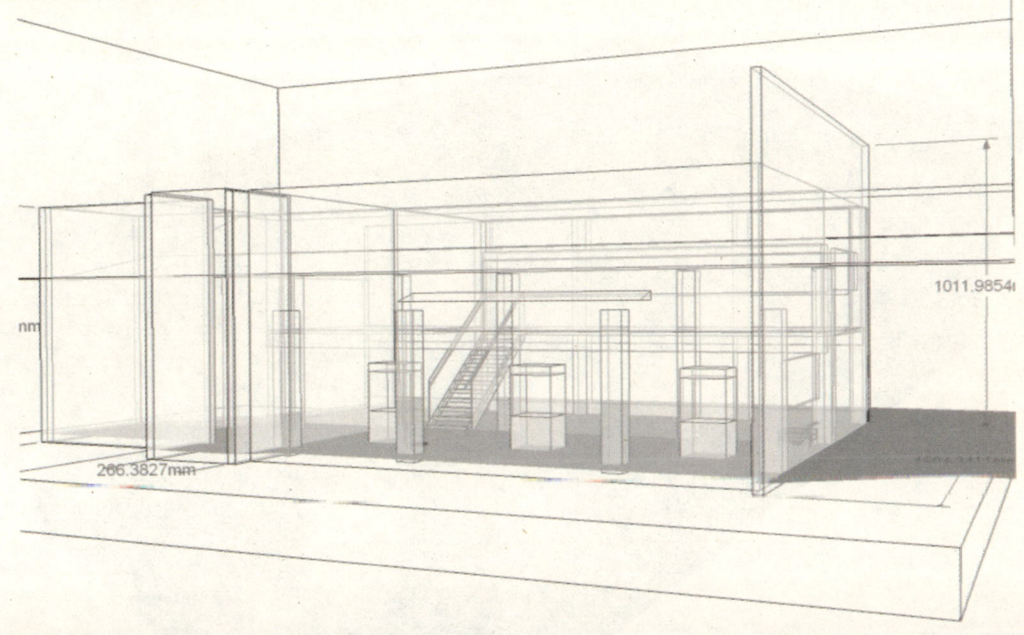

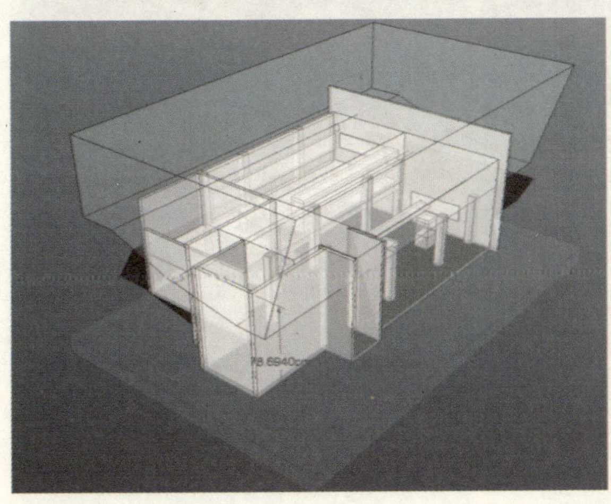

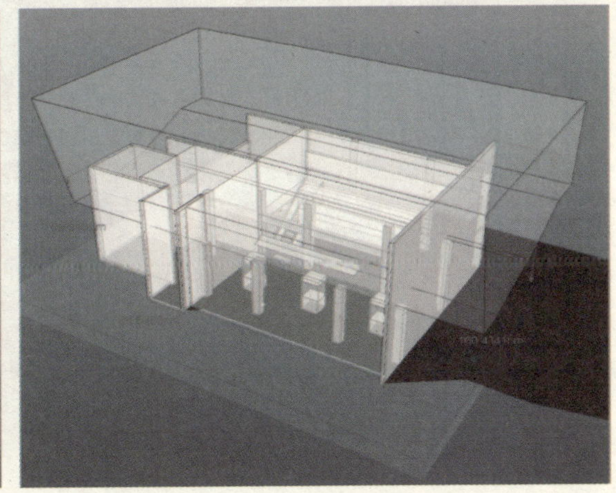

3D Rendering- With Lighting Effect By Dialux

灯光设计效果图- 由Dialux计算产生

Exhibition Hall B

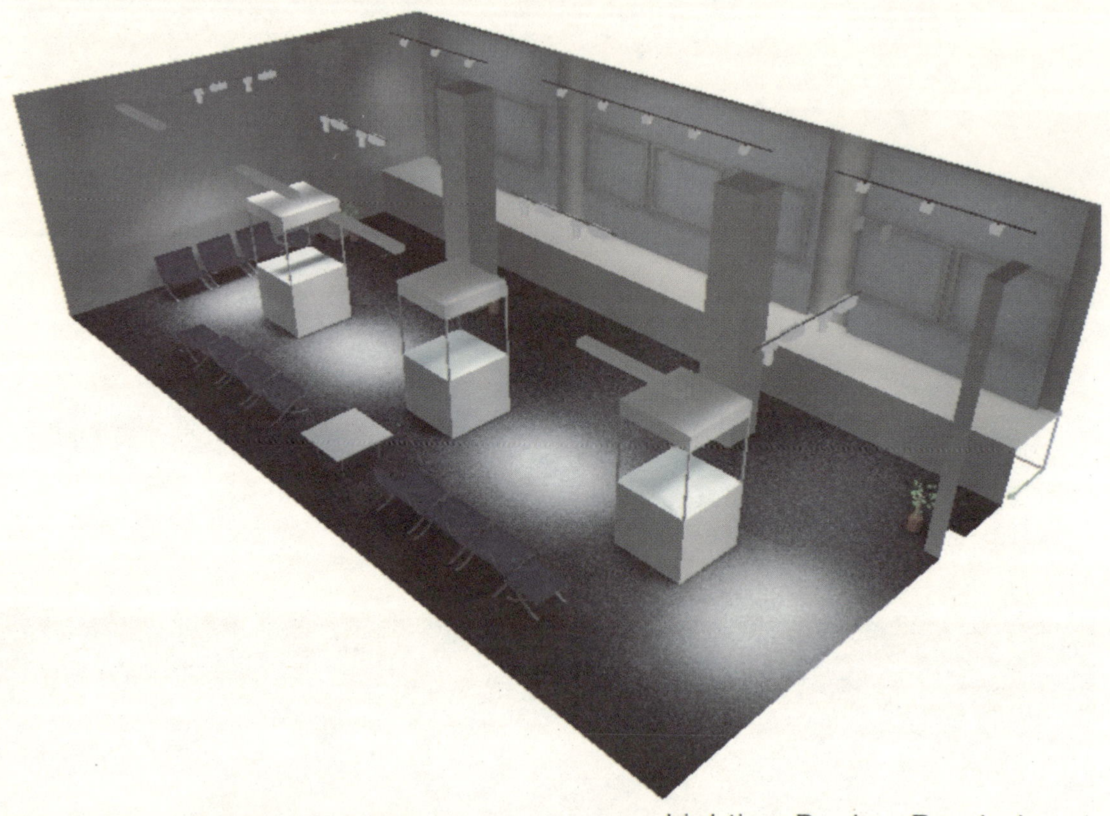

Lighting Design Rendering-1

Lighting Design Rendering-2

3D Rendering- With Lighting Effect By Dialux

灯光设计效果图- 由Dialux计算产生

Exhibition Hall B

灯 光 效 果 图
-室内照明色温显示1

保证大面积的均匀光照,使平面展示达到良好的效果

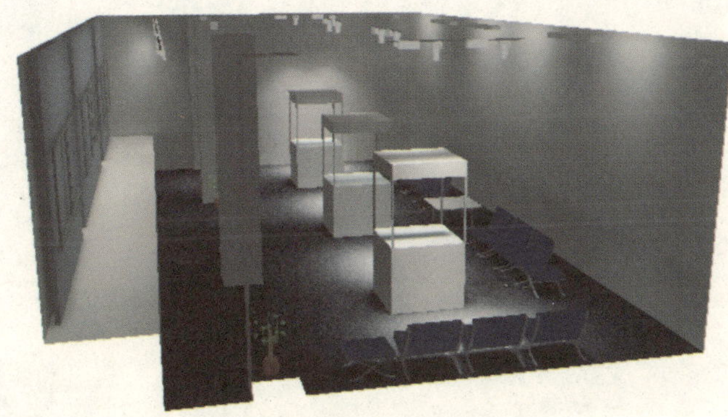

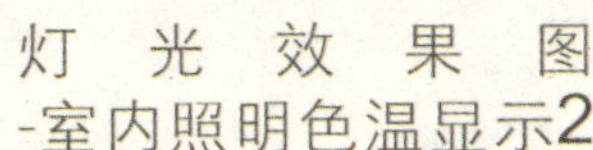

灯 光 效 果 图
-室内照明色温显示2

在使泛光照明实现之后,运用适合的局部照明方式,使展示柜有充足的光照.

灯光设计基本数据- 由Dialux计算产生

Exhibition Hall B

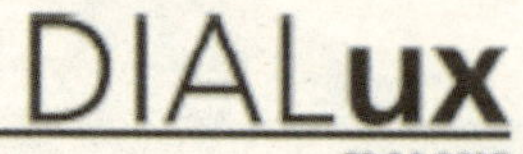

30.06.2007

设计者
电话
传真
电子邮件

EX-2 / 照明器具表

6 数量

DIAL 18 HALOSPOT® EL-F 50 W/KLR
产品编号: 18
光通量: 1000 lm
瓦数: 50 W
灯具的分类根据 CIE: 100
CIE Flux 代码: 80 92 96 100 100
配件: 1 x QT12 50W (修正系数 1.000).

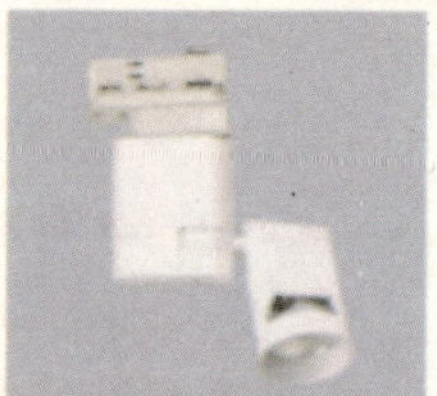

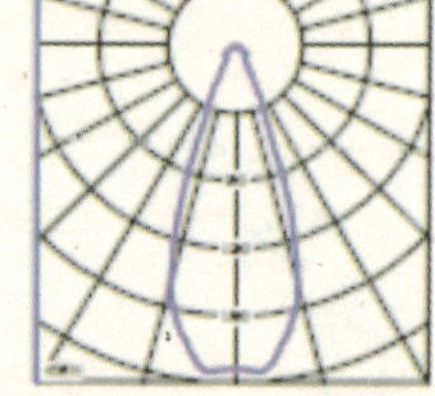

4 数量

DIAL 19 SOFTLITE® 58 W
产品编号: 19
光通量: 3700 lm
瓦数: 54 W
灯具的分类根据 CIE: 79
CIE Flux 代码: 34 60 81 79 53
配件: 1 x T26 58W (修正系数 1.000).

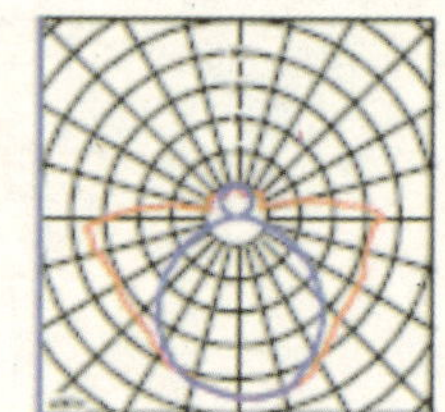

11 数量

DIAL 21 Compar Wandfluter für Minirail
产品编号: 21
光通量: 1000 lm
瓦数: 50 W
灯具的分类根据 CIE: 99
CIE Flux 代码: 49 79 92 100 69
配件: 1 x QT12 50W (修正系数 1.000).

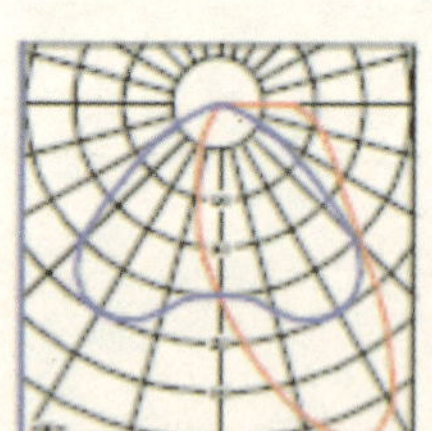

8 数量

DIAL 5 Aufbaustrahler
产品编号: 5
光通量: 5500 lm
瓦数: 78 W
灯具的分类根据 CIE: 100
CIE Flux 代码: 97 99 99 100 62
配件: 1 x HIT 70 W (修正系数 1.000).

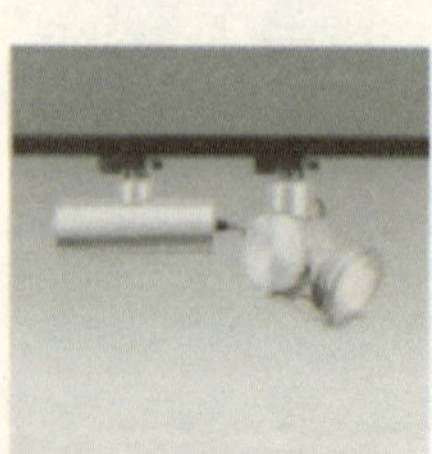

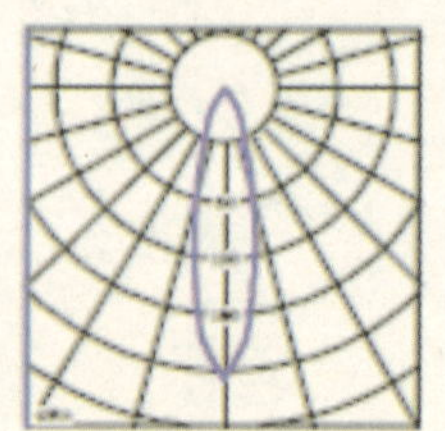

Exhibition Hall B

DIALux

30.06.2007

设计者
电话
传真
电子邮件

EX-2 / 摘要

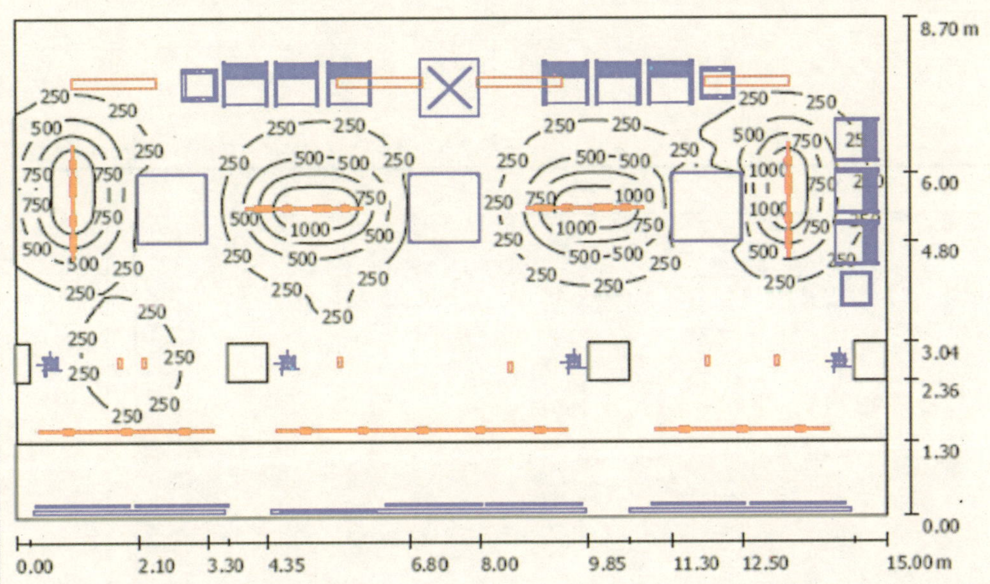

空间高度: 4.300 m, 维护系数: 0.80

单位為 Lux, 比例 1:110

表面	ρ [%]	平均照度 [lx]	最小照度 [lx]	最大照度 [lx]	最小照度 / 平均照度
工作面	/	256	15	1227	0.06
地板	20	220	20	896	0.09
天花板	70	51	24	817	0.48
墙壁 (4)	50	57	0.29	241	/

工作面:
高度: 0.850 m
网格: 128 x 128 点
边界: 0.000 m

灯具清单

No.	数量	名称 (修正系数)	Φ [lm]	P [W]
1	6	DIAL 18 HALOSPOT® EL-F 50 W/KLR (1.000)	1000	50
2	4	DIAL 19 SOFTLITE® 58 W (1.000)	3700	54
3	11	DIAL 21 Compar Wandfluter für Minirail (1.000)	1000	50
4	8	DIAL 5 Aufbaustrahler (1.000)	5500	78
		总数:	75800	1690

实际效能值: 12.95 W/m² = 5.07 W/m²/100 lx (面积: 130.50 m²)

DIALux 4.1 by DIAL GmbH

页 8

Exhibition Hall B

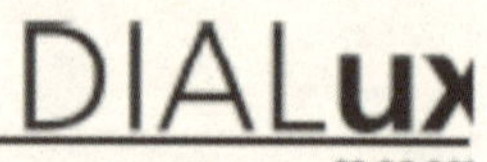

30.06.200

设计者
电话
传真
电子邮件

EX-2 / 工作面 / 灰阶等照度图 (照度

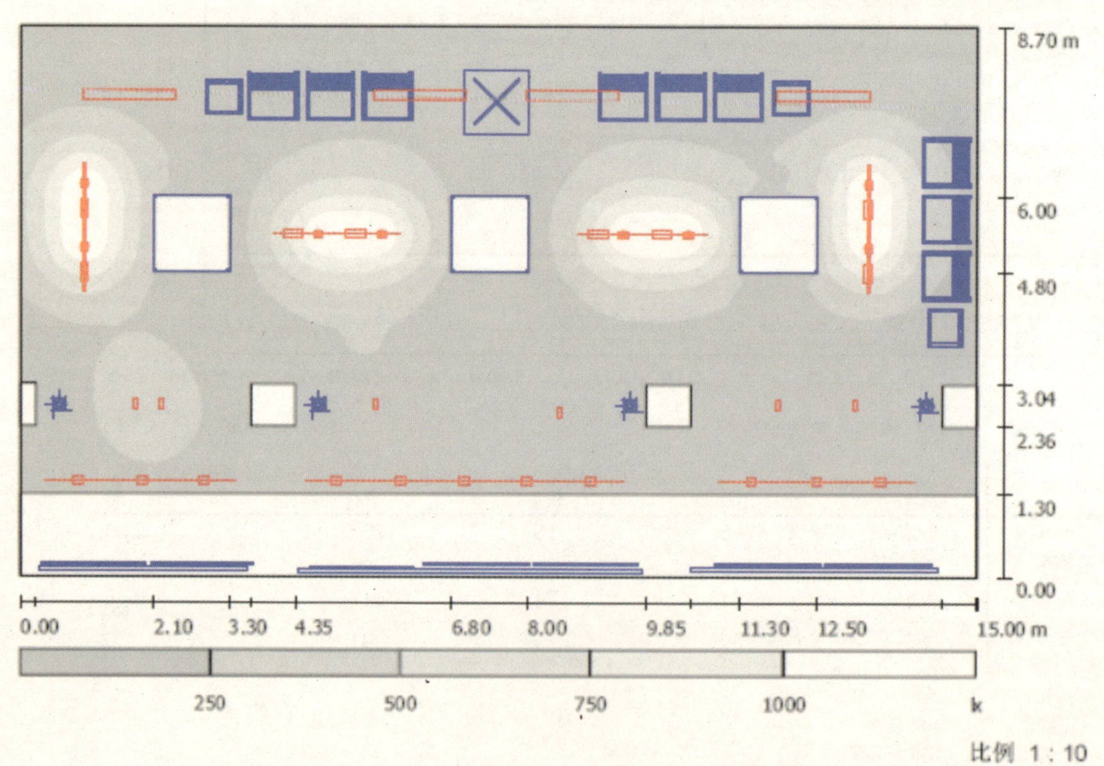

比例 1 : 10

网格: 128 x 128 点

平均照度 [lx]	最小照度 [lx]	最大照度 [lx]	最小照度 / 平均照度	最小照度 / 最大照
254	15	1226	0.06	0.0

3D Rendering- With Lighting Effect By Dialux

灯光设计效果图- 由Dialux计算产生

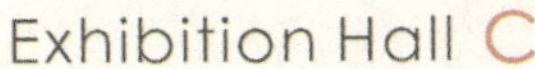

Exhibition Hall C

空间等照度效果图

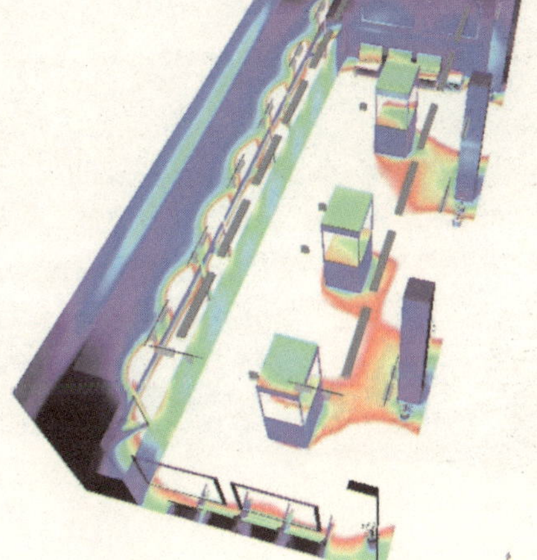

空间色温效果图

3D Rendering- With Lighting Effect By Dialux

灯光设计效果图- 由Dialux计算产生

Exhibition Hall C

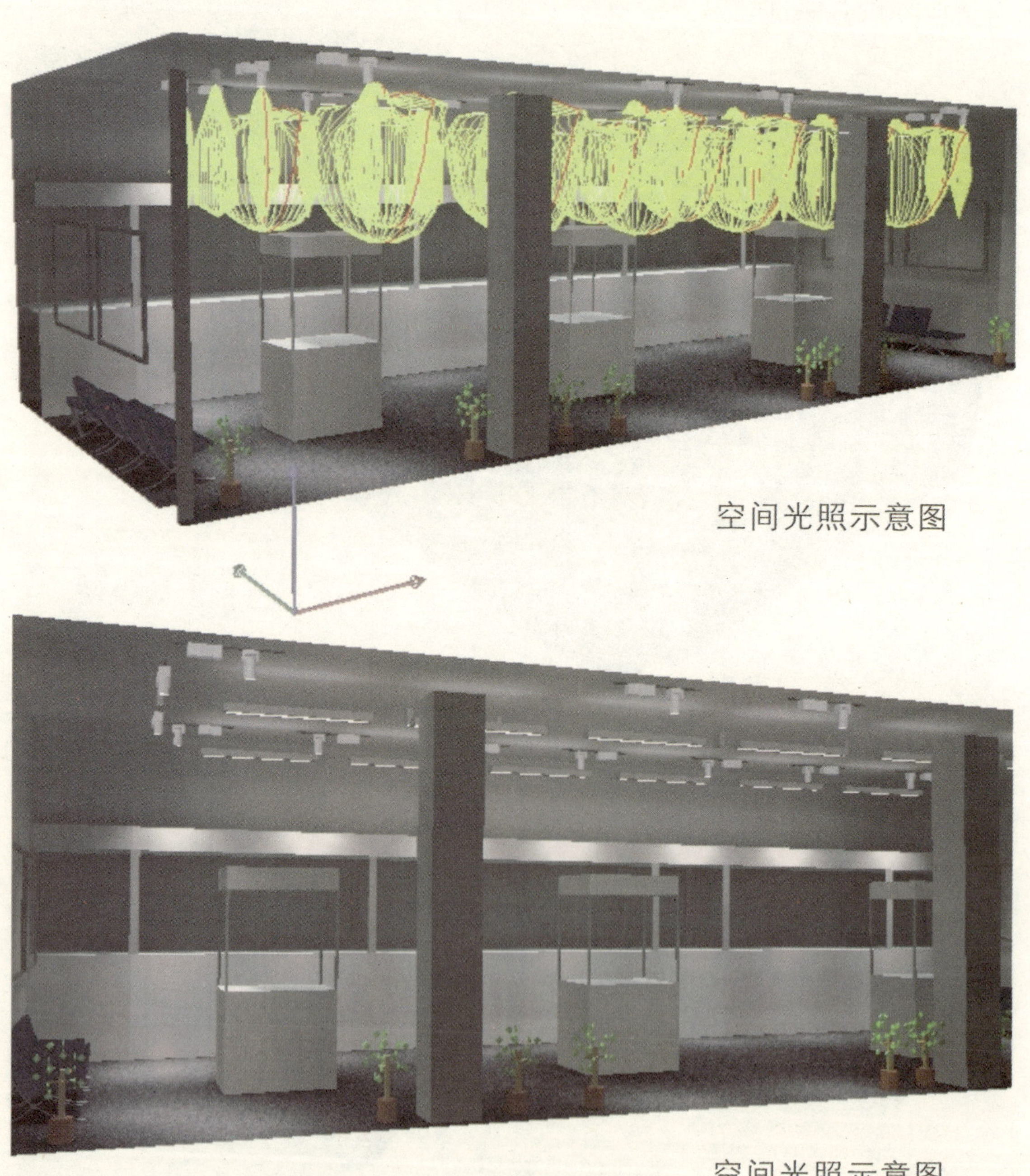

空间光照示意图

空间光照示意图

课程作业九　毕业设计

· 设计：朱东晖　指导老师：吕永中

四年级（下）

毕业设计

一、教学要求

通过毕业设计，在掌握专业知识的基础上，进一步认识与分析设计概念，形成和发展全面思考、解决问题的综合能力。

二、题目内容

综合运用前三年半所学的各类基础知识、专业理论、专业技能、调查与实践方法，在原有基础上进一步培养和提高学生的知识综合能力、文献资料收集能力、社会实践能力、制定设计或研究方案能力、理论分析应用能力、组织和独立开展工作的能力以及文字、图纸、口头表达能力，充实并完善学生的整体知识结构和社会工作体验。

三、具体工作

1. 实地调研（踏勘、走访相关部门）——社会实践训练；
2. 资料查阅——文献查阅训练（含专业外语能力训练）；
3. 相关知识讲授——知识结构充实；
4. 调查资料分析研究——综合能力训练；
5. 调查报告及图纸——文字与图纸表达能力训练；
6. 汇报会、讨论会或公众参与活动——口头表达及公共交往能力训练；
7. 意见与建议收集、分析、研究、修改并完善规划方案或研究报告——综合能力训练；
8. 设计说明书或研究报告——文字表达能力训练（含计算机能力训练）；
9. 设计成果图纸——图纸表达能力训练（含计算机能力训练）。

四、时间安排：

序号	设计（论文）各阶段名称	时间安排（学时）
1	查阅相关文献和设计成果，制订工作计划	8
2	合作阶段1：现场调研，完成参考文献翻译工作	16

续表

序号	设计（论文）各阶段名称	时间安排（学时）
3	合作阶段2：资料汇集整理工作，形成设计概念 确定自己的研究主题和设计范围	16
4	多方案探讨，形成个人设计草图	16
5	中期成果汇报	16
6	设想反馈调研，确定设计方案	24
7	进行节点设计	8
8	制作和提交毕业设计正式成果	16
9	举行毕业答辩	8

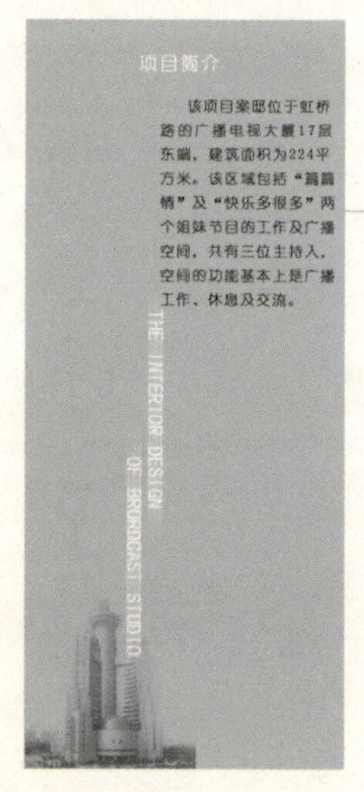

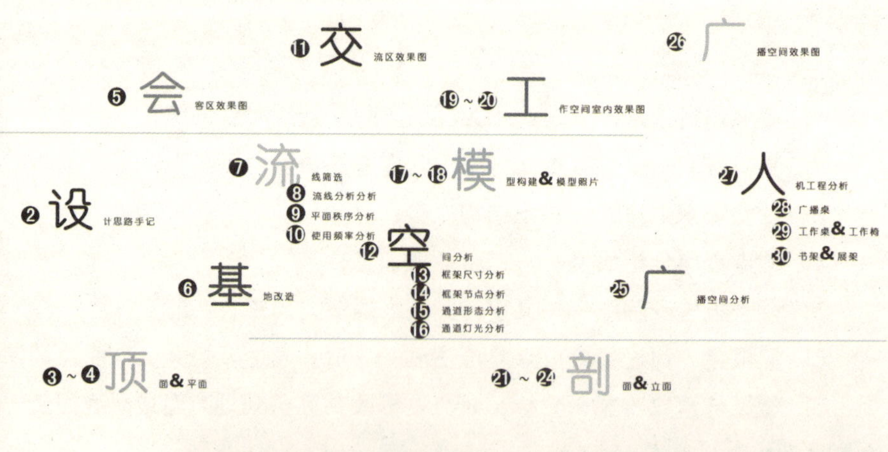

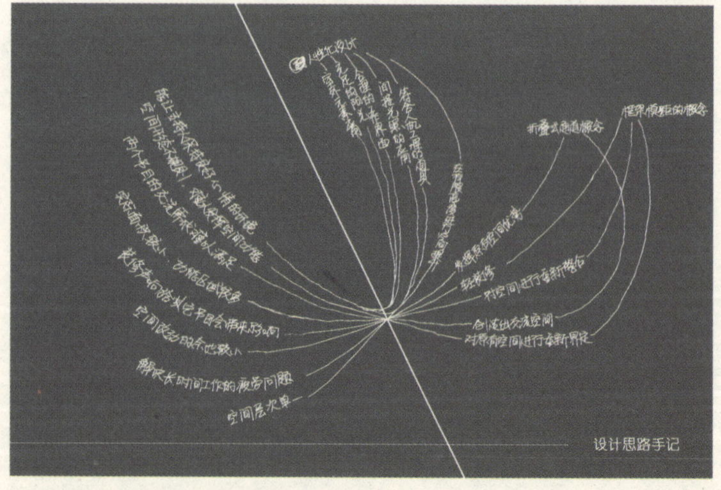
设计思路手记

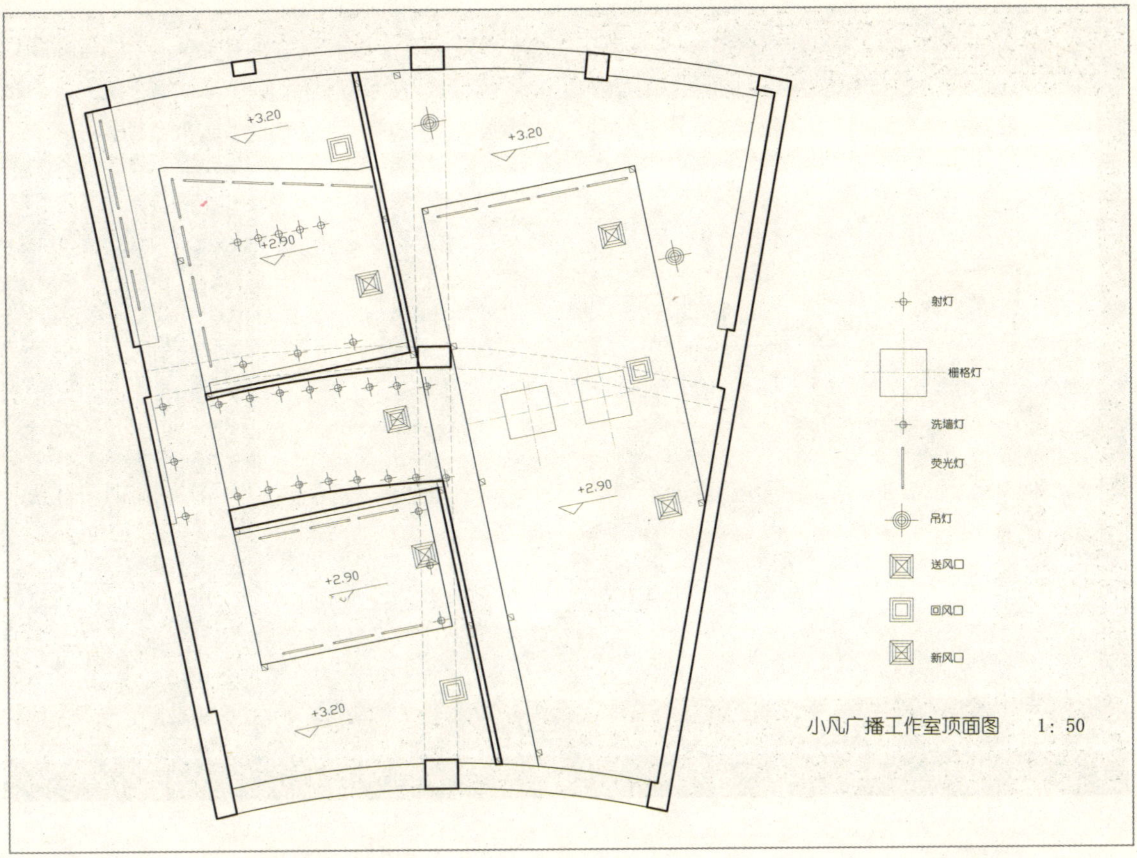

射灯
栅格灯
洗墙灯
荧光灯
吊灯
送风口
回风口
新风口

小凡广播工作室顶面图 1: 50

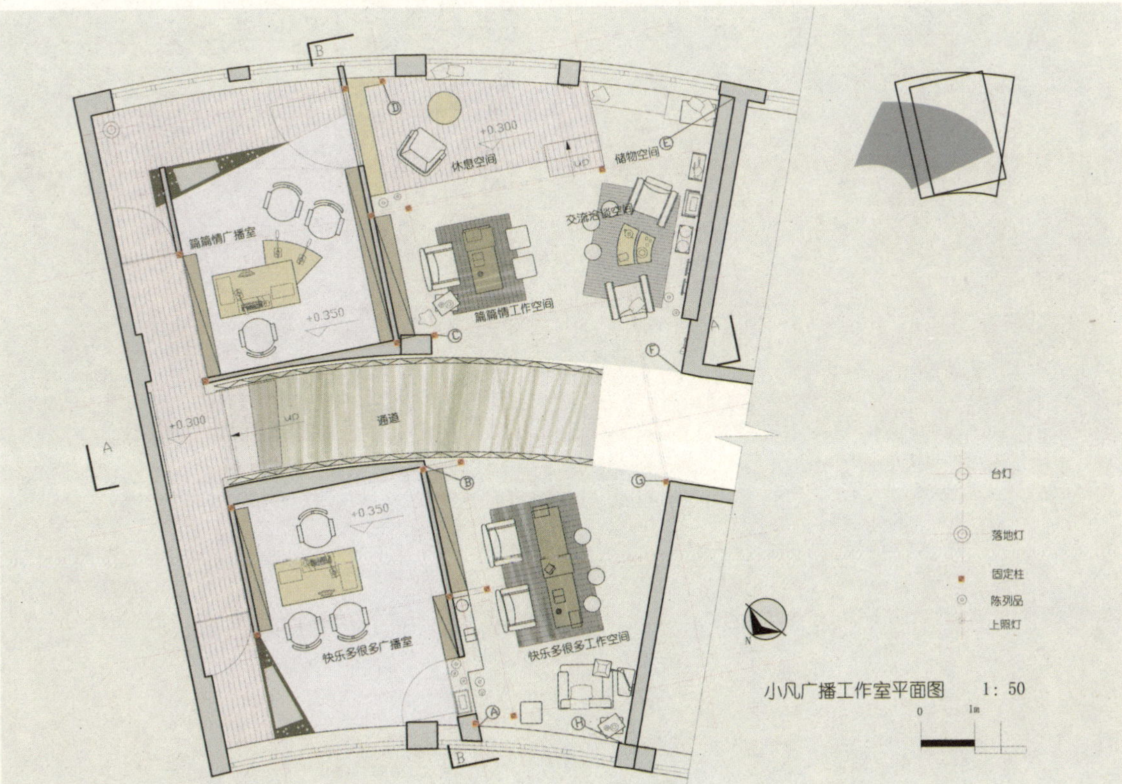

台灯
落地灯
固定柱
陈列品
上照灯

小凡广播工作室平面图 1: 50

会客区效果图

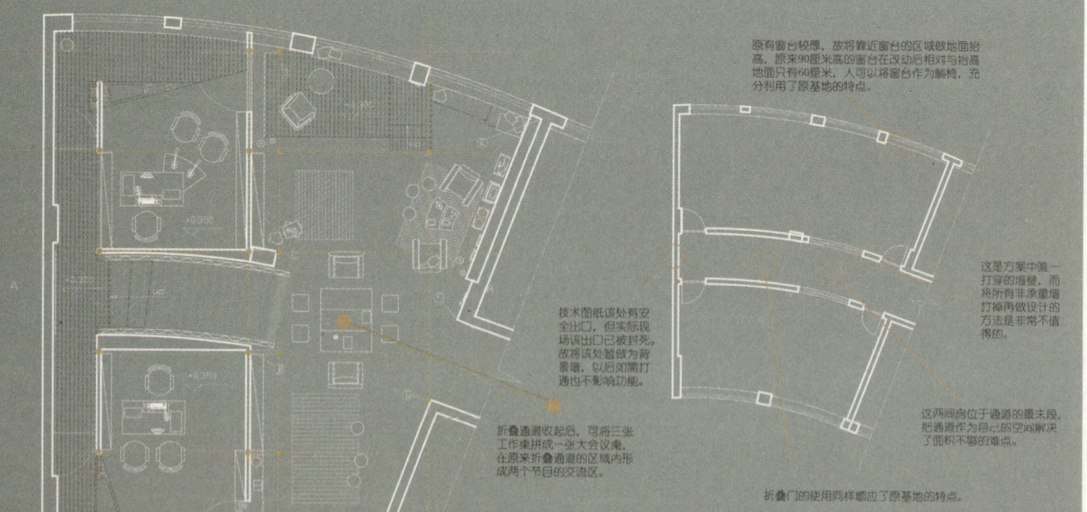

原有窗台较厚，故将靠近窗台的区域做地面抬高，原来90厘米高的窗台在改动后相对与抬高地面只有60厘米，人可以将窗台作为躺椅，充分利用了原基地的特点。

这是方案中唯一打穿的墙壁，而将所有非承重墙打掉再做设计的方法是非常不值得的。

技术图纸该处有安全出口，但实际现场该出口已被封死。故将该处暂做为背景墙，以后如需打通也不影响功能。

这两间房位于通道的最末段，把通道作为自己的空间解决了面积不够的难点。

折叠通道收起后，可将三张工作桌拼成一张大会议桌，在原来折叠通道的区域内形成两个节目的交流区。

折叠门的使用同样顺应了原基地的特点。

带着枷锁的舞蹈

小面积的空间是最好处理也是最难处理的，该案例是一个实际项目，由于许多条件的限制，原基地能做的改动极小，如何把一个又死又小的空间改造成一个活泼的空间成了我的毕业设计要研究的课题。

偏重于某一主打节目的流线
注重两个节目交流的流线
休息空间
个人空间
交流空间
主持空间
流线方案筛选

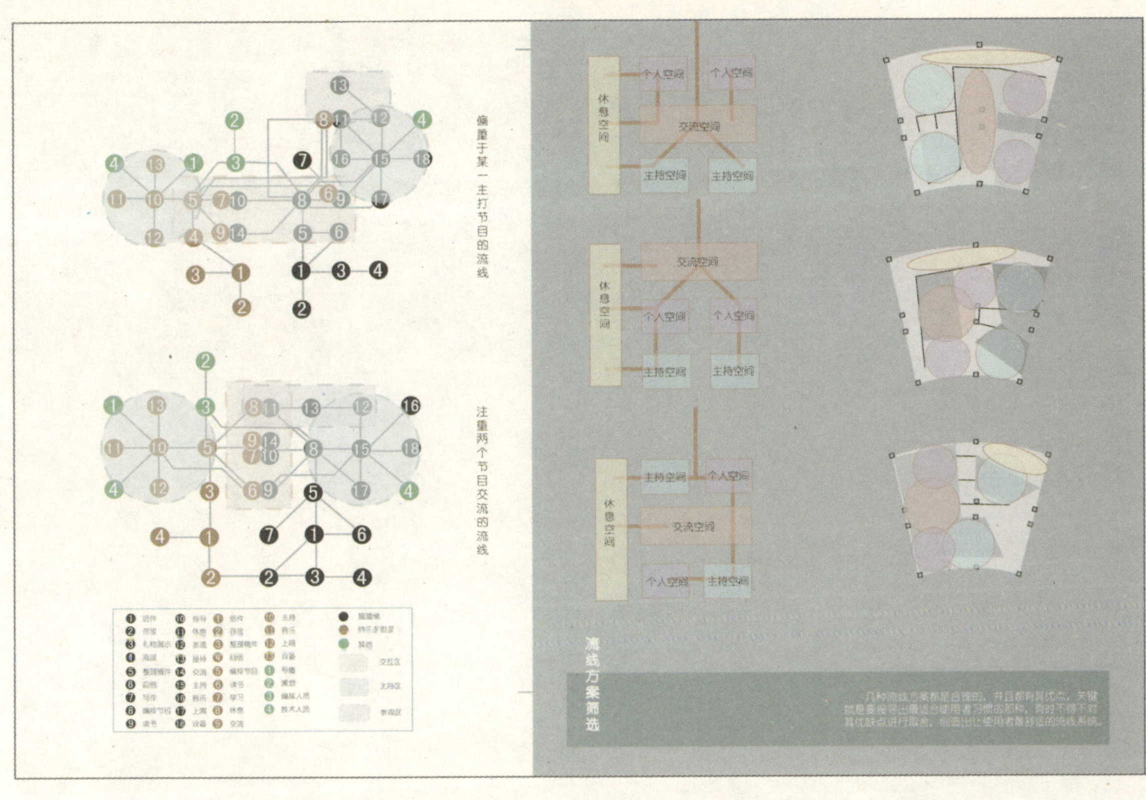

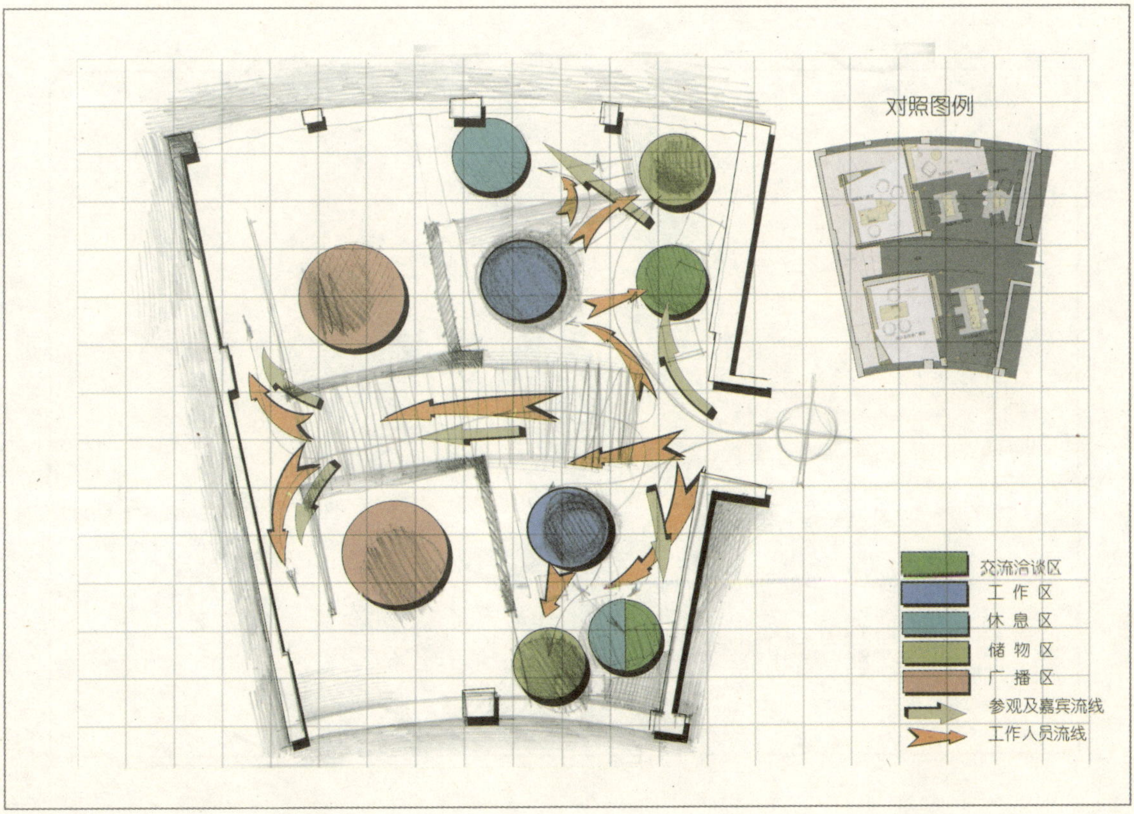

对照图例
交流洽谈区
工 作 区
休 息 区
储 物 区
广 播 区
参观及嘉宾流线
工作人员流线

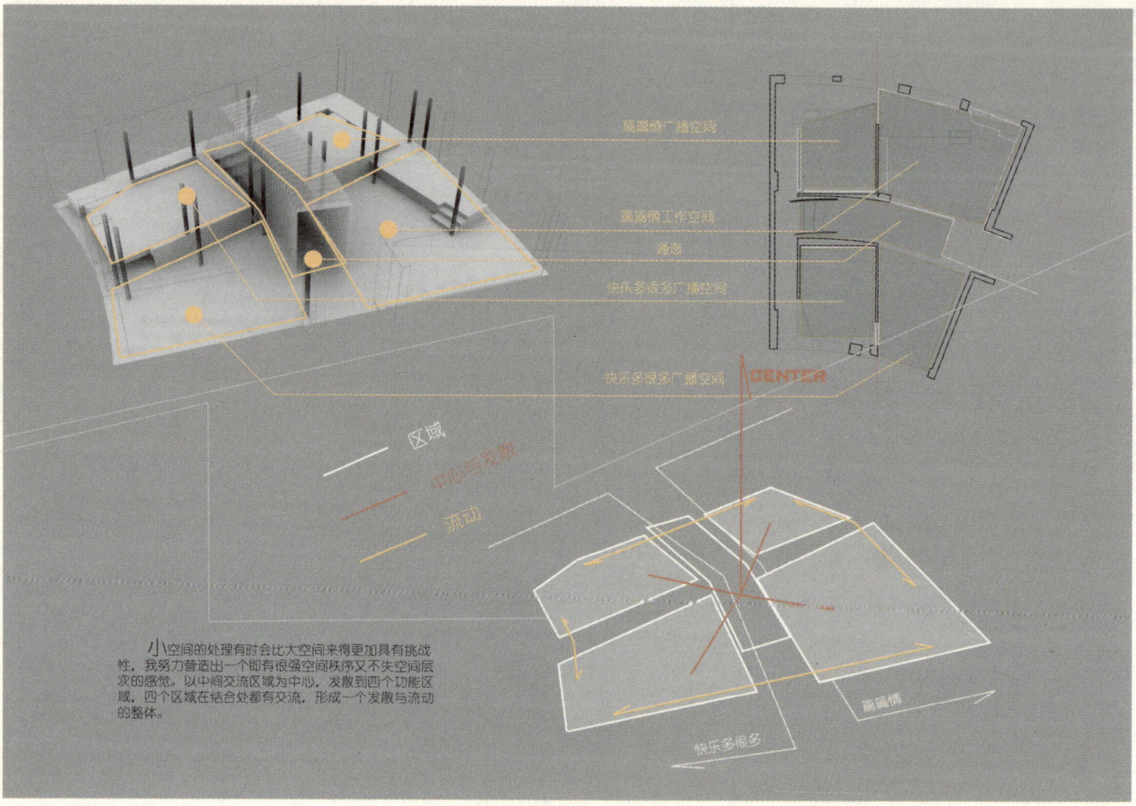

快乐多很多广播空间
快乐多很多广播空间
CENTER
区域
中心与发散
流动
快乐多很多

小空间的处理有时会比大空间来得更加具有挑战性，我努力营造出一个即有很强空间秩序又不失空间层次的感觉。以中间交流区域为中心，发散到四个功能区域，四个区域在结合处都有交流，形成一个发散与流动的整体。

使用频率较高的区域

具有组装概念的室内设计与工业产品具有一定的相似性。一个产品是由许多部件构成，如果一个部件坏了就意味着整个产品的报废。组装的室内设计也一样，探索不同区域的使用频率，对使用频率较少的区域进行整合具有一定的实际意义。

8：00
10：00
12：00
14：00
16：00
18：00
20：00
22：00
24：00

不同时间段各区域的使用频率

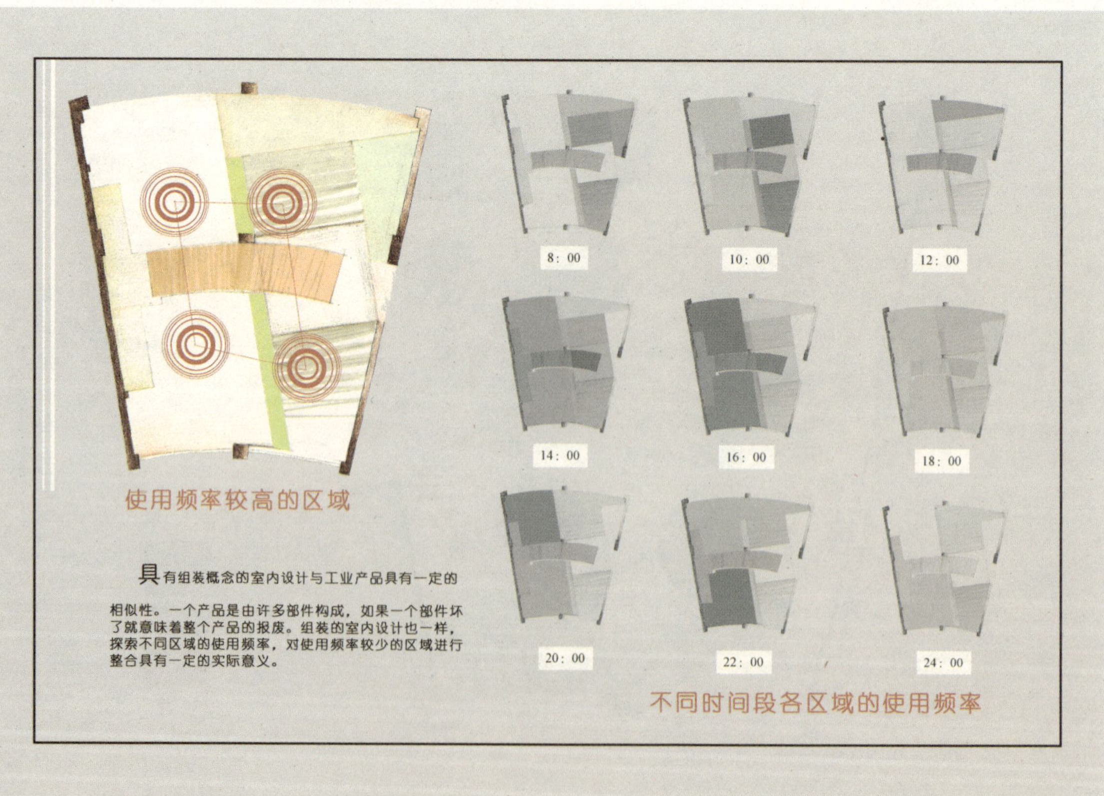

交流空间效果图

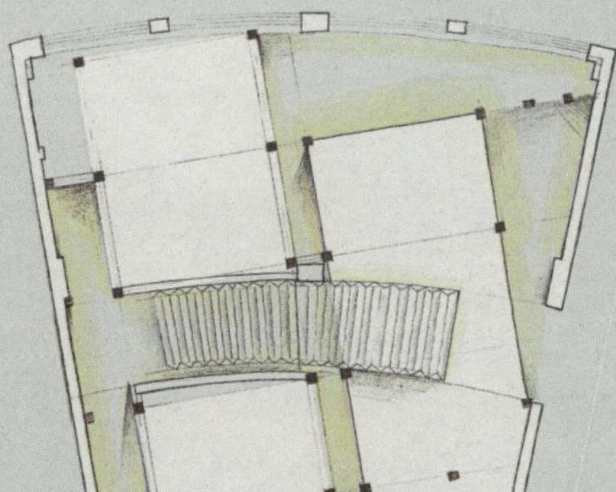

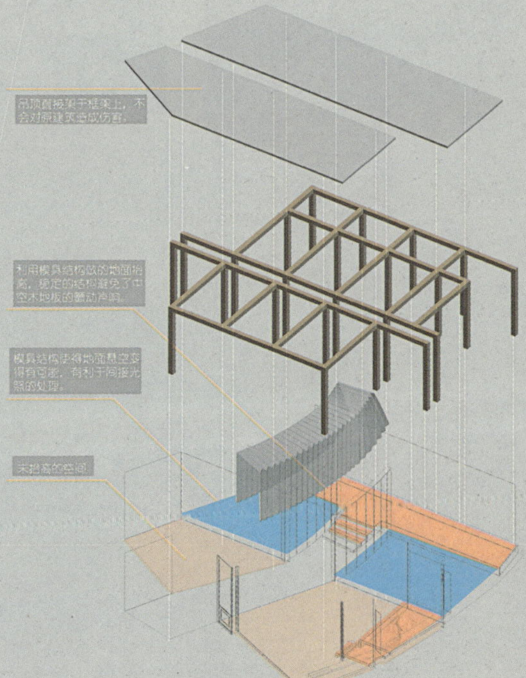

利用模具的概念使该室内被划分为一个虚体空间和两个实体空间，新的模具除了为复杂的机能需求定义了新的空间领域之外，同时也提原始的空间塑造除了丰富而又变化的空间秩序.

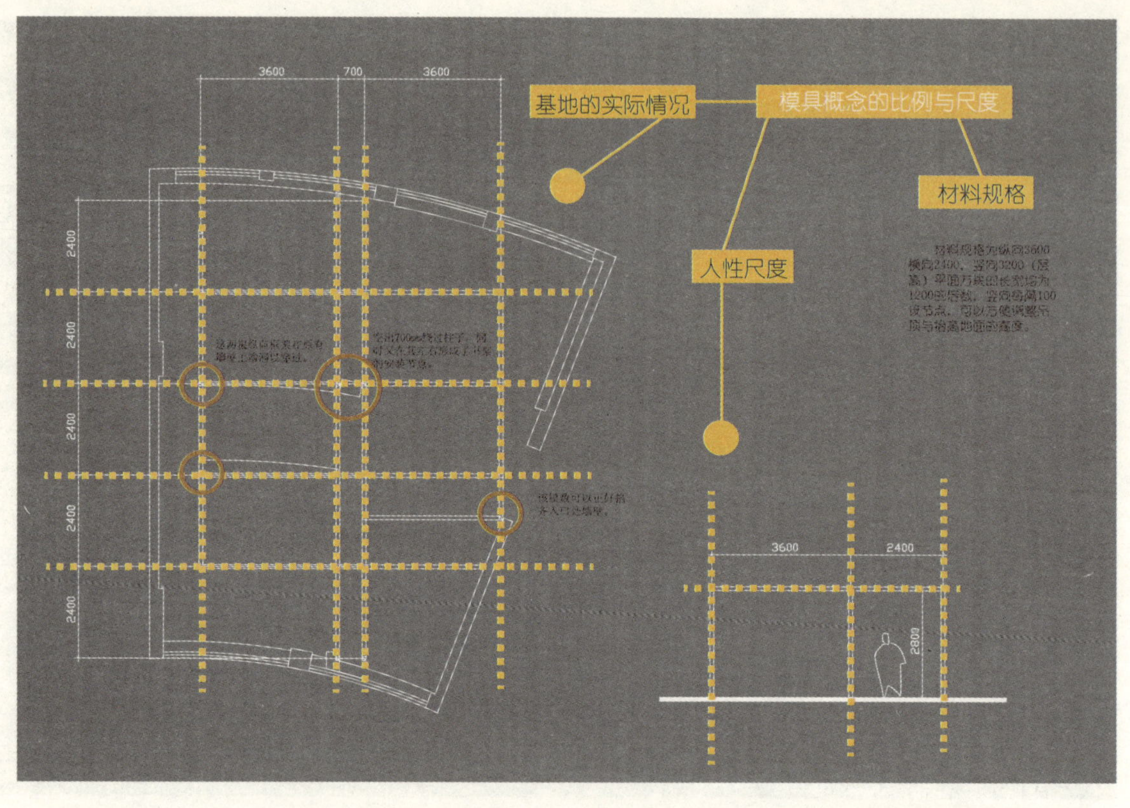
3600
700
3600
基地的实际情况
模具概念的比例与尺度
材料规格
人性尺度
2400
2400
2400
2400
2400
3600
2400
2800

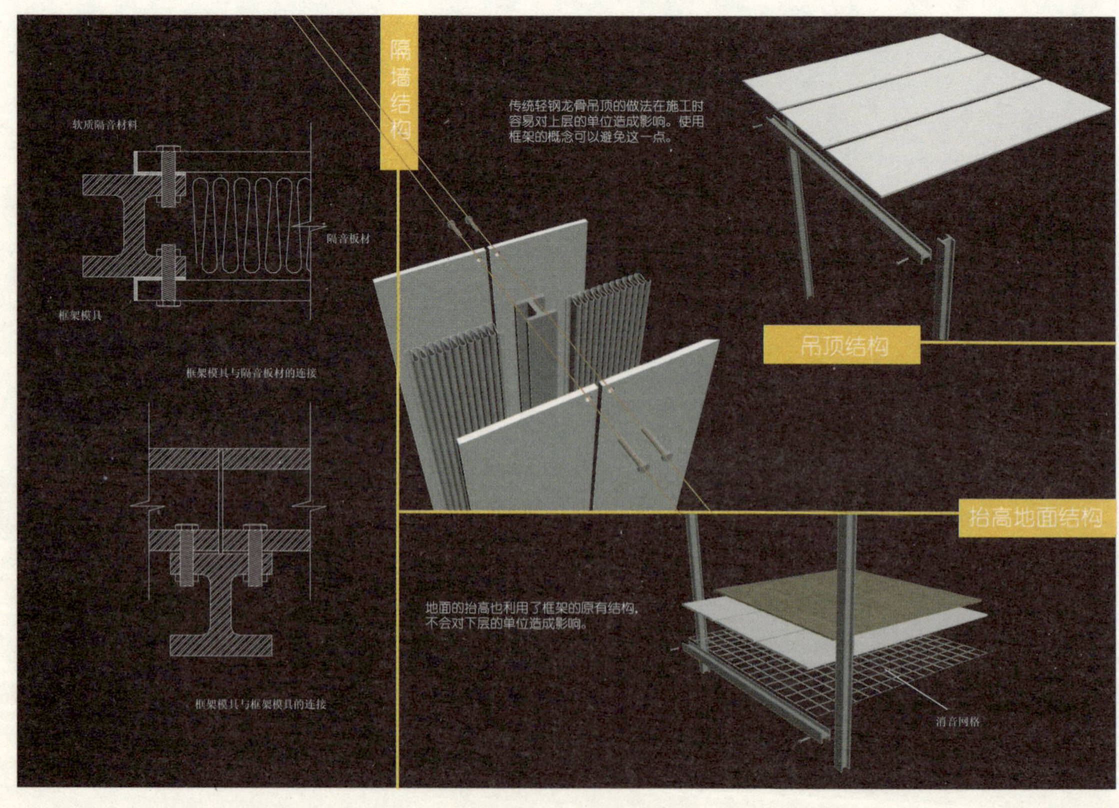
隔墙结构
软质隔音材料
隔音板材
框架模具
框架模具与隔音板材的连接
框架模具与框架模具的连接
传统轻钢龙骨吊顶的做法在施工时
容易对上层的单位造成影响。使用
框架的概念可以避免这一点。
吊顶结构
抬高地面结构
地面的抬高也利用了框架的原有结构，
不会对下层的单位造成影响。
消音网格

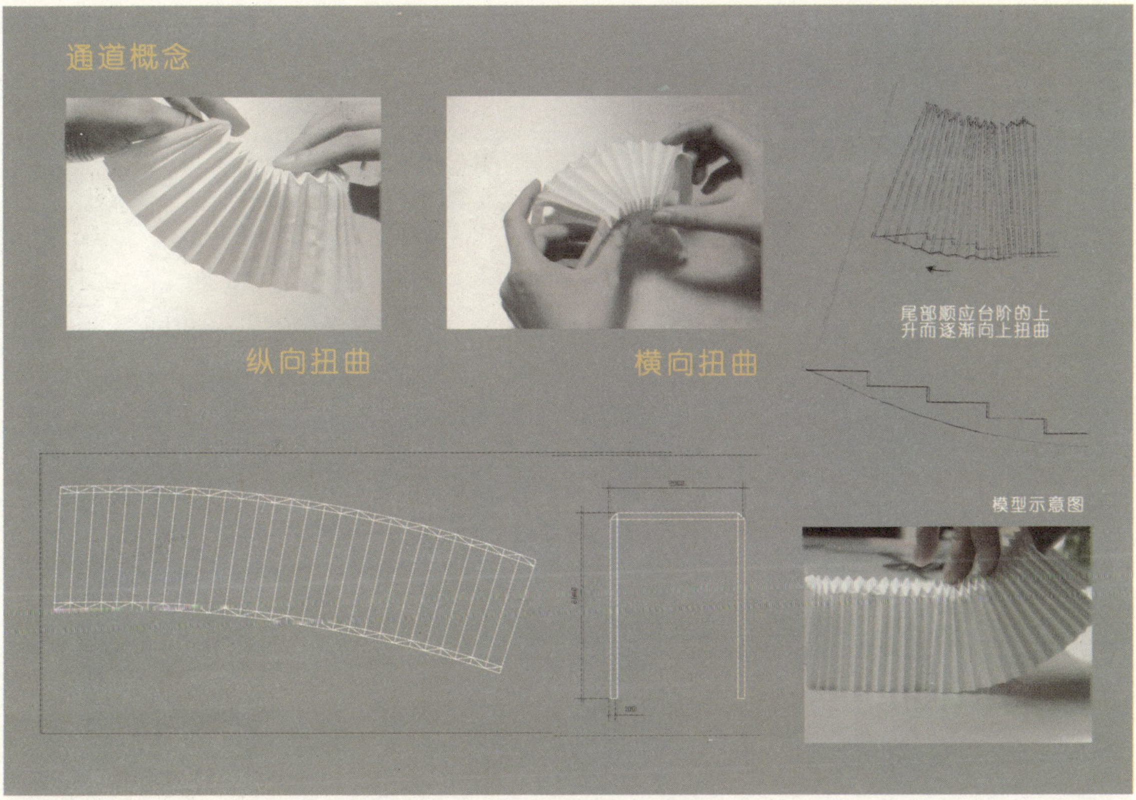

通道概念

纵向扭曲

横向扭曲

尾部顺应台阶的上升而逐渐向上扭曲

模型示意图

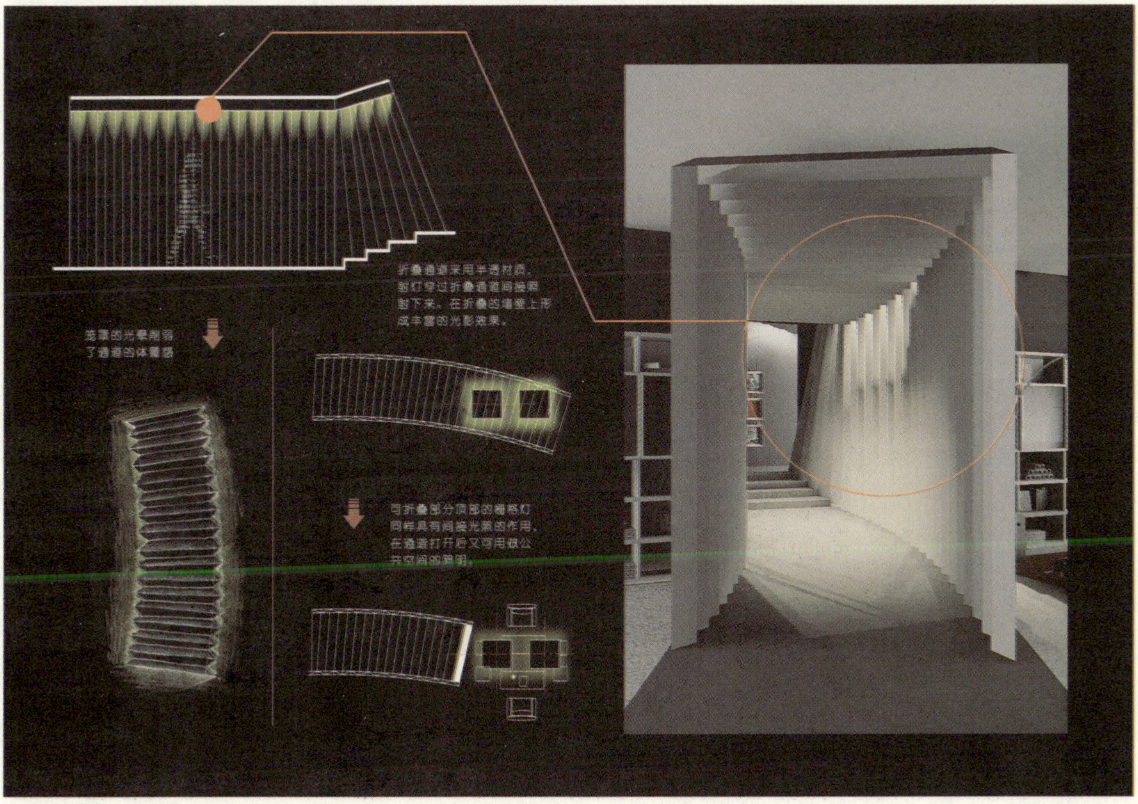

折叠通道采用半透材质，射灯穿过折叠通道间接照射下来，在折叠的墙壁上形成丰富的光影效果。

笼罩的光晕削弱了通道的体量感

可折叠部分顶部的格栅灯同样具有间接光照的作用，在通道打开后又可用做公共空间的照明。

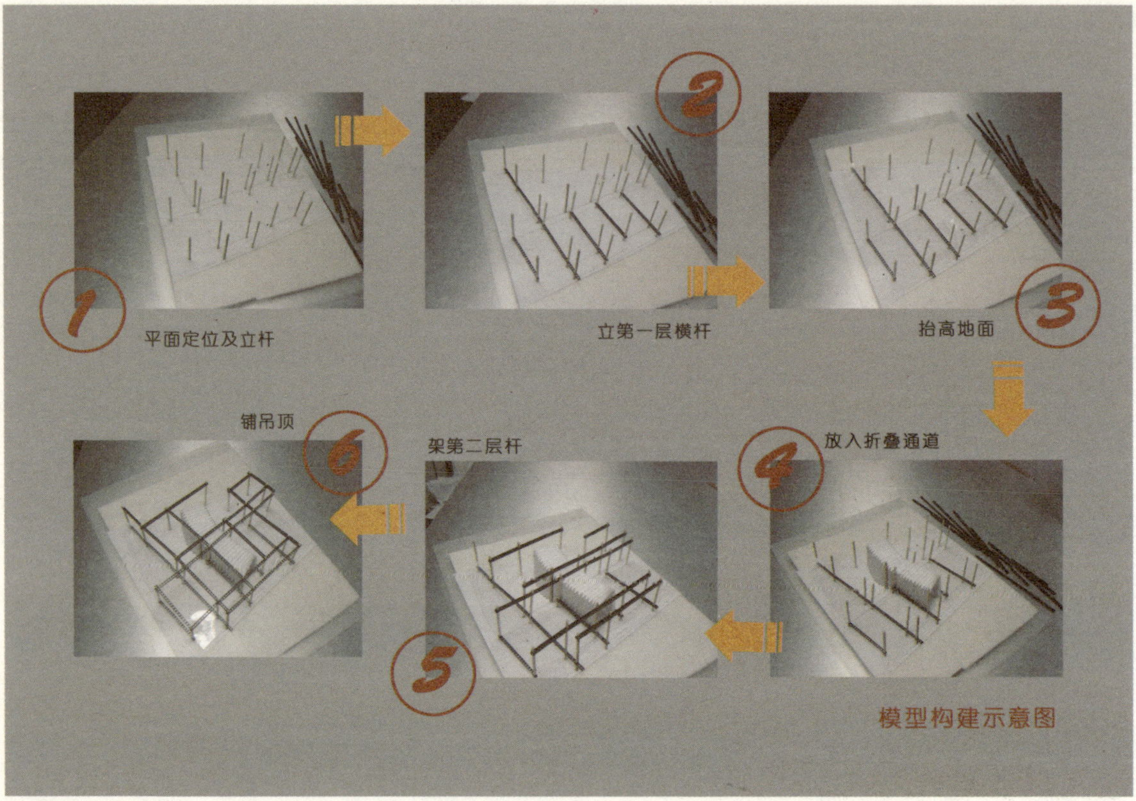

1 平面定位及立杆

2 立第一层横杆

3 抬高地面

4 放入折叠通道

5 架第二层杆

6 铺吊顶

模型构建示意图

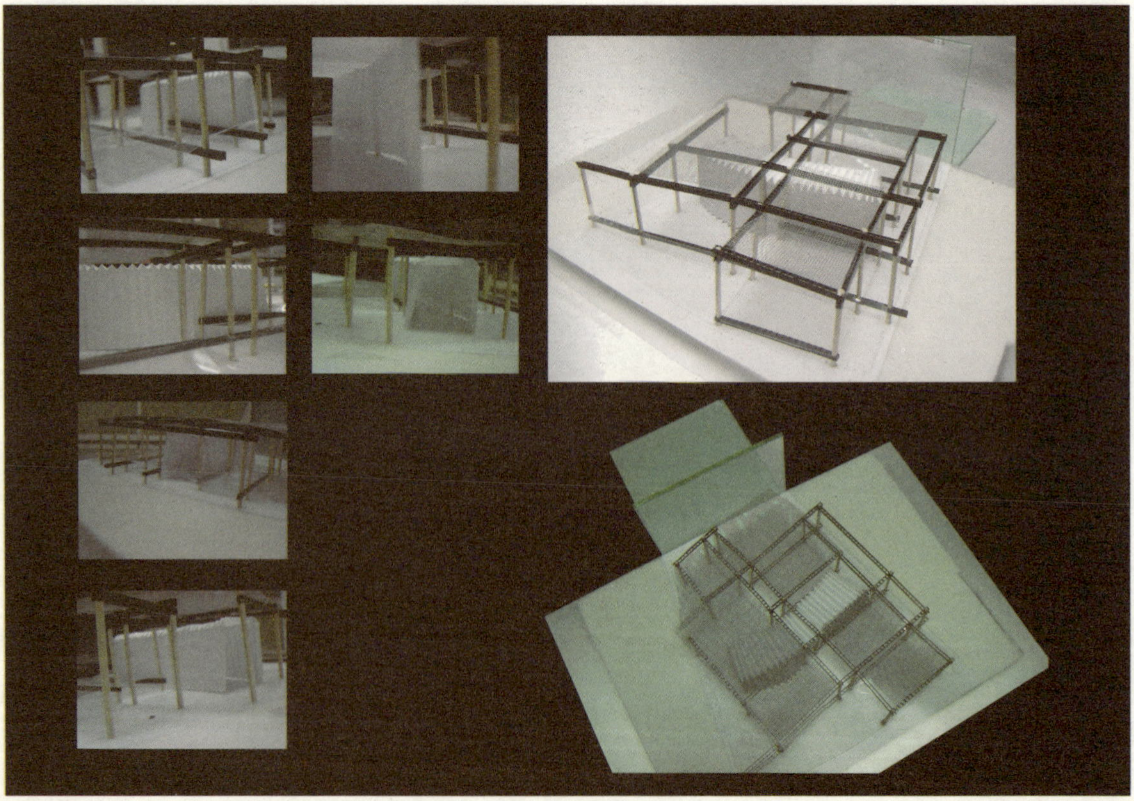

篇篇情工作区效果图

快乐多很多工作区效果图

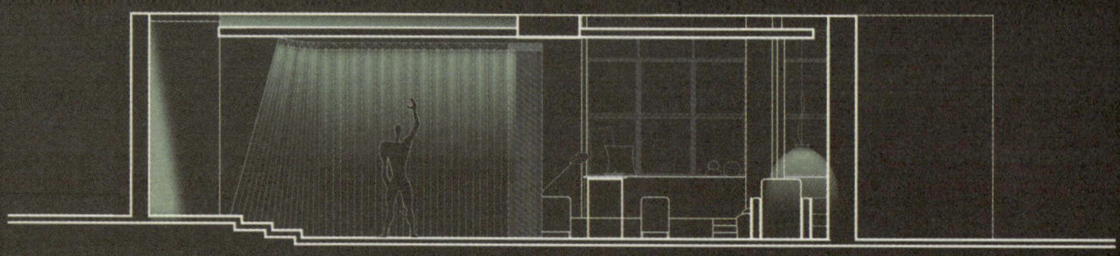

剖面A 1：50

剖面B 1：50

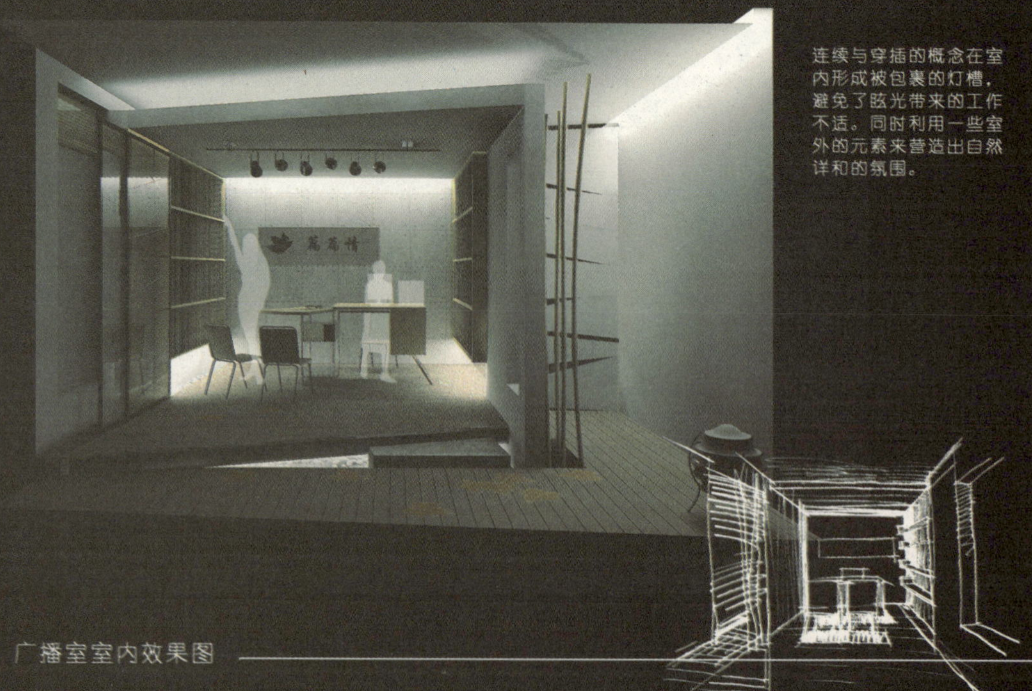

连续与穿插的概念在室内形成被包裹的灯槽，避免了眩光带来的工作不适。同时利用一些室外的元素来营造出自然详和的氛围。

广播室室内效果图

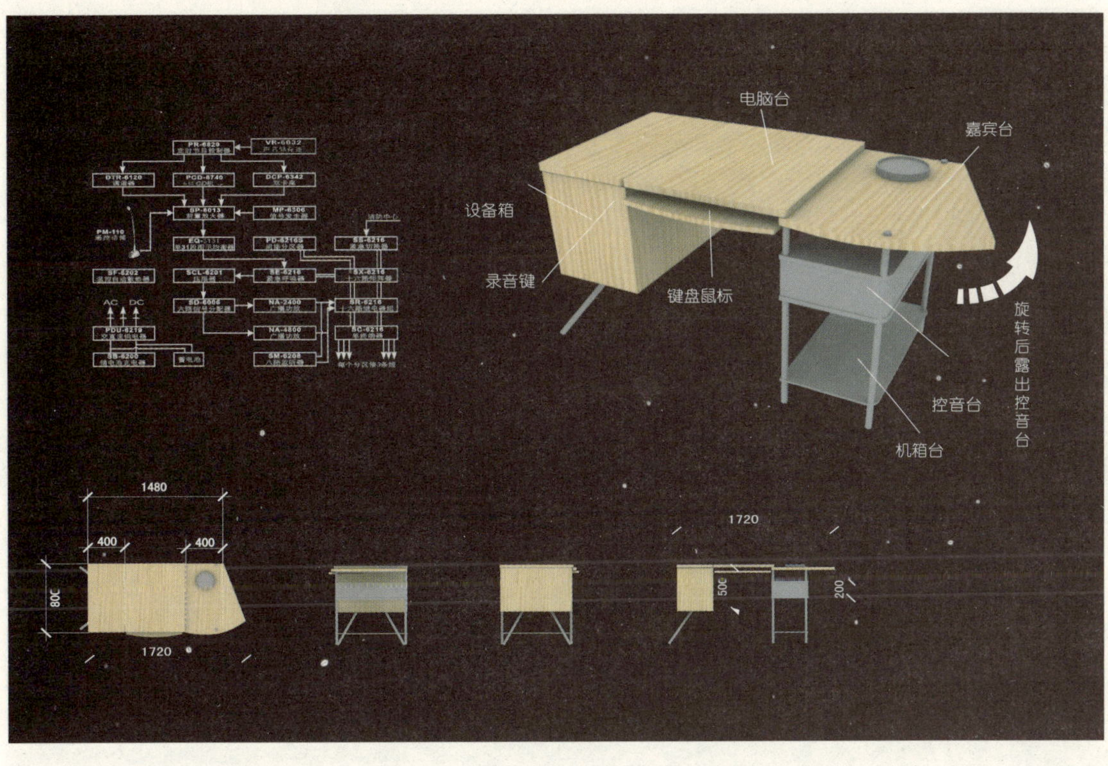
电脑台
嘉宾台
设备箱
录音键
键盘鼠标
旋转后露出控音台
控音台
机箱台
1480
400
400
800
1720
1720
500
200

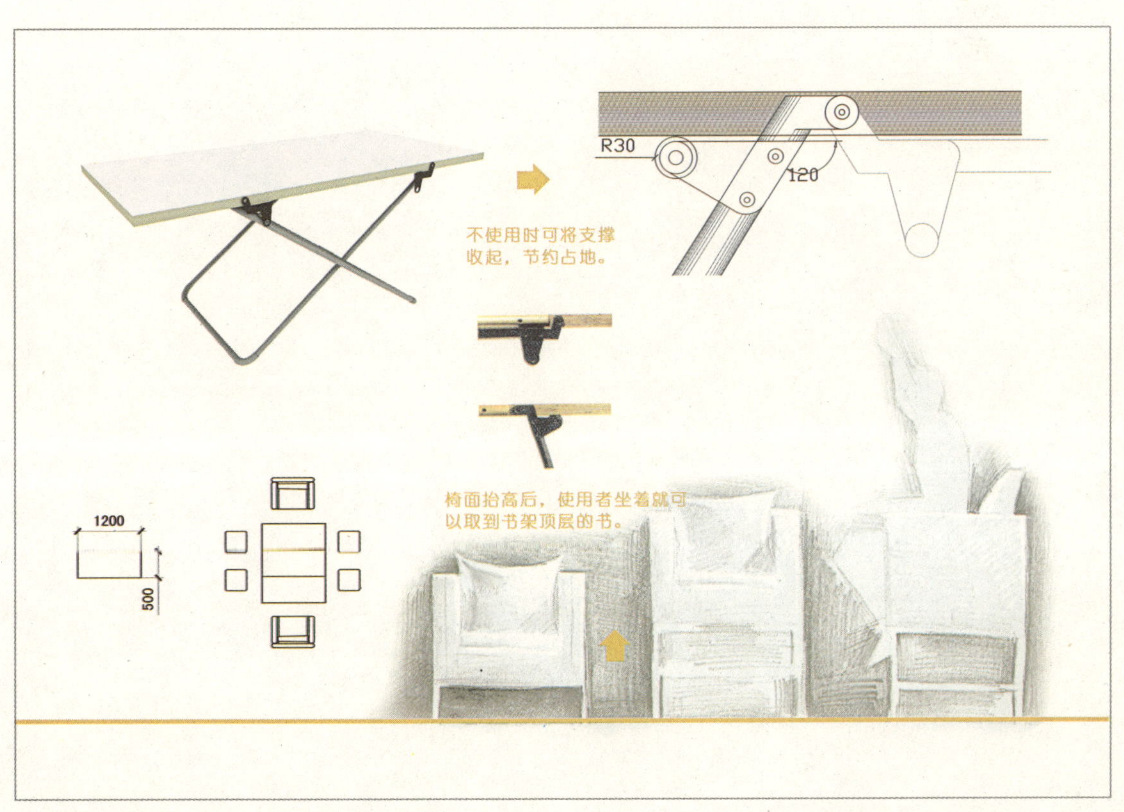
R30
120
不使用时可将支撑收起，节约占地。
椅面抬高后，使用者坐着就可以取到书架顶层的书。
1200
500

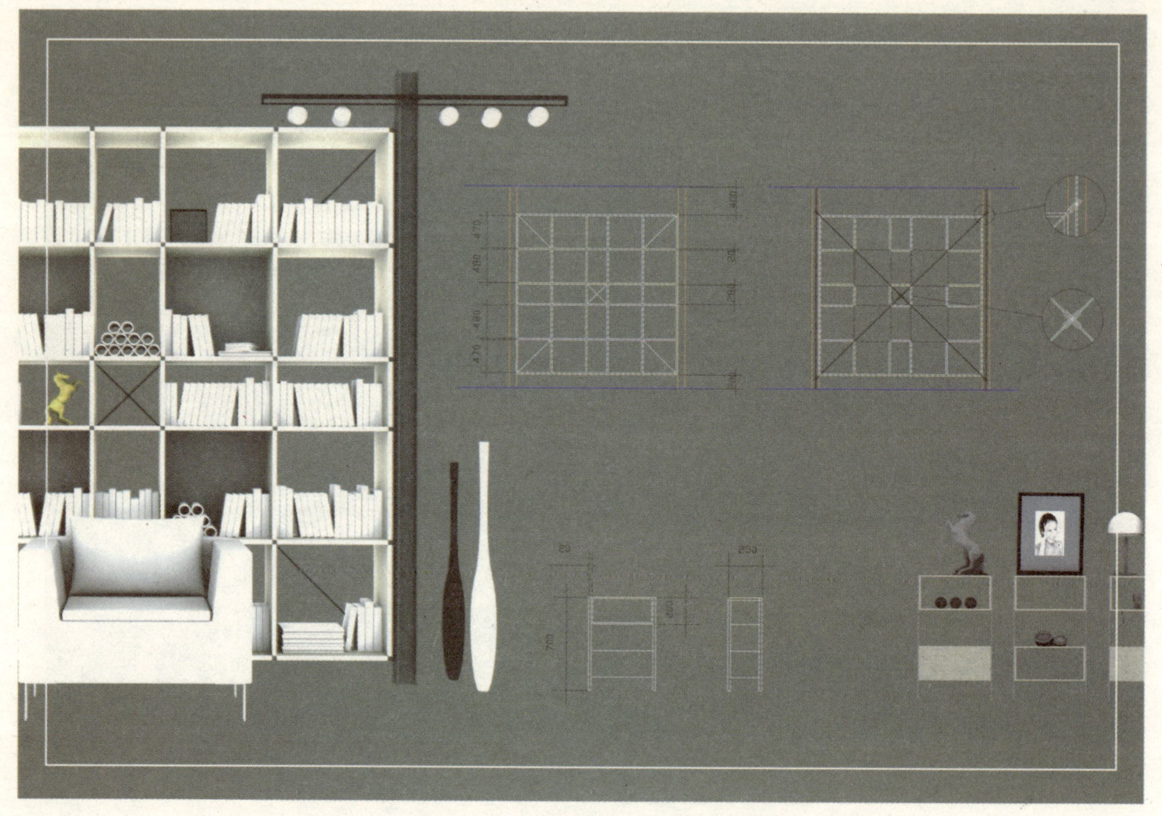

- 案例五　改造设计——接待中心
- 案例四　餐厅室内空间设计
- 案例三　办公空间室内设计
- 案例二　酒店公寓室内设计
- 案例一　改造设计——半木之家

设计案例

附录二

室内设计最终是一门实践艺术。

以理论指导实践，并在实践中求证与发展，进而形成个性与风格，才能呈现室内设计的百花齐放的局面。

以下附录的相关案例从不同侧面反映了室内设计实践过程中所面临问题及解决方案。常用于教学过程中，以帮助学生更形象理解室内设计这门职业以及教学内容的目的所在。

设计的核心在于发现问题并用专业技能解决问题的过程。不同项目侧重不同，收取的案例以期能与教学课题相对应，达到启发思维的目的。在教学课题作业中，设计思维过程比最终结果更重要；而实际案例的完成结果正是某种背后的逻辑过程的最终呈现。

“半木之家”记录了设计师改造 23.5m^2 空间全过程。

“南京中环广场酒店公寓样板房”研究在较小的空间里如何通过变化而适应多功能需求，并用不同装饰风格以满足不同居住人群的多样化要求。

“中国电信办公室”试图探讨未来办公空间的发展趋势。

“餐厅——味彩阁”分析了空间内部开放与相对独立的微妙关系。

“M50 接待中心”思考历史建筑空间的重新利用中所面临的传承与再生的关系。

案例一　改造设计——半木之家

- 作品名称：半木之家
- 作品地点：新天地　上海
- 建筑面积：23.5m^2
- 设计时间：2006 年
- 设 计 师：吕永中

设计说明：

“半木之家”靠近上海新天地，寸土寸金，空间改造颇费心机。仅 23.5m^2 的店面面积，空间上的充分利用成为室内设计的重点。 展示空间依据居住之家功能，象征性划分为客厅、餐厅、厨房、厕所及阁楼上的“盒子床”，并依次陈列相应的“半木”原创家居用品。结构上拆出原有格局中限定的后半部分的阁楼，重新以中轴线纵深布局，悬挂于“餐厅”上方的方木盒担当床的角色，有房中房的感觉，前后封闭左右开放的“盒子床”与周围的空间流动，给人以戏剧性的体验。

组图一 原始空间现状照片

组图二　空间
设计工作模型

组图三　施工过程照片

纵向剖面图

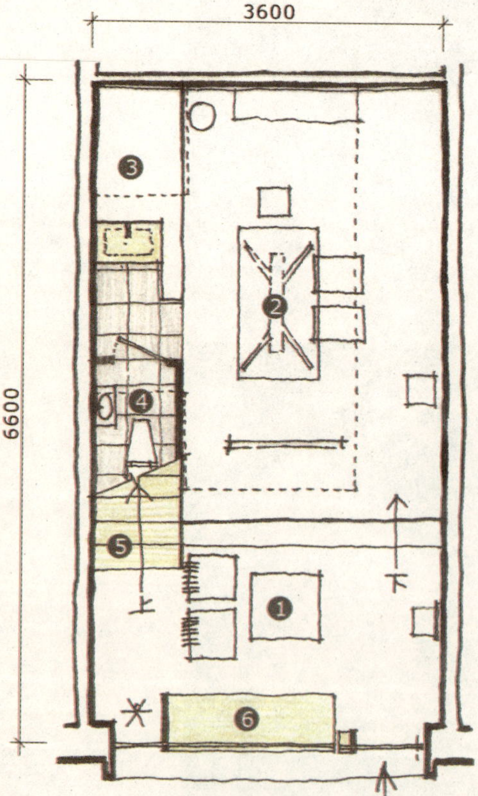

3600

6600

900 1800 900

700

3000

上

下

主入口

① 客厅
② 餐厅
③ 厨房
④ 厕所
⑤ 楼梯
⑥ 橱窗
⑦ 衣柜
⑧ 盒子床
⑨ 站立平台

一层平面布置图

阁楼平面布置图

案例二　酒店公寓室内设计

（一）

- 作品名称：南京中环广场酒店式公寓样板房 –1
- 作品地点：中环广场　南京
- 建筑面积：40m^2
- 设计时间：2006 年
- 设 计 师：Trudy Tijs（荷兰）

效果图 – 1

风格：卡布其诺

设计说明：

设计的主要理念在于保持一个温馨而灵活的室内空间的同时，争取起居空间使用最大化。精心布局的功能性区域（卫生间，淋浴间，厨房等）相互独立，兼顾了起居室的整体性和开放性，从而可以享受更多自由与阳光。因为每一间室内布局的灵活性，可以轻松地调整卧室空间大小以获得更多的起居空间。在室内的色调选择上以暖棕色为基调，巧克力色的木饰用于地板与橱柜面板上，以加强空间的整体感。来自米兰设计的壁纸、家具和饰品等，在保持了空间舒适性的同时不失整体纯净的感觉，温暖舒适的卡布其诺风格空间还能适合不同活动的需要。

效果图 -2

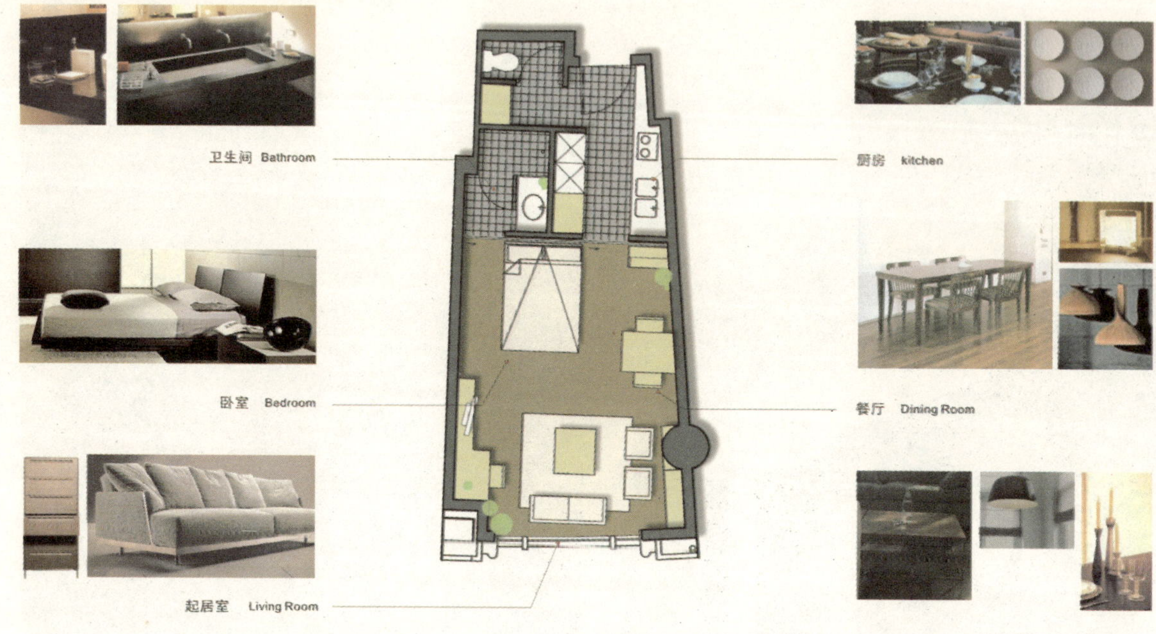

平面图及家具陈设方案

（二）

- 作品名称：南京中环广场酒店式公寓样板房 -4
- 作品地点：中环广场　南京
- 建筑面积：40m^2
- 设计时间：2006 年
- 设 计 师：Margo Renisio（法国）

风格：欧式经典

效果图 -1

设计说明：

设计的主要理念是兼顾空间的流通性和私密性。这间房型空间是所有四套房型中最小的，在空间的处理上，发挥其空间相对独立的优势，设计出了一个具有舒适的家庭式办公功能的公寓，内敛的优雅和华丽反映出尊贵不凡。在空间分隔上采用了欧式铁艺玻璃隔断，营造出一个整体氛围。经典的欧式风格通常与开阔的空间和相对宏大的尺度联系在一起，在这里设计上更加注重了细节的处理，使空间生动而丰富，且兼具经典的欧式风格与现代的舒适。

厨房 kitchen

卫生间 Bathroom

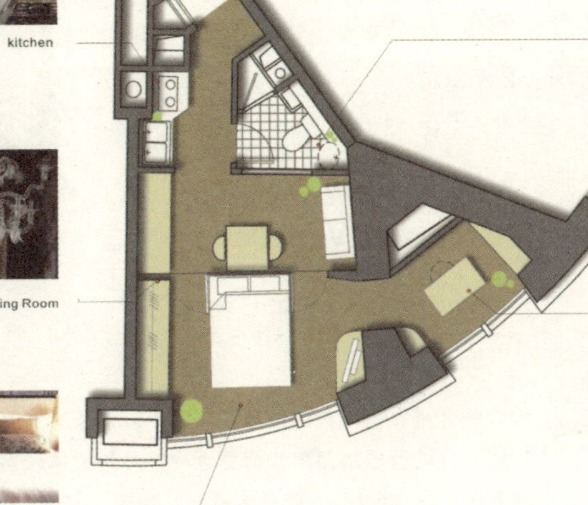

起居室 Living Room

书房 Reading Room

卧室 Bedroom

平面图及家具
陈设方案

效果图 -2

案例三　办公空间室内设计

室内花园——概念设计图

· 作品名称：中国电信办公空间室内设计

· 作品地点：浦东　上海

· 建筑面积：2500m²

· 设计时间：2005 年

· 设 计 师：Arte Charpentier and Partners Architects & VEP Design

设计说明：

高科技与生态环境

当今社会是一张巨大的信息网。通讯、科技的发展使这张网越来越高效和智能。也使世界的距离变得更近。但是如何体现这"高科技，智能化"的概念呢？在本世纪 80 年代的欧洲，金属、玻璃、构架组合设计的运用非常普通。可当今的欧洲，人们已不再留恋于表面的"金属、cool 感"，科技重新体现在对环境的尊重，材料的环保性，建筑设计对人的服务以及其对生活的影响等方面。

EN EUROPE, DANS LES ANNEES 80, LA MODERNITE S EXPRIMAIT A TRAVERS L UTILISATION DE VERRE ET DE METALET CREAIT DES ESPACES DESHUMANISES.

AUJOURD HUI, L EXPRESSION DE LA HAUTE TECHNOLOGIE SE TROUVE DANS LA CREATION DE NORMES PORTANT SUR LE RESPECT DE L ENVIRONNEMENT ET LA QUALITE DES MATERIAUX; L ARCHITECTURE AU SERVICEDE L HOMME ET DE SA QUALITE DE VIE.

LA HAUTE TECHNOLOGIE LIEE AU RESPECT DE L ENVIRONNEMENT

RELATION ENTRE L ART ET L ENTREPRISE

艺术与企业形象

"高科技，智能化"可以通过主题艺术品的创作收藏。从另一个侧面含蓄、细腻地体现出企业形象的文化内涵。例如，我事务所在设计阿尔卡特巴黎总部的项目中，通过设计把空间连成一体，在重要部位邀请不同的艺术家根据"宇宙、交流"进行了专题创作。如入口的铁铸艺术大门，主入口的巨型油画，大堂空间的"光雕塑"等，通过艺术的语言表达了"高科技、现代化"的概念，并成为企业形象的特征。

EN EUROPE, LES GRANDES ENTREPRISES SPONSORISENT LES ARTISTES EN CREANT DES FONDS SPECIAUX D AIDEA LA CREATION. LES SOCIETES PRESTIGIEUSES INVESTISSENT DANS L ART ET SE CONSTITUENT DES COLLECTIONS.

L ART DEVIENT UN SUPPORT DE COMMUNICATION POUR L ENTREPRISE QUI VALORISE SON IMAGE DE MARQUE.

5

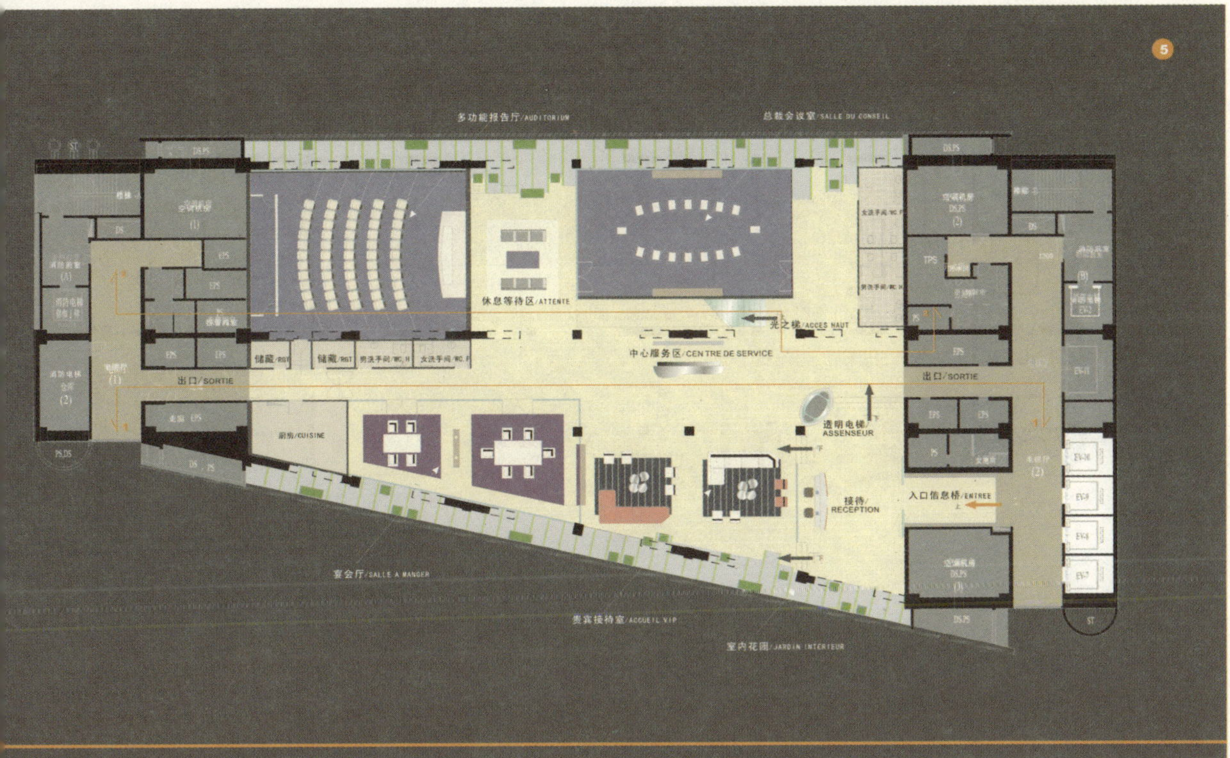

40层总平面布置图
PLAN GENERAL DE 40ETAGE

8

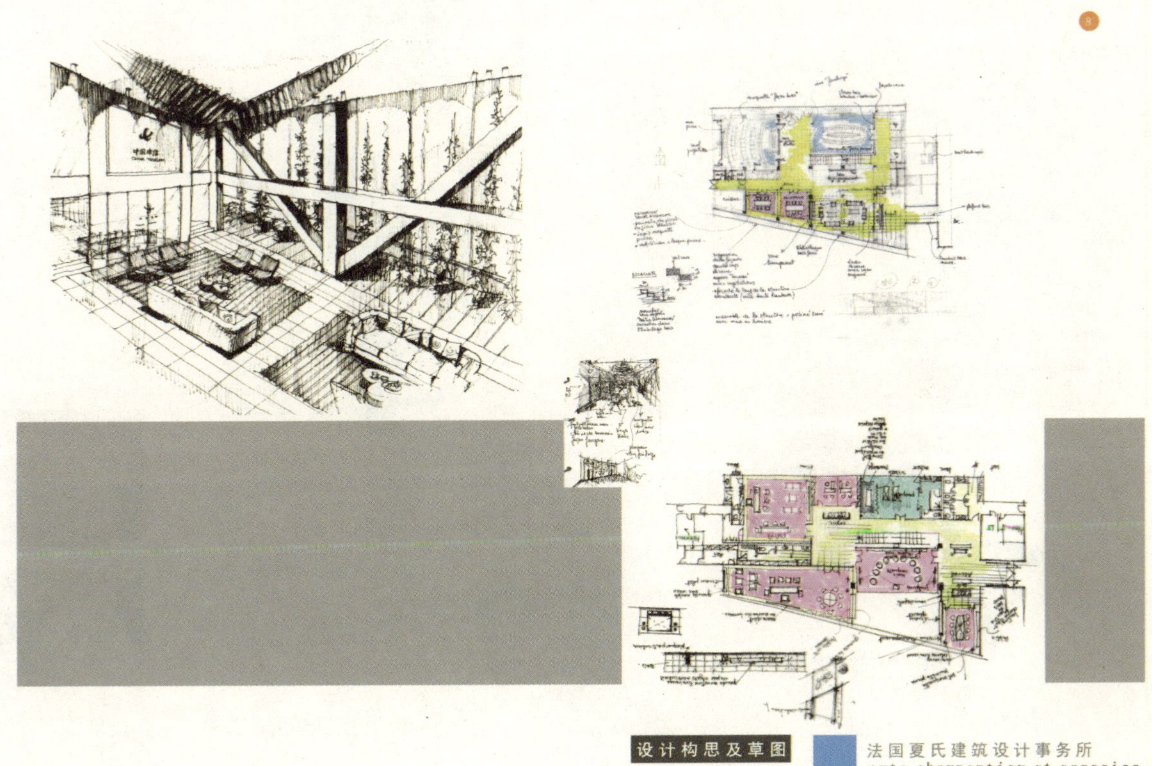

设计构思及草图
ETUDE - CROQUIS

法国夏氏建筑设计事务所
arte charpentier et associes

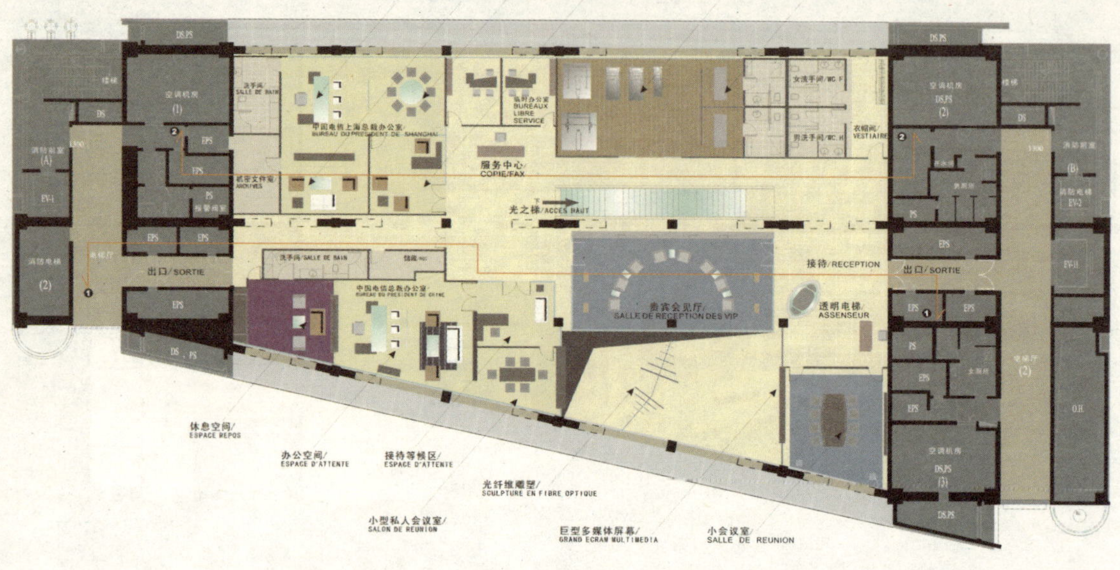

室内花园分析

JARDIN INTERIEUR

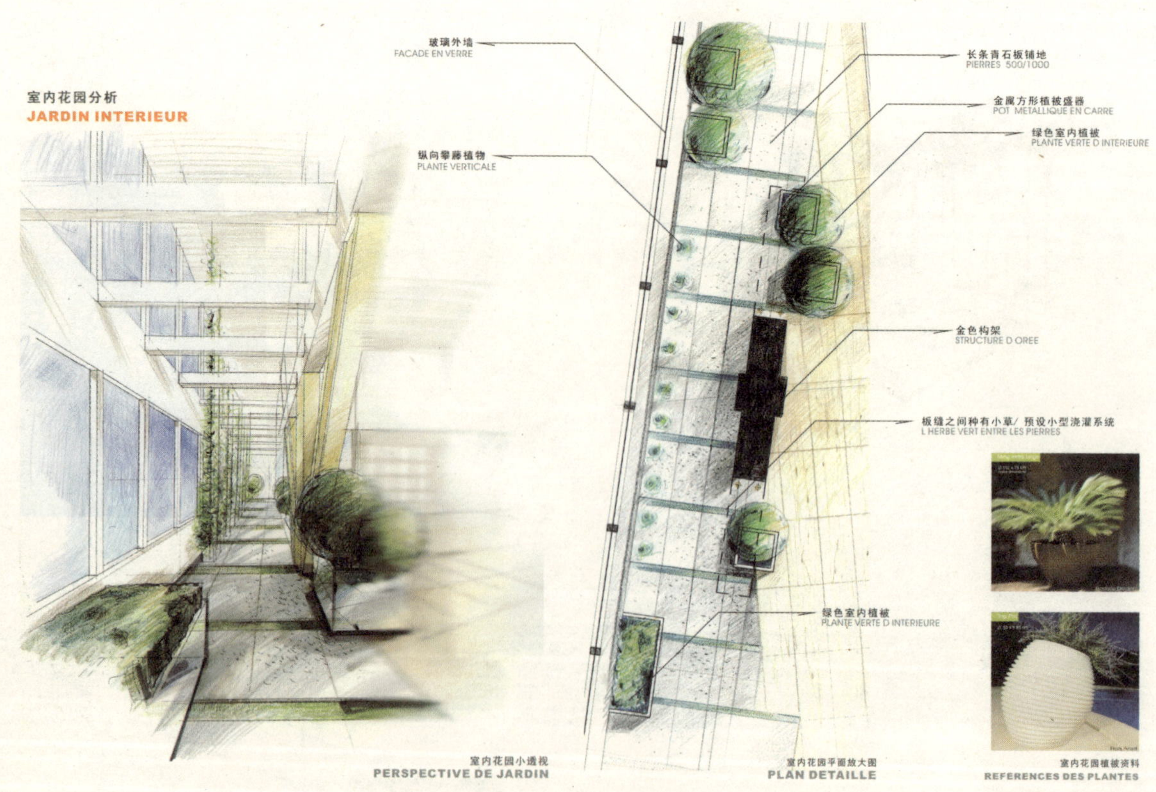

室内花园小透视
PERSPECTIVE DE JARDIN

室内花园平面放大图
PLAN DETAILLE

室内花园植被资料
REFERENCES DES PLANTES

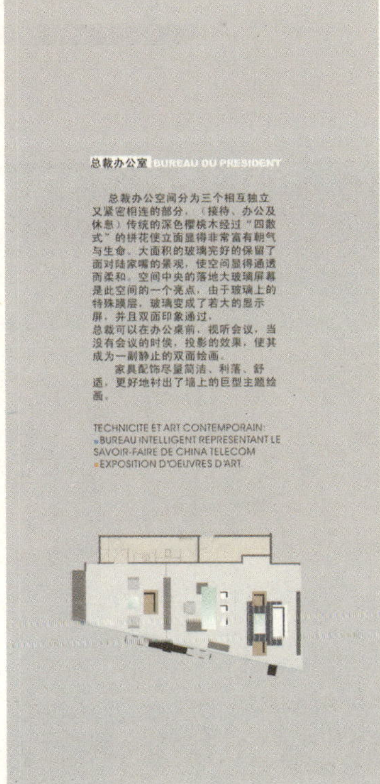

总裁办公室 BUREAU DU PRESIDENT

总裁办公空间分为三个相互独立又紧密相连的部分，（接待、办公及休息）传统的深色樱桃木经过“四散式”的拼花使立面显得非常富有朝气与生命。大面积的玻璃完好的保留了面对陆家嘴的景观，使空间显得通透而柔和。空间中央的落地大玻璃屏幕是此空间的一个亮点，由于玻璃上的特殊膜层，玻璃变成了若大的显示屏，并且双面印象通过，

总裁可以在办公桌前，视听会议，当没有会议的时候，投影的效果，使其成为一副静止的双面绘画。

家具配饰尽量简洁、利落、舒适，更好地衬出了墙上的巨型主题绘画。

TECHNICITE ET ART CONTEMPORAIN:
- BUREAU INTELLIGENT REPRESENTANT LE SAVOIR-FAIRE DE CHINA TELECOM
- EXPOSITION D'OEUVRES D'ART.

16

总裁办公室透视图

PLAN GENERAL DE 41ETAGE

主入口通道 L'ENTREE

从电梯到大空间通道，由于建筑基地较窄长，设计在此制造一种“科技”氛围。浅兰色玻璃的墙面中间相嵌有发光二极管组成的可变信息文字与符号，以供不同信息传达的需要。利用土建结构450MM高差，构筑一座信息之桥，玻璃栏杆和木材的扶手相结合，使科技更接近人情；走道终端的自动玻璃感应门上发散形的金色条纹代表着“电信、交流、发展”的概念。

UN PONT DE COMMUNICATION VERS LA MODERNITE :
- DEFILEMENT DES IMFORMATIONS EN CONTINU DANS LE VERRE BLEUTE
- SUBTILITE TECHNIQUE ET LIGNES EPUREES.

入口信息桥/ENTREE

EV-10

EV-9

EV-8

EV-7

10

入口信息桥透视图

L'ENTREE

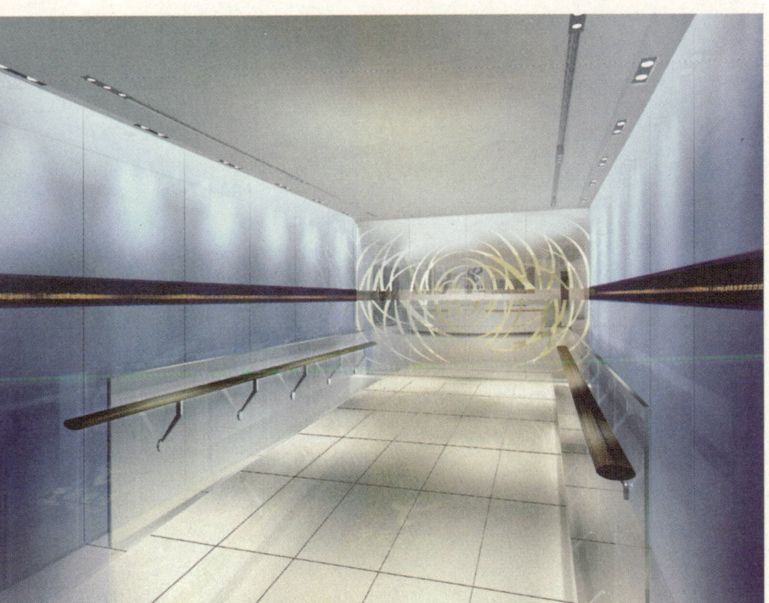

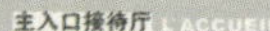

主入口接待厅 L'ACCUEIL

直入眼帘的是一块双层落地大玻璃，内嵌发光的"中国电信"的标志，与之呼应的是简洁大方的白色接待台，局部玻璃面下暗藏电脑显示屏。右边光亮的玻璃升降电梯既解决40与41层之间垂直交通，同时为该空间增加了一个亮点。

SIMPLICITE ET MODERNITE :
- MISE EN SCENE DE L'IMAGE DE L'ENTREPRISE
- PERCEPTION ARCHITECTURALE DE L'ENSEMBLE DES ESPACES INTERIEURS.

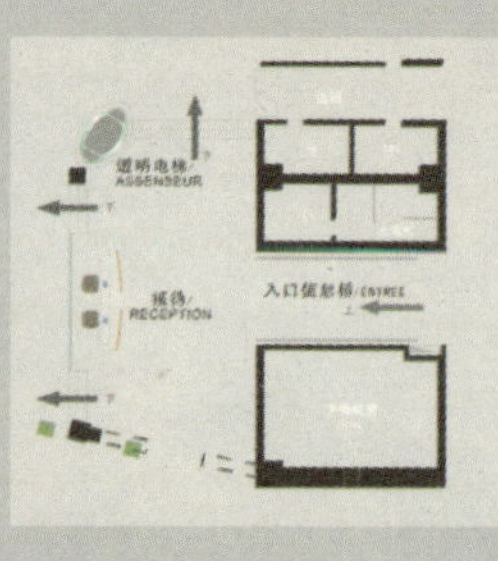

11

主入口接待厅透视图
L'ACCUEIL

总裁会议室 SALLE DU CONSEIL

总裁会议室的设计为体现中国电信的通讯技术特征，采用多种高科技手段，并把这些功能通过可变的形式隐藏于装饰之后。

1、"Quasar"崭新特殊光源，"AGABEKOV"的运用。

2、法国Somfy电动卷帘控制室外光的进入

REPRESENTATION DE LA HAUTE TECHNOLOGIE DE CHINA TELECOM :
- CABLAGES DISSUMULES
- OPPOSITION DE MATERIAUX ET DE MOTIFS MINERALS ET VEGETALS.

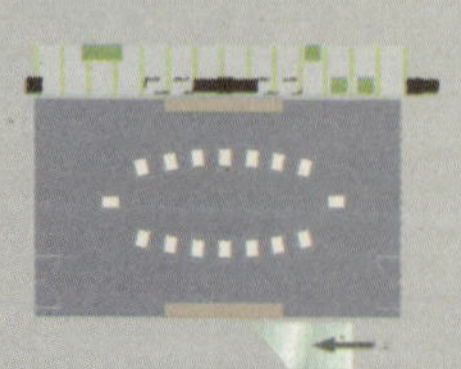

14

总裁会议室透视图
SALLE DU CONSEIL

案例四　餐厅室内空间设计

- 作品名称：味彩阁餐厅
- 作品地点：南通大饭店　南通
- 建筑面积：530m^2
- 设计时间：2002 年
- 设 计 师：朱永春

设计说明：

餐厅空间的设计理念在于空间开放性与独立性的并存，需根据不同的使用要求，创造最合适的空间环境。大房子里面存在着六个小房子，当大房子里加入这些建筑和景观的元素，它的室内存在感就淡化了。进一步钝化大房子的界面棱角；充分利用丰沛的自然采光，适量补充模拟自然光的智能照明；选用隐形超静音的空调末端……采取这一系列措施，使人在小房子里如同置身于自然之中。同时室内还兼顾了：

面积利用率的最大化

功能使用的机动性

使服务过程中人力消耗及对客人的打搅都最小化的路线流程

突出趣味性和奇特感的空间视觉

自然简朴的材料和蕴涵科技的构造

自然能源和现有资源的充分利用

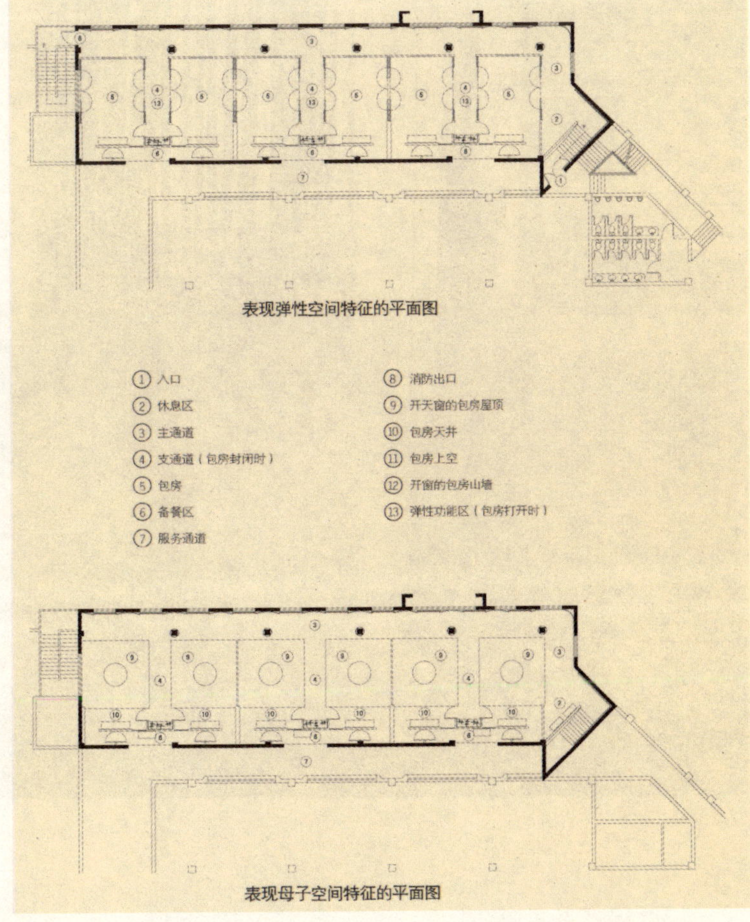

表现弹性空间特征的平面图

表现母子空间特征的平面图

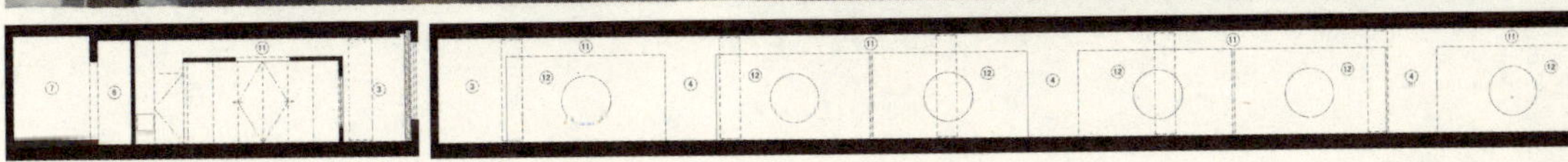

横剖立面图　　纵立面图

(1) 入口
(2) 休息区
(3) 主通道
(4) 支通道（包房封闭时）
(5) 包房
(6) 备餐区
(7) 服务通道
(8) 消防出口
(9) 开天窗的包房屋顶
(10) 包房天井
(11) 包房上空
(12) 开窗的包房山墙
(13) 弹性功能区（包房打开时）

案例五　改造设计——接待中心

- 作品名称：M50 创意产业园，接待中心改造
- 作品地点：莫干山路 50 号　上海
- 建筑面积：$250m^2$
- 设计时间：2006 年
- 设 计 师：唯品设计

实景照片

设计说明：

作为上海著名的创业产业园区之一的 M50 创意园，有着悠久的历史，其前身为上海春明棉纺厂，为了满足新兴产业扩展的需要，同时传承原有的历史，M50 接待中心的设计创造性地提出了三个设计理念："灯塔"、"时空错位之盒"和"明灯"。通向屋顶平台的梯形通道在建筑顶部显得晶莹剔透，极具怀旧氛围的落地钢窗和夹丝玻璃又使整座建筑呈现出独特的魅力，顶部的通道仿佛久远的灯塔一般，闪烁着恒久的光芒。"时空错位之盒"是通过在原有条形建筑的最前方插入一个经旋转错位的方盒子，错位的感受使得整座建筑备受瞩目，夺人眼球。"明灯"是由方盒子的落地钢窗中透出的灯光色彩，使得原本处于园区入口这一重要位置的接待中心变得更像是一盏明灯，照耀、吸引着往来的人群。

实景照片

VEP space | M5° 创意园区接待中心设计改造方案 | 示意效果图 | 2006.11.30 | 1

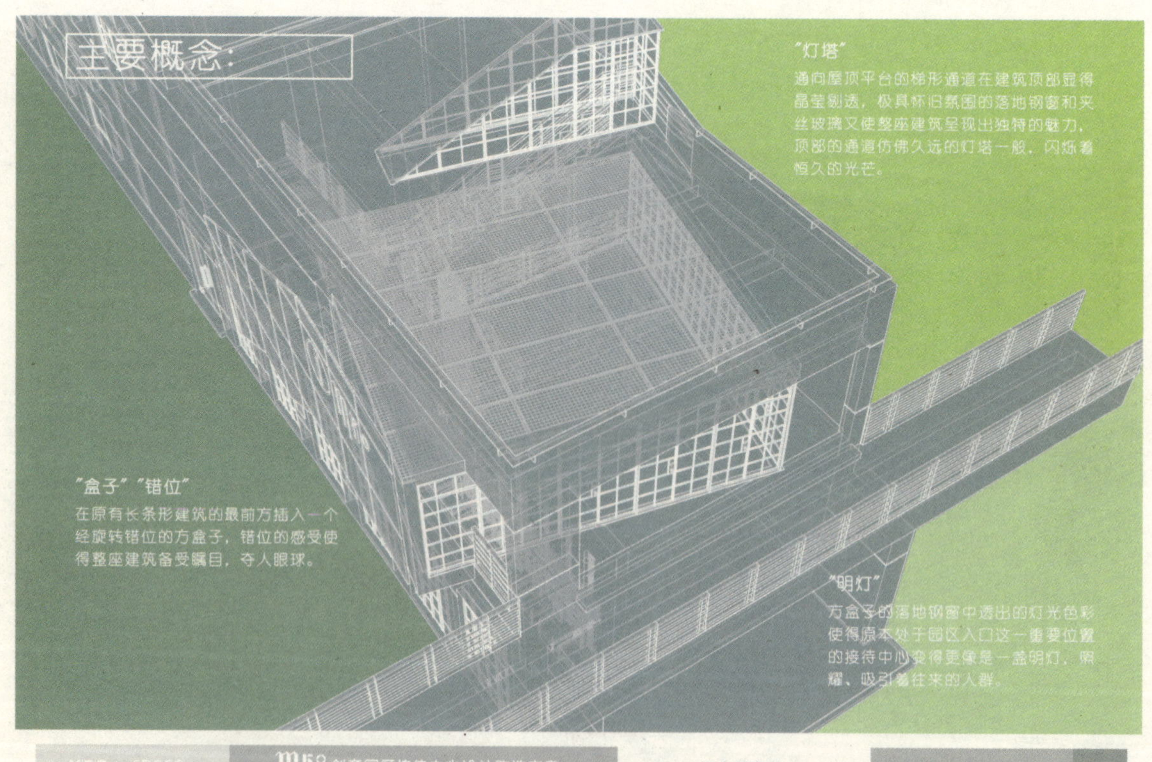

VEP space | M5° 创意园区接待中心设计改造方案 | 概念示意图 | 2006.11.30 | 3

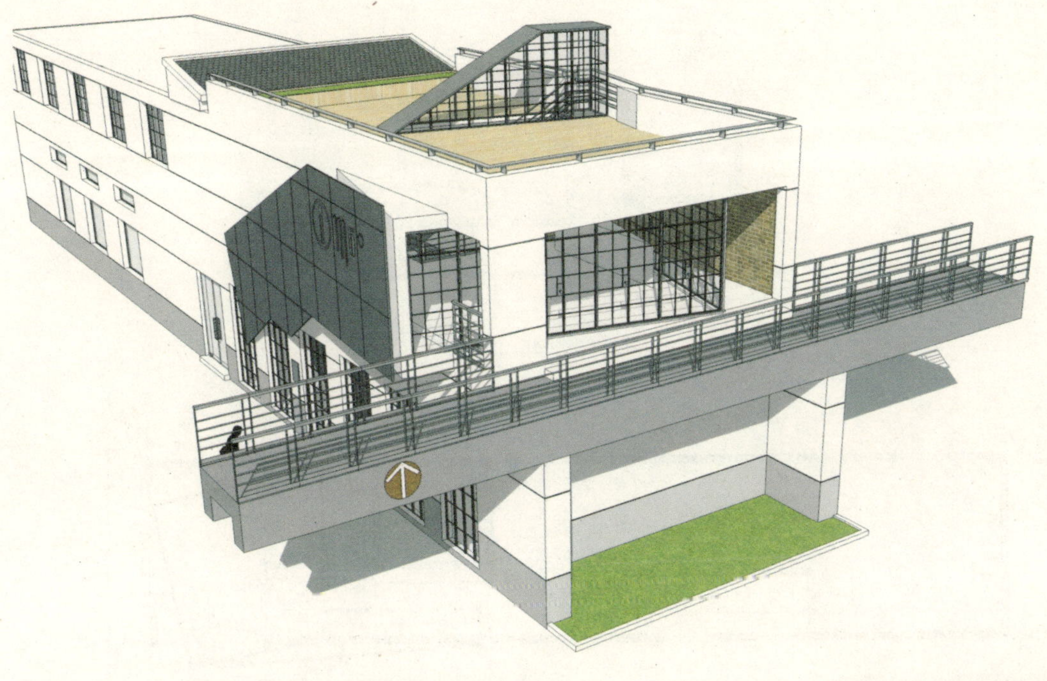

VEP space | M5° 创意园区接待中心设计改造方案 | 示意效果图 | 2006.11.30 | 2

主要概念:

"旧设备""符号"

我们欣喜的发现，这座建筑的前身是棉纺织厂的配电间，经过历史的流转，大量配电设施废弃于此，岁月的痕迹以及久远的回忆赋予了它们厚重的美感，我们下决心要保留它们，让他们成为新设计中体现历史的符号与标志，让它们再一次焕发生命活力，一起见证M50园区的蒸腾日上。

VEP space | M5° 创意园区接待中心设计改造方案 | 概念示意图 | 2006.11.30 | 3

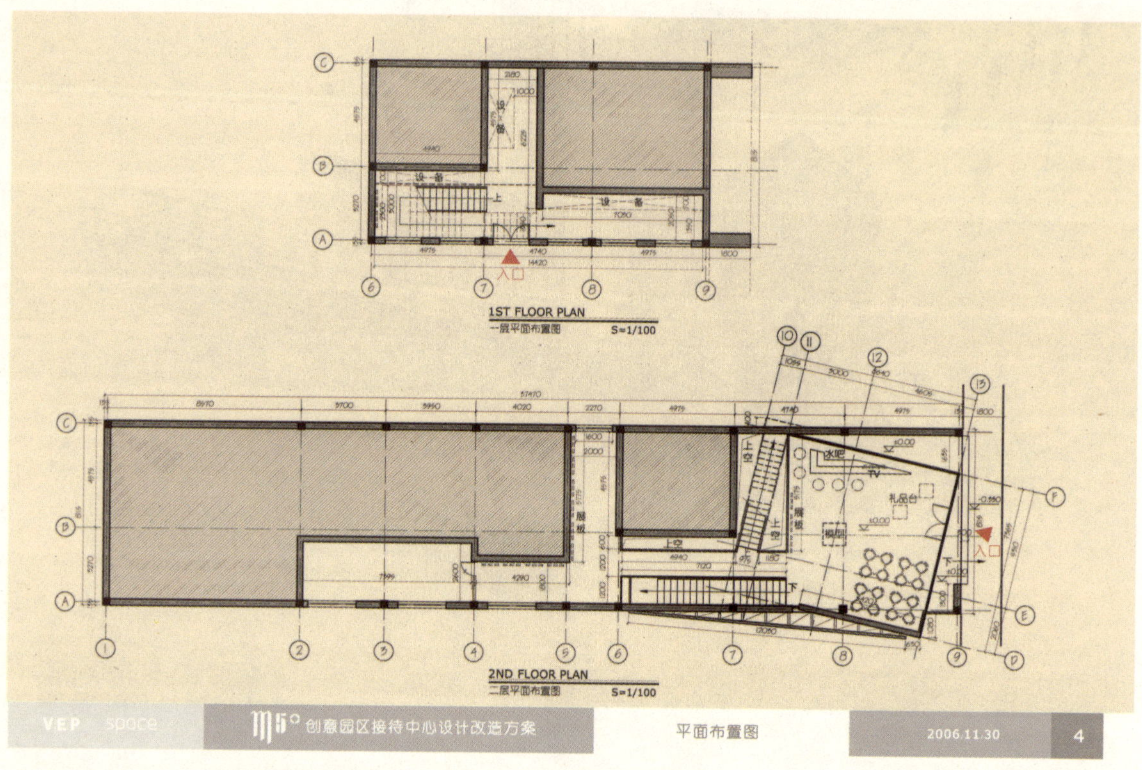

1ST FLOOR PLAN
一层平面布置图 S=1/100

2ND FLOOR PLAN
二层平面布置图 S=1/100

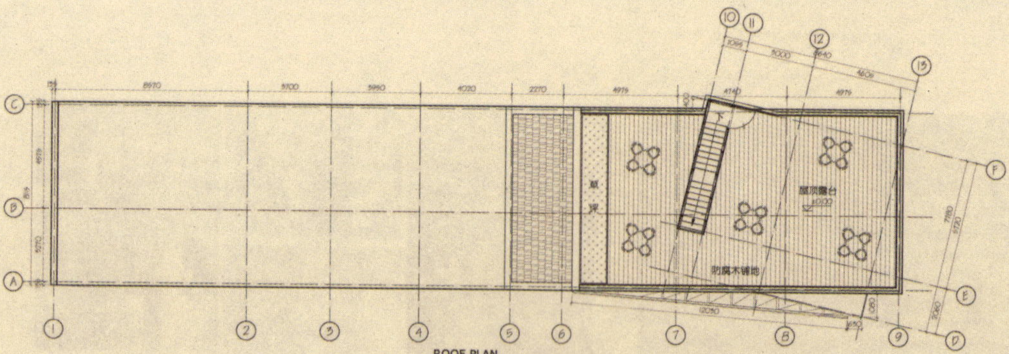

ROOF PLAN
屋顶平面布置图 S=1/100

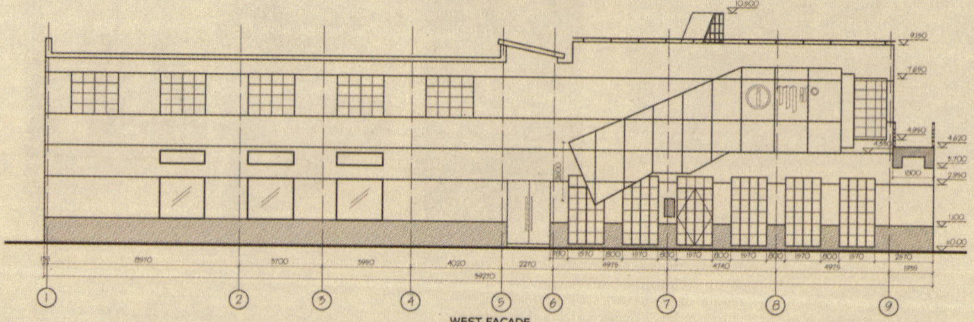

WEST FACADE
建筑西立面 S=1/100

关于西立面的铁板：

在建筑西立面上覆以喷涂深灰色油漆的铁板，冲出M50接待中心等中英文字样及LOGO。

铁板的外形弯折走势与室内通向二层的楼梯走势一致，给予来访者方向性暗示，引导访客通向二层。

铁板的分割尽量和原建筑外立面的粉刷拼缝线贯通一致以形成统一的印象感受。

铁板的色彩采用深灰色，与全区内部大部分钢结构的色彩相同，避免产生太过突兀的感受。

VEP space | M50 创意园区接待中心设计改造方案 | 示意效果图 | 2006.11.30 | 6

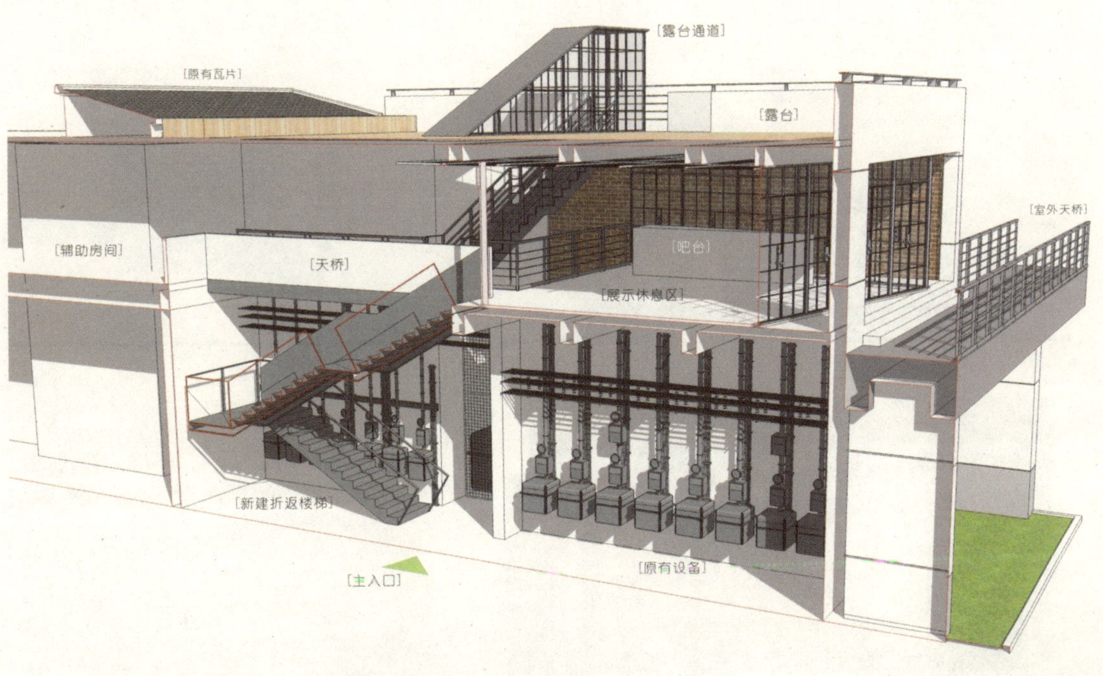

VEP space | M50 创意园区接待中心设计改造方案 | 剖面分析图 | 2006.11.30 | 7

窗与墙：

二层的门窗的形式和建筑一层西立面的钢窗形式一致，以求统一之感。

在一些主要的墙面，为突出建筑原有的质感，我们考虑在施工中剥去原有墙面的粉刷层，露出内部的砖块，以丰富建筑内部的色彩与材质感受。

同时，清水砖墙和老式钢窗将产生非常协调的历史感受，和谐，统一，且具有独特的冲击力。

示意效果图

西立面效果图

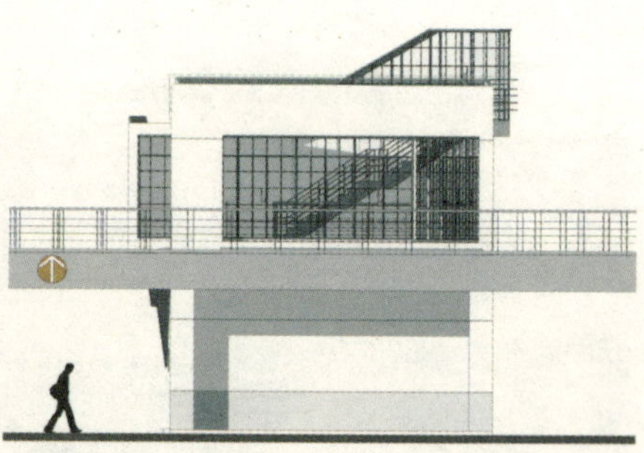

南立面效果图

屋顶效果图

立面效果图

参考书目

1. 来增祥，陆震纬．室内设计原理．北京：中国建筑工业出版社，2003.
2. 陈易．建筑室内设计．上海：同济大学出版社，2001.
3. 陈易．室内设计原理．北京：中国建筑工业出版社，2006.
4. 彭一刚．建筑空间组合论（第二版）．北京：中国建筑工业出版社，1998.
5. 霍维国，霍光．中国室内设计史．北京：中国建筑工业出版社，2003.
6. 罗小未，蔡琬英．外国建筑历史图说．上海：同济大学出版社，1986.
7. 丁玉兰．人机工程学．北京：北京理工大学出版社（第三版），2005.
8. 林玉莲，胡正凡．环境心理学．北京：中国建筑工业出版社，2000.
9. 张绮曼，郑曙旸．室内设计资料集．北京：中国建筑工业出版社，1991.
10. 刘盛璜．人体工程学与室内设计．北京：中国建筑工业出版社，1997.
11. 中国大百科全书出版社编辑部．北京：中国大百科全书——建筑・园林・城市规划卷．北京：中国大百科全书出版社，1988.
12. 隋洋．室内设计原理（下）长春：吉林美术出版社，2005.
13. 杨公侠．建筑・人体・效能——建筑工效学 天津：天津科学技术出版社，2000.
14. （美）约翰・派尔．世界室内设计史．刘先觉等，译．北京：中国建筑工业出版社，2003.
15. 庄荣，吴叶红．家具与陈设．北京：中国建筑工业出版社，1996.
16. 朱淳等．室内设计基础．上海：上海人民美术出版社，2006.
17. 卢安・尼森，雷・福克纳，萨拉・福克纳．美国室内设计通用教材（下册）．上海：上海人民美术出版社，2002.
18. （英）汤戈兹．英国室内设计基础教程．上海：上海人民美术出版社，2006.
19. 王东辉等．室内环境设计．北京：中国轻工业出版社，2007.
20. 万征 主．室内设计．成都：四川美术出版社，2005.
21. 刘建龙．明清家具．上海：上海人民美术出版社，2004.
22. 许晓东．现代金箔艺术．上海：同济大学出版社，2007.
23. Jens Bernsen.Hans J Wegner. Danmark: Danish Design Center，2001.
24. http://www.NCIDQ.org.